司法会计鉴定意见审查实务

章宣静 / 著

Review of Forensic Accounting Reports

Introduction and Cases

法律出版社 | LAW PRESS
北京

图书在版编目(CIP)数据

司法会计鉴定意见审查实务 / 章宣静著. -- 北京 : 法律出版社, 2022(2025.8 重印)
ISBN 978-7-5197-6857-7

Ⅰ. ①司… Ⅱ. ①章… Ⅲ. ①司法会计学 Ⅳ. ①D918.95

中国版本图书馆 CIP 数据核字(2022)第 111882 号

司法会计鉴定意见审查实务
SIFA KUAIJI JIANDING YIJIAN SHENCHA SHIWU

章宣静 著

策划编辑 张 颖
责任编辑 冯雨春 张 颖
装帧设计 鲍龙卉

出版发行 法律出版社
编辑统筹 法律应用出版分社
责任校对 王 丰 王 皓
责任印制 刘晓伟
经 销 新华书店

开本 710 毫米×1000 毫米 1/16
印张 25.5 字数 420 千
版本 2022 年 9 月第 1 版
印次 2025 年 8 月第 6 次印刷
印刷 北京金康利印刷有限公司

地址:北京市丰台区莲花池西里 7 号(100073)
网址:www.lawpress.com.cn
投稿邮箱:info@lawpress.com.cn
举报盗版邮箱:jbwq@lawpress.com.cn
销售电话:010-83938349
客服电话:010-83938350
咨询电话:010-63939796

书号:ISBN 978-7-5197-6857-7
定价:98.00 元
凡购买本社图书,如有印装错误,我社负责退换。电话:010-83938349

编写说明

《司法会计鉴定意见审查实务》是一部以汇集全国各级法院不采信司法会计鉴定意见案例为主,以专业评析为辅的著作,也是第一部全面反映我国司法会计鉴定存在的问题的著作。

本书具有以下特点:

1. 以实务为主,以理论为辅,具有极强的可操作性。本书除第一章介绍必要的司法会计基本理论知识外,其余各章节重点介绍案例,且所选案例均为真实案例,未注明出处的均来自中国裁判文书网。

2. 系统性强。本书所选案例,基本上涵盖了司法会计鉴定从启动、受理到鉴定意见形成各环节存在的问题及审查方法。

3. 覆盖面广。在地域方面,所选案例覆盖多个省级行政区域;在案由方面,覆盖了各类经济犯罪和经济纠纷案件。

4. 溯源性高。除第八章案例外,其余所有案例均给出案例号或出处,读者如果想了解更多的案件信息,可以自行通过中国裁判文书网或其他网站查找。

5. 在案例编排体例上,以《司法部关于印发司法鉴定文书格式的通知》内容结构先后顺序编排。一个案例存在多方面问题的,以"对号入座"为原则,编排时以该章节所要说明的问题为主,其他问题在后面相应的章节案例中予以评析,后面章节案例出现的问题前面章节案例已经做过评析的,不再作为问题重复评析。

6. 为保护涉案单位及个人的隐私,对涉案单位及个人均做了隐名处理。

7. 为方便读者阅读,除个别案例必须保留原涉案数额用以说明问题外,其余案例中有关数额均化整处理,有勾稽关系的数额,可能不再有勾稽关系。

8. 案例中涉及法院判决说理内容,基本上保持原文原意。

9. 案例评析方面,大部分案例给出评析,只有少部分用于验证笔者某种观点的案例,不做评析。为多提供几个案例用于证明某种观点的,亦不重复评析。

10. 书后附录司法鉴定法律法规、司法解释及规范性文件，既可供相关人员审查、质证司法会计鉴定意见时参考，也可供鉴定人规范司法会计鉴定时参考。

特别说明，由于受裁判文书信息所限，评析内容只对裁判文书记载的与司法会计鉴定有关的问题进行评析，如果与案件事实有偏差，以案件事实为准，评析观点仅供参考。

由于经验和水平有限，加之时间仓促，案例评析可能存在分析不到位甚至出现错误观点，敬请专家学者和读者不吝赐教，以便有机会再版时修正。

本书在编写过程中得到了盈科律师事务所全球合伙人、全国刑民交叉专业委员会主任蔡正华博士，湖南金凯华律师事务所罗秋林副主任，广东信达律师事务所莫丽冰律师，上海浩信(温州)律师事务所章超凡主任，重庆司子鹏律师等律师界朋友的大力支持和鼓励，在此表示感谢！

Preface 序　言

我国三大诉讼法均将鉴定意见列作法定证据之一。鉴定意见被广泛应用于各类诉讼中,截至2021年12月31日,中国裁判文书网公开的刑事案件共980万余件,其中带“鉴定”为关键词的案件约597万件,鉴定量占比约61%,充分说明了司法鉴定在刑事诉讼中的地位和作用。

司法会计鉴定作为司法鉴定的一个类别,被广泛应用于经济犯罪和经济纠纷诉讼中,鉴定意见的正确与否,直接影响案件的审理结果,甚至对裁决的公平与公正起着决定性作用。目前,我国从事司法会计鉴定的人员大多为会计师事务所的注册会计师,他们具备丰富的会计审计知识,但系统学习过司法会计专业知识的人员并不多,加之我国一直没有全国统一的司法会计鉴定专用标准,给司法会计鉴定工作带来一定困难,实践中采用的标准基本是会计审计准则、财务会计制度等引用标准,但这些标准并不一定完全可以作为司法会计鉴定专用标准,如审计准则中的询问、函证、存货监盘、抽样审计等。由于采用不当的鉴定标准,加上司法机关审查司法会计鉴定意见能力有限,甚至迷信鉴定意见,极易造成冤假错案。经济犯罪冤假错案不像命案一样,因“真凶再现”“亡者归来”而被人们发现,有机会得以纠正,有的案件错了可能永远就错了,在我国已经生效的经济犯罪裁决中,谁也不能保证没有冤假错案,但有多少冤假错案无从考量。

如何有效地防范经济犯罪、经济纠纷案件发生冤假错案,努力让人民群众在每一个司法案件中都感受到公平正义,是法官、检察官、警官、律师、司法会计鉴定人共同面临的课题。基于此,有必要深入研究司法会计鉴定理论与实务,以指导实践。在理论研究方面,我国已经出了不少研究成果,这些成果在实践中运用得如何,一直未见比较全面、系统的实务案例著作。为此,笔者在中国裁判文书网中搜索到带有“司法会计”关键词的3万余件裁判文书,并投入大量的时间和精力进行研究,收集了大量不被法院采信鉴定意见的案例,并筛选出比较典型的150个案例，从专业角度加以评析，编撰成书出版，期望能够对广大法律工作者进一步提高对司法会计鉴定意见的审查、质证能力，以及司法会计鉴定人提高鉴定质量有所帮助，最大限度地减少经济案件冤假错案的发生，促进社会公平正义。

本书所选案例案由涉及刑事、民商事和行政诉讼三个方面。刑事方面涉及的罪名包括贪污，挪用公款，职务侵占，挪用资金，滥用职权，非法吸收公众存款，诈骗，集资诈骗，合同诈骗，逃税，虚开增值税专用发票，破坏生产经营，假冒注册商标，销售假冒注册商标的商品，隐匿、故意销毁会计凭证、会计账簿、财务会计报告，侵犯商业秘密，组织、领导传销活动，非法经营，开设赌场，聚众扰乱社会秩序20个罪名；民商事和行政诉讼方面涉及的案由包括合伙合同纠纷、财产损害赔偿纠纷、民间借贷纠纷、损害公司利益责任纠纷、商业诋毁纠纷、确认合同效力纠纷、机动车交通事故责任纠纷、侵害商标权纠纷、名誉权纠纷、不当得利纠纷、海事海商纠纷、执行异议之诉、行政赔偿等多个案由。全部案例以法院不采信司法会计鉴定意见为主，辅以少量审计报告案例，重点对鉴定程序、鉴定事项、鉴定材料、鉴定过程、分析论证、鉴定意见等方面存在的问题，在法院已有判决说理的基础上，从专业角度做进一步评析，帮助法律工作者提高对司法会计鉴定意见的审查和质证能力，努力使司法会计鉴定人不再犯类似错误，不断提高司法会计鉴定质量。

本书共分八章，第一章为概论，主要介绍司法会计基本理论、司法会计鉴定与审计的异同以及司法会计鉴定相关现状，让读者对司法会计鉴定相关知识有一个大概了解。第二章至第七章分别介绍司法会计鉴定文书各部分内容审查方法与案例，并对案例存在的问题进行评析。第八章为鉴定意见应用审查，主要介绍刑事、民事诉讼中裁判者在司法会计鉴定意见应用方面易犯的错误及纠正方法。

本书适用对象和范围包括公安机关、检察机关、审判机关、监察机关、律师等法律工作者；从事司法会计鉴定的注册会计师；开设经济犯罪侦查专业的警察院校，开设司法会计专业、会计审计专业的高等院校。本书也可为相关专家学者未来制定全国统一司法会计鉴定专用标准、司法会计技术性证据审查指引提供参考。

Contents 目 录

第一章 概 论

第二章　鉴定程序审查

第三章 鉴定事项审查

第四章　鉴定材料审查

第五章　鉴定过程审查

第六章　分析论证审查

第七章　鉴定意见审查

第八章　鉴定意见应用审查

附录　有关司法鉴定法律法规、司法解释及规范性文件

案例索引

分章内容	序号	关注事项	省份	性质	页码
第一章 概　　论	案例 1	未经司法会计鉴定判无罪	江苏	刑事	12
	案例 2	未经司法会计鉴定判无罪	四川	刑事	12
	案例 3	侦查机关依职权启动重新鉴定	黑龙江	刑事	20
	案例 4	审计报告不是司法会计鉴定	福建	刑事	34
	案例 5	审计报告并非鉴定结论	湖北	民事	35
	案例 6	不能以审计报告代替司法鉴定	河南	民事	37
	案例 7	应当进行司法会计鉴定的情形	北京	民事	37
	案例 8	抗诉机关提供审计报告未提供司法会计鉴定,驳回抗诉	云南	刑事	38
	案例 9	侦查机关提供审计报告未提供司法会计鉴定,不起诉	山西	刑事	38
	案例 10	审计结论性质属于“鉴定结论”	北京(最高法)①	民事	40
第二章 鉴定程序审查	案例 11	评估报告没有书面委托手续	湖北	刑事	51
	案例 12	非侦查机关启动司法会计鉴定	陕西	刑事	52
	案例 13	鉴定报告出具时间在侦查机关聘请鉴定之前	甘肃	刑事	52
	案例 14	“四大类”外鉴定资质无强制性要求登记	北京(最高法)	民事	54

① 为突出最高人民法院的观点,在省份一栏,涉及最高人民法院的判例,直接表述为北京(最高法)。

续表

分章内容	序号	关注事项	省份	性质	页码
	案例 15	鉴定书无鉴定机构及鉴定人资质证明	湖北	刑事	55
	案例 16	声像鉴定资质人员对财务会计问题作出鉴定	海南	民事	56
	案例 17	鉴定机构系委托方独资开办的机构	河北	民事	58
	案例 18	鉴定机构系案发单位日常审计机构	北京	刑事	58
	案例 19	审计机构受理后擅自转分支机构审计	山东	民事	59
	案例 20	“四大类”外鉴定人资质应当参照鉴定人的申请资格	四川	民事	62
	案例 21	司法会计鉴定不属于必须实行登记管理范围	山东	刑事	63
	案例 22	鉴定人司法鉴定资格证书超过有效期	云南	刑事	64
	案例 23	司法会计鉴定资质人员对建设工程造价作出鉴定	贵州	民事	64
	案例 24	不同类别鉴定事项各类别只有一名鉴定人	陕西	民事	66
	案例 25	鉴定人应当回避没有回避	河南	刑事	69
	案例 26	重新鉴定的鉴定人资质低于初次鉴定的鉴定人	河南	刑事	70
	案例 27	鉴定人登记机构与其出具鉴定书机构不是同一机构	河北	民事	71
	案例 28	签名人未参与鉴定	内蒙古	民事	73
	案例 29	签名鉴定人未参与施工现场实地勘察	西藏	民事	75
	案例 30	签名人未参与鉴定	湖南	刑事	76
	案例 31	鉴定人已离职未参与鉴定，他人冒充签名	新疆	民事	77
	案例 32	鉴定时限超期	吉林	刑事	79
	案例 33	擅自接收当事人提供检材	广东	民事	84
	案例 34	出具无法表示意见性质的审计报告	北京	民事	88

续表

分章内容	序号	关注事项	省份	性质	页码
	案例35	资料不完整情况下出具审计报告	河北	刑事	90
	案例36	鉴定人受理鉴定出具审计报告被司法鉴定协会处分	广东	民事	91
	案例37	审核报告不是鉴定结论	辽宁	民事	94
	案例38	商定程序报告未与另一方当事人协商	广东	民事	96
	案例39	商定程序报告不是司法鉴定报告	广东	刑事	99
	案例40	鉴证报告代替鉴定报告	广东	民事	101
	案例41	法务会计审阅报告	四川	民事	105
	案例42	鉴定书缺少签名盖章	河南	刑事	107
	案例43	仅有机打鉴定人姓名无鉴定人手写签名	北京	刑事	108
	案例44	补签鉴定人姓名不属于补正范围	湖南	民事	110
	案例45	鉴定意见未告知	贵州	刑事	111
第三章 鉴定事项审查	案例46	鉴定事项时间范围可能不明确	广东	刑事	116
	案例47	将检验对象当作鉴定对象向鉴定人提出	吉林	刑事	118
	案例48	鉴定事项时间范围可能不明确	海南	刑事	119
	案例49	将非财务会计问题——“现金交给谁”向鉴定人提出	河南	刑事	120
	案例50	将法律判断问题——“职务侵占数额”向鉴定人提出	安徽	刑事	122
	案例51	鉴定事项不中立——“资金短缺数额”向鉴定人提出	陕西	刑事	124
第四章 鉴定材料审查	案例52	查扣的检材未出具扣押清单	四川	刑事	128
	案例53	存货盘点没有侦查人员参与	广东	刑事	129
	案例54	检材并非由两名以上侦查人员依法提取	重庆	刑事	132
	案例55	检材为证人证言	陕西	刑事	134

续表

分章内容	序号	关注事项	省份	性质	页码
	案例56	检材为言词证据	湖北	刑事	137
	案例57	检材为被害人自述或者自列金额	广东	刑事	138
	案例58	检材为询问笔录	四川	刑事	139
	案例59	检材为言词证据	上海	刑事	139
	案例60	检材为言词证据,一审死缓二审无罪	海南	刑事	140
	案例61	部分检材为"情况说明"等非财务会计资料	重庆	刑事	141
	案例62	检材为电脑后台交易勘验数据	湖南	刑事	144
	案例63	检材为电子数据	上海	民事	146
	案例64	检材为统计表	广西	刑事	146
	案例65	检材为借款协议、合同、统计表	广东	刑事	147
	案例66	检材为合同	天津	刑事	148
	案例67	检材为未与原件核对无异的复印件	海南	民事	149
	案例68	检材为无原始凭证依据的记账凭证及复印件	广东	刑事	149
	案例69	检材为无原始账簿为根据的抄录件	湖南	民事	150
	案例70	检材为判决书	吉林	刑事	151
	案例71	检材无账无证	广东	刑事	153
	案例72	检材有账无证	广东	刑事	155
	案例73	检材仅为记录不客观的账簿	广东	刑事	156
	案例74	检材仅为会计报表	上海	民事	157
	案例75	财务会计资料不完整	山西	行政	158
	案例76	检材为卷宗等非原始财务会计资料	北京	刑事	160
	案例77	银行流水缺少交易对手信息	湖南	刑事	162
	案例78	检材期间跨度不足	山东	刑事	163
	案例79	检材扣押时间晚于鉴定意见作出时间	北京	刑事	169
	案例80	民事案件检材未经质证	河南	民事	170

续表

续表

分章内容	序号	关注事项	省份	性质	页码
第七章 鉴定意见审查	案例 103	鉴定意见与委托鉴定事项不符	贵州	民事	220
	案例 104	鉴定意见与委托鉴定事项不符	江西	民事	222
	案例 105	鉴定意见为不确定的预测性意见	江西	刑事	224
	案例 106	鉴定意见为不确定的意见	重庆	刑事	225
	案例 107	鉴定意见不明确	内蒙古	刑事	226
	案例 108	鉴定意见不唯一	山西	刑事	228
	案例 109	鉴定意见不唯一	江西	民事	229
	案例 110	对行为人作出确认	云南	刑事	230
	案例 111	对行为人职务作出确认	上海	民事	232
	案例 112	对行为人主观心理作出判断	安徽	刑事	233
	案例 113	对人员身份特征作出确认	贵州	刑事	236
	案例 114	对人员身份特征作出确认	湖南	刑事	237
	案例 115	对财物保管人作出确认	河南	刑事	238
	案例 116	对法律层面问题作出确认	江西	刑事	239
	案例 117	对法律层面问题作出确认	广东	民事	240
	案例 118	对法律层面问题作出确认	最高法	民事	242
	案例 119	对发票真伪作出鉴定	广东	民事	243
	案例 120	对商标真伪作出鉴定	上海	民事	244
	案例 121	对资金性质作出鉴定	内蒙古	刑事	246
	案例 122	对非财务因果关系作出判断	广东	民事	248
	案例 123	对损失数额作出鉴定	江苏	民事	249
	案例 124	对损失数额作出鉴定	湖南	刑事	251
	案例 125	将违规生产可得利益认定为损失	贵州	刑事	252
	案例 126	将成本直接认定为损失	湖北	刑事	253
	案例 127	对损失范围及数额作出鉴定	海南	民事	255
	案例 128	将费用认定为损失	湖北	民事	256
	案例 129	对内幕交易案件事实作出鉴定	吉林	刑事	258
	案例 130	对财产是否混同案件事实作出鉴定	江苏	民事	259

续表

分章内容	序号	关注事项	省份	性质	页码
	案例 131	股东与公司财产是否独立不属于鉴定范围	陕西	民事	261
	案例 132	审计报告证明不了财产混同	最高法	民事	266
	案例 133	对案件事实作出鉴定	贵州	刑事	270
	案例 134	对案件事实作出鉴定	湖南	刑事	274
	案例 135	对案件事实作出鉴定	湖北	刑事	277
	案例 136	鉴定意见与待证事项缺乏关联性	四川	刑事	281
	案例 137	资不抵债时间节点选择错误	四川	刑事	283
	案例 138	检验对象期间范围超出犯罪期间范围	广东	刑事	284
	案例 139	鉴定意见与待证事项缺乏关联性	海南	刑事	286
	案例 140	以不关联的增值税发票认定被盗物价值	四川	刑事	288
	案例 141	检材时间范围短于应检验检材时间范围	河南	刑事	289
	案例 142	鉴定数额出现角分,与生活常识矛盾	甘肃	刑事	292
	案例 143	鉴定意见与其他证据矛盾	宁夏	刑事	295
第八章 鉴定意见应用审查	案例 144	对用于生产经营活动资金理解错误	吉林	刑事	299
	案例 145	特殊犯罪主体保管的财物未盘点	湖北	刑事	301
	案例 146	鉴定意见使用不当	河北	民事	304
	案例 147	鉴定意见使用不当	湖南	民事	307
	案例 148	鉴定意见使用不当	广西	民事	310
	案例 149	鉴定意见使用不当	陕西	民事	312
	案例 150	鉴定意见使用不当	辽宁	民事	316

第一章 概　论

本章着重介绍我国司法会计业务发展概况、司法会计业务活动类型、司法会计鉴定种类、司法会计鉴定与注册会计师审计的异同、司法会计鉴定相关现状等知识。

第一节　我国司法会计业务发展概况

贪污，挪用公款、资金，职务侵占，诈骗，非法吸收公众存款，非法经营，私分国有资产，虚开增值税专用发票，逃税，组织、领导传销活动等刑事犯罪和合同纠纷、借贷纠纷、合伙协议纠纷①、股东资格确认、侵权责任纠纷等民商事案件，大多会涉及财务会计资料。因司法机关案件承办人员专业知识的局限性，无法准确对案件中涉及的财务会计专门性问题作出判断，需要借助具有会计审计专业知识的人员解决案件中的财务会计专门性问题，以便查明案情，对案件作出公正判决。因此，司法会计职业应运而生，司法会计业务得以发展。

一、司法会计业务在我国的产生

1978 年，我国检察机关恢复重建后，宪法和法律赋予检察机关查办贪污贿赂等经济犯罪的神圣使命，由于贪污贿赂犯罪大多与财务会计资料有关，需要具有

① 《最高人民法院关于适用简易程序审理民事案件的若干规定》第 14 条将合伙协议纠纷改为合伙合同纠纷，后文不再赘述。

会计审计专业知识的人员充实到侦查队伍中。1985 年 6 月，最高人民检察院在大连召开全国检察系统刑事技术工作座谈会，会议通过了《关于检察机关刑事技术工作建设的建议》，该建议明确提出省、市两级检察机关要建立司法会计技术门类，配备司法会计专业人员开展司法会计相关业务工作。[①] 此后，司法会计业务工作在检察机关迅速发展，队伍不断壮大。为解决检察机关司法会计职务等级问题，1993 年 6 月，最高人民检察院政治部、人事部[②]办公厅、全国会计专业技术资格考试领导小组办公室印发了《关于人民检察院司法会计人员参加会计专业技术资格全国统一考试的通知》，该通知明确，由于司法会计不实行会计证制度，司法会计人员可持所在人民检察院的推荐函和本人工作证办理会计专业技术资格全国统一考试报名手续，选用《会计专业职务试行条例》，并在会计专业技术职务前冠以"司法"二字，形成司法会计职务等级。检察机关司法会计专业人员从无到有，从少到多，形成一支专门协助自侦部门办案的检察技术队伍，至 2017 年国家监察体制改革前，全国检察机关司法会计专业人员达到 2000 人左右。

检察机关配备司法会计人员的主要目的是解决反贪、反渎等部门查办贪污贿赂和渎职侵权犯罪案件中的财务会计专门性问题，不对外受理业务。公安机关负责查办的职务侵占、挪用资金等经济犯罪案件和人民法院审理的经济纠纷案件同样遇到需要解决财务会计专门性问题。20 世纪 80 年代后期，公安机关、审判机关开始将案件中涉及的财务会计专门性问题聘请会计师事务所等社会中介机构中的注册会计师以及高等院校中具有司法会计鉴定资质的人员进行鉴定。社会中介机构方面，1990 年 10 月，吉林省长春市成立了全国第一家司法会计鉴定所；2001 年 9 月，上海市在全国率先成立了上海市司法会计鉴定专家委员会。[③] 高等院校方面，比较有代表性的有西南政法大学、华东政法大学、西北政法大学、湖南大学、山东政法学院等，也开展过司法会计鉴定业务。历经数十年发展，司法会计鉴定工作形成了检察机关、会计师事务所和高等院校"三足鼎立"的局面。

为适应业务发展需要，促进司法会计鉴定执业活动的科学化、规范化，2000 年 11 月，司法部发布了《司法鉴定执业分类规定（试行）》（司发通〔2000〕159 号，已

① 参见赵如兰：《司法会计鉴定的历史演进及启示——兼论司法会计鉴定与法务会计》，载《会计之友》2009 年第 4 期。

② 2008 年不再保留人事部。

③ 参见马春静：《论我国发展注册会计师法务会计业务的必要性与可行性》，载《吉林工商学院学报》2008 年第 2 期。

废止)，将"司法会计鉴定"纳入司法鉴定执业门类中。司法行政机关开始将司法会计鉴定纳入登记范围，标志着司法会计鉴定活动有别于审计活动被国家正式认可，这使司法会计业务在我国得以长足发展，中国裁判文书网带"司法会计"关键词的裁判文书从2010年的14件到2019年的6470件，且呈现逐年递增趋势，至2021年年末，中国裁判文书网中各类诉讼涉及"司法会计"为关键词的裁判文书累计达3万余件。

二、检察机关司法会计职能的转变

2016年11月，经中央决定，在北京市、山西省、浙江省开展国家监察体制改革试点。2017年11月，第十二届全国人大常委会第三十次会议表决通过《全国人民代表大会常务委员会关于在全国各地推开国家监察体制改革试点工作的决定》。随着国家监察体制的改革，检察机关的部分职能发生转变，查处贪污贿赂、失职渎职以及预防职务犯罪等部门的相关职能全部整合至监察委员会，原来配备在反贪、反渎部门的司法会计人员，随同一并转隶到监察委员会，检察机关的司法会计人员数量急剧下降。检察机关的司法会计职能随着国家监察体制的改革也随之发生转变，现基本不再开展司法会计鉴定工作，主业由原来的司法会计鉴定转为协助办案部门开展司法会计技术性证据审查。

三、司法会计鉴定登记的注销

2005年2月28日，第十届全国人民代表大会常务委员会第十四次会议通过了《全国人民代表大会常务委员会关于司法鉴定管理问题的决定》，该决定规定国家对从事法医类、物证类和声像资料司法鉴定业务的鉴定人和鉴定机构实行登记管理制度，并根据诉讼需要由国务院司法行政部门商最高人民法院、最高人民检察院确定的其他应当对鉴定人和鉴定机构实行登记管理的鉴定事项。2015年12月21日，最高人民法院、最高人民检察院、司法部联合发布了《关于将环境损害司法鉴定纳入统一登记管理范围的通知》(司发通〔2015〕117号)。至此，法律明确规定必须纳入司法行政机关登记范围的司法鉴定类别包括法医类、物证类、声像资料和环境损害类，俗称"四大类"。司法会计鉴定、工程造价鉴定等"四大类"以外的其他专业类别鉴定法律并没有明确要求必须纳入登记范围。但全国部分省级司法行政部门仍沿用原来的做法，将"四大类"外的司法鉴定类别纳入司法行政部门的登记范围。2018年12月24日，全国人大常委会法制工作委员会主任沈春耀同志在第十三届全国人民代表大会常务委员会第七次会议上做的《关于2018年备案审查工作情况的报告》中指出:“根据公民审查建议,对湖南省司法厅《关于‘四大类’外司法鉴定事项管理有关问题的通知》有关问题进行研究,认为该通知关于‘四大类’外司法鉴定事项登记管理有关规定,与《全国人大常委会关于司法鉴定管理问题的决定》相抵触。我们督促湖南省人大常委会依法予以纠正,并建议司法部督促地方政府司法行政部门立即停止办理‘四大类’外司法鉴定机构的登记工作。”2018年12月5日,司法部办公厅发布了《关于严格依法做好司法鉴定人和司法鉴定机构登记工作的通知》(司办通〔2018〕164号)第2条规定,对明确属于从事“四类外”鉴定业务的鉴定人和鉴定机构,要依法坚决注销登记;对已登记的“四类外”鉴定机构中所从事的司法鉴定业务确属“四大类”鉴定事项的,要依法变更登记。第4条规定,要认真做好对已登记“四类外”鉴定机构和鉴定人的释法明理和宣传疏导,使其认识到,司法行政机关虽然不再登记从事“四类外”鉴定业务的法人或其他组织、有关人员,但其仍然可以依法接受办案机关或者有关组织、个人委托,为案件或者其他活动中涉及的专门性问题提供鉴定服务。该通知发出后,全国各级司法行政机关停止了“四类外”司法鉴定机构和鉴定人登记工作,对已经登记的,依法予以注销或变更登记,但这并不意味着不能开展司法会计鉴定工作了,会计师事务所等中介机构的注册会计师,作为“有专门知识的人”,仍然可以接受司法机关的聘请从事司法会计鉴定工作。

第二节　司法会计业务活动类型

司法会计业务活动,是指具有一定会计知识的人员在诉讼活动中为司法机关、监察机关等办案单位提供、固定证据,以及为司法机关、监察机关、辩护人、委托诉讼代理人提供司法会计技术性证据审查等诉讼服务的活动。根据服务对象要求不同和司法会计业务活动特点,司法会计业务活动类型包括司法会计检查、司法会计检验、司法会计鉴定、司法会计财务数据测算和司法会计技术性证据审查等。本节主要介绍这些不同类型业务的概念、特点和作用。

一、司法会计检查

司法会计检查,俗称“查账”,是指侦查机关、纪检监察机关等办案单位为了获取某些财务会计资料证据，由检查主体对案件中涉及的财务会计资料或者财产物资进行勘验检查，为办案部门提供、固定财务会计资料证据或犯罪线索的一项活动。通俗地说，司法会计检查就是要求检查主体从大量财务会计资料中查找案件需要的财务会计资料证据或者协助办案部门对案涉货币资金、其他实物资产进行勘验检查，直接向办案部门提供证据的一项活动。

（一）司法会计检查活动内容

司法会计检查活动根据需要检查的对象不同，活动内容可以分为“查账”和“查物”。

查账，是指检查主体通过对原始凭证、记账凭证、会计账簿、会计报表及其他财务会计资料的检查，向办案部门提供与案件有关的财务会计资料的一项活动。例如，某单位涉嫌违反中央八项规定违规发放津补贴，检查主体通过对财务会计资料的检查，直接向办案部门提供该单位发放津补贴的财务会计凭证。

查物，是指检查主体在侦查人员的主持下，对货币资金或其他实物资产进行盘点，确定货币资金或其他实物资产截至检查日实际结存数额的一项活动。例如，某单位仓库保管员监守自盗，为了查明库存物资的短缺数额，检查主体需要对仓库保管员保管的财产物资数额进行检查，并向办案部门提供检查结果。

诉讼中并不是所有的案件都需要通过司法会计检验、司法会计鉴定活动解决财务会计专门性问题，如果通过提供有关财务会计资料证据就能够解决诉讼中财务会计专门性问题的，可以通过司法会计检查活动予以解决。

（二）司法会计检查特点

司法会计检查具有以下两方面特点：

1. 检查主体资质不受法律限制。检查人员既可以是具有司法会计鉴定资质的人员，也可以是案件承办人员。

2. 一般无须出具书面报告。司法会计检查的目的主要是直接向办案部门提供财务会计资料书面证据，通常情况无须出具书面报告，只有查物时，才需要向办案部门出具勘验、检查笔录等书面材料。

（三）司法会计检查的作用

通过司法会计检查，可以为司法机关、纪检监察机关等办案单位或个人提供与案件有关的财务会计凭证或勘验、检查笔录等书面证据，用于证明某项财务会计事实。

二、司法会计检验

司法会计检验，是指具有司法会计鉴定资质的人员对送检方提供的财务会计资料进行检查、验证，并出具书面检验结果，客观反映财务会计资料情况的一项技术性活动。

（一）司法会计检验活动内容

司法会计检验包括“检查”和“验证”两项活动，其中“检查”活动与上述司法会计检查活动中的“查账”活动类似。“验证”活动是指对具有内在互相证明关系或者具有勾稽关系的财务会计资料进行互相印证的技术性活动。其中，内在互相证明关系是指原始凭证与记账凭证、记账凭证与会计账簿、总账与明细分类账、会计账簿与会计报表、实物资产账与实物资产之间的对应、平衡或汇总关系；勾稽关系是指会计账簿和会计报表以及不同会计报表之间有关数据存在互为查考、核对的关系。例如，某单位涉嫌私分国有资产，司法会计检查过程中发现一份该单位编制入账的补贴清单，该补贴是否已经发放，仅凭一份补贴清单尚不足以证明款物已经发放了，需要具有司法会计鉴定资质的人员对相应财务会计资料账务处理情况进行司法会计检验，才能确认该补贴是否实际已经发放。假如该清单对应的记账凭证账务处理为：借记某项费用支出，贷记其他应付款，表明该单位计提了某项费用支出，实际尚未发放货币资金，不足以证明私分；假如对应的记账凭证账务处理为：借记某项费用支出，贷记库存现金或银行存款，经过对现金日记账或银行存款日记账、现金日报表或银行对账单的验证，现金或银行存款确实已经减少了，表明实际已经发放了该项补贴，类似的活动就是司法会计验证活动。

（二）司法会计检验特点

与司法会计检查活动相比，司法会计检验活动具有以下两个鲜明特点：

1. 检验的主体是特殊主体。由于司法会计检验需要对具有互相证明关系或者具有勾稽关系的财务会计资料进行验证，涉及较为专业的知识，因此要求检验主体必须符合诉讼法律规定的具有“财务会计专门知识”的人员。

2. 要求出具书面报告。司法会计检验活动需要出具书面报告，原因主要有两方面:一是司法会计检验活动大多涉及较为复杂的经济业务,仅通过实施司法会计检查直接提供财务会计资料证据难以满足诉讼要求,需要提供系统、全面的证据才能证明某项经济业务的发生过程及结果;二是当待证的某项经济业务未在账面上记录时,司法会计检查无法提供书面证据,必须通过司法会计检验活动提供书面证据。例如,犯罪嫌疑人以收款不记账的方法实施侵吞单位款项,因账面上没有该款项收入的入账记录,通过司法会计检查只能“口述”收款未记账,无法提供有效的书面证据证明收款未记账,为避免“口说无凭”,必须出具书面报告,这种书面报告就是司法会计鉴定文书的一种形式——司法会计检验报告。

(三)司法会计检验的作用

贪污、挪用公款/资金、职务侵占、非法吸收公众存款等经济犯罪案件大多涉及与资金往来有关的财务问题,很少涉及会计业务处理方面的问题,司法会计检验报告作为鉴定文书的一种形式,①发挥固定证据,证明财务会计事实的作用。

(四)司法会计检验与司法会计检查的区别

司法会计检验与司法会计检查虽然只有一字之差,但两者分属不同类别的活动,其主要区别在于:

1. 实施主体资质要求不同。司法会计检查只要求实施主体查找并提供与案件有关的财务会计资料证据,相关法律对实施主体没有专门限制,实施主体既可以是案件承办人员,也可以是具有财务会计专门知识的人员。司法会计检验不但需要对相关财务会计资料进行检查,还需要对有关专门性问题进行验证判断,因而涉及较强的财务会计专业知识,工作结果需要出具司法会计检验报告,司法会计检验报告需要具备司法会计鉴定资质的人员签名盖章,方为有效,因此司法会计检验主体是特殊主体,即必须符合诉讼法律规定的具有司法会计鉴定资质的人员实施。

---

① 《人民检察院司法会计工作细则(试行)》(高检发技字〔2015〕27 号)第 23 条规定,鉴定工作完成后,应当根据委托要求出具鉴定文书。仅需要反映财务会计资料客观情况的,应当出具检验报告;能够作出明确鉴定意见的,应当出具鉴定书。《公安机关鉴定规则》(公通字〔2017〕6 号)第 45 条规定,鉴定文书分为《鉴定书》和《检验报告》两种格式。客观反映鉴定的由来、鉴定过程,经过检验、论证得出鉴定意见的,出具《鉴定书》。客观反映鉴定的由来、鉴定过程,经过检验直接得出检验结果的,出具《检验报告》。

2. 提供的证据分属不同的证据种类。通过司法会计检查，检查主体直接向委托方提供财务会计凭证，该凭证属于书证；通过司法会计检验形成的司法会计检验报告，属于鉴定文书的一种形式，可归入“鉴定意见”证据种类。

3. 技术难度不同。司法会计检查只需要“查找”有关财务会计资料，没有太大技术难度和技术含量，只是非专业人员与专业人员相比，工作效率相对较低。司法会计检验不仅需要“查找”财务会计资料，而且需要对查找到的有关财务会计资料进行验证，专业性要求相对较高。

4. 对实施主体出庭要求不同。司法会计检查人员一般不需要出庭作证，如果需要出庭作证，应以“证人”的身份出庭，回答财务会计资料查找过程的相关问题，无须回答有关专门性问题。司法会计检验人员通常需要出庭作证。《最高人民法院关于适用〈中华人民共和国刑事诉讼法〉的解释》第 100 条规定：“因无鉴定机构，或者根据法律、司法解释的规定，指派、聘请有专门知识的人就案件的专门性问题出具的报告，可以作为证据使用。对前款规定的报告的审查与认定，参照适用本节的有关规定。经人民法院通知，出具报告的人拒不出庭作证的，有关报告不得作为定案的根据。”可见，司法会计检验人员，是以“有专门知识的人员”身份出庭，参照鉴定人出庭方式回答有关“专门性问题”。

三、司法会计鉴定

司法会计鉴定，是指在诉讼活动中，为了查明案情，由具有专门知识的人员，对案件中涉及的财务会计资料及相关材料进行检验，对需要解决的财务会计问题进行鉴别判断，并提供意见的一项活动。

（一）司法会计鉴定的特点

司法会计鉴定具有以下五个特点：

1. 司法会计鉴定活动属于“诉讼活动”之一

根据《中华人民共和国刑事诉讼法》第 108 条的规定，鉴定人属于“诉讼参与人”。因此，司法会计鉴定基于诉讼活动而产生，诉讼活动是司法会计鉴定赖以存在的前提，没有诉讼活动就没有司法会计鉴定活动。“司法会计鉴定”名词之所以冠以“司法”二字，代表的就是“诉讼活动”。

2. 司法会计鉴定的目的是“查明案情”

当案件涉及财务会计专门性问题的时候，由于相关诉讼主体缺乏财务会计专门知识，为了查明案情，保障诉讼活动顺利进行，需要进行鉴定。因此，司法会计鉴定的目的是查明案情。需要特别注意的是，“查明案情”的实施主体是诉讼机关而非鉴定主体。

3. 司法会计鉴定的主体是指“有专门知识的人”

根据《全国人民代表大会常务委员会关于司法鉴定管理问题的决定》第 4 条的规定，从事司法鉴定“有专门知识的人”是指具备下列条件之一的人员：

（1）具有与所申请从事的司法鉴定业务相关的高级专业技术职称；

（2）具有与所申请从事的司法鉴定业务相关的专业执业资格或者高等院校相关专业本科以上学历，从事相关工作 5 年以上；

（3）具有与所申请从事的司法鉴定业务相关工作 10 年以上经历，具有较强的专业技能。

因故意犯罪或者职务过失犯罪受过刑事处罚的，受过开除公职处分的，以及被撤销鉴定人登记的人员，不得从事司法鉴定业务。

4. 司法会计检验的对象是案件涉及的“财务会计资料及相关材料”

司法会计鉴定主要是解决案件涉及的财务会计专门性问题，因此司法会计检验的对象只能是财务会计资料以及能够证明经济业务发生或结果的其他相关材料，言词证据等非财务会计资料均不能成为司法会计检验的对象。

5. 司法会计鉴定的对象是“财务会计问题”

司法会计鉴定是通过对送检财务会计资料及相关材料的检验、鉴别、分析论证，回答送检方提出需要解决的财务会计问题，实现鉴定目的。因此“财务会计问题”便成为司法会计鉴定的对象。财务会计问题既包括财务方面的问题也包括会计业务处理方面的问题。就具体个案而言，送检方需要解决某项具体财务会计问题时，司法会计鉴定的对象体现为具体的鉴定事项。

需要特别强调的是，司法会计鉴定对象与司法会计检验对象是两个不同的概念。司法会计鉴定对象泛指抽象的财务会计专门性问题，司法会计检验对象泛指具体的财务会计资料及相关材料，实务中应严格加以区分，委托方应避免把检验对象当作鉴定对象向鉴定人提出。

（二）司法会计检验与司法会计鉴定的联系与区别

1. 司法会计检验与司法会计鉴定的联系

司法会计检验可以作为一项独立的技术活动存在，当委托方仅需要客观反映财务会计资料记录情况时，检验结果可以直接作为证据使用；司法会计鉴定是司法会计检验工作的延续，是对委托方提出的且不能在原始凭证上直接反映的财务会计专门性问题，运用司法会计鉴定标准对司法会计检验结果进一步鉴别、判断从而得出鉴定意见的一项专门性活动。司法会计鉴定过程中如果没有实施司法会计检验，司法会计鉴定意见就成为虚无缥缈的“空中楼阁”。因此，司法会计鉴定包含了司法会计检验，或者说司法会计检验是司法会计鉴定的必经途径，司法会计鉴定与司法会计检验是递进关系。

2. 司法会计检验与司法会计鉴定的区别

司法会计检验主要反映检验过程和结果，即只需要直观反映检验过程中所见到的财务会计资料记载的信息及这些信息体现的财务会计事实；司法会计鉴定不仅要表达检验过程和结果，而且还必须表达检验过程中无法观察到的、需要依据检验过程和结果并运用鉴定标准推断出委托方需要待证的财务会计问题，从而形成鉴定意见。从提问者角度讲，诉讼机关需要解决的财务会计问题通常包括“怎么样”和“为什么”两个不同的问题。司法会计检验是对送检方提供的财务会计资料进行检验后，对“怎么样”问题的回答；司法会计鉴定是对委托方提供的财务会计资料进行检验后对“为什么”问题的回答。比如，非法经营案，如果侦查机关欲知经营数额，该问题属于对“怎么样”的提问，鉴定人员只需对相关收款凭证及资金流入情况进行检验，客观反映经营收入，出具司法会计检验报告即可；如果侦查机关欲知获利数额，但是相应的原始凭证只有收入、成本费用和税金等，财务会计资料中不存在能够直观反映利润的原始凭证，即鉴定人无法通过对原始凭证的检验直接观察到利润数额，只能依据会计准则中的利润计算公式，即鉴定标准，计算出利润数额，这就是对“为什么”问题的回答。

（三）正确理解司法会计鉴定概念的诉讼意义

正确理解司法会计鉴定概念，具有以下四个方面诉讼意义：

第一，避免司法会计鉴定活动程序违反诉讼法律规范，或者将审计活动当作司法会计鉴定活动。

这一点在实务中突出表现为以审计报告代替司法会计鉴定报告，或者出具的司法会计鉴定报告以审计标准代替司法鉴定标准，以非财务会计资料及相关材料作为鉴定材料，在财务会计资料不完整、不充分条件下以审计准则代替司法鉴定标准，出具保留意见或者无法表示意见性质的司法会计鉴定报告，以审计函证方法收集的资料作为检材,以审计调查代替刑事侦查,以存货监盘代替现场勘查等。

第二,避免将鉴定目的当作鉴定事项。

这一点在实务中突出表现为对应当由诉讼机关判断的法律问题向鉴定人提出并实施鉴定,或者鉴定人越俎代庖行使“查明案情”职权。如郑某与某供电公司返还财产纠纷二审民事判决书[(2014)日民一终字第277号]。二审法院审理认为,司法会计鉴定报告书的鉴定事项为“孙某在某期间所持有的应当属于申请人的工程款及工资等款项进行审计”,该事项属于法院认定事实部分,不应属于鉴定事项,原审直接采信该鉴定意见不当,本院予以纠正。

第三,避免鉴定人将非财务会计资料及相关材料作为检验对象。

这一点在实务中突出表现为依据言词证据、合同、其他单位出具的审计报告等非财务会计资料作为检验对象,鉴定意见依据言词证据得出。如杨某贪污案[(2015)新刑初字第2号],法院审理认为,司法会计鉴定书中的部分检验意见,不是依据财务资料作出,而是依据未经法庭质证、认证的证人证言作出的结论,所得出的检验意见不客观真实,对公诉机关提供的司法会计鉴定书不予采信。

第四,避免委托方将检验对象当作鉴定对象提出,鉴定人按其要求实施。

这一点在实务中突出表现为委托方混淆了检验对象与鉴定对象,所提的委托鉴定事项诸如“对某单位财务会计资料进行鉴定”“对某某单位账目进行鉴定”等,造成鉴定意见范围随意扩大或缩小,或者将嫌疑账项当作鉴定意见。

正确理解司法会计鉴定概念,有助于委托方向鉴定人提出正确的鉴定事项,有助于诉讼机关审查司法会计鉴定意见证据,有助于控辩双方庭审质证,有助于司法会计鉴定人提高鉴定业务水平,有助于实现司法公平公正。

(四)诉讼中开展司法会计鉴定的意义

司法机关中绝大多数案件承办人员欠缺财务会计专业知识,当案件涉及财务会计知识时,除涉案财务会计问题比较简单,凭常识可以直接判断外,应当根据诉讼法律规定指派、聘请有专门知识的人进行司法会计鉴定,以便查明案情,对案件作出公正处理。如果案件承办人员无法对财务会计问题作出专业性判断,有可能造成案件事实不清,证据不足。

四、相关案例

案例1　姜某、王某贪污、挪用公款案[（2011）苏刑再终字第0001号]

原审上诉人（原审被告人）姜某，原系某机电公司（国有公司）聘任驻某办事处主任。

原审判决认定：(1)1994年10月，被告人姜某为业务单位化工公司代收货款3.5万元后，将该款项汇入个人的物资经营公司账户上，机电公司与化工公司结算往来账时，姜某同意用本单位的往来冲抵此款。至案发，姜某未将此款归还本单位，该款被其占为己有。(2)1995年8月，被告人姜某从机电公司支付陶某的结息款中转出3.3万元为他人购买彩电、音响等，其收齐3.3万元后一直未交单位入账，将此款与其他款项一起还了个人物资经营公司欠化工公司的欠款。

原审法院认为，被告人姜某系国有公司聘用人员，利用职务之便，侵占国有公司财产，数额巨大，其行为已构成侵占罪。

原审法院以侵占罪对姜某作出相应判决。

宣判后，被告人姜某不服，向江苏省高级人民法院提出上诉。

江苏省高级人民法院审理后裁定：驳回上诉，维持原判。

姜某不服该裁定，向最高人民法院提出申诉。

最高人民法院指令江苏省高级人民法院另行组成合议庭对本案进行再审。

再审查明，物资经营公司、机电公司、化工公司之间有经济往来，在姜某归案后至二审期间，均未对三家公司的账务进行司法会计鉴定。再审期间，物资经营公司账册查无下落，无法进行司法会计鉴定。

再审认为：(1)物资经营公司、机电公司、化工公司之间有业务往来，由于未经司法会计鉴定，三家公司的债权债务不清，难以判断物资经营公司、机电公司、化工公司之间的债权债务的冲抵行为是否合法，该事实不清；(2)物资经营公司与化工公司未进行司法会计鉴定，没有证据证实物资经营公司欠化工公司3.3万元，故原裁定及出庭检察员认为3.3万元系姜某用此款归还物资经营公司欠化工公司欠款的事实不清，证据不足。

再审判决姜某无罪。

案例2　钟某非法经营案[（2016）川刑再2号]

四川省某区人民法院刑事判决认定：被告人钟某经人介绍在河南省某生物科

技公司考察后，在四川省某市某区开设专卖店，钟某按照生物科技公司的经营模式，宣传讲解生物科技公司的营销制度，为生物科技公司吸收、发展会员，参与人员直接向生物科技公司汇款，起到了协助生物科技公司发展会员的作用。会员直接向生物科技公司汇款后，凭借汇款单在钟某的专卖店报单和领取产品，专卖店按照报单金额在生物科技公司领取5%的开店补贴。截至2006年10月，通过钟某的专卖店共有949人向生物科技公司汇款，金额447万元。

四川省某区人民法院认为，公诉机关指控被告人钟某从事传销活动的事实成立，作出相应的判决。

判决后钟某不服，提出上诉，二审法院裁定驳回上诉，维持原判。

钟某不服二审裁定，向四川省高级人民法院提出申诉。

四川省高级人民法院认为，起诉书指控钟某非法经营额的依据为从生物科技公司提取的光盘数据而无其他相应财务数据等印证，亦未经司法会计鉴定；生物科技公司向原审被告人的专卖店所返还"店补"的具体数额系依据未经司法鉴定的光盘数据乘以5%推导得出，没有相关的领取或者银行转款记录予以证实。故认定钟某非法经营额和违法所得的事实不清、证据不足。

四川省高级人民法院根据查明的事实，结合其他证据，作出原审被告人钟某无罪的终审判决。

五、司法会计财务数据测算

财务数据测算业务，是指某项财务业务已经发生，因缺乏财务会计资料而无法满足司法会计鉴定条件，对实际已经发生的财务结果进行的推测计算，或者根据已有财务会计资料对未来极有可能发生的财务数据进行的推测计算，并提供书面测算意见的一项诉讼协助业务。

财务数据测算按照证明时间要求划分，分为历史财务数据测算和未来财务数据测算。其中，历史财务数据测算用于证明已经发生的财务结果，未来财务数据测算用于证明未来可能发生的财务结果。

（一）财务数据测算的特点

财务数据测算与其他司法会计业务活动相比具有两个鲜明的特点：第一，在财务会计资料不完整不充分的情况下对过去已经发生的财务数值或者在财务会计资料完整充分的情况下对未来可能发生的财务数值所作的预估；第二，测算结果的不精准性，测算结果只能是大致值或区间值。

（二）财务数据测算的作用

财务数据测算得出的数值不具有司法会计鉴定意见证据属性，但可以作为裁判参考，常用于证明巨额财产来源不明或未来可得利益损失等待证事项。

六、司法会计技术性证据审查

技术性证据一般界定为在诉讼活动中，办案单位为解决诉讼案件中的专门性技术问题，依法委托鉴定人或聘请其他具有专门知识的人，运用科学技术手段和方法，依法收集、提取、固定和鉴别所形成的证据材料，如鉴定意见，勘验、检查笔录等；或者由办案单位依法收集，并以科学技术手段和方法为载体的证据材料。[①] 司法会计技术性证据是指运用财务会计专门技术手段形成的或者载有财务会计专业知识的证据材料，包括“结论性证据材料”和“非结论性证据材料”。

“结论性证据材料”，是指具有会计审计专门知识的人员通过对财务会计资料及相关材料的检验，对诉讼涉及的财务会计专门性问题进行鉴别和判断得出结论性意见的各种文书证据材料，包括司法会计鉴定书、司法会计检验报告、司法会计测算意见书、审计鉴证类报告（含审计报告、专项审计报告、审核报告、鉴证报告、查账报告、执行商定程序报告）和验资报告等。

“非结论性证据材料”，是指除结论性证据材料以外，在诉讼前客观存在的财务会计资料，包括原始凭证、记账凭证、会计账簿、会计报表、其他财务会计资料等以及在诉讼过程中形成的且与财务会计事项有关的勘验检查笔录、犯罪嫌疑人供述、受害人陈述、证人证言等笔录材料。

司法会计技术性证据审查是指审查主体对司法会计技术性证据在合法性、科学性、客观性、规范性、关联性等方面进行审查，并提出审查意见的活动。

（一）司法会计技术性证据审查的主体和种类

法律规定，证据必须经过查证属实，才能作为定案或认定事实的根据。有关法规、司法解释对技术性证据之一的鉴定意见的审查主体作出了明确规定，主要有：《人民检察院刑事诉讼规则》（高检发释字〔2019〕4 号）第 220 条规定，对于鉴

① 参见洪翔、褚建新：《技术性证据审查的实践路径》，载《检察日报》2019 年 4 月 12 日，第 3 版。

定意见,检察人员应当进行审查。《公安机关办理刑事案件程序规定》(公安部令第159号)第252条第1款规定,对鉴定意见,侦查人员应当进行审查。《中华人民共和国监察法实施条例》第179条规定,调查人员应当对鉴定意见进行审查。《最高人民检察院关于指派、聘请有专门知识的人参与办案若干问题的规定(试行)》(2018年2月11日最高人民检察院第十二届检察委员会第七十三次会议通过)第8条规定,人民检察院在审查起诉时,发现涉及专门性问题的证据材料有下列情形之一的,可以指派、聘请有专门知识的人进行审查,出具审查意见:(1)对定罪量刑有重大影响的;(2)与其他证据之间存在无法排除的矛盾的;(3)就同一专门性问题有两份或者两份以上的鉴定意见,且结论不一致的;(4)当事人、辩护人、诉讼代理人有异议的;(5)其他必要的情形。

根据以上法律法规、司法解释的规定,技术性证据审查主体可以是案件承办人员,包括审判人员、检察人员、侦查人员和监察机关的调查人员,辩护人、委托诉讼代理人自然可以成为审查主体,也可以是案件承办机关及辩护人、委托诉讼代理人聘请的有专门知识的人员。技术性证据审查按审查主体不同,分为一般审查和专门审查两种,其中案件承办人员的审查称一般审查,有专门知识的人审查称专门审查。

(二)司法会计技术性证据审查的对象

顾名思义,技术性证据审查的对象就是拟用作证据的技术性证据材料。审查主体对结论性证据材料审查时,既可以审查结论性文书表象内容,如程序、形式要件和实体三方面的内容;也可以审查形成结论性意见的依据材料。

(三)司法会计技术性证据审查的作用

司法会计技术性证据审查按诉讼环节划分,可以分为侦查环节审查、捕诉环节审查和庭审环节审查。不同环节审查作用各不相同,侦查环节审查,根据审查结果,可以作出补充侦查、撤销案件或移送审查起诉决定;捕诉环节审查,根据审查结果,可以作出退回补充侦查、批捕或不批捕、起诉或不起诉决定;庭审环节审查,根据审查结果,可以作出采用、部分采用或不采用技术性证据的决定。总之,司法会计技术性证据审查有利于诉讼顺利进行,提高诉讼效率,促进司法公正,避免发生冤假错案。

(四)技术性证据审查结果处理

司法会计技术性证据材料按审查主体不同,审查结果处理方式不同。其中,由司法机关、监察机关案件承办人员审查的，由案件承办人员作出是否采用技术性证据材料的决定。由司法机关内部有专门知识的人审查的，既可以以口头方式告知案件承办人员审查结果；也可以以书面方式告知，以书面方式告知的，可以出具司法会计技术性证据审查意见书，如果审查的对象是辩方提供的结论性证据材料，可以出具司法会计质证意见书；如果是辩护人、委托诉讼代理人或其聘请有专门知识的人审查的，可以出具司法会计质证意见书。以刑事诉讼中辩方委托为例，司法会计质证意见书参考格式如下：

司法会计质证意见书

编号××（辩方出具的可免编号）

××人民法院（检察院）：

贵院审理的××等人涉嫌××一案，因案件涉及财务会计专门性问题，××公安局于××××年××月××日出具×公鉴聘字〔20××〕×号《鉴定聘请书》，聘请××会计师事务所有限公司进行鉴定。××会计师事务所有限公司于20××年××月××日出具××字〔20××〕第×号《司法会计鉴定意见》。经我们对《司法会计鉴定意见》进行全面审查，现发表如下质证意见：

一、程序方面的质证意见

……

二、形式要件方面的质证意见

……

三、实体方面的质证意见

……

综上，我们认为……

以上意见供贵院审（办）理时参考。

审查人：×××

20××年××月××日

第三节 司法会计鉴定种类

司法机关、监察机关根据诉讼需要，就案件中需要查明的财务会计专门性问题，可以指派、聘请有专门知识的人进行鉴定。鉴定人作出鉴定意见后，可能基于某些原因需要对原鉴定存在的不足部分进行补充，或者需要重新聘请其他机构鉴定人进行鉴定。因此，司法会计鉴定可分为初次鉴定、补充鉴定和重新鉴定三种，其中初次鉴定为最常见的司法会计鉴定，补充鉴定和重新鉴定并非必须进行。诉讼机关认为初次鉴定不能满足诉讼需要或者存在不能作为定案根据情形的，或者经当事人申请，诉讼机关认为有必要的，可以进行补充鉴定或重新鉴定。

一、初次鉴定

顾名思义，初次鉴定是指委托方针对案件中需要解决的财务会计专门性问题首次提请司法会计鉴定人进行的司法会计鉴定。

鉴定人完成初次鉴定后，司法鉴定机构应当指定具有相应资质的人员对鉴定程序和鉴定意见进行复核，复核人员完成复核后，应当提出复核意见并签名，存入鉴定档案。完成鉴定复核后，鉴定人应当出具书面司法会计鉴定文书，并及时将鉴定意见送交委托方。根据诉讼规则的相关规定，司法机关应当对鉴定意见进行审查，并将鉴定意见告知当事人。[①] 司法机关审查后认为鉴定意见并无不当之处且当事人无异议或当事人提出的异议不成立，无须进行司法会计其他种类的鉴定；反之，应当进行补充鉴定或者重新鉴定。如果发现初次鉴定材料存在不完整不充分又无法补充的，不应当将初次鉴定意见作为证据使用。

二、补充鉴定

补充鉴定是指有关人员对初次鉴定意见审查后，发现鉴定意见存在缺陷，对

---

① 《最高人民法院关于适用〈中华人民共和国刑事诉讼法〉的解释》（法释〔2021〕1 号）第 97 条对鉴定意见着重审查的内容作出了详细规定。《公安机关办理刑事案件程序规定》（公安部令第 159 号）第 252 条规定，对鉴定意见，侦查人员应当进行审查。对经审查作为证据使用的鉴定意见，公安机关应当及时告知犯罪嫌疑人、被害人或者其法定代理人。《人民检察院刑事诉讼规则》（高检发释字〔2019〕4 号）第 220 条规定，对于鉴定意见，检察人员应当进行审查……

同一鉴定事项可以通过弥补方式加以完善就能够满足诉讼需要，而组织原司法会计鉴定人所作的司法会计鉴定。需要补充鉴定的情形，相关规定如下：

1.《公安机关办理刑事案件程序规定》第 254 条第 1 款规定，经审查，发现有下列情形之一的，经县级以上公安机关负责人批准，应当补充鉴定：(1)鉴定内容有明显遗漏的；(2)发现新的有鉴定意义的证物的；(3)对鉴定证物有新的鉴定要求的；(4)鉴定意见不完整，委托事项无法确定的；(5)其他需要补充鉴定的情形。

2.《人民检察院鉴定规则(试行)》(高检发办字〔2006〕33 号)第 18 条规定，鉴定事项有遗漏或者发现新的相关重要鉴定材料的，鉴定机构可以接受委托，进行补充鉴定。

3.《中华人民共和国监察法实施条例》第 180 条规定，经审查具有下列情形之一的，应当补充鉴定：(1)鉴定内容有明显遗漏的；(2)发现新的有鉴定意义的证物的；(3)对鉴定证物有新的鉴定要求的；(4)鉴定意见不完整，委托事项无法确定的；(5)其他需要补充鉴定的情形。

4.《司法鉴定程序通则》(法部令第 132 号)第 30 条规定，有下列情形之一的，司法鉴定机构可以根据委托人的要求进行补充鉴定：(1)原委托鉴定事项有遗漏的；(2)委托人就原委托鉴定事项提供新的鉴定材料的；(3)其他需要补充鉴定的情形。

补充鉴定是原委托鉴定的组成部分，应当由原司法鉴定人进行。

关于“原委托鉴定事项有遗漏”，对遗漏的鉴定事项进行鉴定属于初次鉴定还是补充鉴定的认定，关系到鉴定程序问题。根据《司法鉴定程序通则》的规定，补充鉴定应当由原司法鉴定人进行。如果将“原委托鉴定事项有遗漏”提出的鉴定作为初次鉴定，假如原鉴定人是张三和李四，后次的鉴定人可以是同一鉴定机构的王五和赵六；如果将其作为补充鉴定，后次的鉴定人只能是张三和李四。虽然《人民检察院鉴定规则(试行)》和《司法鉴定程序通则》均将“原委托鉴定事项有遗漏”作为补充鉴定，但理论界对此有两种不同的观点，一种观点完全赞同最高人民检察院和司法部的鉴定规范认为属于补充鉴定，另一种观点认为属于初次鉴定。笔者认为不宜搞“一刀切”，应根据司法会计鉴定的特点区分不同情形予以区别对待。第一种情形，如果遗漏的鉴定事项与原鉴定事项具有关联性，存在包含与被包含关系，将此种遗漏鉴定事项提请的鉴定归类于补充鉴定更加合适。如非法经营案，初次鉴定事项为“某期间的经营收入”，后来司法机关为追缴犯罪嫌疑人的违法所得，又提出“某期间获利金额”的鉴定事项，因获利金额系经营收入扣除相应成本费用和税金后的差额，该鉴定事项必定涉及“经营收入”的鉴定，为避免重复鉴定，减少工作量，提高工作效率，后次鉴定事项可以直接引用初次鉴定事项中的“经营收入”结果，仅对成本费用和税金进行鉴定，得出获利金额的鉴定意见，这种“后者鉴定意见的形成必须引用前者鉴定结果”的鉴定由原鉴定人作出更加合适。第二种情形，如果遗漏的鉴定事项与原鉴定事项虽然具有某些关联，但内容上是相互独立的，对遗漏鉴定事项作出的鉴定意见可以独立作为鉴定意见使用的，该种情形的鉴定应归类为初次鉴定。如某出纳涉嫌挪用公款，初次鉴定事项为“某单位截止某日库存现金应结余额与实际结存额是否相符”，后来侦查机关发现出纳挪用公款用于炒股，为追缴违法所得或查明挪用公款的去向，侦查机关又提出“该出纳在某期间投资股票盈亏数额”的鉴定事项，该鉴定事项与原鉴定事项内容上不存在包含关系，可以作为初次鉴定对待。

三、重新鉴定

重新鉴定，是指初次鉴定或者经过补充鉴定后作出的鉴定意见不能作为定案或认定事实的根据，委托方对相同的鉴定事项重新提请其他鉴定机构鉴定人进行的鉴定。重新鉴定可以由诉讼机关自主启动，也可以由相关当事人申请后再由诉讼机关启动。需要重新鉴定的情形，相关规定如下：

1.《公安机关办理刑事案件程序规定》第 255 条第 1 款、第 2 款规定，经审查，发现有下列情形之一的，经县级以上公安机关负责人批准，应当重新鉴定：(1)鉴定程序违法或者违反相关专业技术要求的；(2)鉴定机构、鉴定人不具备鉴定资质和条件的；(3)鉴定人故意作虚假鉴定或者违反回避规定的；(4)鉴定意见依据明显不足的；(5)检材虚假或者被损坏的；(6)其他应当重新鉴定的情形。

重新鉴定，应当另行指派或者聘请鉴定人。

2.《人民检察院鉴定规则(试行)》(高检发办字〔2006〕33 号)第 17 条规定，具有下列情形之一的，鉴定机构可以接受案件承办单位的委托，进行重新鉴定：(1)鉴定意见与案件中其他证据相矛盾的；(2)有证据证明鉴定意见确有错误的；(3)送检材料不真实的；(4)鉴定程序不符合法律规定的；(5)鉴定人应当回避而未回避的；(6)鉴定人或者鉴定机构不具备鉴定资格的；(7)其他可能影响鉴定客观、公正情形的。

重新鉴定时，应当另行指派或者聘请鉴定人。

3.《最高人民法院关于民事诉讼证据的若干规定》(法释〔2019〕19 号)第 40

条第 1 款规定，当事人申请重新鉴定，存在下列情形之一的，人民法院应当准许：(1)鉴定人不具备相应资格的；(2)鉴定程序严重违法的；(3)鉴定意见明显依据不足的；(4)鉴定意见不能作为证据使用的其他情形。

4.《中华人民共和国监察法实施条例》第 181 条规定，经审查具有下列情形之一的，应当重新鉴定：(1)鉴定程序违法或者违反相关专业技术要求的；(2)鉴定机构、鉴定人不具备鉴定资质和条件的；(3)鉴定人故意作出虚假鉴定或者违反回避规定的；(4)鉴定意见依据明显不足的；(5)检材虚假或者被损坏的；(6)其他应当重新鉴定的情形。

决定重新鉴定的，应当另行确定鉴定机构和鉴定人。

5.《司法鉴定程序通则》(司法部令第 132 号)第 31 条规定，有下列情形之一的，司法鉴定机构可以接受办案机关委托进行重新鉴定：(1)原司法鉴定人不具有从事委托鉴定事项执业资格的；(2)原司法鉴定机构超出登记的业务范围组织鉴定的；(3)原司法鉴定人应当回避没有回避的；(4)办案机关认为需要重新鉴定的；(5)法律规定的其他情形。

案例 3　王某、张某非法吸收公众存款案[(2018)黑 0110 刑初 98 号]

公诉机关指控，被告人王某、张某、冯某在分别担任某财富投资管理有限公司副总经理、理财部部长、理财部团队长期间，在未经有关主管部门依法批准的情况下，通过媒体及发宣传单等途径向公众宣传、销售各类理财产品，以承诺返本及支付高额利息为诱饵，非法吸收公众资金。经司法会计鉴定，该公司 2014 年 6 月至 2016 年 6 月，电子账目载明短期理财产品吸收公众存款合计金额 5090 万元。其中张某任职期间，某财富投资管理有限公司向 8 人吸收存款，实收现金总额 139 万元，返本金额 56 万元，返息金额 15 万元，出资人实际损失 68 万元；冯某任职期间，某财富投资管理有限公司向 45 人吸收存款，实收现金总额 573 万元，返本金额 28 万元，返息金额 74 万元，出资人实际损失金额 471 万元。

被告人冯某提出鉴定报告中将一些不属于理财部的集资款计入了其本人的名下，要求对其犯罪数额进行重新鉴定。

法院认为，因冯某对本案的司法鉴定意见提出异议并提出了正当理由，故侦查机关对本案非法吸收公众存款的数额进行了重新鉴定，冯某及张某的犯罪数额较初次鉴定的犯罪数额均有所减少，因此本案中冯某及张某的犯罪数额应按重新鉴定的数额予以认定。

第四节 司法会计鉴定与注册会计师审计的异同

司法会计鉴定作为司法鉴定的一项独立执业门类,[①]与注册会计师审计有很多共性。注册会计师在接受鉴定聘请时,容易将两者混为一谈,以审计规范代替司法鉴定规范,以审计报告代替司法会计鉴定报告,给注册会计师从事司法会计鉴定带来风险。[②] 本节通过对诉讼法律、司法鉴定规范与审计法律法规、审计准则进行比较,得出两者虽有共性的一面,但也有很多差异的结论。正确把握两者的异同,有利于鉴定人纠正以审计程序、规范和标准从事司法会计鉴定工作,有利于法律工作者对司法会计鉴定、审计报告证据能力和证明力的审查判断。

一、司法会计鉴定与注册会计师审计的共性

注册会计师审计亦称社会审计,是指注册会计师依法接受委托,按照注册会计师审计准则的要求,对被审计单位编制的财务报表的合法性、公允性和一贯性以及是否不存在由于舞弊或错误导致的重大错报获取合理保证,提高财务报表预期使用者对财务报表的信赖程度。

司法会计鉴定与注册会计师审计的共性,主要表现在:从业人员都具有会计审计执业资质,审查验证的对象都是财务会计资料及相关证据材料,审查验证都可以采用顺查法、逆查法、核对法、重新计算法、分析法等方法,引用的标准都是财务会计法律法规、会计准则、财务会计制度等,执业主体都需要执行回避规定,工作结果都以书面报告形式出具,违规出具报告都需要承担一定的法律责任等。

二、司法会计鉴定与注册会计师审计的差异

《全国人民代表大会常务委员会关于司法鉴定管理问题的决定》(根据 2015 年 4 月 24 日第十二届全国人民代表大会常务委员会第十四次会议《关于修改〈中华人民共和国义务教育法〉等五部法律的决定》修正)第 1 条规定,司法鉴定是指

---

① 《司法鉴定执业分类规定(试行)》(司发通〔2000〕159 号,已废止)第 9 条为司法会计鉴定。

② 参见北京市注册会计师协会发布的《专家提示[2018]第 2 号 – 司法会计鉴定业务承接与实施的基本要求》、黑龙江省注册会计师协会发布的《会计师事务所承接司法鉴定业务的风险提示函》(黑会协函[2020]2 号),以及福建、湖北、山东、河南、广东等省注册会计师协会发布的类似风险提示。

在诉讼活动中鉴定人运用科学技术或者专门知识对诉讼涉及的专门性问题进行鉴别和判断并提供鉴定意见的活动。由此可见,司法鉴定是基于诉讼活动而产生,而审计是基于所有权与经营管理权的分离,为确立受托经济责任关系而产生,两者产生基础不同,应用领域不同,决定了两者的一系列差异,主要表现在以下二十个方面。

(一)活动属性差异

《中华人民共和国刑事诉讼法》第 108 条将“鉴定人”列作“诉讼参与人”,因此作为司法鉴定执业类别之一的司法会计鉴定是一项诉讼活动。

《中华人民共和国注册会计师法》第 1 条规定,为了发挥注册会计师在社会经济活动中的鉴证和服务作用,加强对注册会计师的管理,维护社会公共利益和投资者的合法权益,促进社会主义市场经济的健康发展,制定本法。从《中华人民共和国注册会计师法》的立法目的看,注册会计师审计是一项经济管理、经济监督、经济评价和经济鉴证活动。

司法会计鉴定与注册会计师审计的活动属性差异表明,没有诉讼活动就没有司法会计鉴定活动,但没有诉讼活动,依旧有注册会计师审计活动。基于此,注册会计师审计活动需要遵循的程序、规范和标准是按照经济管理、监督、评价和鉴证活动需要设计的,并不需要考虑诉讼程序、规范和标准,这也是注册会计师审计与司法会计鉴定存在差异的渊源。

(二)目的差异

司法会计鉴定,是指司法会计鉴定人对诉讼中涉及的财务会计问题进行鉴别判定的一种司法会计活动,它以查明案情为目的,主要任务是解决诉讼中涉及的财务会计专门性问题。

注册会计师审计的目的是评价被审计单位受托经济责任的履行情况,包括评价会计报表的真实性、公允性和会计处理方法的一贯性,从而确定或解除被审计单位应负的受托经济责任。

(三)执业机构资质差异

根据《全国人民代表大会常务委员会关于司法鉴定管理问题的决定》第 5 条的规定,法人或者其他组织申请从事司法鉴定业务的,每项司法鉴定业务有 3 名以上鉴定人。这一规定的意义在于:一是互相制约互相监督,开展司法鉴定时至少需要两名具有司法鉴定资质的人员参与,为保证鉴定质量,需要由相应资质的第三人执行复核程序;二是遇到复杂疑难案件,需要“会检鉴定”时,应当有未参与鉴定的第三人参与“会检鉴定”。

根据财政部发布的《会计师事务所执业许可和监督管理办法》(财政部令第89号)第8条的规定,普通合伙会计师事务所申请执业许可,应当具备2名以上合伙人,且合伙人具有注册会计师执业资格。

这一差异决定了只有2名注册会计师的普通合伙会计师事务所可以出具审计报告,当只有2名合伙人的会计师事务所没有其他具备《全国人民代表大会常务委员会关于司法鉴定管理问题的决定》规定的司法鉴定资质人员时,该会计师事务所就无法执行司法鉴定应当由具有“相应资质人员”的第三人执行复核程序,不能受理司法会计鉴定业务。

(四)执业人员资质差异

根据《全国人民代表大会常务委员会关于司法鉴定管理问题的决定》第4条的规定,除因故意犯罪或者职务过失犯罪受过刑事处罚的,受过开除公职处分的,以及被撤销鉴定人登记的人员外,具备下列条件之一的人员,可以申请登记从事司法鉴定业务:(1)具有与所申请从事的司法鉴定业务相关的高级专业技术职称;(2)具有与所申请从事的司法鉴定业务相关的专业执业资格或者高等院校相关专业本科以上学历,从事相关工作5年以上;(3)具有与所申请从事的司法鉴定业务相关工作10年以上经历,具有较强的专业技能。

《中华人民共和国注册会计师法》第8条规定,具有高等专科以上学校毕业的学历或者具有会计或者相关专业中级以上技术职称的中国公民,可以申请参加注册会计师全国统一考试;具有会计或者相关专业高级技术职称的人员,可以免予部分科目的考试。第9条第1款规定,参加注册会计师全国统一考试成绩合格,并从事审计业务工作2年以上的,可以向省、自治区、直辖市注册会计师协会申请注册。

《财政部关于注册会计师在审计报告上签名盖章有关问题的通知》(财会〔2001〕1035号)第2条规定,审计报告应当由两名具备相关业务资格的注册会计师签名盖章并经会计师事务所盖章方为有效。

这一差异表明:第一,从事相关工作5年以下的执业注册会计师,可以执业注册会计师审计业务，在审计报告上签名盖章，但不能执行司法会计鉴定业务；第二，具有会计审计相关专业知识且达到《全国人民代表大会常务委员会关于司法鉴定管理问题的决定》规定资质的三类人员均可以执行司法会计鉴定业务，而注册会计师审计对审计人员的资质仅限于具有注册会计师执业资质的人员。换句话说，执业注册会计师可以从事审计业务，但不一定可以从事司法会计鉴定业务；具备司法会计鉴定资质但不具备执业注册会计师资质的人员一定不能从事注册会计师审计业务。

（五）补充或重新鉴定与补充或重新审计执业主体资质差异

《人民检察院鉴定规则（试行）》（高检发办字〔2006〕33 号）第 17 条第 2 款规定，重新鉴定时，应当另行指派或者聘请鉴定人。

《公安机关鉴定规则》（公通字〔2017〕6 号）第 44 条规定，进行重新鉴定，可以另行委托其他鉴定机构进行鉴定。鉴定机构应当从列入鉴定人名册的鉴定人中，选择与原鉴定人专业技术资格或者职称同等以上的鉴定人实施。

《中华人民共和国监察法实施条例》第 181 条第 2 款规定，决定重新鉴定的，应当另行确定鉴定机构和鉴定人。

《司法鉴定程序通则》（司法部令第 132 号）第 30 条第 2 款规定，补充鉴定是原委托鉴定的组成部分，应当由原司法鉴定人进行。第 32 条第 2 款规定，接受重新鉴定委托的司法鉴定机构的资质条件应当不低于原司法鉴定机构，进行重新鉴定的司法鉴定人中应当至少有 1 名具有相关专业高级专业技术职称。

审计法律和审计准则对补充审计和重新审计的机构资质、人员资质及人员均没有作出明确规定。

这一差异要求具有司法会计鉴定资质的注册会计师受理补充鉴定时，应当由原注册会计师鉴定，不得执行审计准则中未明确的规范，由原注册会计师以外的其他注册会计师鉴定。受理重新鉴定时必须至少指派 1 名具有相应专业高级专业技术职称的人员参与鉴定。

（六）签名人参与要求差异

《人民检察院鉴定规则（试行）》第 14 条规定，鉴定机构接受鉴定委托后，应当指派两名以上鉴定人共同进行鉴定。《公安机关鉴定规则》（公通字〔2017〕6 号）第 31 条第 2 款规定，鉴定的实施，应当由两名以上具有本专业鉴定资格的鉴定人负责。《司法鉴定程序通则》第 19 条规定,司法鉴定机构对同一鉴定事项,应当指定或者选择 2 名司法鉴定人进行鉴定;对复杂、疑难或者特殊鉴定事项,可以指定或者选择多名司法鉴定人进行鉴定。第 35 条第 1 款规定,司法鉴定人完成鉴定后,司法鉴定机构应当指定具有相应资质的人员对鉴定程序和鉴定意见进行复核;对于涉及复杂、疑难、特殊技术问题或者重新鉴定的鉴定事项,可以组织 3 名以上的专家进行复核。

《财政部关于注册会计师在审计报告上签名盖章有关问题的通知》第 2 条第 1 项、第 2 项规定,合伙会计师事务所出具的审计报告,应当由 1 名对审计项目负最终复核责任的合伙人和 1 名负责该项目的注册会计师签名盖章,有限责任会计师事务所出具的审计报告,应当由会计师事务所主任会计师或其授权的副主任会计师和 1 名负责该项目的注册会计师签名盖章。

这一差异表明,注册会计师审计以"1 + 1"模式操作,在审计执行过程中可以由 1 名注册会计师参与审计,另一名注册会计师仅负责复核,即复核人、主任会计师或其授权的副主任会计师可以不亲自参与审计。而司法会计鉴定以"2 + N"模式操作,即要求至少由两名鉴定人亲自参与鉴定,至少由另一名具有相应资质的人员负责复核。

(七)实施期限要求差异

《司法鉴定程序通则》第 28 条规定,司法鉴定机构应当自司法鉴定委托书生效之日起 30 个工作日内完成鉴定。鉴定事项涉及复杂、疑难、特殊技术问题或者鉴定过程需要较长时间的,经本机构负责人批准,完成鉴定的时限可以延长,延长时限一般不得超过 30 个工作日。鉴定时限延长的,应当及时告知委托人。司法鉴定机构与委托人对鉴定时限另有约定的,从其约定。

《人民检察院司法会计工作细则(试行)》第 22 条规定,鉴定一般应当自受理之日起 15 个工作日内完成。疑难复杂的案件,经委托单位或部门同意,可以适当延长时间。鉴定过程中,补充送检材料所需时间,不计入鉴定时限。

《公安机关鉴定规则》第 33 条规定,鉴定机构应当在受理鉴定委托之日起 15 个工作日内作出鉴定意见,出具鉴定文书。法律法规、技术规程另有规定,或者侦查破案、诉讼活动有特别需要,或者鉴定内容复杂、疑难及检材数量较大的,鉴定机构可以与委托鉴定单位另行约定鉴定时限。需要补充检材、样本的,鉴定时限从检材、样本补充齐全之日起计算。

审计法律和审计准则未对审计时限作出明确规定。

这一差异要求，注册会计师从事审计时，除与委托方另有约定外，可以不考虑审计时限要求，但从事司法会计鉴定时，必须在规定时限或约定时限内出具鉴定文书，否则应视为违规。

（八）主体权力差异

《中国注册会计师审计准则第 1141 号——财务报表审计中与舞弊相关的责任》第 15 条规定，如果管理层或治理层对询问作出的答复相互之间不一致或与其他信息不一致，注册会计师应当对这种不一致加以调查。《最高人民法院关于审理涉及会计师事务所在审计业务活动中民事侵权赔偿案件的若干规定》（法释〔2007〕12 号）第 6 条规定，注册会计师在审计过程中未保持必要的职业谨慎，存在下列情形之一，并导致报告不实的，人民法院应当认定会计师事务所存在过失：未根据审计的要求采用必要的调查方法获取充分的审计证据。

《中华人民共和国刑事诉讼法》第 29 条规定，侦查人员担任过本案鉴定人的，应当回避。第 128 条规定，侦查人员对于与犯罪有关的场所、物品、人身、尸体应当进行勘验或者检查。在必要的时候，可以指派或者聘请具有专门知识的人，在侦查人员的主持下进行勘验、检查。《中华人民共和国民事诉讼法》第 83 条规定，勘验物证或者现场，勘验人必须出示人民法院的证件。《中华人民共和国监察法》第 29 条规定，监察机关在调查过程中，可以直接或者指派、聘请具有专门知识的人在调查人员主持下进行勘验检查。勘验检查情况应当制作笔录，由参加勘验检查的人员和见证人签名或者盖章。

这一差异表明，审计人员拥有独立的审计调查权，可以将独立调查结果作为审计证据，审计人员应调查而未调查导致审计报告不实的，应承担民事责任；而司法会计鉴定人没有独立的侦（调）查权，需要通过现场勘查获取检材的，必须在司法机关、监察机关有关人员的主持下才能实施。

（九）检材来源差异

《司法鉴定程序通则》第 12 条规定，委托人委托鉴定的，应当向司法鉴定机构提供真实、完整、充分的鉴定材料。

《中国注册会计师审计准则第 1301 号——审计证据》（2016 年 12 月 23 日修订）第 1 条规定，为了规范注册会计师在财务报表审计中确定审计证据的构成，明确注册会计师设计和实施审计程序以获取充分、适当的审计证据的责任，制定本准则。《中国注册会计师鉴证业务基本准则》第23条规定，适当的鉴证对象应当同时具备下列条件：……注册会计师能够收集与鉴证对象有关的信息，获取充分、适当的证据，以支持其提出适当的鉴证结论。由此可见，注册会计师从事审计或鉴证业务，可以从不同渠道获取审计、鉴证材料，即审计、鉴证材料来源可以是委托方、被审计单位提供，也可以是审计人员自行调查获取。

这一差异表明，司法会计鉴定所需的材料必须由委托方提供，鉴定机构和鉴定人不得自行调查获取材料或私自接收当事人提供的材料作为鉴定材料，而审计可以通过各种不同途径获取审计所需要的材料。

（十）检材完整充分性要求差异

《司法鉴定程序通则》第14条第2款规定，对于鉴定材料不完整、不充分，不能满足鉴定需要的，司法鉴定机构可以要求委托人补充；经补充后能够满足鉴定需要的，应当受理。第15条规定，发现鉴定材料不完整、不充分的，司法鉴定机构不得受理。《人民检察院司法会计工作细则（试行）》（高检发技字〔2015〕27号）第19条规定，送检材料不足需要补充才能继续鉴定的，应当中止鉴定。第20条规定，送检材料不足，无法补充的，应当终止鉴定。

《中国注册会计师审计准则第1501号——对财务报表形成审计意见和出具审计报告》（2022年1月5日修订，财政部财会〔2022〕1号）第18条第2项规定，无法获取充分、适当的审计证据，不能得出财务报表整体不存在重大错报的结论，注册会计师应当按照《中国注册会计师审计准则第1502号——在审计报告中发表非无保留意见》的规定，在审计报告中发表非无保留意见。《中国注册会计师审计准则第1502号——在审计报告中发表非无保留意见》（2019年2月20日修订）第8条规定，当存在下列情形之一时，注册会计师应当发表保留意见，其中第2项为：注册会计师无法获取充分、适当的审计证据以作为形成审计意见的基础，但认为未发现的错报（如存在）对财务报表可能产生的影响重大，但不具有广泛性。第10条规定，如果无法获取充分、适当的审计证据以作为形成审计意见的基础，但认为未发现的错报（如存在）对财务报表可能产生的影响重大且具有广泛性，注册会计师应当发表无法表示意见。

《中国注册会计师鉴证业务基本准则》第46条规定，对任何类型的鉴证业务，如果下列情形对注册会计师的工作范围构成重大限制，阻碍注册会计师获取所需要的证据,注册会计师提出无保留结论是不恰当的:(1)客观环境阻碍注册会计师获取所需要的证据,无法将鉴证业务风险降至适当水平;(2)责任方或委托人施加限制,阻碍注册会计师获取所需要的证据,无法将鉴证业务风险降至适当水平。第54条规定,对任何类型的鉴证业务,如果注册会计师的工作范围受到限制,注册会计师应当视受到限制的重大与广泛程度,出具保留结论或无法提出结论的报告。在某些情况下,注册会计师应当考虑解除业务约定。

这一差异表明,司法会计鉴定遇到检材不完整不充分,应当先中止鉴定,要求委托方补充检材,补充后满足鉴定条件的,继续鉴定,不能补充的,应当终止鉴定。而根据审计准则规范,检材不完整不充分,审计机构不但可以受理,而且可以视对财务报表或鉴证结果产生的影响程度和广泛性,出具保留意见和无法表示意见类型的审计或鉴证报告。

(十一)检验对象差异

司法部下发的《司法鉴定执业分类规定(试行)》(2000年11月29日司发通〔2000〕159号,已废止)第9条规定,司法会计鉴定:运用司法会计学的原理和方法,通过检查、计算、验证和鉴证对会计凭证、会计账簿、会计报表和其他会计资料等财务状况进行鉴定。《人民检察院司法会计工作细则(试行)》第24条第2项规定,鉴定意见不得依据犯罪嫌疑人供述、被害人陈述、证人证言等非财务会计资料形成。

《〈中国注册会计师审计准则第1301号——审计证据〉应用指南》第2条规定,在形成审计意见的过程中,注册会计师的大部分工作是获取和评价审计证据。为获取审计证据而实施的审计程序包括询问、检查、观察、函证、重新计算、重新执行和分析程序。第22条规定,询问是指注册会计师以书面或口头方式,向被审计单位内部或外部的知情人员获取财务信息和非财务信息,并对答复进行评价的过程。作为其他审计程序的补充,询问广泛应用于整个审计过程中。

这一差异表明,司法会计鉴定过程中检验的对象仅限于财务会计资料及与财务会计资料有关的材料(如财务移交记录、勘查笔录等),并明确将言词证据等非财务会计资料排除在检验对象之外,而注册会计师审计允许将言词证据作为审计证据。

司法会计鉴定之所以将言词证据排除在检验对象之外,是因为言词证据是主观证据,具有不稳定性。除此之外,其中与犯罪嫌疑人、被告人有关的言词证据是否采用刑讯逼供、冻、饿、晒、烤、疲劳审讯、在规定办案场所外讯问、未依法对讯问进行全程同录等非法方式获得,能否作为定案的根据,按法律规定应当由司法机关判断而不能由鉴定人判断;与证人证言、被害人陈述有关的言词证据是否采用暴力、威胁等非法手段获取,能否作为定案的根据同样由司法机关判断而不能由鉴定人判断;犯罪嫌疑人、被告人前后多次供述不一,或者与证人证言、被害人陈述矛盾,采用谁的言词证据,没有司法鉴定标准,其合法性、客观性及证明效力需要经过法庭举证质证后才能确定,鉴定报告在庭审前将未经法庭举证质证的言词证据作为检材,得出的鉴定意见实际上是越权代替法官对言辞证据作出认定,不符合诉讼法律规定。鉴定意见依据言词证据得出的危害性是容易误导司法机关认为鉴定意见与在案的言辞证据互相印证。

(十二)文书格式差异

根据《司法部关于印发司法鉴定文书格式的通知》(司发通〔2016〕112 号)的规定,司法鉴定文书格式包括版头、正文和版记三部分,其中版头包括鉴定机构、文书标题、编号及盖章,文书标题规范为"司法鉴定意见书",正文内容包括基本情况、基本案情、资料摘要、鉴定过程、分析说明、鉴定意见、附件七个部分,版记规范为"司法鉴定人签名(打印文本和亲笔签名)、《司法鉴定人执业证》证号及鉴定文书出具日期,并加盖司法鉴定专用章"。

根据《中国注册会计师审计准则第 1501 号——对财务报表形成审计意见和出具审计报告》(财政部财会〔2022〕1 号)第 21 条的规定,审计报告要素包括:(1)标题;(2)收件人;(3)审计意见;(4)形成审计意见的基础;(5)管理层对财务报表的责任;(6)注册会计师对财务报表审计的责任;(7)按照相关法律法规的要求报告的事项;(8)注册会计师的签名和盖章;(9)会计师事务所的名称、地址和盖章;(10)报告日期。

《中国注册会计师其他鉴证业务准则第 3101 号——历史财务信息审计或审阅以外的鉴证业务》第 53 条规定,鉴证报告应当包含下列基本内容:(1)标题;(2)收件人;(3)对鉴证对象信息(适当时也包括鉴证对象)的界定与描述;(4)使用的标准;(5)适当时,对按照标准评价或计量鉴证对象存在的所有重大固有限制的说明;(6)必要时,对报告使用者和使用目的的限定;(7)责任方的界定,以及对责任方和注册会计师各自责任的说明;(8)按照其他鉴证业务准则的规定执行业务的说明;(9)工作概述;(10)鉴证结论;(11)注册会计师的签名及盖章;(12)会计师事务所的名称、地址及盖章;(13)报告日期。

通过司法鉴定文书与审计报告、鉴证报告文书格式比较，司法鉴定文书相当于一篇议论文，必须有论点（鉴定意见）、论据（检验所见的证据及鉴定标准）、论证（分析说明），以便司法机关审查鉴定数据来源的可靠性和鉴定意见的形成过程，判断鉴定意见的客观性、合法性、关联性。审计报告、鉴证报告相当于一篇带评论性的记叙文，需根据审计鉴证证据，对照会计准则、制度、财经法规，发表合规性、效益性及管理者责任等评价意见和建议。

（十三）检验结果记录方式差异

司法会计鉴定要求将与形成鉴定意见有关的检材内容客观地记录在鉴定文书的“鉴定过程”中，作为分析论证和供有关人员审查判断鉴定意见的形成过程及鉴定意见客观性、关联性、科学性的依据。

审计报告通常只要求说明被审计对象的基本情况、审计过程、方法、判断依据和审计意见等，将财务会计资料反映的经济业务情况记录在审计工作底稿中，并不强求将有关资料在审计报告中予以记录。

（十四）实施步骤程序差异

司法会计鉴定事先必须有明确的鉴定事项（委托要求），鉴定人按鉴定事项去查找、检验相应财务会计资料及相关证据，对涉案财务会计专门性问题进行确认，是一项从线索落实证据的过程。出具的鉴定意见按照“有问必答，一问一答，不问不答”的要求进行。

注册会计师审计是从全部财务会计资料着手，全方位去查找管理、评价等委托方需要的信息或违反财经纪律、舞弊账项等信息，向会计信息使用者披露相关信息，是一项评价被审计单位会计报表客观性、公允性、合规性，或者查找、发现舞弊线索、发现问题的过程，因而事先无须设定具体的审计事项，审计意见可以按照“无问作答”要求进行。

这一差异决定了司法会计鉴定与注册会计师审计的思维方式不同，司法会计鉴定的思维方式是先有问题后论证，而审计的思维方式是先审计后发现问题，通过查账方式发现可疑问题。

（十五）采用方法差异

迄今为止，财政部共发布了涉及注册会计师审计、鉴证、审阅、服务、质量控制等现行有效的52项中国注册会计师执业准则，相关准则中规定注册会计师可以采用存货监盘、询问、函证、审计抽样等技术和非技术方法。

司法会计鉴定主要采用比对鉴别法和平衡分析法两种基本技术方法，必要时辅以因素递增法、排因法和还原法等鉴定技巧，不得采用存货监盘①、询问②、函证③、审计抽样④等方法。

（十六）证明要求差异

注册会计师审计是一项“单兵种作战”模式，为披露可能隐含在财务会计账面背后的客观事实，满足审计处罚、被审计单位内部管理或审计报告其他使用者的需要，审计法律赋予审计人员独立调查权，用调查结果证明与账面不符的某项事实，揭露舞弊账项，证据链由审计人员闭合。审计报告既可以证明财务会计账面事实，又可以证明财务会计账面背后可能隐含的舞弊事实，如审计人员可以通过独立调查在审计报告中发表“虚列支出”“套取资金”等与案件事实有关的审计意见。

刑事诉讼需经“侦查—审查逮捕起诉—审判”环节，整个诉讼过程是一项“多兵种联合作战”模式，各“兵种”各司其职。司法会计鉴定人只是其中具有财务会计专门知识的“兵种”，只协助案件承办机关解决案件中涉及的财务会计专门性问题，诉讼法律没有赋予鉴定人侦（调）查权，司法会计鉴定只证明账面上的财务会计事实，账面背后可能隐含的事实应当由案件承办机关查证，相应证据链由诉讼机关闭合。

（十七）意见表达内容范围差异

司法会计鉴定意见仅限于对“财务会计专门性问题”发表意见，不允许表达涉及行为人主观心理状态、财务痕迹、财产权属、财务管理质量等问题或建议性意见。

审计意见范围并不严格限于“财务会计专门性问题”，其可以对行为人的主观

---

① 违反现场勘查的诉讼法律要求。

② 违反不得将言词证据作为检材的司法鉴定规范。

③ 违反检材由委托方提供的司法鉴定规范。

④ 审计抽样结果推导样本总体得出的结论只能提供合理保证，达不到证据确实、充分的诉讼证明标准。

心理作出推测,可以(或者必须)提出纠正财务会计错误的建议或要求,也可以对被审计单位的财务管理质量和水平发表评价性意见,有助于被审计单位提高财务管理水平,提高经济效益,防范财务舞弊。

(十八)意见表达类型差异

根据诉讼法律精神,鉴定意见必须是唯一的、排他的、确定的才具有证明力,司法会计鉴定意见也不例外,不应当出现"不排除""可能"等模棱两可的、不确定的鉴定意见,更不应当出现同一鉴定人对同一鉴定事项作出多个鉴定意见的情况。

根据中国注册会计师审计准则第1501号和1502号规定,审计报告可以根据审计证据范围受限程度不同,出具标准的无保留意见、带强调事项段的无保留意见、保留意见、否定意见、无法表示意见的审计报告。

这一差异决定了因审计证据不完整不充分而出具的带强调事项段的无保留意见、保留意见和无法表示意见的审计报告,不能代替司法会计鉴定作为诉讼证据使用。

(十九)保密要求差异

财政部发布的《会计师事务所执业许可和监督管理办法》第51条规定,会计师事务所应当在出具审计报告及其他鉴证报告后30日内,通过财政会计行业管理系统报备签字注册会计师、审计意见、审计收费等基本信息。会计师事务所应当在出具审计报告后60日内,通过财政会计行业管理系统报备其出具的年度财务报表审计报告。

《中华人民共和国保密法》第9条第6项规定,下列涉及国家安全和利益的事项,泄露后可能损害国家在政治、经济、国防、外交等领域的安全和利益的,应当确定为国家秘密:(六)维护国家安全活动和追查刑事犯罪中的秘密事项。

这一差异表明,审计报告部分信息应当向行业管理部门公开,而司法会计鉴定文书是案卷材料的组成部分,属于国家秘密,不应当由第三方知悉。

(二十)法律后果差异

《中华人民共和国刑法》第305条规定,在刑事诉讼中,鉴定人对与案件有重要关系的情节,故意作虚假鉴定,意图陷害他人或者隐匿罪证的,构成作伪证罪。

第229条规定,承担审计职责的中介组织的人员故意提供虚假证明文件,情节严重的,构成提供虚假证明文件罪。严重不负责任,出具的证明文件有重大失实,造成严重后果的,构成出具证明文件重大失实罪。

三、区分司法会计鉴定与注册会计师审计异同的诉讼意义

正确区分司法会计鉴定与注册会计师审计的异同,对需要解决财务会计专门性问题案件的侦查、审查逮捕起诉、裁判、辩护和司法会计鉴定等各个诉讼环节都具有极其重要的意义。

1. 侦查环节。首先,正确区分二者的异同可以避免侦查机关将讯(询)问笔录等非财务会计资料交由鉴定机构作为检材,使鉴定人对侦查机关认定的"犯罪事实"了如指掌,先入为主地对犯罪嫌疑人构成犯罪形成预判,并有机会抄袭侦查笔录作为鉴定意见。如刘某贪污案,鉴定意见认为,"某单位虚开支出62,880元,被刘某占用42,880元"。该案侦查阶段证人会计和出纳证言,"虚开发票套现62,880元,他们各自分得10,000元,余下42,880元交给刘某"。虚开发票套现如何分配,案发单位财务会计资料中肯定不会有记载,这样的鉴定意见显然是抄袭侦查笔录,容易误导司法机关,使其产生"鉴定意见与犯罪嫌疑人供述、证人证言互相印证"的错觉。其次,避免侦查机关误将审计报告当作司法会计鉴定,出具鉴定聘请时没有提出鉴定事项或者提出的鉴定事项不明确,违反了相关诉讼法律规范,诸如提出"对某单位账目进行鉴定"等之类不明确的鉴定事项表述,造成鉴定意见被随意扩大或缩小,对行为与结果之间的因果关系、被告人行为的法律性质、被告人的主观心态等作出超越鉴定范围的鉴定意见。

2. 捕诉环节。正确区分二者的异同有利于检察官对审计报告或司法会计鉴定报告证据能力和证明力的审查,把检材来源不合法、执业主体符合审计资质不符合司法鉴定资质、程序符合审计规范不符合诉讼法律规范、采用符合审计标准不符合司法会计鉴定标准的会计审计意见证据排除在证据体系之外,提高捕诉质量。

3. 裁判环节。正确区分二者的异同有利于法官审查判断审计报告或司法会计鉴定的证据能力和证明力,保障程序正义和实体公正。避免把违反诉讼法律规范而不违反审计准则规范的审计报告,或者将检材不完整不充分条件下作出保留意见、无法表示意见的审计报告误作定案的根据,造成案件循环诉讼,延长诉讼期限,浪费司法资源。如方某、左某职务侵占案[(2017)黔0203刑初75号],共经历

六次诉讼,其中一审判决于2011年作出,第一次重审结果于2012年作出,第二次重审结果于2014年作出,第三次重审结果于2015年作出,第四次重审结果于2016年作出,第五次重审结果于2018年作出,为无罪判决。该案历时8年之久,笔者认为主要原因是前五次诉讼检法两院一直把会计师事务所出具的违反诉讼法律规范而不违反审计准则规范、名为司法会计鉴定实则审计报告的"鉴定意见"误作诉讼证据使用。

4. 辩护环节。正确区分二者的异同有利于辩护人提高对审计报告、司法会计鉴定报告证据的审查能力,提高申请鉴定人出庭作证成功率和庭审质证水平,协助司法机关查明案件事实,保障当事人的合法权益。

5. 鉴定环节。正确区分二者的异同有利于鉴定人正确把握司法会计鉴定与审计的差异,促使注册会计师主动学习司法鉴定程序、规范、标准及与司法鉴定有关的诉讼法律法规,在实施司法会计鉴定时,及时切换日常审计惯性思维,避免在司法会计鉴定过程中采用函证、询问、存货监盘等违法取证情形,避免把审计与司法会计鉴定混为一谈,在材料不完整不充分情况下出具保留意见、无法表示意见性质的鉴定文书。如某会计师事务所受法院委托鉴定,以审计报告代替司法会计鉴定,被投诉后受到司法鉴定协会处罚,在司法鉴定协会要求其纠正期间,会计师事务所撤回原来的审计报告,又出具结论与原审计报告一样的审计报告,被法院判处退还鉴定费,给注册会计师行业带来严重不良影响。

四、审计报告并非司法会计鉴定相关案例

案例4　黄某诈骗案[(2013)古刑初字第274号]

公诉机关指控,2002年2月至2012年3月,被告人黄某先后借用他人名义注册成立家用电器店。2011年1月至2012年5月,被告人黄某实际经营、管理的家用电器店与某县家电下乡工作联席会议办公室签订家电下乡销售网点代理审核、垫付补贴资金协议后,黄某为将非法骗取补贴款占为己有,利用下乡促销电吹风、暖手袋等小家电产品之机,骗取农户郑某、钟某等人的身份证和户口簿复印件,又以其他非法手段获取"家电下乡"名录中的电器产品标识卡,虚构家电下乡销售事实,采取重复使用家电零售发票复印件或套用他人发票,制作虚假"家电下乡"产品补贴资金申报表,共计向财政局骗取家电下乡补贴款人民币287万元。

公诉机关指控黄某诈骗金额的依据为某会计师事务所出具的专项审计报告。

法院认为,公诉机关指控被告人黄某诈骗287万元的主要证据就是会计师事

务所出具的专项审计报告,该报告根据被告人黄某家用电器店申报的税款,计算出其2011年1月至2012年5月销售电器的金额为110万元,并假定所有销售的家电均属于享受的国家家电下乡13%补贴的电器,从而推算出应享受的国家家电下乡补贴款为14.3万元,再用被告人黄某实际领取的补贴款301.3万元减去应得补贴款14.3万元,就是被告人黄某诈骗的金额287万元。该审计报告不仅不是司法会计鉴定,依法不能作为案件的鉴定意见,而且没有考虑被告人黄某偷漏税部分和实际补贴情况,不能客观地反映案件的真实情况,因此控方指控的被告人黄某的诈骗金额不能予以采信。

案例5 节能灶具公司、王某合同纠纷案[(2017)鄂0502民初2071号]

原告:节能灶具公司

法定代表人:程某,该公司总经理

被告:王某

第三人:向某

法院审理查明,2012年2月,节能灶具公司股东程某、王某、戴某签订合伙协议,该协议约定节能灶具公司增资扩股成立厨具厂,并对三方出资数额及利润分红等进行了约定。该协议签订后,公司将价值11万元的节能炉头等物品存放在业主为向某的酒店用品店。2013年1月1日,节能灶具公司与程某、王某签订关于2013年由程某承包节能炉头项目部,王某承包厨房工程部的《承包协议》,约定:在2013年,由程某承包节能炉头项目部,使用公司资产50万元,上缴公司纯利润100万元,由王某承包厨房工程部,使用公司资产100万元,上缴公司纯利润60万元。

2014年1月,在王某未在场的情况下,节能灶具公司将公司财务资料搬至新的地点。2015年,因涉及承包协议的履行问题,节能灶具公司委托会计师事务所进行专项审计。审计报告显示:被告承包的厨房工程部收入合计162万元,成本、费用、税金合计209万元。

原告以其为被告承包的厨房工程部垫付费用47万元(209万元-162万元)未获清偿,另价值11万元的厨具尚未返还为由,提起诉讼。

法院审理后认为,原告对其主张提供了诉前其单方委托专业审计机构所作审计报告,审计报告所依据财会账务,并未与被告核对,审计报告同时注明,“存货出入库单据没有相关负责人签字”“2013年存货仓库结存表期初与期末数与该公司提供的2013年财务报表中存货账面数均存在较大差异”“经审计,我们发现该公司存货仓库未严格执行存货出入库领用签字制度,存货出入库凭证中仅有少部分有王某签字”“2013年该公司往来科目中与程某控制的公司之间存在较大的资金往来……因公司并未提供进一步的相关资料,本次审计无法核实该公司与其关联公司之间的往来情况”“审计工作及其成果在很大程度上依赖于委托方及被审计单位提供的有关资料”“本次审计中,由于回函率过低,该公司未提供进一步相关资料,我们对该公司的往来明细科目金额无法确认”“本次审计工作中为了进一步完善审计结果,审计人员向被审计单位多次要求提供补充资料,被审计单位表示无法提供”,审计报告同时注明,“本报告专为委托方而作,不作其他用途”。综上所述,专业审计机构亦认为,原告未严格落实财务制度,原告与股东程某控制的关联公司有较大资金往来且无法核实,对该公司的往来明细科目金额无法确认,审计报告不作其他用途。另根据查明的情况,程某、王某在承包经营期间,原告公司账户与程某账户存在混同,即法定代表人程某与原告存在人格混同的情况。综上所述,公司财会账务已不能反映节能炉头项目部、厨房工程部的真实财务状况。审计报告并非鉴定意见,审计报告以原告公司财会账务所做审计结果,无论从形式上,还是从内容上,均不能作为认定本案的证据,对审计报告的证明力,本院依法不予采信。原告的举证责任尚未完成,其亦未能提供其他证据予以证明,应承担举证不能的后果,其主张被告返还财产47万元,缺乏事实依据,本院依法不予支持。

判决:驳回原告节能灶具公司的诉讼请求。

判决后,原告不服提出上诉。

二审法院受理后,依法组成合议庭进行了审理作出(2018)鄂05民终1576号判决书。

原告上诉认为,司法会计鉴定虽然与审计报告有一定的区别,但二者有以下共同特点:第一,主体基本相同。司法会计师、会计师、审计师、注册会计师均可成为二者的主体。第二,依据基本相同。二者的依据都是财务会计资料。第三,标准基本相同。二者主要使用的标准是财务会计的处理方法和审计的检查、查询、计算、分析性复核等方法,以获得相应的证据。第四,结果基本相同。司法会计鉴定和审计之后,都要对所委托的事项作出明确的书面报告,此报告即是鉴定或审计的结果。第五,承担的风险基本相同。由于司法会计人员、审计人员受个人能力限制或受到主观的经验判断评价等因素的影响,可能会出现不准确的结果,因此具有一定的不可预见的风险。如果风险一旦发生,就需要司法鉴定人员和审计人员承担相应的法律责任。原判决认为审计报告并非鉴定意见,部分理解错误,要求改判。

二审法院认为,会计师事务所出具的审计报告系节能灶具公司诉前单方委托审计机构就特定目的进行专项审计得出的结论,并非诉讼过程中就查明事实的专门性问题由具备资格的鉴定人提出的鉴定意见,依法不能作为认定本案事实的证据。

判决:驳回上诉,维持原判。

原告节能灶具公司不服二审判决,向湖北省高级人民法院申请再审,申请再审称,审计报告真实客观,应当作为证据使用,原审法院对此不予采信的做法有误。

湖北省高级人民法院依法组成合议庭进行了审查,作出(2018)鄂民申3648号民事裁定书,认为关于审计报告的问题,原审法院已经就审计报告不能直接采信的相关情况对节能灶具公司进行了释明,节能灶具公司未向法院申请调取证据或者提出鉴定申请,应当承担相应法律后果。裁定:驳回节能灶具公司的再审申请。

案例6　霍甲与霍乙合伙协议纠纷案[(2015)杞民初字第382号]

法院审理查明:原告、被告共同办理注册登记设立烟酒经销店,合伙经营古井贡酒。后原告因双方合伙期间各自出资数额、盈余数额等存在分歧,向本院提起诉讼,并申请对合伙经营期间各自的出资数额、合伙财产、盈余数额等进行司法审计鉴定。受本院委托,会计师事务所受理后出具了审计报告。

本院认为,司法鉴定是指在诉讼活动中司法鉴定人运用科学技术或者专门知识对诉讼中涉及的专门性问题进行鉴别和判断,并提供鉴定意见的活动。审计报告与司法鉴定书是两个不同的范畴,不能以审计报告代替司法鉴定书,故对审计报告本院不予采信。

案例7　恒丰公司与高某执行异议之诉案[(2018)京02民终10338号]

北京市第二中级人民法院认为,作为被执行人的一人有限责任公司,财产不足以清偿生效法律文书确定的债务,股东不能证明公司财产独立于自己的财产,申请执行人申请变更、追加该股东为被执行人,对公司债务承担连带责任的,人民法院应予支持。因万博公司的财产不足以清偿其对高某所负的债务,故高某申请追加恒丰公司为被执行人。现恒丰公司提供两个公司的年度审计报告用以证明恒丰公司与万博公司财产独立。一审法院仅以审计报告对应项目下数额存在明显差异,审计报告未能完整反映两个公司之间的财务往来为由,就认定恒丰公司的财产并不独立于万博公司的财产,证据不足。本院认为,会计账簿、审计报告属于专业领域,且恒丰公司在一审及二审中明确提出司法会计鉴定申请,要求对恒丰公司、万博公司的会计账簿、财务报表进行专项审计,因此应当根据司法会计鉴定认定恒丰公司与万博公司是否存在财产混同。

裁定:撤销原判决,发回重审。

案例8　彭某贪污、行贿、受贿案[(2013)文中刑终字第119号]

公诉机关指控,被告人彭某在担任移民局副局长期间,利用职务便利,以某建设工程有限公司的名义,私自承建移民安居工程项目,并通过提高工程单价的方式,多结算工程款,非法占有77万元。公诉机关指控该项事实的证据为某审计局出具的审计报告。

一审法院根据查明的事实和证据,对彭某的受贿罪和行贿罪作出判决,未认定贪污罪。

宣判后,原公诉机关以原判不认定彭某贪污公款77万元系事实错误为由提出抗诉,其上级机关支持该抗诉意见。

二审法院认为,对于抗诉机关提出的彭某非法占有的工程款77万元应认定为其贪污数额的意见,抗诉机关只提供了工程竣工结算审计报告,未能提供司法会计鉴定报告,该审计报告不能作为认定贪污数额的定案依据,故抗诉机关认为彭某的行为构成贪污罪的意见属事实不清,证据不足,本院不予采纳。

案例9　崔某某、吴某某诈骗不起诉案[运盐检刑二刑不诉〔2018〕35号①]

某公安机关以被不起诉人崔某某涉嫌诈骗罪,于2018年9月30日向检察机关移送审查起诉。检察机关审查后认为,侦查机关对崔某某、吴某某诈骗王某某的股权未作司法会计鉴定,于2018年8月9日退回侦查机关要求补充相关证据。侦查机关于2018年9月11日补充完毕后移送检察机关,并对诈骗的股权进行审计,审计报告认定60%的股权价值为2796万元,但其未按检察机关的要求做司法会计鉴定。检察委员会研究此案后认为,经过两次补充侦查,认定被不起诉人崔

① 案例来自"12309"中国检察网。

某某伙同吴某某共谋骗取股权的证据之间存在矛盾,无法合理排除,依法决定对崔某某不起诉。

五、审计报告的证据归类探讨

诉讼中不应当把侦查机关聘请鉴定机构出具的审计报告当作证据使用,本来无须讨论这个问题,但诉讼实务中包括部分司法人员、注册会计师在内的大多数人并不了解司法会计鉴定与审计的区别,把鉴定人受理鉴定聘请后出具的审计报告当作证据使用的现象十分普遍。根据中国裁判文书网数据信息,截至 2021 年 12 月 31 日,各类诉讼中以“审计报告”为关键词的诉讼文书有 194,413 件,以“司法会计”为关键词的诉讼文书有 33,705 件,涉及“审计报告”的诉讼文书是涉及“司法会计”诉讼文书的 5.8 倍,以审计报告代替司法会计鉴定这一现状尚未得到纠正前,审计报告划归为哪类证据,涉及审计意见应否告知,作出审计意见的人员应否出庭作证,以证人身份出庭还是以鉴定人身份出庭作证,如果以证人身份出庭作证,就不涉及专家辅助人出庭质询等问题,这些问题均涉及当事人行使抗辩权的合法权益,因此我们有必要对审计报告的证据归类进行探讨。

《中华人民共和国刑事诉讼法》将证据划分为物证,书证,证人证言,被害人陈述,犯罪嫌疑人、被告人供述和辩解,鉴定意见,勘验、检查、辨认、侦查实验等笔录,视听资料、电子数据等八类;《中华人民共和国民事诉讼法》将证据划分为当事人的陈述,书证,物证,视听资料,电子数据,证人证言,鉴定意见,勘验笔录等八类;《中华人民共和国行政诉讼法》将证据划分为书证,物证,视听资料,电子数据,证人证言,当事人的陈述,鉴定意见,勘验笔录、现场笔录等八类。审计报告属于八类证据中的哪一类,诉讼实务中有不同的观点,一种观点认为,审计报告是书证,如杭州市中级人民法院审理的石某、洪某、徐某等集资诈骗案[(2019)浙 01 刑初 1 号],法院认为:“审计报告不同于司法会计鉴定报告,不是鉴定意见。司法会计鉴定报告属于证据种类中的鉴定意见,而审计报告是以相关数据中记载的内容证明案件事实,属于书证。”另一种观点认为,审计报告是鉴定意见,如江苏省高级人民法院审理的嵇某贪污案[(2017)苏刑终 294 号],法院认为:“审计报告是侦查机关依据《中华人民共和国刑事诉讼法》第 144 条[①]规定,委托具有司法会计鉴定资质的机构和人员作出的,其性质属于司法会计鉴定意见。”理论界有人认为,

① 现为第 146 条。

审计报告应作为专家意见。①

笔者认为,在审计报告代替司法会计鉴定尚未得到纠正前,应当按照审计报告的形成时间、来源、记载的内容分别将其归入不同的证据种类。

第一,案发前的审计报告。审计报告如果在案发前客观存在,来自侦查机关的查封、扣押,或者行政机关在行政执法和查办案件过程中所收集的资料数据,应区分审计报告记载的具体内容确定审计报告的证据种类。如果审计报告仅仅对财务会计资料数据进行分类汇总,客观反映财务会计资料数据情况,该审计报告实质上属于统计报告,应当作为书证使用。如武某、某纺织有限公司职务侵占案[(2020)鲁08刑终68号之二],对于专项审计报告的性质,法院认为:"审计报告是由宏达公司委托会计师事务所而作出,是对宏达公司提供的账册、凭证、单据、银行明细等所做的客观汇总和计算,并非对账册内容及性质出具的法律意见,不应认定为鉴定意见。专项审计报告反映的是客观数据,其应与被审计的各类账册、凭证、单据、银行明细等证据相结合而共同产生书证效力。"如果审计报告记录审计人员的思想,反映审计人员对财务会计问题判断的,应当将其归入证人证言,只不过这份证人证言不是普通人的证人证言,而是有专门知识的人作出的特殊证人证言,即专家证言。

第二,案发后的审计报告。案发后由侦查机关出具鉴定聘请书,鉴定人依据鉴定聘请出具的审计报告,应当视为"准鉴定意见"。如果审计报告不涉及函证、审计监盘、审计抽样等违反诉讼法律的情形,即只是把司法会计鉴定意见书标题换为审计报告的,该审计报告视同鉴定意见使用。反之,审计报告不划归为任何证据种类,不作为证据使用。

六、相关案例

案例10 欢庆中心、曼联公司其他合同纠纷案[(2013)民抗字第58号]

曼联公司与欢庆中心承包合同纠纷一案,最高人民法院再审查明:在一审中,经曼联公司申请并经双方当事人同意,深圳市中级人民法院指定深圳市财安合伙会计师事务所(以下简称财安所)进行审计,深圳市中级人民法院依据审计结果作出相应判决。

曼联公司不服深圳市中级人民法院一审判决,提出上诉。上诉理由之一为财

① 参见张一弛:《论审计报告的证据类型》,载《现代经济信息》2018年第2期。

安所没有司法鉴定资格,且未完成受托审计事项,其审计报告不应作为认定案件事实的依据。

广东省高级人民法院二审认为:本案证据表明财安所确实不具有司法审计资格,但财安所是一审法院征得双方当事人同意后选定的,所委托的审计事项也是征得双方当事人同意后确定的。财安所审计报告作出后,双方当事人对报告内容提出了异议,财安所作出了答复并出庭接受了当事人质询。曼联公司未提供证据证明一审法院在委托审计时或财安所在审计过程中存在违法情形,因此,财安所审计报告依法应作为本案认定事实的依据之一。

广东省高级人民法院根据审计报告,作出相应判决。

曼联公司不服广东省高级人民法院二审判决,向广东省高级人民法院申请再审。

曼联公司申请再审的理由之一是:财安所审计报告未全面体现欢庆中心承包经营的真实情况,不能作为定案依据。

再审法院认为,一审法院征得双方当事人同意,选定财安所进行审计,审计报告送达后,双方提出异议,财安所也做了答复,并出庭接受了双方质询。曼联公司没有证据证明法院在委托审计时或财安所在审计过程中存在违法情形,故该审计报告应作为认定案件事实的依据之一。二审判决并无不当,维持二审判决。

曼联公司不服再审判决,认为:财安所使用“深圳市财安合伙会计师事务所”的名称出具审计报告,但其持有的广东省司法厅颁发的司法鉴定许可证上记载的名称却是“广东财安司法会计鉴定所”,两者并不相符,财安所不具有审计主体资格。因而,其向检察机关提出申诉。

最高人民法院认为,深圳市中级人民法院一审审理本案时,《中华人民共和国民事诉讼法》将“鉴定结论”规定为证据。对于会计审计结论,在司法实践中均认为其性质属于“鉴定结论”。但《中华人民共和国民事诉讼法》并没有具体就会计审计主体资格问题作出明确规定,也没有要求会计审计机构必须在有关部门登记或取得许可证。《全国人民代表大会常务委员会关于司法鉴定管理问题的决定》自 2005 年 10 月 1 日起施行,此时本案一审判决已经作出,故该决定不适用于本案,且该决定亦未要求会计审计机构必须登记或取得许可证。直到目前为止(最高人民法院审理时),也没有其他法律、法规规定会计审计机构必须登记或取得许可证。在本案中,财安所使用“深圳市财安合伙会计师事务所”的名称出具了审计报告,虽然其未持有相同名称的司法鉴定许可证,但不能据此认定其不具有会计审计主体资格。本案二审判决认定“财安所不具有司法审计资格”是错误的，广东省高级人民法院在再审本案的判决中对此也已进行了纠正。曼联公司在本院再审期间再次提出财安所不具有审计主体资格的主张，本院不予支持。财安所的审计报告，应作为认定本案事实的证据使用。

七、关于“司法审计”的探讨

诉讼实务中，无论裁判文书还是侦查机关在聘请鉴定过程中，常提及“司法审计”一词，如某诈骗案，法院认为，经查，案发后侦查机关依法委托会计师事务所对涉案人员的银行账户资金往来事项进行鉴定，鉴定程序合法，该鉴定机构和鉴定人具有司法审计的法定资质；如某公司涉嫌非法吸收公众存款，2019 年 7 月 12 日，公安机关在中国政府采购网发布“司法审计”公开招标公告；又如某公司涉嫌非法吸收公众存款，2021 年 9 月 8 日公安机关发布情况通报：警方已调取涉案资金账户流水，并聘请第三方司法审计机构，对涉案资金流水进行司法审计。

“司法审计”一词，能够查到中央机关以公文形式发布的，源于 2005 年 4 月 15 日公安部和财政部联合印发的《关于在查处经济犯罪案件工作中加强协作的通知》（公通字〔2005〕20 号），该通知第 4 条规定，加强司法审计、司法评估工作。针对公安机关经济犯罪侦查部门在办理部分经济犯罪案件中需要开展司法审计、司法评估工作的现状，各地公安机关经济犯罪侦查部门可与注册会计师协会、资产评估协会协商，加强司法审计、司法评估的相关专业培训工作，中国注册会计师协会、中国资产评估协会应加强对司法审计、司法评估工作的研究，结合行业特点和公安机关经济犯罪侦查部门的要求，制定相关的专业标准。

我国与审查验证财务会计资料、解决财务会计问题有关的执业类别，只有司法部规定的“司法会计鉴定”和《中华人民共和国审计法》《中华人民共和国注册会计师法》规定的“审计”执业门类。其中审计按不同的标准有不同的分类，审计学科将审计按审计主体划分，分为国家审计、社会审计（注册会计师审计）和内部审计；按审计目的划分，分为财政财务审计、财经法纪审计、经济效益审计和经济责任审计；按审计内容划分，分为财务报表审计、经营审计、合规审计；按审计方法划分，分为账项基础审计（详细审计）、制度基础审计（抽样审计）、风险导向审计；按与被审计单位关系划分，分为外部审计和内部审计；按审计周期划分，分为定期审计和不定期审计；按审计范围划分，分为全部审计、局部审计和专项审计；按审计实施时间划分，分为事前审计、事中审计和事后审计；按审计地点划分，分为就地审计和送达审计;按照审计动机划分,分为强制审计和任意审计;按照事前是否通知划分,分为预告审计和突击审计。

审计学科中,并没有"司法审计"一词,如果把"司法"理解为"司法机关"或者"诉讼"的意思,那么"司法审计"就是指司法机关或者诉讼中委托方委托有关机构对案件中的财务会计资料进行审计,与一般的审计没有什么区别,受理方完全可以名正言顺执行审计准则中不符合诉讼法律规定或司法鉴定规范的标准,出具审计报告,这完全不符合我国诉讼法律中有关"司法鉴定"的要求。因此,笔者认为,诉讼中为解决财务会计专门性问题,不应当向鉴定人提出"司法审计"要求。

第五节 司法会计鉴定相关现状①

国家监察体制改革前,我国的司法会计鉴定主要由社会中介机构、检察机关和部分高等院校承担。为研究监察体制改革前我国司法会计鉴定相关情况,笔者选取中国裁判文书网发布的 2012 年至 2016 年带"司法会计"关键词,案由涉及贪污、挪用、职务侵占、非法吸收公众存款、诈骗五类刑事案件及民商事案件共 5191 个案例作为样本进行研究。根据统计,受案机构占比分别为:社会中介机构占比 73%,检察机关占比 13%,鉴定机构不详占比 14%。② 经对 5191 个样本中鉴定意见明确的案例进行研究,相关情况如下:

一、鉴定质量问题率

经统计,各类案由案件鉴定质量问题率见表 1-1。

---

① 本节内容节选自章宣静、林贤佐、陈峰:《我国司法会计鉴定质量分析研究——兼以审判为中心的视角》,载《会计之友》2019 年第 5 期,节选时内容略有调整。

② 司法会计鉴定主要由社会中介机构、检察机关和部分大学的司法鉴定中心受理。鉴定机构不详,是指裁判文书中没有写明鉴定机构名称,无法区分是社会中介机构还是检察机关还是大学做的鉴定。同时,高等院校鉴定数量很少,占比忽略不计。

表 1－1　质量问题率情况

案由	鉴定意见明确的样本量/个	有质量问题样本量/个	质量问题率/%
贪污	456	208	45.6
挪用	278	175	62.9
职务侵占	232	106	45.7
非法吸收公众存款	535	227	42.4
诈骗	401	129	32.2
小计	1902	845	44.4
民商事	1207	683	56.6
总计	3109	1528	49.1

二、不同受理部门的鉴定质量问题率情况

经对鉴定意见明确的3109个案例分类统计，不同受理部门的鉴定质量问题率见表1－2。

表 1－2　鉴定受理部门质量情况

案由	检察机关			社会中介机构			鉴定机构不详		
	鉴定量/个	问题量/个	问题率/%	鉴定量/个	问题量/个	问题率/%	鉴定量/个	问题量/个	问题率/%
贪污	260	106	41	101	59	58	95	43	45
挪用	119	58	49	100	80	80	59	37	63
职务侵占	19	5	26	182	86	47	31	15	48
非法吸收公众存款	8	2	25	527	225	43	0	0	0
诈骗	35	4	11	306	98	32	60	27	45
民商事	15	3	20	1192	680	57	0	0	0
合计	456	178	39	2408	1228	51	245	122	50

三、鉴定质量低劣的原因分析

通过上述表1－1和表1－2可以看出，全国刑民案件司法会计鉴定质量综合

问题率高达49.1%。笔者认为,造成司法会计鉴定质量低劣的原因有多方面,既有外因影响也有内因作用。

(一)外因方面

1. 缺乏全国统一的司法会计鉴定专用标准。现行的标准基本上是分散在有关法律法规中,有的标准表现为部门规章,如最高人民检察院于2015年制订发布的《人民检察院司法会计工作细则(试行)》;有的表现为地方性行业规范,如湖北省司法鉴定协会2017年制订发布的《湖北省司法会计鉴定指南》;还有的标准处在"理论标准"阶段,尚未上升到国家层面的"成文标准",如于朝、庞建兵合著的《中国司法会计师执业准则(专家拟制稿)》。由于缺乏全国统一的司法会计鉴定专用标准,造成鉴定程序、方法、判定"无据可依",结果是谁都能鉴定,但是谁鉴定了也不算数。①

2. 部分警官、检察官、法官缺乏相应的财务会计专业知识,不熟悉鉴定标准与规范,不熟悉司法会计鉴定与审计的区别,表现为:在侦查委托阶段,将法律定性问题作为鉴定事项委托,如对某人的贪污数额进行鉴定,并认为这样的鉴定意见好用;或将检验对象作为鉴定事项委托,如将委托要求写成"对某某材料进行鉴定",造成鉴定意见表达的范围伸缩性大,随意性强。在捕诉阶段,无足够的能力审查鉴定意见的形成过程是否客观、公正,得出的意见是否科学。在裁判阶段,部分法官过度依赖鉴定意见,往往以鉴定机构是否纳入鉴定机构名录或鉴定人是否具有鉴定资质为评判标准,对以"审计标准"得出的貌似鉴定的"鉴定意见"不加区分地予以采信,甚至对严重违反鉴定标准得出的鉴定意见予以采信,其严重后果是给鉴定人造成错觉,认为被法院采信的鉴定意见均没有质量问题,致使一些问题长期得不到纠正。

3. 律师不充分了解司法鉴定程序规范,财务会计专业知识储备不足,无法有效质证鉴定意见。研究结果表明,刑民案件中律师对有质量问题的鉴定意见质疑率仅为22%和11%,综合质疑率仅为17%,各类案件质疑率详见表1-3。

---

① 参见何家弘:《论司法鉴定的规范化》,载《中国司法鉴定》2005年第3期。

表 1 - 3　律师对专门性问题质疑情况

案由	有质量问题量/个	律师质疑量/个	质疑占比/%
贪污	208	33	16
挪用	175	19	11
职务侵占	106	26	25
非法吸收公众存款	227	59	26
诈骗	129	53	41
小计	845	190	22
民商事案件	683	73	11
总计	1528	263	17

表 1 - 3 反映出大部分律师相关知识储备不足,发现问题能力有限,在庭审质证中无法与具有专门知识的鉴定人抗衡,庭审质询出现“一边倒”的情形。这种情形容易让法官产生错觉,采信有问题甚至有严重质量问题的鉴定意见。

4. 证明次序颠倒。司法会计鉴定意见应以财务会计资料为检材,通过鉴定人员的检验分析得出鉴定意见,用来证明案件事实。笔者在研究过程中,发现部分鉴定意见违反鉴定规范,通过抄袭侦查结论、证人证言等材料作出鉴定意见,误导裁判者认为鉴定意见与侦查机关查明的事实、证人证言能够互相印证,反证鉴定意见科学、客观、公正,误把有质量问题的鉴定意见作为定案的根据。

5. 鉴定人出庭作证率低。大多数司法会计鉴定人没有出庭接受辩护人质询经历,自身“免疫”能力低下。2012 年至 2016 年全国司法会计鉴定人平均出庭率仅 2.45% ,其中,刑事案件 3582 件,出庭作证 31 次,出庭率 0.87% ;民事案件 1609 件,出庭作证 96 次,出庭率 5.97% 。分案由出庭情况见表 1 - 4。

表1-4 鉴定人出庭情况

案件类型			鉴定总量/个	鉴定人出庭	
				次数	出庭率/%
刑事案件	1	非法吸收公众存款	864	4	0.46
	2	贪污	831	8	0.96
	3	诈骗	719	4	0.56
	4	挪用	601	7	1.16
	5	职务侵占	567	8	1.41
	小计		3582	31	0.87
民事案件			1609	96	5.97
总　计			5191	127	2.45

6. 司法会计鉴定管理处于“真空”地带。自2017年司法行政部门不再登记并相继注销已登记的“四大类”以外的司法鉴定类别后，社会中介机构的司法会计鉴定处于失管状态。对于司法会计鉴定存在严重违规的行为，有关人员到司法行政部门投诉，部分司法行政部门以司法会计鉴定不属于他们管理为由不予受理，到财政部门投诉，部分财政部门以其只管审计不管鉴定为由不予受理，使违规受理、违规出具司法会计鉴定报告的行为不能得到纠正。

（二）内因方面

1. 鉴定人缺乏系统的司法会计鉴定专业知识。目前我国开设司法会计专业课程的高校非常少，绝大多数司法会计鉴定人在高校学习期间学过财务会计和审计课程，未能接触司法会计理论，工作后又很少有机会学习司法会计理论，错误地认为审计就是司法会计鉴定，①把审计报告改头换面代替司法会计鉴定。

2. 鉴定思维与审计思维之间难以切换。经分类统计，我国司法会计鉴定总量中至少有73%由会计师事务所等社会中介机构承担，注册会计师的主业是审计，在长期的审计工作中，审计思维根深蒂固，他们当中即使有部分注册会计师接受

① 参见尹某、某会计师事务所有限责任公司侵权责任纠纷再审审查与审判监督民事裁定书［（2017）最高法民申4807号］。尹某申请再审称，原审裁定认定涉案《专项审计报告》属于司法鉴定错误。会计师事务所提交意见称，人民法院委托会计师事务所对某公司进行审计，事实清楚，属于司法鉴定审计。

过司法会计鉴定知识培训，但思维难以切换，接受的司法会计鉴定业务仍按审计模式操作。

3. 鉴定人员后续培训严重不足，鉴定知识不能及时更新。中国注册会计师协会每年虽然有开展后续培训，但培训面非常有限，近5年共培训440人（见表1－5），远远满足不了司法会计鉴定业务需要。

表1－5 中国注册会计师协会举办的“经济犯罪案件侦查与司法会计鉴定培训班”情况

年份	培训对象	实施主体	培训学时	班级规模	时间	地点
2017	经理级别以上人员	上海会院	5天	80人	11月	武汉
2018	经理级别以上人员	上海会院	5天	150人	11月	重庆
2019	经理级别以上人员	上海会院	5天	80人	11月	重庆
2020	高级经理级别以上人员	上海会院	40学时	50人	10月	武汉
2021	经理级别以上人员	上海会院	40学时	80人	11月	武汉

近年来，检察系统的最高人民检察院和四川、江苏、福建、山西等省人民检察院纷纷开展司法会计鉴定知识培训，培训次数和人员比中注协多，但同样存在培训面不够宽的问题，少数基层检察院司法会计很少接受后续培训，鉴定质量仍有待提高。从表1－2可知，检察机关各类案由鉴定质量问题率均低于社会中介机构，可以证明鉴定质量高低与后续培训密不可分。

4. 鉴定人相关法律知识储备不足，不能满足开展司法会计鉴定业务的要求。根据法律规定，“诉讼参与人”包括鉴定人。作为司法会计鉴定人，应当具备财务会计和相应的法律知识背景，才能胜任该项工作。而现行法律法规将是否具备某方面的专业知识作为认定司法鉴定资质的唯一标准，满足不了司法会计鉴定工作要求。

5. 重效益轻质量。部分鉴定机构和鉴定人重视经济效益，忽视鉴定质量，在检材达不到鉴定条件的情况下仍违规出具鉴定文书，只要委托方愿意花钱，绝大多数鉴定人不审查检材是否达到鉴定条件，基本上“来者不拒”。据笔者对中国裁判文书网涉及司法会计鉴定案例数据的统计，鉴定机构以检材达不到鉴定条件退回鉴定的案例数量约占全部案例的1‰。有的鉴定机构甚至以收费多寡来衡量执行鉴定的规范程度。

第二章 鉴定程序审查

司法鉴定程序是以诉讼法律的诉讼程序为依据,结合相关司法解释、法规以及行政规章所制定的鉴定工作规则。司法鉴定程序是诉讼程序的组成部分,受诉讼程序制约,司法鉴定程序如果违反了诉讼程序,鉴定意见不应当作为定案或认定案件事实的根据。

司法鉴定程序包括鉴定启动、鉴定主体、鉴定实施、鉴定时限、文书类别、鉴定文书形式要件、鉴定文书补正、鉴定意见告知等程序,本章主要介绍司法鉴定程序相关规定、审查方法及相关案例。

第一节 鉴定启动程序审查

司法鉴定启动是司法鉴定的开篇之作,启动程序是否合法,是判断司法鉴定意见是否具备证据资格或者说是否具备证据能力,鉴定意见能否进入证据门槛的先决条件。本节主要介绍司法鉴定启动程序相关规定、审查方法及相关案例。

一、司法鉴定启动程序相关规定

《中华人民共和国刑事诉讼法》第 146 条规定,为了查明案情,需要解决案件中某些专门性问题的时候,应当指派、聘请有专门知识的人进行鉴定。第 148 条规定,侦查机关应当将用作证据的鉴定意见告知犯罪嫌疑人、被害人。如果犯罪嫌疑人、被害人提出申请,可以补充鉴定或者重新鉴定。第 196 条规定,法庭审理过程中,合议庭对证据有疑问的,可以宣布休庭,对证据进行调查核实。人民法院调查核实证据,可以进行勘验、检查、查封、扣押、鉴定和查询、冻结。

《人民检察院刑事诉讼规则》第 221 条第 1 款、第 2 款规定,用作证据的鉴定意见,人民检察院办案部门应当告知犯罪嫌疑人、被害人;被害人死亡或者没有诉讼行为能力的,应当告知其法定代理人、近亲属或诉讼代理人。犯罪嫌疑人、被害人或被害人的法定代理人、近亲属、诉讼代理人提出申请,可以补充鉴定或者重新鉴定,鉴定费用由请求方承担。但原鉴定违反法定程序的,由人民检察院承担。

《中华人民共和国监察法》第 30 条规定,监察机关在调查过程中,对于案件中的专门性问题,可以指派、聘请有专门知识的人进行鉴定。鉴定人进行鉴定后,应当出具鉴定意见,并且签名。

《中华人民共和国监察法实施条例》第 179 条第 2 款规定,被调查人或者相关单位、人员提出补充鉴定或者重新鉴定申请,经审查符合法定要求的,应当按规定报批,进行补充鉴定或者重新鉴定。

《中华人民共和国民事诉讼法》第 79 条规定,当事人可以就查明事实的专门性问题向人民法院申请鉴定。当事人申请鉴定的,由双方当事人协商确定具备资格的鉴定人;协商不成的,由人民法院指定。当事人未申请鉴定,人民法院对专门性问题认为需要鉴定的,应当委托具备资格的鉴定人进行鉴定。

《最高人民法院关于民事诉讼证据的若干规定》第 41 条规定,对于一方当事人就专门性问题自行委托有关机构或者人员出具的意见,另一方当事人有证据或者理由足以反驳并申请鉴定的,人民法院应予准许。

以上法律法规及司法解释,明确了三点:第一,刑事诉讼中司法鉴定的启动权在侦查机关、审判机关和监察机关,其他单位和个人只有申请补充鉴定或者重新鉴定的权利,无权自行启动司法鉴定。第二,民事诉讼中当事人只有向人民法院申请鉴定的权利,一方当事人就专门性问题自行委托有关机构或者人员出具的鉴定意见,只能算作一种"意见",不属于司法鉴定意见。第三,司法鉴定启动在先,实施鉴定在后。

二、司法鉴定启动程序审查方法

司法鉴定启动程序审查,就是审查启动主体是否为法定主体,是否先有司法鉴定聘请,后有司法鉴定。具体审查方法可以从以下三个方面入手:

第一,审查卷宗材料中是否有书面鉴定聘请手续,鉴定文书中注明的委托单位是否与鉴定聘请书出具单位一致;

第二,审查出具鉴定聘请书的单位是否为有案件管辖权的侦查机关、审判机关或监察机关;

第三,审查鉴定聘请书落款日期与鉴定文书出具日期先后顺序是否存在颠倒,即是否存在先出具鉴定文书后受理鉴定聘请的情形。

刑事诉讼中,对于没有书面鉴定聘请手续、鉴定启动主体为非法定主体、鉴定意见出具日期先于鉴定聘请日期的情形,应认定程序违法,鉴定意见不应当作为定案的根据。民事诉讼中,当事人自行启动的鉴定,不作为司法鉴定意见使用。

三、相关案例

案例 11　谌某、杨某滥用职权案[(2019)鄂 0923 刑初 26 号]

公诉机关指控,被告人谌某、杨某身为国家机关工作人员,在履职过程中,违反法律规定的权限和程序,随意加大地块收购补偿,在被告人汪某、魏某的配合下,出具虚假的审计报告和审计局核查文件,使国家拨付土地收购补偿 870 万元,经资产评估公司评估,涉案地块等资产评估价值为 810 万元,造成财政资金损失 60 万元,应当以滥用职权罪追究其刑事责任。

法院审理查明,公诉机关提交的证据证实,2017 年 3 月 10 日,经检察院委托(无书面委托材料),某资产评估公司出具了资产评估报告书,涉案地块等资产评估价值 810 万元。

法院认为,公诉机关提交的资产评估公司在没有委托方书面委托手续的情况下,出具了评估报告,该报告书不能作为本案的定案依据。

[评析]书面委托手续是证明司法鉴定文书、评估报告书来源合法的依据。《人民检察院鉴定规则(试行)》(高检发办字〔2006〕33 号)第 12 条规定,委托鉴定应当以书面委托为依据,客观反映案件基本情况、送检材料和鉴定要求等内容。

本案需要解决的专门性问题虽然是资产评估而不是司法鉴定,但检察机关应当参照《人民检察院鉴定规则(试行)》的规定出具书面委托手续。资产评估公司在没有收到检察机关书面委托手续情况下,出具的资产评估报告程序不合法。

办理司法鉴定聘请(委托)手续除检察机关上述规定外,其他有关法规和规范性文件还有:

《中华人民共和国监察法实施条例》第 175 条规定,监察机关为解决案件中的专门性问题,按规定报批后,可以依法进行鉴定。鉴定时应当出具《委托鉴定书》,由 2 名以上调查人员送交具有鉴定资格的鉴定机构、鉴定人进行鉴定。

《人民法院司法鉴定工作暂行规定》(法发〔2001〕23号)第11条规定,司法鉴定应当采用书面委托形式,提出鉴定目的、要求,提供必要的案情说明材料和鉴定材料。

《公安机关鉴定规则》(公通字〔2017〕6号)第19条规定,委托鉴定单位应当向鉴定机构提交鉴定委托书。

《司法鉴定程序通则》第16条规定,司法鉴定机构决定受理鉴定委托的,应当与委托人签订司法鉴定委托书。

案例12 安某、邓某职务侵占案[(2016)陕0702刑初第71号]

公诉机关指控,被告人安某利用职务之便,非法占有集体资金10万元;被告人邓某利用职务之便,非法占有集体资金17万元,挪用集体资金112万元。公诉机关指控犯罪的证据之一为某律师事务所委托某会计师事务所出具的司法会计鉴定书。

被告人邓某的辩护人提出:公诉机关指控邓某挪用资金罪的定罪证据即司法会计鉴定书存在程序错误。该司法会计鉴定书是与本案没有关联的律师事务所委托会计师事务所出具的鉴定报告,根据法律规定,为了查明案情,解决案件中的专门问题,应该由侦查机关委托具有鉴定资格的鉴定机构进行鉴定,而不是由侦查机关以外的其他机关委托,该鉴定报告程序不合法,也未将该鉴定报告意见告知被告人邓某,剥夺了被告人邓某申请重新鉴定或者补充鉴定的权利。

原审宣判后,被告人安某、邓某不服,提出上诉。某市中级人民法院将该案发回重审。

重审认为,被告人邓某的辩护人提出公诉机关指控邓某挪用资金罪的定罪证据即司法会计鉴定书存在程序错误。本案在重审中,公安机关委托司法会计事务所重新鉴定,且已按相关规定告知被告人等,鉴定程序符合法律规定,对公安机关聘请鉴定机构作出的司法会计鉴定书予以采纳。

案例13 李某与芦某隐匿、故意销毁会计凭证、会计账簿、财务会计报告案[(2020)甘06刑终20号]

公诉机关指控原审被告人李某、芦某犯隐匿、故意销毁会计凭证、会计账簿罪一案,原审法院对指控事实予以认定,作出相应判决。

原审被告人李某不服,以"司法鉴定意见在聘请鉴定之前已出具,应当予以排除"等为由提出上诉。

二审法院认为，原判据以定案的关键性证据“司法会计鉴定”的出具时间在侦查机关聘请鉴定之前，存在不符合办案程序、违反法律规定的诉讼程序的情形，可能影响公正审判，裁定撤销原判，发回重审。

［评析］《人民检察院刑事诉讼规则》（高检发释字〔2019〕4 号）第 169 条规定，进行调查核实，可以采取询问、查询、勘验、检查、鉴定、调取证据材料等不限制被调查对象人身、财产权利的措施。

《公安机关办理刑事案件程序规定》（公安部令第 159 号）第 174 条规定，对接受的案件，或者发现的犯罪线索，公安机关应当迅速进行审查。发现案件事实或者线索不明的，必要时，经办案部门负责人批准，可以进行调查核实。调查核实过程中，公安机关可以依照有关法律和规定采取询问、查询、勘验、鉴定和调取证据材料等不限制被调查对象人身、财产权利的措施。

根据上述规定，侦查机关在立案前的调查过程中，涉及需要解决的专门性问题，可以聘请鉴定。但是，无论是在立案前还是在立案后的司法鉴定，都应当在侦查机关出具鉴定聘请书之后进行。本案司法会计鉴定的出具时间在侦查机关聘请鉴定之前，不符合法定程序，不能保证鉴定材料来自侦查机关，因此，鉴定意见不能作为定案的根据。

第二节　鉴定主体适格审查

鉴定主体适格是指鉴定机构和鉴定人的司法鉴定资质和资格。《最高人民法院关于适用〈中华人民共和国刑事诉讼法〉的解释》第 98 条规定，鉴定机构不具备法定资质，或者鉴定事项超出该鉴定机构业务范围、技术条件的；鉴定人不具备法定资质，不具有相关专业技术或者职称，或者违反回避规定的，鉴定意见不得作为定案的根据。本节主要介绍司法鉴定主体适格相关规定、审查方法及相关案例。

一、鉴定机构资质审查方法及案例

（一）鉴定机构资质条件

鉴定机构资质是指鉴定机构硬件和软件必须达到的最低门槛。《全国人民代表大会常务委员会关于司法鉴定管理问题的决定》第 5 条明确规定鉴定机构必须达到下列条件：（1）有明确的业务范围；（2）有在业务范围内进行司法鉴定所必需的仪器、设备;(3)有在业务范围内进行司法鉴定所必需的依法通过计量认证或者实验室认可的检测实验室;(4)每项司法鉴定业务有3名以上鉴定人。

我国对司法鉴定资质实行三种管理模式:其一,侦查机关内设的鉴定机构及配备的鉴定人,由侦查机关颁发鉴定机构和鉴定人资格证书;其二,侦查机关以外的法医类、物证类、声像资料和环境损害类“四大类”鉴定机构和鉴定人,由司法行政部门颁发鉴定机构和鉴定人资格证书;其三,侦查机关以外除“四大类”以外的其他鉴定类别,实行市场准入,不实行许可准入登记管理,只要符合《全国人民代表大会常务委员会关于司法鉴定管理问题的决定》规定的鉴定机构和鉴定人资质条件的,即具备司法鉴定资质。

(二)审查方法

由于我国司法会计鉴定基本上由会计师事务所的鉴定人承担,依法批准成立的会计师事务所一定具备审计资质,但并不一定具备司法会计鉴定资质。审查人员审查时,可以从以下两方面进行审查:

第一,审查鉴定文书后是否附有有效的营业执照,营业执照的业务范围是否与会计审计有关;

第二,查询中国注册会计师协会网站,审查会计师事务所执业人员情况,判断其是否具备全国人大常委会规定符合从事司法鉴定条件的3名以上人员。

(三)相关案例

案例14　星耀公司、华宝公司探矿权转让合同纠纷再审审查与审判监督案［(2015)民提字第205号］

再审申请人星耀公司(一审原告、二审上诉人)因与被申请人华宝公司(一审被告、二审上诉人)探矿权转让合同纠纷一案,不服陕西省高级人民法院民事判决,向最高人民法院申请再审。

再审过程中,经华宝公司申请,最高人民法院依法委托恒泰艾普石油天然气技术服务股份有限公司对石油领域专业问题进行鉴定,星耀公司质证认为鉴定机构不具有鉴定资质,鉴定意见不能作为定案的根据。

最高人民法院认为,关于鉴定机构的资质问题,根据《全国人民代表大会常务委员会关于司法鉴定管理问题的决定》第2条的规定,目前仅有法医类、物证类、声像资料、环境损害四类鉴定需要国务院司法行政部门颁发司法鉴定资质,对于其他类别的鉴定无强制性要求。《人民法院司法鉴定人名册制度实施办法》(法发〔2004〕6号)第18条规定:"司法鉴定所涉及的专业未纳入鉴定人名册时,人民法院司法鉴定机构可以从社会相关专业中,择优选定受委托单位或专业人员进行鉴定。如果被选定的鉴定人需要进入鉴定人名册的,按本办法规定程序办理。"因石油行业未纳入鉴定人名册管理,本院从社会相关专业中择优选定专业能力较强的上市公司恒泰艾普公司对案涉出油井井位及开采期产量等石油领域专业问题进行鉴定,符合法律规定。星耀公司关于恒泰艾普公司无司法鉴定资质故不能承担本案鉴定工作的主张,无法律依据。

[评析]在诉讼中涉及的专门性问题范围非常广泛,各种科学现象和科技问题都有可能成为司法鉴定的对象。① 据全国人大常委会内司委20年前的调查,我国司法鉴定的类型至少有1100种。司法行政机关不可能把所有的专门性问题鉴定都纳入登记范围。本案涉及石油领域专业问题,总得有这方面的专家来解决这个问题,恒泰艾普公司虽未取得司法行政机关颁发的司法鉴定资格证书,但"四大类"外的司法鉴定,有关机构只要具备《全国人民代表大会常务委员会关于司法鉴定管理问题的决定》第5条规定的"法人或者其他组织申请从事司法鉴定业务"的条件,自然具有司法鉴定资质。

案例15　陈某、王某等贪污、受贿案[(2014)鄂竹溪刑初字第00013号]

公诉机关指控,被告人陈某、王某、刘某利用职务上的便利,采取虚报冒领、不上收入、少上收入的手段贪污国家征地补偿款4万元;利用职务上的便利,挪用资金15万元;采取重报支出的手段侵占集体资金2万元。

公诉机关指控上述犯罪金额的证据之一为某检察院鉴定机构出具的司法会计检验鉴定书,鉴定意见显示:陈某、王某、刘某三人在任职期间,通过虚报冒领、收入不上账的手段套取高速征地补偿款6万元,此款被陈某等三人共同占有;刘某个人采取重复上报的手段套取炸药库租地补偿款2万元,其性质属于占有公款;陈某等人采取伪造贫困农户贷款资料,将扶贫互助资金15万元借给他人并收取利息,属于占用公款。

被告人及辩护人对检验鉴定文书提出异议,三辩护人均认为鉴定未送达、告知被告人,且司法会计鉴定不能对行为性质进行定性鉴定。

---

① 参见李晓钟编著:《最新司法鉴定法律条文理解与适用》,中国检察出版社2006年版,第2页。

法院认为，对检察院的检验鉴定文书，经审查无鉴定机构及鉴定人资质证明，也未按程序送达当事人，辩护人的异议理由成立，本院对该证据不予采信。

[评析]《人民检察院鉴定机构登记管理办法》第7条规定，鉴定机构经登记管理部门核准登记，取得《人民检察院鉴定机构资格证书》，方可进行鉴定工作。

鉴定机构出具的鉴定文书，应当附有鉴定机构和鉴定人的资格证书，未附有鉴定机构和鉴定人资格证书的，审查人员可以要求其提供，鉴定机构不能提供有效资格证书的，说明该鉴定机构无司法会计鉴定资质。

案例16　潜水公司与度假酒店其他海商合同纠纷案[(2012)琼海法商初字第62号]

原告潜水公司与被告度假酒店签订了《水上运动经营承包合同》，约定被告指定大堂某一位置给原告摆设水上运动服务台，指定在酒店中心泳池区某一位置给原告作潜水培训点，并将海滩某区域承包给原告经营海上娱乐项目。合同签订后，被告一直未能给原告提供大堂和泳池，经原告多次书面催促，被告仅于2009年3月3日、4日、5日这3天提供大堂某一区域给原告设置柜台，给原告造成了一定的投资损失。

根据原告的申请，法院委托某鉴定机构对其2009年3月3日至5日大堂营业日报表形成时间、真实性和其所主张的毛利计算的合理性进行鉴定。某声像资料司法鉴定所出具司法鉴定书，认定送检的3份营业日报表形成时间为2009年3月3日、4日、5日，送检的大堂3天的营业毛利计算方法具有合理性。

法院认为，声像资料司法鉴定所批准的业务范围仅限于声像资料鉴定和痕迹鉴定，而“毛利计算方法合理性”的鉴定属会计鉴定，不在声像资料司法鉴定所的合法业务范围内，且在鉴定书中签名的鉴定人员吕某仅具有声像资料鉴定和痕迹鉴定资格、黄某仅具有痕迹鉴定资格，两人均无会计鉴定资格。该鉴定书中虽附有会计师事务所的执业证书和张某的成人高等教育毕业证书，但会计师事务所并未在该鉴定报告中盖章，张某的毕业证书也无法证明其任何鉴定资格，且其本人也未在该鉴定书中签名或盖章。此外，该鉴定书既未对毛利计算方法合理性的鉴定依据作出科学论证，也未对其鉴定过程作出说明。综上，司法鉴定书中的鉴定意见缺乏科学性，故本院对该鉴定意见不予采信。

[评析]毛利是收入与营业成本的差额。商品流通企业毛利是指不含税售价与不含税进价的差额；生产制造企业毛利是指产品销售收入(不含税)与相应产品

销售实际成本的差额。毛利数额确认涉及财务会计专业知识，属于司法会计鉴定范围。《司法鉴定程序通则》第14条第1款规定："司法鉴定机构应当对委托鉴定事项、鉴定材料等进行审查。对属于本机构司法鉴定业务范围，鉴定用途合法，提供的鉴定材料能够满足鉴定需要的，应当受理。"第15条规定，委托鉴定事项超出本机构司法鉴定业务范围的，司法鉴定机构不得受理。

本案鉴定机构批准的业务范围仅限于声像资料鉴定和痕迹鉴定，其无资质对司法会计鉴定范围内的鉴定事项作出鉴定。

二、鉴定机构资格审查方法及案例

（一）鉴定机构资格条件

鉴定机构资格是指鉴定机构在具体案件中从事司法鉴定的法律许可。侦查机关、司法行政机关颁发的鉴定机构资格证书是一种行政许可，表明鉴定机构具有司法鉴定资质，但在具体案件中并不必定具有司法鉴定资格。

根据《司法鉴定程序通则》第32条"重新鉴定应当委托原司法鉴定机构以外的其他司法鉴定机构进行"之规定及相关法理，存在下列两种情形之一的鉴定机构，不具有司法鉴定资格：

第一，重新鉴定机构与初次鉴定机构为同一鉴定机构的；

第二，鉴定机构与涉案单位存在某种利害关系，可能影响司法鉴定公正的。

我国三大诉讼法虽然没有对鉴定机构回避作出明确规定，但鉴定机构与涉案单位存在某种利害关系的，可以从法理上认定构成回避关系。

（二）审查方法

审查人员审查时，主要审查以下两点：

第一，鉴定事项是否为重新鉴定事项，如果是重新鉴定事项的，后次出具鉴定文书的机构是否为初次鉴定的鉴定机构；

第二，鉴定机构是否与涉案单位具有某种利害关系，如鉴定机构与涉案单位具有上下级隶属关系，或者长期为涉案单位提供审计服务等。

（三）相关案例

案例 17　政法学院、信达公司企业借贷纠纷执行案[（2018）冀01执复206号]

复议申请人（异议人、被执行人）：政法学院

申请执行人：信达公司

被执行人：军工公司

新华法院查明，桥东区人民法院在执行信达公司与军工公司借款保证合同纠纷一案中，桥东区人民法院经调查发现被执行人没有执行能力，且根据中央党政机关非金融类企业脱钩工作小组文件及财政部的批复，军工公司国有资产整体无偿划转给政法学院。因政法学院无偿接收被执行人军工公司资产1006万元，致使被执行人无遗留财产清偿债务，桥东区人民法院作出执行裁定，追加政法学院为本案被执行人。政法学院为证明其没有接受资产，委托其独资开办的公平司法鉴定中心对其部分账目进行审计，并出具司法鉴定意见书，鉴定意见确认复议申请人确实没有接收过军工公司的任何资产。

新华法院认为，公平司法鉴定中心出具的司法鉴定意见书系受政法学院单方委托作出，且委托双方具有法律上的利害关系，故对该司法鉴定意见书不予采信，桥东区人民法院追加政法学院为本案被执行人并无不当。政法学院主张对桥东区人民法院的执行裁定中止执行并予以撤销，本院不予支持。裁定驳回异议人政法学院提出的执行异议。

政法学院对新华法院作出的执行裁定不服，向石家庄市中级人民法院提出复议申请。

石家庄市中级人民法院审理后认为，政法学院复议理由不能成立，驳回政法学院复议申请，维持新华法院执行裁定。

[评析]公平司法鉴定中心虽然具有司法鉴定资质，但系政法学院独资开办，与政法学院存在利害关系，在政法学院与信达公司的诉讼纠纷中，其没有资格对政法学院的涉案资产作出司法会计鉴定意见。

案例 18　陈某挪用资金案[（2014）朝刑初字第1000号]

公诉机关指控，陈某在担任华控公司出纳期间，利用职务便利，将单位资金共计890万元据为己有。公诉机关向法庭提供了德惠会计师事务所出具的审计报

告等证据。

辩护人在质证过程中，向法庭补充出示了公安机关在侦查阶段调取的由华控公司委托宇通会计师事务所有限公司出具的专项审计报告，证明德惠会计师事务所的审计报告除了审计结论与宇通会计师事务所出具的审计报告结论完全一致以外，在语句、标点，甚至错别字等处也多有雷同，因此对德惠会计师事务所的审计结论的客观真实性提出怀疑，建议法庭对两个会计师事务所的审计报告均不予采纳。

法院认为，根据公安机关调取的相关证人证言足以证明宇通会计师事务所在案发前一直受雇于华控公司，为涉案公司提供日常审计工作，且在审计工作中，委托被告人陈某提供应当由审计部门向银行发出的询证函，致使被告人陈某有机会向该事务所提供伪造的询证函，导致被告人陈某将涉案公司钱款挪作他用的行为不能及时被发现，因此宇通会计师事务所与涉案公司存在一定的利害关系，不能作为司法审计的主体，其审计结论只能作为涉案公司一方的书证。在本院审理期间，公安机关又委托德惠会计师事务所重新对涉案公司的账目进行审计，德惠会计师事务所与本案无利害关系，其审计结论与宇通会计师事务所的结论相同亦无不妥，但是辩护人指出的两家审计报告中存在相同语句中出现相同错别字等情况，虽然德惠会计师事务所的注册会计师张某出庭对其事务所的审计过程发表了鉴定意见和说明，但是对于辩护人提出的质疑未能作出合理解释，确实令人质疑德惠会计师事务所审计结论的客观性。因此本院认为宇通会计师事务所和德惠会计师事务所的审计报告均不能作为定案的唯一根据。

[评析]案发前宇通会计师事务所为华控公司提供日常审计服务，是华控公司的客户，与华控公司可能存在一定的利害关系。案发后，宇通会计师事务所再承接对涉案问题的审计委托，构成回避关系。而德惠会计师事务所虽然具有司法会计鉴定资格，但审计报告内容与宇通会计师事务所出具的审计报告内容雷同，可能抄袭了宇通会计师事务所出具的审计报告，违背了审计独立性原则，且审计人员张某出庭时不能作出合理解释，故德惠会计师事务所出具的审计报告也不能作为定案的根据。

案例19　邵某与恩凯皮鞋厂买卖合同纠纷案[(2020)鲁02民终7850号]

一审法院认定事实：原告恩凯皮鞋厂与被告邵某建立皮鞋购销合同关系。恩凯皮鞋厂主张邵某欠付2018年3月至5月的货款。庭审中，恩凯皮鞋厂提交了发货单、托运单以及结算明细等证据证实主张。邵某认为上述证据不能证明其收到货物，也不能证明双方已经结算货款，对恩凯皮鞋厂的主张不予认可。恩凯皮鞋厂申请财务审计，要求对双方之间2018年3月至5月的全部业务往来进行专项审计，一审法院依法委托山东会计师事务所进行审计。邵某经审计部门多次通知无正当理由未提交相关材料配合审计。2019年2月28日，审计部门根据恩凯皮鞋厂提供的发货记录以及货运单据等材料出具审计意见：恩凯皮鞋厂资料记载2018年3月至5月，恩凯皮鞋厂共向邵某发送各种鞋21,750双，货值84万元。经质证，邵某认为审计意见不具有合法性，审计内容是恩凯皮鞋厂单方出示的。恩凯皮鞋厂自认邵某尚欠货款61万元。

一审法院认为，邵某在本案中经审计部门多次通知，无正当理由未提供材料，审计部门根据恩凯皮鞋厂提供的材料作出审计意见，并无不当。恩凯皮鞋厂主张邵某尚欠61万元，一审法院予以支持。

判决：邵某于判决生效后10日内支付恩凯皮鞋厂欠款61万元。

一审判决后，被告邵某不服，提起上诉。上诉理由之一为：一审法院指定的是“山东会计师事务所”对本案进行审计。在审计过程中，山东会计师事务所在未经上诉人同意情况下，擅自将涉案审计事项转委托给“山东会计师事务所即墨分所”并由其实际出具审计报告。该转托行为未经上诉人同意，违反了司法鉴定程序，其出具的审计报告不具有法律效力。

二审法院认为，山东会计师事务所接受一审法院的委托后，未经双方当事人的同意，转交给山东会计师事务所即墨分所的两名注册会计师审计，该两名注册会计师不属于本院鉴定机构备案的注册会计师。该即墨分所虽有财政厅颁发的会计师事务所分所执业证书，但没有在本院鉴定名册范围内。故本院对该审计报告不予采信。

[评析]《最高人民法院关于民事诉讼证据的若干规定》第32条规定，人民法院准许鉴定申请的，应当组织双方当事人协商确定具备相应资格的鉴定人。当事人协商不成的，由人民法院指定。

根据上述规定，鉴定人的选择应当由当事人协商确定或人民法院指定。本案法院确定的鉴定机构为山东会计师事务所，但山东会计师事务所将该鉴定业务擅自转交给即墨分所，即墨分所不是法院确定的鉴定机构，即墨分所即使具有司法会计鉴定资质，它也不是法院聘请的鉴定机构，况且在本案中即墨分所并无司法会计鉴定资格。

三、鉴定人资质审查方法及案例

（一）司法会计鉴定人资质条件

司法会计鉴定人的司法鉴定资质，是指从事司法会计鉴定的职业技能。《全国人民代表大会常务委员会关于司法鉴定管理问题的决定》第4条规定，具备下列条件之一的人员，可以申请登记从事司法鉴定业务：(1)具有与所申请从事的司法鉴定业务相关的高级专业技术职称；(2)具有与所申请从事的司法鉴定业务相关的专业执业资格或者高等院校相关专业本科以上学历，从事相关工作5年以上；(3)具有与所申请从事的司法鉴定业务相关工作10年以上经历，具有较强的专业技能。

因故意犯罪或者职务过失犯罪受过刑事处罚的，受过开除公职处分的，以及被撤销鉴定人登记的人员，不得从事司法鉴定业务。

社会中介机构司法会计鉴定人的资质条件，为符合《全国人民代表大会常务委员会关于司法鉴定管理问题的决定》第4条的规定。

《人民检察院鉴定人登记管理办法》第7条规定："鉴定人经登记管理部门核准登记，取得《人民检察院鉴定人资格证书》，方可进行鉴定工作。"检察机关的司法会计鉴定人应当取得《人民检察院鉴定人资格证书》，才具备司法会计鉴定资质条件。

（二）审查方法

审查人员可以从以下四个方面进行审查：

第一，审查鉴定文书后是否附有有效的鉴定人资质证书；

第二，查询中国注册会计师协会网站，查看注册会计师任职资格是否通过年检，[1]是否有5年以上执业工作经历；

第三，查看签名注册会计师是否为鉴定机构的执业人员；

第四，委托方提出的鉴定事项是否属于司法会计鉴定专业范围。

---

① 《中国注册会计师协会公告》第6条规定，凡年度检查未获得通过的注册会计师，将不允许执行业务。

（三）相关案例

案例20　孙某、杨某合伙协议纠纷执行案[（2018）川0191执异218号]

某法院在执行杨某与孙某合伙协议纠纷一案中，被执行人孙某针对紫金公司出具的鉴定意见书提出书面异议。法院立案后依法组成合议庭进行了审查，并举行了听证。异议人孙某、申请执行人杨某的委托诉讼代理人李某参加了听证。紫金公司的3名鉴定人和负责人经法院通知均未到庭参加听证。

异议人孙某称，对法院委托的鉴定评估机构紫金公司出具的鉴定意见书有异议，质疑鉴定评估人员资质。其提出：根据鉴定意见书副本载明的检验鉴定人员资料显示，3名鉴定人员仅持有紫金公司内部颁发的检验鉴定证书，不符合《司法鉴定程序通则》第18条“司法鉴定机构受理鉴定委托后，应当指定本机构具有该鉴定事项执业资格的司法鉴定人进行鉴定”的规定。

紫金公司提交书面答复函称，在机构资质方面，紫金公司已入选最高人民法院司法技术专业机构名册，可受理法院系统委托的鉴定评估业务，包括文物艺术品；经国家质量监督检验检疫总局（现为国家市场监督管理总局）许可，可对列入进出口商品目录的商品进行鉴定，包括文物艺术品；紫金公司是北京市文化局批准的艺术品鉴定单位，可开展艺术品鉴定工作。在人员资质方面，紫金公司检验鉴定人员定期参加中国出入境检验检疫协会的商品检验鉴定专业继续教育学习及紫金公司的培训、考核，已经完全具备商品检验鉴定的资格和能力。为证明其理由，紫金公司提交了最高人民法院行政装备局司法辅助办公室出具的《最高人民法院司法技术专业机构名册入选通知》，北京市工商行政管理局（现为市场监督管理局）朝阳分局颁发的营业执照等证据材料。

法院认为，根据《司法鉴定人登记管理办法》第12条“个人申请从事司法鉴定业务，应当具备下列条件：……（二）具有相关的高级专业技术职称；或者具有相关的行业执业资格或者高等院校相关专业本科以上学历，从事相关工作五年以上；（三）申请从事经验鉴定型或者技能鉴定型司法鉴定业务的，应当具备相关专业工作十年以上经历和较强的专业技能；（四）所申请从事的司法鉴定业务，行业有特殊规定的，应当符合行业规定”的规定，虽然目前艺术品司法鉴定并未强制纳入司法行政管理部门对鉴定人和鉴定机构的登记管理范围，但是司法鉴定行为不同于商业性的鉴定行为。司法鉴定是在诉讼活动中鉴定人运用科学技术或者专门知识对诉讼涉及的专门性问题进行鉴别和判断并提供鉴定意见的活动，司法鉴定意见会对当事人或利害关系人产生程序性或实体性的影响，与司法的公信力直接相关，从事艺术品司法鉴定的人员的资质要求应当参照司法鉴定人的申请资格进行评判。紫金公司出具鉴定意见书的李某、方某、崔某等3名鉴定人员经本院通知，无正当理由未参加听证，紫金公司提交的内部颁发的检验鉴定证书不足以证明3名鉴定人的司法鉴定资质具有合法性。孙某的此项异议理由成立。

裁定重新委托鉴定评估。

[评析]本案涉及"四大类"外的文物艺术品鉴定，鉴定人的资质应当参照《全国人民代表大会常务委员会关于司法鉴定管理问题的决定》及国务院批准的《司法鉴定人登记管理办法》规定的条件。3名鉴定人未能提供与文物艺术品专业有关的职称、国家颁发的执业资格、学历、工作年限等证件，其提供单位内部颁发的检验鉴定证书，不符合法律规定。同理，司法会计鉴定也属于"四大类"外的鉴定类别，审查司法会计鉴定人的资质，可参照该案例。

案例21　黄某组织、领导传销活动案[(2019)鲁15刑终314号]

原审判决认定：被告人黄某于2015年5月成立黑龙江省管理中心，依托该组织发展下线人员，至2016年11月，黄某直接或者通过下线人员间接发展代理商、联盟商家、服务中心等共计17,680人次，传销资金数额累计3.4亿元。

原审法院根据司法会计鉴定意见及其他证据，对黄某作出判决。

宣判后，原审被告人黄某不服，提出上诉，理由之一为涉案鉴定机构及鉴定人员不具有法定资质。

关于上诉人黄某所提"涉案鉴定机构及鉴定人员不具有法定资质"的上诉理由。二审法院审查认为，本案鉴定报告属于司法会计审计类，不属于《全国人民代表大会常务委员会关于司法鉴定管理问题的决定》第2条规定的必须实行登记管理制度的种类范围，故只要鉴定事项没有超出该鉴定机构业务范围，鉴定人具有相关专业技术或者职称，其出具的鉴定意见就可以作为证据使用。本案中，会计师事务所具有会计师事务所执业证书，鉴定人王某、张某具有中国注册会计师资格和执业资格，且所出具的司法会计鉴定报告亦未超出其营业执照规定的业务范围，本案鉴定机构及鉴定人员均具有法定资质。因此，上诉人黄某的该项上诉理由不能成立，本院不予采纳。

[评析]《中华人民共和国刑事诉讼法》第146条规定，为了查明案情，需要解决案件中某些专门性问题的时候，应当指派、聘请有专门知识的人进行鉴定。关

于何为司法鉴定中“有专门知识的人”，《全国人民代表大会常务委员会关于司法鉴定管理问题的决定》第4条作出了明确规定。本案鉴定人王某、张某具有中国注册会计师执业资格，如果他们有5年以上会计审计工作实践，就符合《全国人民代表大会常务委员会关于司法鉴定管理问题的决定》第4条第2项“具有相关的专业执业资格”条件。司法会计鉴定属于“四大类”外不需要纳入司法行政部门登记的范围，王某、张某自然具备司法会计鉴定资质。

案例22　杨某贪污案［（2015）新刑初字第2号］

公诉机关指控，被告人杨某利用担任旅游公司总经理的职务便利，采取收入不入账、虚开发票等手段贪污公款共计87万元。公诉机关指控的证据之一为某检察院出具的司法会计鉴定意见。

法院审理认为，根据《人民检察院鉴定人登记管理办法》第11条第2款的规定，《人民检察院鉴定人资格证书》有效期为6年，自颁发之日起计算。作出司法会计鉴定书中的3名鉴定人的资格证书在受理此司法会计鉴定前，均已超过6年有效期，而公诉机关不能提供有效证据证明3名鉴定人员的鉴定资格尚在有效期内，故本院对公诉机关提供的司法会计鉴定书不予采信。

［评析］《人民检察院鉴定人登记管理办法》第11条规定，《人民检察院鉴定人资格证书》由最高人民检察院统一制发。《人民检察院鉴定人资格证书》有效期为6年，自颁发之日起计算。第15条规定，《人民检察院鉴定人资格证书》有效期限届满需要延续的，鉴定人应当在申请审核的同时提交《人民检察院鉴定人资格延续申请表》。登记管理部门对审核合格并准予延续登记的，自准予延续登记之日起，重新计算《人民检察院鉴定人资格证书》的有效期。第26条规定，人民检察院鉴定人应当在登记管理部门核准登记的鉴定业务范围内从事鉴定工作。未取得《人民检察院鉴定人资格证书》，未通过鉴定人资格审核，以及鉴定资格被注销的人员，不得从事鉴定工作。

检察机关的司法鉴定实行许可制度。本案鉴定人鉴定资格证书超过6年有效期限后未经过延续登记，作出鉴定意见的人员已经不具备司法会计鉴定资质。

案例23　冉某与信息产业电子公司建设工程合同纠纷案［（2019）黔06民再16号］

再审申请人（一审原告、二审被上诉人）：冉某

被申请人（一审被告、二审上诉人）：信息产业电子公司

一审法院认定事实:冉某与信息产业电子公司签订《工程施工劳务分包合同》,约定由信息产业电子公司将某工程项目的混凝土泥工工程承包给冉某施工,后双方对结算情况发生争议,冉某申请对其已完成工程量的价值进行鉴定。

一审法院依照法定的鉴定程序,委托会计师事务所进行鉴定,鉴定意见为:冉某所做工程混凝土泥工部分工程量31,682平方米,混凝土泥工部分价值约为107万元。信息产业电子公司在合同范围内总计已支付冉某泥工劳务费50万元,未支付部分为57万元。

一审法院认为,该鉴定意见书鉴定程序合法,结果客观公正,予以确认。信息产业电子公司对鉴定报告的真实性、合法性及关联性均持异议,但未提供相应证据加以佐证,且并未申请重新鉴定,故对信息产业电子公司的抗辩意见,不予支持。判决信息产业电子公司于判决生效之日起15日内给付冉某工程款57万元。

信息产业电子公司不服一审判决,提出上诉。

二审法院认为,会计师事务所的鉴定资质为司法会计,鉴定人资质为司法会计。司法会计鉴定是指依法取得有关司法会计鉴定资格的鉴定机构和鉴定人受司法机关或当事人委托,运用会计学的原理和方法,通过检查、计算、验证和鉴证、监证对会计凭证、会计账簿、会计报表和其他会计资料等财务状况进行检验、鉴别和判断并提供鉴定意见的活动。其鉴定对象是诉讼活动所涉及的财务会计问题。显然与工程造价鉴定性质不同,工程造价鉴定机构应当具备工程造价咨询的资质,鉴定人必须具备注册造价工程师执业资格,本案委托鉴定事项为工程量价值评估,实为工程造价鉴定。故该鉴定意见书的鉴定机构和鉴定人不具备工程造价鉴定主体资格。其鉴定依据为《贵州省建筑工程计价定额》(2004版),而合同约定的计价依据为综合单价包干,本案系未完工工程,未完成部分占比多少不清楚。该鉴定意见书中水泥砂浆、楼地面找平是否完成、围墙及一般墙是否属冉某完成的工程量,没有签证单,也无双方质证认可的记录,故缺乏事实依据,故鉴定意见不能作为本案定案根据。一审判决根据该鉴定意见作出判决,认定事实错误。对冉某要求支付工程款的诉讼请求,本院不予支持,因此,撤销原判,驳回冉某的诉讼请求。

冉某不服二审判决,向高级人民法院申请再审。冉某申请再审主张:一审法院委托鉴定符合法律规定,被申请人应根据鉴定意见书支付申请人工程款57万元。

高级人民法院作出民事裁定,指令二审法院再审本案。再审认为,冉某再审主张应以一审法院委托鉴定的意见书作为给付工程款的依据等再审理由，无事实和法律依据，不予支持。高级人民法院作出维持二审判决的终审判决。

［**评析**］本案法院委托的是“已完成工程量价值”，鉴定类别属于“建设工程造价鉴定”，鉴定人应当具备“注册造价工程师”资质。某会计师事务所指派司法会计鉴定资质的人员鉴定，超出了其鉴定执业专业范围。

案例24　宝骏房开公司与第七建设公司申请不予执行仲裁裁决纠纷案 ［（2014）宝中民二初字第00123号］

申请人宝骏房开公司因与被申请人第七建设公司申请不予执行仲裁裁决一案，不服仲裁委员会仲裁裁决，向法院提出不予执行仲裁裁决的申请。

申请人宝骏房开公司称：本案仲裁裁决所依据的主要证据即鉴定意见存在程序及实体错误，鉴定人资质存在重大瑕疵。《司法鉴定程序通则》（司法部107号令）①第19条规定：“司法鉴定机构对同一鉴定事项，应当指定或者选择二名司法鉴定人共同进行鉴定；对疑难、复杂或者特殊的鉴定事项，可以指定或者选择多名司法鉴定人进行鉴定。”而本案的鉴定机构出具司法鉴定意见书的两名司法鉴定人仅有韩某一人持有建筑工程造价司法鉴定人执业证，另一名鉴定人员王某为“会计、房地产评估、资产评估、土地评估”司法鉴定人执业证，并非工程造价的专业鉴定职称，亦非其所属的专业鉴定业务领域，对本案所需鉴定的项目并不具有专业性和针对性。即使涉及利息等会计鉴定项目，也应有两名相关司法鉴定人共同进行鉴定。因此，本案鉴定人员所作的工程造价鉴定及进度款和工程款逾期支付利息鉴定意见，存在选定鉴定人员重大瑕疵，明显程序违法，故依此鉴定意见作为本案定案依据确属错误。

法院经审查认为，《司法鉴定程序通则》第19条规定：“司法鉴定机构对同一鉴定事项，应当指定或者选择二名司法鉴定人共同进行鉴定……”仲裁委委托司法会计鉴定所鉴定的事项有两项（建筑工程造价、会计鉴定），依据此规定，该鉴定机构对同一事项应委托两名司法鉴定人员，而该鉴定机构对同一事项仅委托了一名司法鉴定人员，该鉴定行为违反了该条规定。鉴定程序是仲裁程序的组成部分，故仲裁庭仲裁程序违法。

裁定对仲裁委员会仲裁裁决不予执行。

---

① 已于2016年修订，为司法部132号令。

[评析]本案涉及建设工程造价鉴定和司法会计鉴定两个不同的执业类别，根据《司法鉴定程序通则》的规定，仲裁委员会至少应当各聘请不同类别的两名鉴定人进行鉴定。韩某只有建设工程造价鉴定资质，无司法会计鉴定资质，而王某具有司法会计鉴定资质，无建设工程造价鉴定资质，即韩某不能对财务会计领域专业问题作出鉴定，王某不能对建设工程造价领域专业问题作出鉴定。本案司法鉴定程序违反规定，鉴定意见不能作为认定案件事实的根据。

四、鉴定人资格审查方法及案例

(一)司法会计鉴定人资格条件

司法鉴定人的鉴定资格，是指在具体诉讼中担任司法鉴定人的法定条件。[①]具体而言，就是指鉴定人在受理鉴定时是否存在法定回避规定，在重新鉴定中其资质是否达到法定条件或者违反其他法定情形。

1. 鉴定人需要回避的相关规定

(1)《中华人民共和国刑事诉讼法》第29条规定，审判人员、检察人员、侦查人员有下列情形之一的，应当自行回避，当事人及其法定代理人也有权要求他们回避：①是本案的当事人或者是当事人的近亲属的；②本人或者他的近亲属和本案有利害关系的；③担任过本案的证人、鉴定人、辩护人、诉讼代理人的；④与本案当事人有其他关系，可能影响公正处理案件的。

第32条规定，本章关于回避的规定适用于书记员、翻译人员和鉴定人。辩护人、诉讼代理人可以依照本章的规定要求回避、申请复议。

(2)《中华人民共和国民事诉讼法》第47条规定，审判人员有下列情形之一的，应当自行回避，当事人有权用口头或者书面方式申请他们回避：①是本案当事人或者当事人、诉讼代理人近亲属的；②与本案有利害关系的；③与本案当事人、诉讼代理人有其他关系，可能影响对案件公正审理的。

审判人员接受当事人、诉讼代理人请客送礼，或者违反规定会见当事人、诉讼代理人的，当事人有权要求他们回避。

审判人员有前款规定的行为的，应当依法追究法律责任。

前三款规定，适用于书记员、翻译人员、鉴定人、勘验人。

(3)《人民检察院鉴定规则(试行)》(高检发办字〔2006〕33号)第8条第1款

---

① 参见于朝：《论司法会计鉴定人的鉴定资质与鉴定资格》，载《会计之友》2019年第5期。

规定，鉴定人有下列情形之一的，应当自行回避，委托单位也有权要求鉴定人回避：①是本案的当事人或者是当事人的近亲属的；②本人或者其近亲属和本案有利害关系的；③担任过本案的证人或者诉讼代理人的；④重新鉴定时，是本案原鉴定人的；⑤其他可能影响鉴定客观、公正的情形。

（4）《公安机关鉴定规则》（公通字〔2017〕6 号）第 10 条规定，具有下列情形之一的，鉴定人应当自行提出回避申请；没有自行提出回避申请的，有关公安机关负责人应当责令其回避；当事人及其法定代理人也有权要求其回避：①是本案当事人或者当事人的近亲属的；②本人或者其近亲属与本案有利害关系的；③担任过本案证人、辩护人、诉讼代理人的；④担任过本案侦查人员的；⑤是重新鉴定事项的原鉴定人的；⑥担任过本案专家证人，提供过咨询意见的；⑦其他可能影响公正鉴定的情形。

（5）《司法鉴定程序通则》（司法部令第 132 号）第 20 条规定，司法鉴定人本人或者其近亲属与诉讼当事人、鉴定事项涉及的案件有利害关系，可能影响其独立、客观、公正进行鉴定的，应当回避。

司法鉴定人曾经参加过同一鉴定事项鉴定的，或者曾经作为专家提供过咨询意见的，或者曾被聘请为有专门知识的人参与过同一鉴定事项法庭质证的，应当回避。

2. 重新鉴定鉴定人需具备的资格规定

（1）《人民检察院刑事诉讼规则》（高检发释字〔2019〕4 号）第 220 条规定，对于鉴定意见，检察人员应当进行审查，必要时可以进行补充鉴定或者重新鉴定。重新鉴定的，应当另行指派或者聘请鉴定人。

（2）《公安机关鉴定规则》（公通字〔2017〕6 号）第 44 条规定，进行重新鉴定，可以另行委托其他鉴定机构进行鉴定。鉴定机构应当从列入鉴定人名册的鉴定人中，选择与原鉴定人专业技术资格或者职称同等以上的鉴定人实施。

（3）《中华人民共和国监察法实施条例》第 181 条第 2 款规定，决定重新鉴定的，应当另行确定鉴定机构和鉴定人。

（4）《司法鉴定程序通则》（司法部令第132 号）第32 条第2 款规定，接受重新鉴定委托的司法鉴定机构的资质条件应当不低于原鉴定机构，进行重新鉴定的司法鉴定人中应当至少有一名具有相关专业高级专业技术职称。

（二）审查方法

审查人员审查时，主要审查以下两方面：

第一，鉴定人是否存在法定回避情形；

第二，重新鉴定的鉴定文书后是否附有至少1名鉴定人具有高级专业技术职称证书。[①]

（三）相关案例

案例25　马某挪用资金、职务侵占案[（2019）豫1525刑初358号]

原审[（2018）豫1525刑初423号]公诉机关指控，2014年3月至2017年2月，被告人马某在担任远大置业有限公司出纳期间，收取公司销售类款项227万元未上缴公司，2017年2月28日，马某在与公司办理完财物手续交接后，对上述款项既未上缴也不承认。

公诉机关认为，被告人马某利用职务上的便利，将本单位财物非法占为己有，数额较大，应当以职务侵占罪追究其刑事责任。

公诉机关指控马某职务侵占金额的依据为宏大会计师事务所有限责任公司出具的[宏会鉴字（2018）第××号]司法会计鉴定意见书，鉴定意见：截至2017年4月26日，马某未上缴的销售类款项扣除不确定的金额后，确认未上缴的销售类款项金额为227万元。

公诉机关出示的证据中，远大置业有限公司后任出纳毛某证言：2014年6月至2017年2月，远大置业有限公司的出纳是马某，2017年3月，公司的出纳出现空缺，2017年4月，因为宏大会计师事务所有限责任公司对公司的账目进行审计，马某于2017年4月9日回到公司，我们之间于2017年4月10日那天进行了出纳工作的交接，并书写了一份移交书。

原审法庭认为，鉴定意见因鉴定人存在应当回避而没有回避的情形，故[宏会鉴字（2018）第××号]司法会计鉴定意见书不能作为定案证据；书证、被害人陈述、证人证言、被告人供述和辩解等不能证实被告人马某侵占资金的具体事实和数额。因此，公诉机关对马某犯职务侵占罪的指控，因证据不足，不予认定。原审法庭对马某犯挪用资金罪作出判决。

宣判后，被告人马某提出上诉，二审法院审理后，撤销原判，发回重审。

---

① 注册会计师并不是专业技术职称，中国注册会计师协会编著的《注册会计师业务指导目录（2018）》第335条为司法鉴定业务，明确要求注册会计师受理司法鉴定业务，应当执行《司法鉴定程序通则》。

重审时公诉机关依据万象会计师事务所出具的[万象会鉴字(2019)第×号]司法会计鉴定意见及补充报告,变更指控被告人马某侵占公司资金共计86万元。

重审法庭认为,万象会计师事务所鉴定所依据的材料,没有严格按照材料收集、送检的相关规定执行。鉴定所依据的材料没有依法固定,在变动之中,导致鉴定意见不具有唯一性,对公诉机关的职务侵占指控不予支持。

[评析]原审法庭不采信宏大会计师事务所有限责任公司出具的司法会计鉴定意见,认为"鉴定人存在应当回避而没有回避的情形",判决书虽没有明确说明构成回避的具体情形,但根据判决书记载的远大置业有限公司后任出纳毛某的证言,以及鉴定机构出具的鉴定文号为2018年这个时间分析,2017年4月宏大会计师事务所有限责任公司先接受了审计委托,因审计不是司法会计鉴定,后又接受了司法会计鉴定聘请,审计人员与鉴定人员可能为同一人,法庭认为构成回避关系,即该案的鉴定人有资质没资格。

案例26　高某、司某故意伤害案[(2019)豫13刑终134号]

原判认定事实:被告人司某与杨某等5名城管人员到某饭店门口整治市容时,因饭店老板高某拒不将其饭店招牌挪走,双方发生争执,高某的叔叔辱骂高某,高某误认为司某对其辱骂,就转身辱骂司某,致使司某因气愤用手扇了高某左耳部一巴掌。

原判认为,对于高某的伤情,侦查机关先后四次进行委托鉴定,高某对于前三次鉴定意见均有异议,案件侦办单位在高某要求重新鉴定的情况下,作出了第三次、第四次鉴定。经对四次鉴定意见的审查,公安局物证鉴定所出具的鉴定书未按照公安部2008年5月4日发布、自2008年6月1日起施行的《公安机关鉴定规则》第39条第3款"进行重新鉴定,鉴定机构应当从列入鉴定人名册的鉴定人中,另行选择与原鉴定人专业技术职务或者专业技术资格同等以上的鉴定人实施"的规定。经查,法医专业职称分为法医士(助理)、法医师(初级职称)、主检法医师(中级职称)、副主任法医师和主任法医师(高级职称)。本案第一次、第二次鉴定人分别是主检法医师,第三次、第四次重新及补充鉴定人分别是法医师。法医师的专业职称比主检法医师的专业职称低,故本案中4个法医学人体损伤程度鉴定书违反上述鉴定程序规定,根据2012年12月发布的《最高人民法院关于适用〈中华人民共和国刑事诉讼法〉的解释》第85条的规定,鉴定意见不得作为定案的根据,该鉴定意见不予采信。

原审判决被告人司某无罪，驳回附带民事诉讼原告高某的起诉。

宣判后，原审附带民事诉讼原告高某不服，提出上诉。上诉理由是，应当认定被告人司某有罪，并判决其赔偿经济损失。

二审法院审理后，裁定：驳回上诉，维持原判。

[评析]本案重新鉴定的鉴定人职称是法医师，具有司法鉴定资质，但在重新鉴定中因其职称低于初次鉴定的鉴定人，根据《公安机关鉴定规则》第44条的规定[①]，重新鉴定的鉴定人在本案中没有司法鉴定资格。

案例27 薯业公司、研究院买卖合同纠纷案[(2017)冀07民终55号]

上诉人(原审原告)：薯业公司

被上诉人(原审被告)：研究院

一审法院认定事实：2010年8月，薯业公司与研究院签订合同，约定研究院受薯业公司委托提供速冻马铃薯条生产线生产设备一套。合同签订后，薯业公司支付了设备款并提走了生产线设备，经研究院安装、调试、试生产，薯业公司对整套生产线的安装、调试出具了运行良好的验收单。2011年至2012年，薯业公司销售的部分薯条遭遇市场退货，薯业公司认为是涉案设备质量问题造成产品不合格，同研究院多次协商未果，诉至法院，要求研究院退还设备款并赔偿损失。

经薯业公司申请，法院委托华邦科技事务司法鉴定中心就涉案生产线设备进行司法鉴定，华邦科技咨询服务中心出具了鉴定意见书。

原审被告研究院对鉴定意见不认可，认为出具鉴定意见的3位鉴定人的司法鉴定执业资格登记在华邦科技事务司法鉴定中心，三人作为华邦科技事务司法鉴定中心的鉴定人员，以华邦科技咨询服务中心的名义出具鉴定意见书的行为，违反《全国人民代表大会常务委员会关于司法鉴定管理问题的决定》的规定。

一审法院认为，出具鉴定意见书的3名鉴定人员的鉴定资质均登记在“华邦科技事务司法鉴定中心”名下，华邦科技咨询服务中心鉴定过程未将全套生产线所有机器开机测试，选取测试的原材料也不是合同规定的夏波蒂马铃薯，测试流程不完全符合合同规定的技术指标要求。鉴定意见书的结论是否客观公正存在合理怀疑，不应作为本案定案证据，应予以排除，并作出相应判决。

判决后薯业公司提起上诉，认为鉴定意见书后附的3名鉴定人证书，专业均

---

① 判例中法院误用了旧规则，但旧规则与新规则内容大体相同。

为机电工程，职称均为高级工程师，具有司法鉴定资质；华邦科技咨询服务中心出具《关于我中心鉴定资质的说明》载明："本案鉴定专家组三位专家均为我中心在册专家。"故鉴定意见书应当作为判决依据。

二审法院认为，一审法院委托华邦科技事务司法鉴定中心鉴定，但出具鉴定意见书的机构为华邦科技咨询服务中心，3 名鉴定人员的鉴定资质均登记在华邦科技事务司法鉴定中心名下，根据《全国人民代表大会常务委员会关于司法鉴定管理问题的决定》第 8 条的规定，各鉴定机构之间没有隶属关系；鉴定机构接受委托从事司法鉴定业务，不受地域范围的限制。鉴定人应当在一个鉴定机构中从事司法鉴定业务。《司法鉴定人登记管理办法》第 3 条第 3 款规定，司法鉴定人应当在一个司法鉴定机构中执业。3 名鉴定人员的鉴定行为明显违反了上述规定。因此，华邦科技咨询服务中心出具的鉴定意见书的结论不能作为本案定案依据。

[评析]本案 3 名鉴定人职称均为机电工程高级工程师，具有司法鉴定法定资质，其司法鉴定资质登记在华邦科技事务司法鉴定中心，但以华邦科技咨询服务中心名义出具司法鉴定书，不具备司法鉴定资格。即有司法鉴定资质的主体，但在具体案件中并不一定具有司法鉴定的资格。

第三节　鉴定人参与鉴定程序审查

根据法律及司法鉴定规则，鉴定人受理鉴定聘请后，应当亲力亲为，亲自参与鉴定。鉴定完成后，应当在鉴定文书上签名盖章，并对鉴定意见负责。本节主要介绍鉴定人参与鉴定相关规定、审查方法及相关案例。

一、鉴定人参与鉴定相关规定

1.《全国人民代表大会常务委员会关于司法鉴定管理问题的决定》第 10 条规定，司法鉴定实行鉴定人负责制度。鉴定人应当独立进行鉴定，对鉴定意见负责并在鉴定书上签名或者盖章。多人参加的鉴定，对鉴定意见有不同意见的，应当注明。

2.《人民检察院鉴定规则（试行）》（高检发办字〔2006〕33 号）第 14 条规定，鉴定机构接受鉴定委托后，应当指派两名以上鉴定人共同进行鉴定。

3.《公安机关鉴定规则》（公通字〔2017〕6 号）第 31 条规定，鉴定工作实行鉴定人负责制度。鉴定人应当独立进行鉴定。鉴定的实施,应当由两名以上具有本专业鉴定资格的鉴定人负责。

4.《司法鉴定程序通则》第19条规定,司法鉴定机构对同一鉴定事项,应当指定或者选择二名司法鉴定人进行鉴定;对疑难、复杂或者特殊的鉴定事项,可以指定或者选择多名司法鉴定人进行鉴定。

二、审查方法

相关法律法规规定,司法鉴定至少有2名鉴定人参与具体的鉴定工作。司法会计鉴定文书应当由2名以上鉴定人签名,但签名人是否参与具体的鉴定工作,实务中很难通过书面审查发现,通常审查人员通过审查多名签名人员笔迹是否相似来判断。其他主体可以通过申请鉴定人出庭接受质询及其他调查方式来判断签名人是否参与具体鉴定工作。

三、相关案例

案例28　朱某与雷某、张某合伙协议纠纷案[(2016)内0424民初2203号]

原告朱某诉称,原告、被告于2014年8月合伙设立超市,三方共同出资,该超市由被告张某负责具体的经营管理,2014年至2016年,被告张某从未给合伙人公布过账目,也未进行利润分配,2016年8月合伙人协商清算时,被告张某不予配合清算,后原告发现被告张某在经营管理过程中,有收入不入账等情况。为此,原告向法院提起诉讼,并在庭审中申请对三方合伙期间账目手工账与电脑账进行司法会计鉴定。经法院委托,某会计师事务所出具司法会计鉴定报告书1份,司法会计鉴定报告书(补充报告书)1份。

法院认为,合伙关系终止应当予以清算,经原告申请对合伙期间的账目进行审计,某会计师事务所出具2份司法会计鉴定报告书,原告、被告对此均持有异议,原告朱某、被告张某申请鉴定人员出庭作证,鉴定人李某经本院通知无正当理由拒不出庭作证,其出具的鉴定报告书不得作为认定案件事实的根据。鉴定人赵某出庭明确承认未参与鉴定报告书的审计工作,对鉴定报告书不能作出解释说明,其出具的鉴定报告不具有合法性。而根据鉴定报告书的实际制作人崔某的陈述,2份鉴定报告书均系对"关于法院委托审计账目的说明"中所列七项内容进行的审计,与本院委托的鉴定事项不符,该所并未完成本院委托鉴定事项,实际审计的人员无注册会计师资质,故对该两份鉴定意见均不予采信。2012年发布的《中华人民共和国民事诉讼法》第78条规定:“当事人对鉴定意见有异议或者人民法院认为鉴定人有必要出庭的,鉴定人应当出庭作证。经人民法院通知,鉴定人拒不出庭作证的,鉴定意见不得作为认定事实的根据;支付鉴定费用的当事人可以要求返还鉴定费用。”某会计师事务所收取原告的鉴定费用7万元应返还给原告,拒不返还,原告可另行诉讼向其主张权利。关于鉴定人员的出庭费用,鉴定人赵某未参与鉴定工作,其出具的鉴定报告书不具有合法性,出庭费用由其自行承担。崔某既非当事人申请又未经本院通知,非注册会计师,不具备出庭作证资格,所发生的出庭费用由其自行承担。

[**评析**]《财政部关于注册会计师在审计报告上签名盖章有关问题的通知》第2条第1项规定,合伙会计师事务所出具的审计报告,应当由一名对审计项目负最终复核责任的合伙人和一名负责该项目的注册会计师签名盖章。第2项规定,有限责任会计师事务所出具的审计报告,应当由会计师事务所主任会计师或其授权的副主任会计师和一名负责该项目的注册会计师签名盖章。

根据上述注册会计师审计规范,审计报告允许只有一名签名注册会计师参与具体审计工作,另一名签名注册会计师可以不参与具体审计工作,只负责审核工作。而根据司法鉴定规范,2名签名鉴定人都必须参与具体鉴定工作。会计师事务所的常规业务是审计,本案鉴定书签名人赵某出庭承认其未参与鉴定工作,经笔者在中国注册会计师协会网站查询,赵某系当时出具司法会计鉴定报告会计师事务所的负责人,其很可能把法院委托的司法会计鉴定按照注册会计师审计程序规范操作,该操作符合审计规范,不符合司法会计鉴定规范。

本案一名鉴定人无正当理由不出庭,另一名鉴定人未参与鉴定,法官不采信鉴定意见,完全正确,但法官作出“实际审计的人员无注册会计师资质,对该2份鉴定意见均不予采信”的评判不正确。会计师事务所出具的是“司法会计鉴定报告书”,并非审计报告,司法会计鉴定并不是只有注册会计师才有鉴定资质。

《全国人民代表大会常务委员会关于司法鉴定管理问题的决定》第4条第1款规定:“具备下列条件之一的人员,可以申请登记从事司法鉴定业务:(一)具有与所申请从事的司法鉴定业务相关的高级专业技术职称;(二)具有与所申请从事的司法鉴定业务相关的专业执业资格或者高等院校相关专业本科以上学历,从事相关工作五年以上;(三)具有与所申请从事的司法鉴定业务相关工作十年以上经历,具有较强的专业技能。”财政部发布的《注册会计师注册办法》(财政部令第99号)第4条规定:“具备下列条件之一,并在中国境内从事审计业务工作2年以上者,可以向省级注册会计师协会申请注册:(一)参加注册会计师全国统一考试成绩合格;(二)经依法认定或者考核具有注册会计师资格。”《财政部关于注册会计师在审计报告上签名盖章有关问题的通知》(财会〔2001〕1035 号)第 2 条规定,审计报告应当由两名具备相关业务资格的注册会计师签名盖章并经会计师事务所盖章方为有效。

比较上述规定,只要符合《全国人民代表大会常务委员会关于司法鉴定管理问题的决定》规定的具备申请登记从事司法会计鉴定业务条件的人员,均可以从事司法会计鉴定业务,如高级会计师、从事财务会计相关工作 5 年以上的会计师等,并非只有注册会计师才能从事司法会计鉴定业务。相反,对于在中国境内从事审计业务工作 2 年以上未满 5 年的注册会计师,按规定可以从事注册会计师审计业务,在审计报告上签名盖章,但这类人员如果没有高级会计师职称,就达不到司法鉴定人应具备的资质条件,不能从事司法会计鉴定业务。本案会计师事务所出具的是司法会计鉴定报告书,并非审计报告,实际参与人虽无注册会计师资质,但如果有其他条件满足该决定规定的申请登记从事司法鉴定业务三类人员资质之一的,法官就不应该按注册会计师审计资质条件否定其司法鉴定资质。

案例 29　正东公司与雅鲁公司建设工程合同纠纷案[(2012)林中民二初字第 02 号]

原告正东公司诉称,正东公司与雅鲁公司签订建设工程施工合同,按合同约定,原告保质保量完成了所有的工程项目,而且所有的工程项目都经过了雅鲁公司的验收。按合同核算,工程价款应为 275 万元。施工过程中,正东公司借支 132 万元,工程完工两年有余,雅鲁公司除了支给正东公司的 132 万元外,其余工程款 143 万元至今未付。

原告正东公司请求判决被告雅鲁公司支付工程欠款 143 万元,利息 24 万元,合计 167 万元。

诉讼中,经原告申请,法院委托某工程咨询有限公司对原告已经完工未结算的部分工程进行鉴定,鉴定机构出具了《关于雅鲁公司对某工程咨询有限公司司法鉴定报告的意见》。

被告雅鲁公司对鉴定报告质证认为,该鉴定报告存在多处违规,其中报告上李某和袁某的签名笔迹极为相似,因此,当事人有理由怀疑这两个签名并非李某和袁某本人签名,该鉴定报告存在伪造编制的嫌疑,如果要采信此鉴定报告,我们

(雅鲁公司)要求鉴定人李某和袁某必须出庭接受质询。根据鉴定机构接受质询人员徐甲、徐乙的陈述,报告的签发人李某和袁某均未到施工现场进行勘察,而到现场进行勘察的三人并没有鉴定资格。被告认为,该鉴定报告书不具有真实性、合法性、有效性,不能采信。

经庭审质证后,法院认为,本案在鉴定过程中某工程咨询有限公司司法鉴定中心的鉴定人员徐甲与徐乙均没有鉴定资质,但是在鉴定报告中落款的李某和袁某二人的执业资格证书中,发现李某的职业资格证书上的职业类别是工程造价司法鉴定,执业资格是注册造价工程师,而袁某的职业类别是司法会计鉴定,执业资格是高级会计师。而且李某和袁某二人均未在施工现场实地勘察与复核,也未在庭审中出庭接受当事人的质询。综上所述,法院认为,该鉴定报告鉴定人员的鉴定资质存在问题,对该鉴定报告不予采信。

[**评析**]本案鉴定主要存在以下两个问题:

1. 签名鉴定人均未参与鉴定。《司法鉴定程序通则》第 24 条规定,经委托人同意,司法鉴定机构可以派员到现场提取鉴定材料。现场提取鉴定材料应当由不少于二名司法鉴定机构的工作人员进行,其中至少一名应为该鉴定事项的司法鉴定人。现场提取鉴定材料时,应当有委托人指派或者委托的人员在场见证并在提取记录上签名。《建设工程造价鉴定规范》第 4.6.1 项规定:“当事人(一方或多方)要求鉴定人对鉴定项目标的物进行现场勘验的,鉴定人应告知当事人向委托人提交书面申请,经委托人同意后并组织现场勘验,鉴定人应当参加。”本案注册造价工程师李某未参与现场勘验,违反了司法鉴定规范。

2. 只有一人具有与鉴定事项相应的资质。本案法院委托的是建设工程造价鉴定,根据住房和城乡建设部《建设工程造价鉴定规范》第 2.0.6 项对鉴定人的定义,鉴定人是指受鉴定机构指派,负责鉴定项目工程造价鉴定的注册造价工程师。第 3.4.3 项规定:“鉴定机构对同一鉴定事项,应指定两名及以上鉴定人共同进行鉴定。”本案鉴定书签名鉴定人李某执业类别是工程造价鉴定,而袁某的执业类别是司法会计鉴定,违反了应当由 2 名及以上注册造价鉴定工程师参与鉴定的规定。

案例 30 邓某、永新公司单位行贿案[(2018)湘 0105 刑初 204 号]

公诉机关指控,被告人邓某分别系花苑置业有限公司、永新实业有限公司的法定代表人、实际控制人。2006 年下半年至 2014 年,花苑置业有限公司、永新实业有限公司为谋取不正当利益，由被告人邓某向国家工作人员李某等人行贿共计人民币132万元。

公诉机关另指控，花苑置业有限公司在李某的关照下未补缴税费，给国家造成特别重大经济损失。公诉机关认定花苑置业有限公司应补缴税款351万元的主要证据是司法鉴定意见书。

法院审查后认为，某司法鉴定中心虽具有司法会计鉴定资质，但鉴定人并没有实际参与鉴定的过程，只是在鉴定书上进行署名，该鉴定意见不能作为证据使用，公诉机关的该项指控不能成立。

案例31　黄某与崇尚公司、许某劳动合同纠纷案［（2016）新01民再3号］

一审法院查明，黄某以天南公司二分公司的名义分别与许某签订了3份建设工程施工内部承包合同，后许某与黄某就已付款部分的数额争议较大，经黄某申请，法院委托某会计师事务所就已付款部分进行鉴定，一审法院根据鉴定意见结合其他证据作出判决。判决后崇尚公司、黄某均不服提出上诉。二审法院根据鉴定意见作出部分维持部分变更的终审判决。黄某不服终审判决向检察机关申诉。

检察机关抗诉认为，终审判决依据会计师事务所的鉴定书判令黄某承担责任，与事实不符，于法无据。一审中，经黄某申请，一审法院委托会计师事务所对本案已付款项进行鉴定，该所出具了司法会计鉴定书，对本案中有争议的金额进行了确认。《司法鉴定程序通则》①第35条规定："司法鉴定文书应当由司法鉴定人签名或者盖章。多人参加司法鉴定，对鉴定有不同意见的，应当注明。司法鉴定文书应当加盖司法鉴定机构的司法鉴定专用章。司法鉴定机构出具的司法鉴定文书一般应当一式三份，2份交委托人收执，一份由本机构存档。"本案中，作为定案根据的司法鉴定书存在如下问题：一是司法会计鉴定中，两名鉴定人加盖的是中国注册会计师章，并未加盖司法鉴定专用章；二是该鉴定报告的形成时间是2010年11月8日，检察机关经询问会计师事务所鉴定人及单位负责人得知，该鉴定人朱某在检察机关向其所作的询问笔录中称，"2009年我就不干了"。显然该鉴定报告结果出具时的前一年，鉴定报告人就停止了在该所的工作，虽然鉴定报告上签的是朱某的名，盖的是朱某的章，但该鉴定报告既不是朱某本人所为，也不是朱某本人所签，其章也不是朱某本人所盖。检察机关在询问该事务所负责人李

① 该通则为司法部令第107号，于2016年4月30日废止，新的《司法鉴定程序通则》为司法部令第132号。

某时，他说："这份报告是张某代签的，林某的字也是，一般都由他签。"也就是说，本案鉴定报告是他人所作，其报告上的签字人朱某、林某二人的签字及盖章均系他人所签所盖。由此可见，该司法会计鉴定报告违反《司法鉴定程序通则》的规定。终审判决以此作为定案根据进行判决与事实不符，于法无据。

新疆维吾尔自治区乌鲁木齐市中级人民法院再审认为，原一、二审认定事实不清，以及一审鉴定程序存在瑕疵，裁定撤销原判，发回重审。

第四节　鉴定时限审查

《中华人民共和国刑事诉讼法》第八章、《中华人民共和国民事诉讼法》第七章均为"期间、送达"，法律对诉讼中各阶段的"期间"均作出明确规定。在刑事诉讼中，设定诉讼期间的主要目的是限制公权力被滥用及保证诉讼有序进行；在民事诉讼中，设定诉讼期间的主要目的是督促权利人及时行使权利，禁止权利人在其权利上沉睡，无期限延长诉讼期限，损害一方当事人的合法权益，保障诉讼有序进行。

司法会计鉴定是一项诉讼活动，鉴定时限也受到法律法规及司法鉴定规范限制。本节主要介绍鉴定时限相关规定、审查方法及相关案例。

一、鉴定时限相关规定

1.《人民检察院鉴定规则（试行）》（高检发办字〔2006〕33 号）第 15 条规定，具备鉴定条件的，一般应当在受理后 15 个工作日以内完成鉴定；特殊情况不能完成的，经检察长批准，可以适当延长，并告知委托单位。

2.《人民检察院司法会计工作细则（试行）》（高检发技字〔2015〕27 号）第 22 条规定，鉴定一般应当自受理之日起 15 个工作日内完成。疑难复杂的案件，经委托单位或部门同意，可以适当延长时间。鉴定过程中，补充送检材料所需时间，不计入鉴定时限。

3.《公安机关鉴定规则》（公通字〔2017〕6 号）第 33 条规定，鉴定机构应当在受理鉴定委托之日起 15 个工作日内作出鉴定意见，出具鉴定文书。法律法规、技术规程另有规定，或者侦查破案、诉讼活动有特别需要，或者鉴定内容复杂、疑难及检材数量较大的，鉴定机构可以与委托鉴定单位另行约定鉴定时限。

需要补充检材、样本的，鉴定时限从检材、样本补充齐全之日起计算。

第 36 条第 2 款规定，中止鉴定原因消除后，应当继续进行鉴定。鉴定时限从批准继续鉴定之日起重新计算。

4.《司法鉴定程序通则》（司法部令第 132 号）第 28 条规定，司法鉴定机构应当自司法鉴定委托书生效之日起 30 个工作日内完成鉴定。

鉴定事项涉及复杂、疑难、特殊技术问题或者鉴定过程需要较长时间的，经本机构负责人批准，完成鉴定的时限可以延长，延长时限一般不得超过 30 个工作日。鉴定时限延长的，应当及时告知委托人。

司法鉴定机构与委托人对鉴定时限另有约定的，从其约定。

在鉴定过程中补充或者重新提取鉴定材料所需的时间，不计入鉴定时限。

二、审查方法

鉴定时限审查，首先查看鉴定聘请书中委托方是否与鉴定机构约定鉴定时限，有约定的，再查看鉴定文书落款日期，查验鉴定文书落款日期是否滞后于鉴定聘请书约定鉴定完成日期，初步判断鉴定是否超期；没有约定的，将鉴定人签收鉴定聘请书的日期与鉴定文书落款日期对比。

判断鉴定时限是否超期：检察机关出具的司法会计鉴定文书，除案件疑难复杂等特殊情况延长外，以 15 个工作日为判断标准。社会中介机构出具的司法会计鉴定文书，以最长 60 个工作日为判断标准，委托方与鉴定机构另有约定的，以约定的时限为判断标准。审查人员在初步审查发现鉴定时限超期后，应进一步审查是否因鉴定中止、补充检材等原因出现法定延长鉴定时限情形，若出现法定延长鉴定时限的，应当从实际鉴定期间中扣除延长的时间，再判断是否超期鉴定。延长鉴定时限应以鉴定机构向委托方出具的“延长鉴定时限告知书”为据，若没有书面“延长鉴定时限告知书”或者不能作出合理解释的，应当认定鉴定时限超期，程序违规。

三、相关案例

案例 32　刘甲诈骗、刘乙掩饰、隐瞒犯罪所得案［（2019）吉 24 刑终 15 号］

公诉机关指控，2013 年 3 月，被告人刘甲得知 A 公司向银行贷款的消息后，虚构其名下的 B 公司也要向银行贷款需要做流水账的事实，谎称进账后马上转回欠款，要求 A 公司法人代表金某给其公司做 1000 万元左右的流水账。金某同意后，与C公司法人代表李某商讨，于2013年3月18日，由C公司将A公司贷款后转账到该公司的煤款1600万元中的1145万元转账到B公司的账户做流水。2013年3月19日，被告人刘甲的妻子刘乙在明知汇入B公司账户内的1145万元并非正常业务往来的情况下，当日按照刘甲的指使，通过网银将1145万元全部转移到D公司账户上，再将其中600余万元转到二人银行卡中。除102万元用于偿还金某向车某的借款外，其余款项用于偿还其个人借款。

公诉机关指控被告人刘甲犯诈骗罪，刘乙犯掩饰、隐瞒犯罪所得罪。指控证据之一系某鉴定机构出具的司法会计鉴定意见书，内容为：(1)金某提供对刘甲的债权资料总金额为1970万元。经审核鉴定，确认金某对刘甲的债权金额为320万元，无法确认的债权金额为1650万元。(2)刘甲提供金某的债权资料总金额为2136万元。经审核鉴定，确认刘甲对金某的债权金额为73万元，无法确认的债权金额为2063万元。

一审法院对上述资金转账事实予以确认。另查明，2011年3月至2013年3月，原审被告人刘甲及B公司与被害人金某及其实际经营的D公司之间产生了煤炭款、汽油款、运费款等大量的经济往来，到案发前双方一直未结算。

一审法院认为，司法会计鉴定意见不能作为定案的依据。一是鉴定意见所报告的资料依据不符合要求，根据《司法鉴定程序通则》的规定，委托人委托鉴定的，应当向司法鉴定机构提供真实、完整、充分的鉴定材料，并对鉴定材料的真实性、合法性负责。《司法鉴定程序通则》明确规定了委托人也就是办案机关对委托鉴定材料的责任。该鉴定意见书中明确记载其依据的是刘甲和金某提供给公安机关的鉴定资料，鉴定材料的责任由提供人承担，与《司法鉴定程序通则》要求明显不符。二是鉴定意见结论表述不明确，该鉴定意见中包含无法确认的债权的结论，并在鉴定意见中说明没有确认的事项和数据，主要是由于资料提供人提供的鉴定资料不规范、证据链缺失等，上述表述不符合鉴定意见应该用陈述事实的语气进行客观、确切表述，不得含糊不清的要求，同时也不符合鉴定资料真实、完整、充分的要求。三是鉴定意见论证不充分，根据《中国注册会计师鉴证基本业务准则》的规定，如果针对某项认定从不同来源获取的证据或获取的不同性质的证据能够相互印证，与该项认定相关的证据通常具有更强的说服力，但该鉴定意见在确认债权论证过程中没有发现所认定事项有相互印证的说明。

一审法院结合其他证据，宣告被告人刘甲、刘乙无罪。

宣判后，公诉机关提出抗诉，与司法会计鉴定意见有关的抗诉意见为：当司法鉴定意见不能被采信时，法官有责任也有义务根据在案的证据，对双方债权债务进行认定。而一审法院对双方的债权债务关系的真实性不去甄别，就得出“双方存在多年大量的经济往来，往来凭证随意不规范，案发前没有明确结算，债权债务关系真实状态不明，在双方对债权债务没有明确结算和达成共识的前提下，现有证据不能排除刘甲认为对金某享有债权而占有该笔钱款的目的，证明案发当时刘甲具有非法占有的主观目的证据不足”的结论，是不当的。本案一审判决在不采信司法会计鉴定意见后，不对全案的证据进行分析论证，即得出存疑无罪的结论，是明显不妥的。

二审法院认为，司法会计鉴定意见不能作为定案的根据。

1. 鉴定意见所报告的资料依据不符合要求。根据《司法鉴定程序通则》第12条的规定，委托人委托鉴定的，应当向司法鉴定机构提供真实、完整、充分的鉴定材料，并对鉴定材料的真实性、合法性负责。《司法鉴定程序通则》明确规定了委托人也就是办案机关对委托鉴定材料的责任，包括按照法定程序的收集、辨别、审查职责。检材的真实性、完整性、客观性、有效性是保证鉴定意见科学性的基本条件，送检材料应当是已进行会计确认、计量、记录、报告所形成的会计核算资料或虽未进行会计核算，但符合会计计量、确认的核算要求，能够证明业务内容发生的财务会计原始资料。检察机关提供的鉴定意见一（三）“资料依据”中表明依据的是刘甲和金某提供给公安机关的鉴定资料，而且在鉴定意见十中也表明依据鉴定资料提供人即上述刘甲和金某所提供资料，并将鉴定材料的责任由提供人承担，与《司法鉴定程序通则》要求明显不符，事实上由刘甲和金某提供的鉴定材料也与财务会计原始资料的要求不符。

2. 鉴定意见结论表述不明确。该鉴定意见中包含无法确认的债权的结论，并在鉴定意见九中说明没有确认的事项和数据，主要是由于资料提供人提供的鉴定资料不规范、证据链缺失等。这一表述存在两个问题：一是不符合鉴定意见应该用陈述事实的语气进行客观、确切表述，不得含糊不清的要求；二是不符合鉴定资料真实、完整、充分的要求。

3. 鉴定意见论证不充分。根据《中国注册会计师鉴证基本业务准则》第34条的规定：如果针对某项认定从不同来源获取的证据或获取的不同性质的证据能够相互印证，与该项认定相关的证据通常具有更强的说服力。该鉴定意见在确认债权论证过程中没有发现所认定事项有相互印证的证据。该鉴定意见不符合《司法鉴定程序通则》的要求，不能客观反映刘甲与金某之间真实的债权债务关系，更无法证明刘甲非法占有的目的,不能作为定案的根据。

4. 根据《司法鉴定程序通则》的规定,司法鉴定应当在司法鉴定委托书生效之日起30个工作日内完成,鉴定事项涉及复杂、疑难、特殊技术问题的,机构负责人批准可以延长30个工作日。因鉴定公司受托鉴定日期为2017年11月28日,故鉴定公司应当最晚于2018年1月26日出具鉴定意见,但该鉴定出具日期为2018年5月4日,鉴定意见书的出具时间严重超出了法定鉴定时限,已严重违反程序规定。

二审法院综合全案证据,作出驳回检察机关的抗诉理由,维持原判的终审裁定。

[**评析**]本案两级法院不采信鉴定意见,对于鉴定存在的问题,法院已经作出非常明确的评价,不再赘述。结合法院对鉴定意见的审查结果,鉴定存在问题是鉴定人在实施司法会计鉴定过程中错误按照注册会计师审计和鉴证准则操作所致,评析如下:

1. 根据《司法鉴定程序通则》的规定,司法鉴定是有鉴定时限规定的,而中国注册会计师审计准则没有相关规定。故鉴定人在实施司法鉴定过程中以审计程序代替司法鉴定程序,造成鉴定时限超期。

2.《司法鉴定程序通则》第15条规定:"具有下列情形之一的鉴定委托,司法鉴定机构不得受理:……(二)发现鉴定材料不真实、不完整、不充分或者取得方式不合法的……"《〈中国注册会计师审计准则第1502号——在审计报告中发表非无保留意见〉应用指南》(中国注册会计师协会2019年3月29日修订)第1条规定,注册会计师无法获取充分、适当的审计证据,对财务报表产生或可能产生重大但不具有广泛性影响的,注册会计师应当出具保留意见的审计报告;对财务报表产生或可能产生重大且具有广泛性影响的,注册会计师应当出具无法表示意见的审计报告。《中国注册会计师其他鉴证业务准则第3101号——历史财务信息审计或审阅以外的鉴证业务》(财会〔2006〕4号)第72条第1项规定:"由于工作范围受到业务环境、责任方或委托人的限制,注册会计师不能获取必要的证据将鉴证业务风险降至适当水平,在这种情况下,应当出具保留结论或无法提出结论的报告。"根据"鉴定资料不规范,证据链缺失"这一情况,按照司法鉴定规范,本案检材满足不了司法鉴定条件;根据注册会计师审计和鉴证准则规范,本案检材完全能够满足注册会计师审计和鉴证条件。

3. 根据诉讼法律要求,作为定案根据的鉴定意见,结论应当是确定的、唯一的、排他的，这样才具有证明力；而根据中国注册会计师审计准则规定，审计人员可以视审计证据的完整性和适当性情况，出具无保留意见、保留意见、否定意见、无法表示意见类型的审计报告。本案鉴定得出"无法确认的债权"意见，实际上是鉴定人按照注册会计师审计或鉴证准则操作所致，所谓的鉴定意见，实际上相当于"无法表示意见"类型的审计报告的审计意见，该意见在诉讼中没有任何证明力。

4. 超范围鉴定。诉讼中有争议的债权债务应由人民法院判决确认，债权债务对应的财务会计问题是带债权债务性质的应收应付款、长短期借款等会计科目结余额问题。本案鉴定人可以对应收应付款科目余额作出确认，该科目余额能否代表事实上的债权债务数额，应该由人民法院结合其他证据，如是否存在以货抵债而账务上未作处理等情形作出综合判断。

第五节　文书类别审查[①]

诉讼实务中，会计师事务所等社会中介机构鉴定人受理司法鉴定聘请，除少部分鉴定人执行司法鉴定规范出具司法鉴定类文书外，大多数鉴定人执行了不符合诉讼法律的审计准则出具审计类文书。文书名称五花八门，主要有审计报告、专项审计报告、司法审计报告、鉴证报告、审核报告、商定程序报告、审计鉴定报告、法务会计报告等。审查文书类别的目的，主要是从中发现鉴定过程中是否执行了符合审计规范但不符合司法鉴定规范的违规鉴定情形。本节主要介绍诉讼法规对司法鉴定文书类别相关规定、审查方法及相关案例。

一、受理司法鉴定应当出具文书类别相关规定

1.《全国人民代表大会常务委员会关于司法鉴定管理问题的决定》第 10 条规定，司法鉴定实行鉴定人负责制度。鉴定人应当独立进行鉴定，对鉴定意见负责并在鉴定书上签名或者盖章。多人参加的鉴定，对鉴定意见有不同意见的，应当注明。

2.《人民检察院司法会计工作细则（试行）》第 23 条规定，鉴定工作完成后，应

---

① 文书类别审查本不属于鉴定程序审查，但不同的文书类别涉及执行不同的程序规范，故将文书类别审查纳入鉴定程序审查范围。

当根据委托要求出具鉴定文书。仅需要反映财务会计资料客观情况的,应当出具检验报告;能够作出明确鉴定意见的,应当出具鉴定书。

3.《公安机关鉴定规则》第45条规定,鉴定文书分为《鉴定书》和《检验报告》两种格式。客观反映鉴定的由来、鉴定过程,经过检验、论证得出鉴定意见的,出具《鉴定书》。客观反映鉴定的由来、鉴定过程,经过检验直接得出检验结果的,出具《检验报告》。鉴定后,鉴定机构应当出具鉴定文书,并由鉴定人及授权签字人在鉴定文书上签名,同时附上鉴定机构和鉴定人的资质证明或者其他证明文件。

4.《司法鉴定程序通则》(司法部令第132号)第36条规定,司法鉴定机构和司法鉴定人应当按照统一规定的文本格式制作司法鉴定意见书。

5.《注册会计师业务指导目录(2018)》(中国注册会计师协会编)第335条为司法鉴定业务,执业依据为《司法鉴定程序通则》(司法部令第132号)。

上述内容明确要求鉴定机构受理司法鉴定,应当执行司法鉴定规范,出具司法鉴定文书。特别是《注册会计师业务指导目录(2018)》,并没有将中国注册会计师审计准则列作司法鉴定执业依据,并明确注册会计师受理司法鉴定业务,应当执行《司法鉴定程序通则》,出具司法鉴定意见书,不应当出具审计类文书。

二、审查方法

会计师事务所等鉴定机构的鉴定人受理鉴定聘请后,本应执行司法鉴定规范出具司法会计鉴定文书,但在实务中有的鉴定人不懂司法会计鉴定,也有个别鉴定人明知鉴定材料不符合司法鉴定条件但符合审计条件,考虑到相关因素,故意出具审计类文书。审查人员审查时,若发现鉴定机构受理鉴定聘请,出具的是审计类文书,应当进一步查找具体违规之处,排除审计类文书作为诉讼证据使用。

三、相关案例

(一)审计报告案例

案例33　植某、高某合伙协议纠纷案[(2019)粤02民终104号]

上诉人(原审原告):植某

被上诉人(原审被告):高某、周某等人

一审法院查明:植某作为甲方,高某作为乙方,周某为丙方,三方签订《合伙经营加工厂合约》,该合约约定植某与高某、周某共同经营加工厂有关项目,由植某负责出资及委派财务人员,盈亏风险按股份比例承担。后因加工厂连续亏损,经三方协商一致决定关闭停产。停产后,原告多次要求被告进行清算,被告均以种种理由推搪,甚至拒接电话。原告认为,被告应与原告共同承担经营期间亏损,故提起本案诉讼。

在一审诉讼过程中,植某向一审法院申请对双方合伙经营的加工厂进行清算审计。一审法院经依法摇珠选定由某会计师事务所进行审计。一审法院根据审计机构的要求组织双方对植某提交的加工厂财务资料进行了质证,且在双方均在场时将资料封存,经会计师事务所的工作人员签收后送该所进行专项审计。2018年5月会计师事务所出具《加工厂其他专项审计报告》,该报告对加工厂的基本情况进行说明后,对专项审计内容和资产负债情况进行了详细阐述。其中第二点专项审计内容认为:由于加工厂未能提供报表、账簿、记账凭证、银行流水记录、银行对账单,且加工厂每月末的现金、银行存款收付月结报告采用收付实现制,会计师事务所无法核实加工厂收入、支出发生的真实性。

一审法院组织双方对该专项审计报告进行了质证,高某、周某对专项审计报告的结论及计算方法均有异议,一审法院针对双方的争议焦点及异议内容,要求会计师事务所进行补充审计,该所出具了专项审计报告补充说明(以下简称补充说明)。补充说明中第一点审计资料情况及审计结果为:"加工厂经由人民法院向我们提供的资料包括:……审计过程中,我们发现部分资料缺失,由加工厂自行向我们提供的资料有:……"补充说明第三点重要事项特别说明:"植某提供的销售收入原始单据只有称重单,没有销售发票、销售单和收款凭单;采购原材料原始单据只有称重单,没有附采购发票、入库验收清单等,我们无法实施审计程序,无法核实加工厂销售收入及采购是否真实和完整,有无存在账外经营或隐瞒收入等情况;审计报告附表五中所列利息系由加工厂会计在法院提供的质证材料后自行补充,由植某直接送达我所,没有经过原告、被告双方的质证。"

一审法院认为,要理顺加工厂的账目,清算加工厂的盈亏,进行清算是解决本案的唯一途径。由于当事人双方不能自主对加工厂经营情况进行清楚结算,该院依法通过摇珠确定具有司法审计资质的会计师事务所对加工厂进行清算。该院将经过庭审质证的账本和原始凭证移交给会计师事务所,审计报告出具后,当事人提出了一些问题,该院要求会计师事务所对专项审计报告进行释明,该会计师事务所出具了《关于对加工厂专项审计报告进行释明的函》后,该院发现审计报告存在问题,再次要求该会计师事务所进行补充审计鉴定,会计师事务所出具审计报告补充说明。该补充说明中明确其接受了植某自行送去的部分原始凭证，而该部分原始凭证并未经过质证。司法会计对会计问题的鉴定应当有充分的原始凭证为依据，由于植某将未经法庭质证、认证的凭证擅自交给会计师事务所，致使该所作出的专项审计报告的最终清算结果失去了合理性，且会计师事务所在审计报告中也特别注明“由于加工厂未能提供报表、账簿、记账凭证、银行流水记录、银行对账单，且加工厂每月末的现金、银行存款收付月结报告采用收付实现制，我们无法核实加工厂收入、支出发生的真实性”以及“植某提供的销售收入原始单据只有称重单，没有销售发票、销售单和收款凭单；采购原材料原始单据只有称重单，没有附采购发票、入库验收清单等，我们无法实施审计程序，无法核实加工厂销售收入及采购是否真实和完整，有无存在账外经营或隐瞒收入等情况”，该院也不认同将该会计师事务所作出的结论作为判决的依据。因此，植某的诉讼请求，缺乏证据支持，一审判决驳回植某的诉讼请求。

植某不服一审判决，向二审法院提出上诉。理由之一为：植某作为非专业人员，应会计师事务所的要求提供遗漏的材料，如违反鉴定程序，其法律后果不应由植某承担。会计师事务所主动联系要求植某提供材料，植某无法判断是否经过或者必须经过法院质证方能提供材料。会计师事务所在收取资料后，亦未向植某说明需告知法院，因专业人员“不专业”的操作，造成的法律后果不应由植某承担。一审法院不顾专业鉴定意见，在未释明的情况下，仅以鉴定机构的“不专业”操作而否认全部鉴定意见，造成植某几乎承担全部亏损明显不公，请求二审法院予以改判。

二审法院认为，会计师事务所出具的审计报告补充说明中明确其接受了植某提交的部分未经法院组织质证的原始凭证，因此，该项审计结论在程序的合法性上存在缺陷。根据审计机构在《加工厂其他专项审计报告》中特别注明的内容可知，加工厂并未建立完善的财务记账体系，加工厂的收入、支出记录均不规范，无合伙人共同签字确认，无法核实加工厂收入、支出发生的真实性。植某提供的销售收入原始单据只有称重单，没有销售发票、销售单和收款凭单；采购原材料原始单据只有称重单，没有附采购发票、入库验收清单等，审计机构也无法核实加工厂销售收入及采购是否真实和完整，有无存在账外经营或隐瞒收入等情况。综上，考虑到即使对于审计报告中未经质证部分的证据进行补充质证，但在无法核实加工厂收入、支出发生的真实性，无法核实加工厂销售收入及采购是否真实、完整和有无存在账外经营或隐瞒收入等情况下，对于《加工厂其他专项审计报告》的审计结论亦难以予以采信。植某作为负责出资及委派财务人员的合伙人,对于加工厂没有建立可信的财务账簿记录,造成合伙人之间对于合伙清算产生较大争议负有主要的责任。现植某对于其要求高某、周某承担亏损的主张未提供充分证据证明,驳回上诉,维持原判。

[评析]本案原告向一审法院提出的申请要求是审计,一审法院按其要求聘请会计师事务所进行审计,该项聘请类别错误,根据2017年修正的《中华人民共和国民事诉讼法》第76条的规定,当事人可以就查明事实的专门性问题向人民法院申请鉴定,对应类别为司法会计鉴定,审计与司法会计鉴定是两个不同的执业类别。本案两级法院不采信审计报告,归纳起来有两个原因:一是部分材料未经法庭质证;二是审计机构在材料不完整不充分的情况下作出不确定的审计意见。本案两级法院评判审计结论的可采性时,是按司法会计鉴定的程序和规范去评判的。比较审计和司法会计鉴定程序和规范,有关问题评析如下:

1.《〈中国注册会计师审计准则第1301号——审计证据〉应用指南》第2条规定:“在形成审计意见的过程中,注册会计师的大部分工作是获取和评价审计证据……”《司法鉴定程序通则》第12条规定,委托人委托鉴定的,应当向司法鉴定机构提供真实、完整、充分的鉴定材料,并对鉴定材料的真实性、合法性负责。

比较上述审计准则和司法鉴定程序通则,注册会计师审计需要的证据,可以由委托方提供,审计人员也可以向被审计单位和其他单位及个人获取;而司法鉴定规范明确鉴定材料必须由委托方提供。因本案原告植某申请要求是审计,注册会计师直接接收植某提供的未经法庭质证的材料作为审计证据,完全符合审计准则规范,植某上诉提出“因专业人员不专业的操作”的理由是不成立。注册会计师按照植某的申请和法院按其申请要求委托审计,执行审计准则并不存在“不专业的操作”问题,而是其申请所提要求错误。

2. 根据《〈中国注册会计师审计准则第1502号——在审计报告中发表非无保留意见〉应用指南》(中国注册会计师协会2019年3月29日修订)第1条的规定,注册会计师无法获取充分、适当的审计证据,对财务报表产生或可能产生重大但不具有广泛性影响的,注册会计师应当出具保留意见的审计报告;对财务报表产生或可能产生重大且具有广泛性影响的,注册会计师应当出具无法表示意见的审计报告。《司法鉴定程序通则》第15条规定:“具有下列情形之一的鉴定委托,司法鉴定机构不得受理:……(二)发现鉴定材料不真实、不完整、不充分或者取得方式不合法的……”

比较上述审计准则和司法鉴定程序通则，审计报告特别注明“植某提供的销售收入原始单据只有称重单，没有销售发票、销售单和收款凭单；采购原材料原始单据只有称重单，没有附采购发票、入库验收清单等，我们无法实施审计程序，无法核实加工厂销售收入及采购是否真实和完整，有无存在账外经营或隐瞒收入等情况”，该段特别注明表明审计证据不充分，按照审计准则规范，注册会计师完全可以受理审计并出具“无法表示意见”类型的审计报告。如果对照司法鉴定规范，鉴定材料不完整不充分，属于“不得受理”情形，鉴定机构应当按照《司法鉴定程序通则》第29条的规定及《司法部关于印发司法鉴定文书格式的通知》出具终止鉴定告知书。

案例34　时光公司与吴某申请执行人执行异议之诉案[（2018）京01民初508号]

原告（申请执行人）：时光公司

被告（案外人、被申请追加执行人）：吴某

第三人（被执行人）：科技公司

时光公司向法院提出诉讼请求：追加吴某为知识产权法院297号民事判决书下的被执行人科技公司未履行债务的被执行人，由其对98万元承担还款责任。事实和理由：(1)案件判决背景。时光公司诉科技公司计算机软件开发合同纠纷一案，知识产权法院作出297号民事判决书，判决生效后，科技公司逾期未履行付款义务。时光公司依法向法院申请强制执行。(2)对科技公司的执行过程。法院作出执行裁定书，裁定书认定：被执行人科技公司无可执行的财产。(3)申请将吴某追加为被执行人的过程。时光公司依据法律规定，向法院申请将吴某追加为被执行人。法院作出第62号执行裁定书，驳回时光公司提出的追加吴某为本案被执行人的申请。(4)时光公司不服62号裁定书，提起执行异议之诉。时光公司将在执行程序中获得的吴某提交的全部证据材料，提交给会计师事务所，并委托该所进行专项审计。该所具有司法局颁发的司法会计鉴定许可证，以及财政局颁发的会计师事务所执业证书，有资格对被委托事项发表专项审计意见。会计师事务所出具的专项审计报告的结论为：“我们认为科技公司的资产负债的形成是其唯一股东吴某通过非正常会计处理形成的，公司的资金最终集中用于偿还这些非正常债务，其中包括吴某本人的债权；另外，会计账目显示的数据足以证明科技公司资金收支轨迹异常，不符合一般科技开发企业的资金收支规律。因此，我们无法确认公司的财产与吴某个人财产是严格分开的。”时光公司根据审计报告结论，认为吴某无法证明科技公司的公司财产独立于自己的个人财产，因此提出执行异议之诉，请求依法判决追加吴某为被执行人，并由其对科技公司在297号民事判决书下的未履行债务98万元承担连带还款责任。

法院查明专项审计报告除上述内容外，专项审计报告的“特殊事项说明”载明：“由于委托方提供的会计资料缺少会计报表和记账凭证、原始凭证及银行账户资金流水记录等，因此会计账目登记数据的真实性和准确性得不到证明；数据的真实性、相关性数据无法确认。因此，审计意见不排除出现偏差的可能。我们声明本审计报告中审计意见只提供参考，由于使用不当，引发其他问题，与本审计公司和签字注册会计师无关。”

经法院询问，吴某就会计师事务所出具的专项审计报告向注册会计师协会进行了举报。吴某称，截至本案开庭，其举报并无处理结果。

法院认为，专项审计报告不足以证明吴某与科技公司构成人格混同。首先，专项审计报告在结论部分给出了其无法确认科技公司财产与吴某个人财产是严格分开的这样一个不确定的结论。从逻辑上分析，“无法确认科技公司财产与吴某个人财产是严格分开的”也有多种不同的理解，比如，吴某与科技公司的财产是分开的，但不是严格的；吴某与科技公司的财产未分开等。其次，该审计报告在“特殊事项说明”部分，又声明“本审计报告中审计意见只提供参考，由于使用不当，引发其他问题，与本审计公司和签字注册会计师无关”。显然，这样的说明是十分不严肃的，也使人对其证明效力产生疑问，因此法院对时光公司提供的关于审计报告的相关证据不予采信。

[评析]《中华人民共和国民事诉讼法》第66条将鉴定意见列作法定证据之一；第79条规定，当事人可以就查明事实的专门性问题向人民法院申请鉴定。根据法律规定，鉴定意见是法定的证据，审计报告并非鉴定意见，本案法院不采信专项审计报告，完全正确。本案原告时光公司查明某会计师事务所具有司法局颁发的司法会计鉴定许可证，但其提出的要求却是专项审计，并不是司法会计鉴定，因此《专项审计报告》特殊事项说明内容并不违反注册会计师审计准则规范。第一，《中国注册会计师审计准则第1502号——在审计报告中发表非无保留意见》（2019年2月20日修订）第10条规定：“如果无法获取充分、适当的审计证据以作为形成审计意见的基础，但认为未发现的错报（如存在）对财务报表可能产生的影响重大且具有广泛性，注册会计师应当发表无法表示意见。”本案在“缺少会计报

表和记账凭证、原始凭证及银行账户资金流水记录”等情况下,注册会计师出具“无法确认科技公司财产与吴某个人财产是严格分开的”结论,属于无法表示意见类型的审计报告,完全符合审计准则规范;如果从司法鉴定角度评价,鉴定人发现检材不完整、不充分的,应当中止鉴定,并要求委托方补充检材,在无法补充的情况下,应当终止鉴定。第二,注册会计师审计准则并没有禁止审计报告不得作出“免责声明”事项,本案专项审计报告作出“本审计报告中审计意见只提供参考,由于使用不当,引发其他问题,与本审计公司和签字注册会计师无关”的声明,不违反审计准则规范;如果从司法鉴定角度评价,我国的司法鉴定实行鉴定人负责制①,鉴定人不应当在鉴定文书中发表免责声明。本案中,原告时光公司提出的要求是审计,可能是其自己不了解审计与司法会计鉴定的区别,或者注册会计师已经告知其提供的材料不能满足司法会计鉴定要求,其与注册会计师协商后“降格”处理,要求其出具专项审计报告。

案例35　雷某职务侵占案[(2014)长刑再字第3号]

原审被告人雷某,原系深圳某公司董事长。

某检察院指控原审被告人雷某犯职务侵占罪一案,原审法庭作出刑事判决,认定雷某犯职务侵占罪,判处有期徒刑6年。

宣判后,雷某不服,提起上诉。

某中级人民法院作出刑事裁定:驳回上诉,维持原判。

雷某仍不服,向某中级人民法院提出申诉,某中级人民法院作出刑事裁定:撤销原判和原刑事裁定,发回重审。

雷某再审提出,原一审、二审裁判认定事实不清,适用法律错误,采用证据不全面、不合法。原判依据的会计审核审计材料不齐全、不完整,当时因为非典型肺炎疫情,有几千份单据材料远在深圳而未纳入审计范围,请求宣告无罪。

经重审审查,原审判决认定雷某侵占本单位资金25万元的数额依据是检察院委托某会计师事务所的审计报告,该审计报告已经注明,其是对1989年至1996年、1999年至2000年的单据进行审计的结果,并不包括1997年至1998年的财务收支情况。

---

① 《全国人民代表大会常务委员会关于司法鉴定管理问题的决定》第10条规定,司法鉴定实行鉴定人负责制度。鉴定人应当独立进行鉴定,对鉴定意见负责并在鉴定书上签名或者盖章。多人参加的鉴定,对鉴定意见有不同意见的,应当注明。

再审法庭认为，原审公诉机关指控侵占数额不清，原审审计采用证据不全，缺少1997年、1998年财务收支情况，定案的证据不充分。

再审判决：原审被告人雷某无罪。

[**评析**]《人民检察院刑事诉讼规则（试行）》①第366条规定，人民检察院认为需要对案件中某些专门性问题进行鉴定而侦查机关没有鉴定的，应当要求侦查机关进行鉴定；必要时也可以由人民检察院进行鉴定或者由人民检察院送交有鉴定资格的人进行。

本案检察机关根据《人民检察院刑事诉讼规则（试行）》的规定向注册会计师出具的聘请手续应当是鉴定聘请书，但注册会计师出具的却是审计报告，如果按照审计准则规范评价，审计证据缺少1997年、1998年财务收支情况，审计报告对该情况已经注明，完全符合审计准则要求；如果按照司法鉴定规范评价，鉴定材料不完整不充分，达不到司法鉴定条件，按规定应当终止鉴定。检察机关以审计报告作为证据向法院提起公诉，一审、二审法院采纳了审计报告，说明案件承办人员不了解审计报告与司法会计鉴定的区别，误用了审计报告。

案例36　程甲与程乙、任某合伙协议纠纷案[（2016）粤20民终3087号]

一审法院认定事实：2005年9月，程甲、程乙、任某三方签订精密五金模具厂合伙合同，合同约定：三方在资金、技术现有条件下，强强联合，开拓精密五金冲压加工及模具制造业务。后程乙、任某与程甲就合伙事宜产生纠纷，协商未果，程乙、任某遂诉至一审法院，请求判令程甲立即向程乙、任某支付退伙财产及利息。

诉讼中，程乙、任某申请对精密五金模具厂的财产及利润进行司法审计，并向一审法院提供了其掌握的部分电子账册及纸质财务资料，一审法院根据程乙、任某提供的财务资料依法委托创能会计师事务所有限公司对精密五金模具厂自2005年10月至2014年12月22日的财务状况和利润进行司法审计，创能会计师事务所有限公司收取程乙、任某预交纳审计费9万元，并联合创能司法会计鉴定所出具审计报告书（以下简称第一份审计报告），报告书载明：鉴于送检的资料存

① 本案发生在2014年，适用当时的《人民检察院刑事诉讼规则（试行）》，现为《人民检察院刑事诉讼规则》（高检发释字〔2019〕4号）第332条规定，人民检察院认为需要对案件中某些专门性问题进行鉴定而监察机关或者公安机关没有鉴定的，应当要求监察机关或者公安机关进行鉴定。必要时，也可以由人民检察院进行鉴定，或者由人民检察院聘请有鉴定资格的人进行鉴定。

在明显的不完整，且程甲对证据的真实性不予确认，因而本次鉴定是在假定程乙、任某提供的送检资料反映真实、2005年10月至2014年8月所有业务均已在送检资料中正确并完整记录的条件下按以下鉴定方法计算得出，此假定条件、鉴定方法的变化，将直接影响本次鉴定结果；精密五金模具厂截至2014年8月31日的资产总额为520万元，2005年10月至2014年8月利润总额为1584万元，已分配红利806万元……审计报告作出后，程甲向司法鉴定协会投诉创能司法会计鉴定所，称上述审计报告送检资料不完整，审计报告也不是具有资质的鉴定机构独立出具，出具的审计报告不符合法律规定。司法鉴定协会受理投诉后作出“关于对创能司法会计鉴定所违规行为作出通报批评的决定”，指出创能司法会计鉴定所存在以下违规行为：(1)司法鉴定的委托与受理条件不充足；(2)在司法鉴定实施过程中未按要求及时终止鉴定；(3)未按规定出具司法鉴定文书；(4)司法鉴定机构未履行管理和监督义务，对本所的违规行为没有予以纠正。司法鉴定协会并因此作出决定：给予创能司法会计鉴定所通报批评、责令限期整改的处分，并将此处分内容向全体会员进行通报。处分作出后，创能会计师事务所有限公司向一审法院申请撤回第一份审计报告，并独立重新出具审计报告（以下简称第二份审计报告）。第二份审计报告结论与第一份审计报告结论一致。

一审法院认为，审计公司接受委托后，经审查明知财务资料不完整，其没有依法退回审计委托，而是在财务资料不完整的情况下仍然出具了第一份审计报告，后经司法鉴定协会纠正，在没有补充完整财务资料的情况下，该审计公司撤回第一份审计报告又出具了与第一份审计报告结论完全一致的第二份审计报告，该第二份审计报告所依据的财务资料依然不完整，而且，法院委托司法审计的是自2005年10月至2014年12月22日的财务状况和利润情况，而审计公司出具的只是自2005年10月至2014年8月31日的财务和利润情况，并没有按照委托事项完成指定期间的司法审计。鉴于审计报告存在以上瑕疵，不能完整真实反映精密五金模具厂的财务情况，一审法院对该审计报告不予采信。

一审法院根据查明的事实对程乙、任某的诉讼请求作出相应判决，另判令程乙、任某已预交的司法审计费9万元由创能会计师事务所有限公司于一审判决生效之日起7日内退还给程乙、任某。

二审法院维持一审判决中由创能会计师事务所有限公司退还给程乙、任某司法审计费9万元的判决。

[评析]我国与会计、审计有关的执业类别只有司法会计鉴定和审计。本案原

告程乙、任某提出的申请为“司法审计”,法院提出的要求也是“司法审计”,而我国根本没有“司法审计”执业类别,如果将“司法审计”理解为“司法机关委托的审计”,本案创能司法会计鉴定所出具的审计报告完全符合注册会计师审计准则要求,不应当受到处罚。由于受裁判文书信息所限,我们无法知道法院出具的委托手续是司法鉴定还是审计。根据《中华人民共和国民事诉讼法》的规定,诉讼中需要解决的专门性问题应当委托鉴定。下面我们假设法院出具的委托手续是司法鉴定,所提的要求也是司法鉴定,根据司法鉴定规范结合司法鉴定协会作出的通报批评内容,进一步分析创能司法会计鉴定所违规情况如下:

1. 司法鉴定的委托与受理条件不充足。《司法鉴定程序通则》第 14 条第 2 款规定,对于鉴定材料不完整、不充分,不能满足鉴定需要的,司法鉴定机构可以要求委托人补充;经补充后能够满足鉴定需要的,应当受理。而根据《中国注册会计师审计准则第 1502 号——在审计报告中发表非无保留意见》第 7 条第 2 项的规定,无法获取充分、适当的审计证据,不能得出财务报表整体不存在重大错报的结论,注册会计师应当在审计报告中发表非无保留意见①。本案审计报告载明,“鉴于送检的资料存在明显的不完整”,由此可见,司法会计鉴定机构受理鉴定,出具的文书为审计报告,以审计标准代替司法鉴定标准。

2. 在司法鉴定实施过程中未按要求及时终止鉴定。《司法鉴定程序通则》第 29 条第 1 款第 1 项规定,司法鉴定机构在鉴定过程中,发现鉴定材料不真实、不完整、不充分或者取得方式不合法的,可以终止鉴定。本案司法鉴定机构明知送检资料不完整,未予终止鉴定而是按审计准则标准继续实施鉴定,违反了司法鉴定程序规范。

3. 未按规定出具司法鉴定文书。《司法鉴定程序通则》第 36 条规定,司法鉴定机构和司法鉴定人应当按照统一规定的文本格式制作司法鉴定意见书。本案司法鉴定机构两次均出具审计报告,以审计报告代替司法鉴定意见书,违反司法鉴定规范。

4. 司法鉴定机构未履行管理和监督义务,对本所的违规行为没有予以纠正。《司法鉴定程序通则》第 10 条规定,司法鉴定机构应当加强对司法鉴定人执业活动的管理和监督。司法鉴定人违反本通则规定的,司法鉴定机构应当予以纠正。第 35 条规定,司法鉴定人完成鉴定后,司法鉴定机构应当指定具有相应资质的人

① 非无保留意见包括保留意见、否定意见和无法表示意见三种类型的审计报告。

员对鉴定程序和鉴定意见进行复核。本案司法鉴定机构复核人员没有发现司法会计鉴定与审计执行标准的差异,特别是司法鉴定协会作出处罚后,第二次仍出具审计报告,说明该鉴定机构对司法会计鉴定与审计的区别并不了解。

5. 鉴定意见与委托鉴定事项不符。法院委托鉴定的时间范围为2005年10月至2014年12月22日的财务状况和利润情况,鉴定机构出具的鉴定意见时间范围为2005年10月至2014年8月31日的财务状况和利润情况,该鉴定意见时间范围小于委托鉴定事项时间范围。

(二)审核报告案例

案例37 中铁公司与黄海公司买卖合同纠纷案[(2017)辽06民终1701号]

上诉人(原审原告):中铁公司

被上诉人(原审被告):黄海公司

一审法院认定事实:2015年1月1日,原告、被告签订《采购合同》1份,合同约定:原告为被告提供被告用于制造车辆所需的各种油漆,货款由被告每月以原告上月底账面余额的1/3支付。2017年2月11日,被告向原告发出询证函1份,该函载明:致中铁公司,本公司聘请的会计师事务所正在对本公司2016年度财务报表进行审计。下列信息出自本公司账簿记录,如与贵公司记录相符,请签上证明。截至2016年12月31日欠贵公司255万元。该询证函上加盖了被告公章。

一审法院另查明:2016年3月,被告以承兑汇票方式向原告支付50万元货款,但是该笔货款因承兑汇票未能兑现被退回,嗣后,被告再次以承兑汇票方式向原告支付了50万元货款,但是被告没有及时对明细账上载明欠付原告货款总额予以纠正,2017年2月,被告发现账目有误,对该笔账目重新核减,纠正欠付原告货款总额为205万元。

一审法院认为,关于被告应当向原告清偿的货款总额,根据原告、被告双方提供的证据,其争议的焦点就是50万元承兑汇票是否应当从被告的询证函上确认的债务总额中扣除,被告提供的证据能够证明,该50万元货款系被告未及时对明细账上载明欠付原告货款总额予以纠正,导致询证函上确认的债务总额有误,故应确认被告欠付原告的货款总额为205万元。

一审法院判决被告应向原告支付货款205万元。

原告中铁公司不服一审判决,认为原审认定涉案的50万元应当从货款中扣除系认定事实错误，提出上诉，要求改判。

二审中，被上诉人提供来源于会计师事务所的《关于黄海公司往来账项专项审核报告》，以此证明上诉人向法院提供的询证函系被上诉人出具的。该询证函通过被上诉人账簿记载所欠上诉人款项，在此，被上诉人漏记了50万元的汇票，实际账面金额应为205万元。

二审法院认为，关于被上诉人提供的《关于黄海公司往来账项专项审核报告》，因该报告系会计师事务所按照《中国注册会计师相关服务准则第4101号——对财务信息执行商定程序》（以下简称《商定程序》）及《服务业务约定书》针对被上诉人的委托制作的，本报告仅供被上诉人对上诉人的往来账簿记录使用。该报告内容没有否定询证函，且根据《商定程序》第3条的规定，“注册会计师执行商定程序业务，仅报告执行的商定程序及其结果，并不提出鉴证结论。报告使用者自行对注册会计师执行的商定程序及其结果作出评价，并根据注册会计师的工作得出自己的结论”，及第16条“商定程序业务报告应当包括下列内容：……注册会计师的签名和盖章……”的规定可知，该报告不是鉴定意见，亦不是针对上诉人和人民法院作出的，上诉人对此亦不予认可，且该报告没有注册会计师的签名和盖章，不符合《商定程序》规定的要求，故本院不予采信。原审判决在被上诉人自称其发现账目有误，且在被上诉人未与上诉人进行沟通，亦未向会计师事务所申请重新审计，未对询证函进行更正的情况下，只是根据被上诉人自己对该笔账目进行单方面核减，从而认为应扣除50万元，被上诉人欠上诉人货款总额应为205万元，没有事实依据，本院不予支持，并予以纠正。

二审判决后，黄海公司向辽宁省高级人民法院申请再审。辽宁省高级人民法院指令二审法院再审。再审法庭作出（2018）辽06民再55号判决：维持本院（2017）辽06民终1701号民事判决。

[评析]根据《中华人民共和国民事诉讼法》第79条规定，当事人可以就查明事实的专门性问题向人民法院申请鉴定。本案被上诉人黄海公司如果认为询证函有误，应当向法院申请司法会计鉴定。《中国注册会计师相关服务准则第4101号——对财务信息执行商定程序》（2006年2月15日发布）第4条规定，商定程序业务报告仅限于参与协商确定程序的特定主体使用，以避免不了解商定程序的人对报告产生误解。第8条第2款规定，注册会计师应当就下列事项与特定主体沟通，并达成一致意见：（1）业务性质，包括说明执行的商定程序并不构成审计或审阅，不提出鉴证结论……第16条规定，商定程序业务报告应当包括下列内容：

(1)标题;(2)收件人;(3)说明执行商定程序的财务信息;(4)说明执行的商定程序是与特定主体协商确定的;(5)说明已按照本准则的规定和业务约定书的要求执行了商定程序;(6)当注册会计师不具有独立性时,说明这一事实;(7)说明执行商定程序的目的;(8)列出所执行的具体程序;(9)说明执行商定程序的结果,包括详细说明发现的错误和例外事项;(10)说明所执行的商定程序并不构成审计或审阅,注册会计师不提出鉴证结论;(11)说明如果执行商定程序以外的程序,或执行审计或审阅,注册会计师可能得出其他应报告的结果;(12)说明报告仅限于特定主体使用;(13)在适用的情况下,说明报告仅与执行商定程序的特定财务数据有关,不得扩展到财务报表整体;(14)注册会计师的签名和盖章;(15)会计师事务所的名称、地址及盖章;(16)报告日期。

本案被上诉人自行委托会计师事务所出具的专项审核报告即使有注册会计师的签名和盖章,但从启动角度评价,并非司法机关依职权启动的司法鉴定;从使用范围角度评价,其仅限于"参与协商确定程序的特定主体使用",不适用于第三方;从文书形式要件角度评价,其不具备司法鉴定文书必备的"鉴定过程""分析说明"等要件;从业务性质角度评价,审核报告不提出鉴证结论,没有形成鉴证意见。专项审核报告系有会计专门知识的人仅对委托方提供的财务会计资料进行审查核对后出具的审核意见,不是对某项经济业务发生的全过程作出的甄别判定,不是诉讼活动中鉴定人运用科学技术或者专门知识对诉讼涉及的财务会计专门性问题进行鉴别和判断后提供的鉴定意见。因此,专项审核报告不属于司法鉴定文书,不具有司法鉴定证据属性,诉讼中应避免把该审核报告当作司法鉴定意见证据使用。

(三)商定程序报告案例

案例38　污水处理有限公司、冯某建设工程施工合同纠纷案[(2018)粤17民终173号]

上诉人(原审被告):污水处理有限公司

被上诉人(原审原告):冯某

一审法院认定的事实:2011年9月8日,污水处理有限公司作为污水处理厂一期工程发包人与承包人冯某签订了《建设工程施工合同》,合同签订后冯某于2011年9月8日开始施工,2011年12月15日涉案工程竣工。2012年6月,污水处理有限公司对涉案工程投入使用至今。2013年3月6日冯某向污水处理有限公司送达《污水处理厂(一期)工程结算书》,由于双方对一些建材的计价依据、实际工程量等均有异议,双方经多次协商无法达成一致意见,2015 年 4 月 8 日,冯某起诉至法院,请求判令污水处理有限公司向冯某支付尚欠的工程款 792 万元及利息。

本案在审理过程中,污水处理有限公司自行委托会计师事务所对截至 2015 年 10 月 31 日污水处理有限公司支付冯某工程款的金额进行审核。2016 年 12 月 30 日,会计师事务所出具《某会计师事务所注册会计师执行商定程序的报告》。该报告书载明,污水处理有限公司:我们接受委托,对截至 2015 年 10 月 31 日止贵公司支付冯某工程款的金额,执行了与贵公司商定的程序。我们按照《中国注册会计师相关服务准则第 4101 号——对财务信息执行商定程序》和《服务业务约定书》的要求执行商定程序,并报告执行程序的结果。提供真实、完整的会计资料是贵公司的责任,我们责任是对相关资料进行审核,并报告审核结果。本业务的目的是协助贵公司确定截至 2015 年 10 月 31 日贵公司支付冯某工程款的金额。现将执行的程序及得出的结果报告如下:(1)执行的程序:①取得会计凭证和账簿;②贵公司提供的相关款项清单;③对 2015 年 10 月 31 日止贵公司支付冯某工程款的金额进行审核。(2)执行程序的结果经审核,截至 2015 年 10 月 31 日贵公司支付冯某工程款的金额为 1353 万元,其中有凭证的金额为 1343 万元,没有凭证的金额为 10 万元。

冯某对该报告书的质证意见是:(1)该份审计报告不是原件;(2)审计报告里载明的内容不符合会计审计的要求,该份报告书中只显示对冯某部分工程项目进行审计,这显然是不合常理的,污水处理有限公司应该不止有冯某这一个工程项目,应该还有其他财会支出,但是该份审计报告均没有显示,所以不符合会计审计的要求;(3)该份审计报告是污水处理有限公司单方面委托出具的,完全是按照污水处理有限公司自己的意愿提供资料,没有经过冯某的同意,也没有告知冯某;(4)该份审计报告中所有的票据以及报表均没有原件,不能作为认定冯某收取工程款金额的凭证;(5)审计报告中所有的报表以及收据均没有污水处理有限公司出纳或者会计的签名,不符合会计凭证的法定记载要求,不能作为本案的证据;(6)审计报告里的各项收据中冯某签名的字样,有很多字迹明显是出自不同人的手笔,与冯某在本案中其他一些真实材料的签名字迹完全不一致。综上所述,该份审计报告不能作为本案认定冯某收取了 1353 万元工程款的证据。

经原审法院审查,该报告书所附的凭证(含收据)没有原件提供,所附的记账凭证、现金支出证明单、收款收据等凭证没有污水处理有限公司财会人员的签名，收据中“冯某”的签名字迹与本案庭审笔录中冯某本人的签名字迹明显不一样，污水处理有限公司也自认部分审计资料不是冯某本人签名。

关于污水处理有限公司提供的会计师事务所作出的《某会计师事务所注册会计师执行商定程序的报告》，拟证明截至2015年10月31日污水处理有限公司已支付冯某工程款的金额为1353万元，原审法院认为，首先，该报告作出的审计结论是污水处理有限公司单方自行委托的，事先未与冯某协商，也未告知冯某，以致冯某未能在鉴定过程中对鉴定事宜发表意见，鉴定过程存在瑕疵。其次，委托审计的材料是由污水处理有限公司单方提供的，该报告书中所附凭证没有原件，记账凭证、现金支出证明单、收款收据等没有财会人员的签名。收据中“冯某”的签名字迹与冯某在本案起诉状、庭审笔录等材料中本人亲笔签名的字迹明显不一样，污水处理有限公司也自认部分审计资料不是冯某本人签名，原审法院对污水处理有限公司提供的审计材料的真实性不予确认。而该报告书也载明：提供真实、完整的会计资料是污水处理有限公司的责任，因此，原审法院认为，污水处理有限公司自行委托会计师事务所作出的《某会计师事务所注册会计师执行商定程序的报告》不具有证明力，不能作为本案认定事实的依据。

一审法院根据查明的事实，对案件作出判决。

污水处理有限公司不服一审判决提起上诉，认为一审判决没有采信污水处理有限公司提交的证据，属于认定事实错误。

二审法院认为，污水处理有限公司在一审中提供《某会计师事务所注册会计师执行商定程序的报告》，拟证明截至2015年10月31日污水处理有限公司已支付冯某工程款的金额为1353万元，但原审法院确认污水处理有限公司在该报告中提供的审计材料不具有证明力，不能作为认定事实的依据，污水处理有限公司上诉对此没有提出异议，故该报告依法不能作为确定污水处理有限公司支付工程款的依据。

二审法院根据查明的事实，作出驳回上诉、维持原判的终审判决。

污水处理有限公司不服二审判决，向广东省高级人民法院申请再审，污水处理有限公司申请再审理由之一为：涉案《某会计师事务所注册会计师执行商定程序的报告》依据的是污水处理有限公司原会计徐某提供的相关收据，二审不予采信该报告错误。

广东省高级人民法院(2018)粤民申9334号裁定认为，涉案《某会计师事务所注册会计师执行商定程序的报告》,该报告系污水处理有限公司单方委托制作,制作报告依据的相关凭证资料未经冯某确认,且一审确认该报告不应作为定案依据后,污水处理有限公司并未就此提出异议,故污水处理有限公司有关根据该报告认定已付工程款数额的主张,缺乏事实及法律依据。

裁定:驳回污水处理有限公司的再审申请。

[**评析**]《中华人民共和国注册会计师法》第14条规定,注册会计师承办下列审计业务:(1)审查企业会计报表,出具审计报告;(2)验证企业资本,出具验资报告;(3)办理企业合并、分立、清算事宜中的审计业务,出具有关的报告;(4)法律、行政法规规定的其他审计业务。

第15条规定,注册会计师可以承办会计咨询、会计服务业务。

《中国注册会计师相关服务准则第4101号——对财务信息执行商定程序》系“服务准则”,属于《中华人民共和国注册会计师法》第15条规定的“会计服务业务”,不属于第14条的“审计业务”,因此该准则第4条规定:“商定程序业务报告仅限于参与协商确定程序的特定主体使用……”第16条第10项规定:“说明所执行的商定程序并不构成审计或审阅,注册会计师不提出鉴证结论。”本案在缺乏财务会计资料原件的情况下,系被告污水处理有限公司与会计师事务所协商确定执行的程序而出具的报告,基于污水处理有限公司对非原件会计资料的确认,该报告可以作为污水处理有限公司内部管理使用,不能对抗未参与协商的第三人。因此,在诉讼中会计师事务所与特定主体协商出具的《某会计师事务所注册会计师执行商定程序的报告》不具有司法鉴定证据属性,不应当作为诉讼证据使用。

案例39 陈某非法吸收公众存款案[(2019)粤05刑终255号]

原判认定,被告人陈某在深圳注册成立互联网金融服务有限公司(以下简称互联网公司),陈某自任法定代表人、总经理。2014年11月24日,该公司的法定代表人变更为被告人陈某的父亲陈甲。2015年2月2日,该公司的法定代表人由被告人陈某的父亲陈甲变更为涉案人员陈乙(被告人陈某的儿子,在逃)。该互联网公司在没有获得有关金融许可证的情况下,自2015年4月15日起在互联网上线经营P2P网贷平台,向投资者承诺年投资回报率为18%至20%。2015年9月24日,公安机关对该公司进行检查,查获该平台。截至查获之日,该网贷平台首页截图显示“累计成功投资金额3697万元”。案发后,公安机关在网上发布通告,要求投资人前往该所备案,但截至本案起诉之日,尚无投资人到公安机关备案。公安机关在办理同案人相关案件的过程中，咨询某司法鉴定中心，该中心回复P2P网贷平台已关闭，难以对该公司进行司法审计。

此后，公安机关向某会计师事务所出具鉴定聘请书，会计师事务所出具《注册会计师执行商定程序报告》，该报告结果为：某支付有限公司客户备付金账户的资金于2015年4月15日至9月28日，通过陈乙的中信银行、中国民生银行账户分别转入陈某账户的金额为1341万元和515万元。

原判认为，公诉机关指控被告人陈某实际经营互联网公司和通过该公司P2P平台向公众吸收存款的事实不清、证据不足，所指控的非法吸收公众存款罪罪名不成立，判决被告人陈某无罪。

宣判后，公诉机关提出抗诉，理由之一为：审计投资者在P2P平台投资的资金进入陈乙的中国民生银行和中信银行账户，该平台在上线运营期间，陈乙的中国民生银行账户和中信银行账户各有资金人民币515万元和1341万元转经其他账户后转入被告人陈某的账户，且陈乙的中国民生银行账户和中信银行账户与陈某公司的财务邱某的银行账户有多笔交易记录。

二审法院认为，审计结论是审计人与公安机关商定程序制作的报告，不是司法鉴定报告，会计师在报告结尾注明已执行的商定程序不构成审计或审阅，不对上述资金金额情况发表审计或审阅意见。如果执行商定程序以外的程序或执行审计，可能得出其他应报告的结果。审计结论对于资金515万元和1341万元进入陈某的账户后的去向及是不是陈某本人使用没有查清，审计结论与抗诉意见的关联性也存在问题，该审计结论不具备直接的证据效力。

裁定：驳回抗诉，维持原判。

[评析]《中国注册会计师相关服务准则第4101号——对财务信息执行商定程序》(2006年2月15日修订)第3条规定：注册会计师执行商定程序业务，仅报告执行的商定程序及其结果，并不提出鉴证结论。报告使用者自行对注册会计师执行的商定程序及其结果作出评价，并根据注册会计师的工作得出自己的结论。第4条规定：商定程序业务报告仅限于参与协商确定程序的特定主体使用，以避免不了解商定程序的人对报告产生误解。第13条规定，执行商定程序业务运用的程序通常包括函证。第16条规定，商定程序业务报告应当包括下列内容：(10)说明所执行的商定程序并不构成审计或审阅，注册会计师不提出鉴证结论。

根据上述注册会计师商定程序准则规范，首先，商定程序业务报告不形成鉴证结论；其次，商定程序业务报告仅限于参与协商确定程序的特定主体使用，即本案中的公安机关，未参与协商确定程序的人不能使用；最后，根据商定程序规范，注册会计师可以自行采用函证法获取证据，相对司法鉴定规范，鉴定材料必须由委托方提供。注册会计师执行商定程序的目的，是基于委托方经营管理的特定需要，并非诉讼中对财务会计专门性问题的司法鉴定，因此不具有司法鉴定证据属性，在诉讼中不应当把注册会计师执行商定程序报告当作鉴定意见使用。

（四）鉴证报告案例

案例40　维迈公司与郭某、萨摩公司商业诋毁纠纷案［（2012）粤高法民三终字第323号］

上诉人（原审原告、反诉被告）：维迈公司

上诉人（原审被告、反诉原告）：郭某

上诉人（原审被告）：萨摩公司

原审法院查明：郭某原为维迈公司在福泉市专卖店的经销商，2004年12月24日，郭某以出国留学为名申请结束经营。维迈公司审计发现其经营出现多个月不足安全库存的情况，未予其结算，双方发生争议。在没有与维迈公司结算的情况下，郭某在福泉市开设萨摩公司产品专卖店。维迈公司和萨摩公司主要经营模式相近，维迈公司主打产品为“完美牌”芦荟系列产品，萨摩公司主打产品为“艾芦牌”芦荟系列产品，两产品主要成分相近，说明书都称其主要是由芦荟提取物和其他物质制成。

2005年4月，维迈公司取消郭某完美专营店经营资格及业务员资格。维迈公司认为因郭某在销售维迈公司产品期间，虚报销售业绩，给维迈公司造成经济损失，郭某不予承认，此后双方纠纷一直没有解决。

郭某因与维迈公司退货和结算等问题未及时解决，为向维迈公司施加压力，郭某通过公开销毁维迈公司产品，向媒体投诉等各种手段诋毁维迈公司商业信誉，给维迈公司造成经济损失。2007年6月，维迈公司举报郭某、萨摩公司涉嫌损害其商业信誉、商品声誉构成犯罪。公安机关立案侦查，检察机关起诉后又撤回起诉。

维迈公司为追回损失，提起民事诉讼，请求判令郭某、萨摩公司赔偿经济损失，其证据是公安机关在侦查阶段委托某司法鉴定所的鉴定，该鉴定所出具2份司法会计鉴证报告。

第一份鉴证报告的结果是：2005年至2007年维迈公司及各地分公司支出律

师声明及差旅费、媒体广告声明等费用共计2147万元，因郭某连续在各种媒体上发布大量不利于维迈公司的资料，影响维迈公司的声誉及产品销售，造成不良影响及销售水平下降，公司为了维护自身的正常权益及正常的销售，聘请律师并在媒体上发布正面信息及辟谣，在2005年至2007年，完全是针对该事件所支付的费用，经本所审核鉴证，所支付的费用是真实的，是为了消除郭某在媒体上给维迈公司造成的不良影响所必须支付的费用。

第二份鉴证报告结果是：因郭某连续在各种媒体上发布大量不利于维迈公司的资料，影响维迈公司的声誉及产品销售，造成不良影响及销售水平下降。2003年至2008年维迈公司销售额分别增长130%、92%、15%、12%、48%。

维迈公司在本案中请求判令郭某、萨摩公司赔偿维迈公司部分损失及为恢复名誉制止侵权而支出的合理费用共计人民币2933万元。

原审法院认为，维迈公司提交的赔偿证据中，第一份鉴证报告中的律师代理费、差旅费及其在电视台、报刊播放/刊登广告的支出不能证实是为本案所支出，第二份报告公司销售额下降也与郭某、萨摩公司侵权行为没有必然的因果关系，即使有关，也非唯一原因，故原审法院对2份鉴证报告未予采信。

原审法院判决：郭某、萨摩公司共同赔偿维迈公司经济损失50万元。

维迈公司不服一审判决，提起上诉。

二审期间，萨摩公司答辩称，维迈公司提出赔偿所依据的司法鉴定报告不具有合法性：(1)该报告是维迈公司单方提供的，不具有合法性；(2)该报告是司法会计鉴证报告，与司法鉴定报告存在本质区别，《中华人民共和国民事诉讼法》规定，只有司法鉴定报告才具有效力；(3)维迈公司没有在规定时间内提出鉴定申请，应当承担举证不能的责任；(4)司法鉴证人没有出庭作证，只能作为一般证据使用，不能成为计算损失的依据。

二审法院认为，鉴证报告所鉴证的有关维迈公司利益受损及支出扩大的事实，不能确切证明有关律师声明、差旅费、刊登广告声明的支出，均为本案维权支出。产品的销售受市场影响大，没有证据证明郭某、萨摩公司的商业诋毁侵权行为是导致维迈公司销售额下降的直接或者唯一原因。二审法院作出驳回上诉，维持原判的终审判决。

[评析]《中华人民共和国刑事诉讼法》第50条第6项、《中华人民共和国民事诉讼法》第66条第7项、《中华人民共和国行政诉讼法》第33条第7项均将“鉴定意见”列举为法定证据之一。“鉴证报告”并不是“鉴定报告”，注册会计师出具

的“鉴证报告”与“鉴定报告”执行的标准不同。“鉴证报告”执行的标准是《中国注册会计师鉴证业务基本准则》和《中国注册会计师其他鉴证业务准则第3101号——历史财务信息审计或审阅以外的鉴证业务》;“鉴定报告”执行的标准是司法部发布的《司法鉴定程序通则》。[①]《中国注册会计师其他鉴证业务准则第3101号——历史财务信息审计或审阅以外的鉴证业务》第72条第1项规定:“由于工作范围受到业务环境、责任方或委托人的限制,注册会计师不能获取必要的证据将鉴证业务风险降至适当水平,在这种情况下,应当出具保留结论或无法提出结论的报告。”《司法鉴定程序通则》第15条规定,发现鉴定材料不真实、不完整、不充分或者取得方式不合法的,司法鉴定机构不得受理。该差异表明,检材不足时可以进行“鉴证”而不能进行“鉴定”,因保留结论或无法提出结论的鉴证报告是在基础材料不足情况下作出的,在诉讼中没有证明力,不能作为证据使用。除此之外,报告文书包含的形式要件不同,《中国注册会计师其他鉴证业务准则第3101号——历史财务信息审计或审阅以外的鉴证业务》第53条规定,鉴证报告应当包含下列基本内容:(1)标题;(2)收件人;(3)对鉴证对象信息(适当时也包括鉴证对象)的界定与描述;(4)使用的标准;(5)适当时,对按照标准评价或计量鉴证对象存在的所有重大固有限制的说明;(6)必要时,对报告使用者和使用目的的限定;(7)责任方的界定,以及对责任方和注册会计师各自责任的说明;(8)按照其他鉴证业务准则的规定执行业务的说明;(9)工作概述;(10)鉴证结论;(11)注册会计师的签名及盖章;(12)会计师事务所的名称、地址及盖章;(13)报告日期。

《司法鉴定程序通则》第36条规定,司法鉴定机构和司法鉴定人应当按照统一规定的文本格式制作司法鉴定意见书。《司法部关于印发司法鉴定文书格式的通知》(司发通〔2016〕112号)规定,司法鉴定文书的形式要件包括鉴定文书封面、扉页的声明和主体三大部分,其中主体部分包括版头、正文和版记三部分,版头包括鉴定机构、文书标题、编号及盖章;正文包括基本情况、基本案情、资料摘要、鉴定过程、分析说明、鉴定意见、附件七个部分内容;版记包括司法鉴定人签名(打印文本和亲笔签名)、《司法鉴定人执业证》证号、司法鉴定专用章及鉴定报告出具日期四个部分内容。该差异表明,鉴证报告无须对鉴证结论形成过程进行分析论证,而鉴定报告需要对鉴定意见形成过程进行分析论证。

---

① 中国注册会计师协会编的《注册会计师业务指导目录(2018)》第335条,司法鉴定业务主要依据为《司法鉴定程序通则》(司法部令第132号)。

综上所述,注册会计师出具的"鉴证报告"不具有司法会计鉴定意见证据属性。在本案中具体表现为:第一份鉴证报告对律师声明及差旅费、媒体广告声明等费用支出的原因作出判断,即对费用的发生与消除郭某在媒体上给维迈公司造成的不良影响的关系作出判断,是对案件事实的认定,并不是司法会计鉴定确认的财务会计专门性问题范围;第二份鉴证报告对维迈公司销售额的负增长与郭某的行为之间因果关系作出判断,同样是对案件事实的判断,并不是司法会计鉴定需要解决的财务会计专门性问题。司法会计鉴定可以对财务因果关系作出判断,但不能对非财务因果关系作出判断。所谓财务因果关系,是指某一项或几项财务事项(原因)的发生,必然会直接引起另一项或几项财务结果发生变化,这种财务事项与财务结果的关系称为财务因果关系。根据财务原因和财务结果的不同关系,财务因果关系可分为一因一果、一因多果、一果多因和多果多因。其中一因一果是指某个财务事项的发生,必然引发并且只能引发某一个财务结果,如出纳向银行提取现金,会直接引起银行存款的减少这一唯一结果;一因多果是指某个财务事项的发生,必然会同时引发多个财务结果,如某企业支付一笔广告费,必然会引起利润总额的减少和应缴所得税的减少两个结果;一果多因是指某个结果的发生是多个原因共同作用的结果,如利润总额的增加(结果),可能是主营业务收入、其他业务收入、投资收益的增加和成本费用的节约等多个原因引起;多果多因是指多个具有关联关系的结果的发生是多个原因共同作用的结果,如销售总额、增值税销项税额的减少可能是由销售数量的减少和单价的降低等多个原因同时引起。所谓非财务因果关系是指与财务无关的某项事件的发生,如新型冠状病毒肺炎疫情发生,可能但不会必然引起某项财务结果的变化,如粮食销售额,该事件与某项财务结果就不具有必然的或者说完全的因果关系。司法会计鉴定人可以对财务因果关系进行分析论证,出具鉴定意见,但不能对非财务因果关系进行分析作出鉴别判断。

本案正确的鉴定事项可以有两项:一是某期间(委托方指定的期间)维迈公司某项费用(委托方指定的费用项目)发生情况;二是维迈公司若干年度销售额情况及环比增长率情况。至于费用发生与维权的关系,销售额下降、环比负增长的原因与郭某的行为是否具有关联性以及关联程度,应由司法机关综合全案证据判断。

（五）法务会计报告案例

案例41　福生公司与石某劳动争议纠纷案［（2017）川0104民初4236号］

经法院审理查明，石某于2005年入职福生公司，双方于2015年9月签订无固定期限劳动合同。2016年8月，某会计师事务所接受福生公司的委托，出具《石某差旅及娱乐费用法务会计审阅》，该报告载明，会计师事务所选取石某7笔报销费用进行审阅，发现异常交易3笔，其中2016年1月30日在某餐饮公司消费4942元，经实地访问，发票开票单位可疑但经商家确认无误，超过500元交易以现金支付，违反了福生公司相关政策；2015年4月7日和2015年5月15日在某餐饮公司消费一笔5000元、一笔4879元，通过地税官方网站及热线电话查询、致电餐厅询问预订部工作人员，商家确认POS单及小票可疑，经商家确认餐饮消费信息可疑。

2016年10月，福生公司向石某出具《解除劳动合同通知书》，该通知书载明，在2015年至2016年内部审计过程中，发现石某上报财务部门的报销票据中存在严重违反公司规章制度的行为，故依据《劳动合同法》及公司《员工手册》的规定，公司决定于2016年10月14日与石某解除劳动合同。

另查明，石某在福生公司工作期间，尚余2万元的申请报销费用未报销，福生公司陈述因石某出现财务问题，公司还未将应报销费用核实出来。

2016年11月，石某向劳动人事争议仲裁委员会申请仲裁，要求福生公司支付违法解除劳动合同赔偿金、季度奖金、未报销的业务垫付费用。劳动人事争议仲裁委员会作出仲裁裁决书，裁决：福生公司支付石某业务垫付费用、季度奖金、违法解除劳动合同赔偿金。福生公司不服部分裁决，起诉至法院。

法院认为，本案中，福生公司认定石某存在违反公司《员工手册》的行为的根据是会计师事务所出具的《石某差旅及娱乐费用法务会计审阅》，该报告认为石某存在3笔异常交易。其中，2016年1月30日的消费经会计师事务所实地走访调查后确认无误，仅存在500元以上消费现金支付的问题。本院认为，该笔消费真实存在，并未达到《员工手册》规定的严重违反《推广行为及财务指南》的情形，也不符合《员工手册》规定的经公司合规委员会认定严重违反《推广行为及财务指南》规定的条件。2015年4月7日和5月15日的消费，会计师事务所并未进行实地调查，仅通过电话访问的方式即得出消费信息可疑的结论。而福生公司并未进一步对存疑的消费信息进行调查核实，仅依据会计师事务所的报告中指出的可疑消费信息即得出石某严重违反公司《员工手册》规定的结论并解除与石某的劳动合同。无论石某的该两笔消费是否真实,在福生公司作出解除与石某劳动合同的决定时,石某是否存在严重违反公司员工手册规定的严重欺骗公司、虚报账款等行为是不确定的,直至石某提起仲裁申请,福生公司仍未对其行为进行补正,应当认定福生公司解除与石某的劳动关系并不符合其自己制定的《员工手册》的规定,应属违法解除劳动关系。

判决:原告福生公司支付被告石某违法解除劳动合同的赔偿金、业务垫付费用、季度奖金。

[**评析**]我国与会计审计有关的执业类别只有诉讼领域的司法会计鉴定和经济管理、经济监督领域的审计,并没有"法务会计"执业类别。法务会计(forensic accounting)是运用调查和分析技术,以符合法庭标准的方式解决财务问题的专门会计。① 法务会计服务一般分为两大组成部分——调查服务与诉讼服务,调查服务是一种系统性的询问、搜查或分析,以获取有关总体或具体的事实;诉讼服务包括专家证人服务和咨询服务两大类。② 法务会计报告实际上就是同时具备会计和法律知识的人员在诉讼和非诉讼业务中,通过自行调查获取财务会计资料对案件事实的判断,或者提供咨询服务,并非诉讼中司法机关提出对需要解决的财务会计专门性问题的确认。根据《最高人民法院关于民事诉讼证据的若干规定》第34条第1款的规定,人民法院应当组织当事人对鉴定材料进行质证。未经质证的材料,不得作为鉴定的根据。本案中的《石某差旅及娱乐费用法务会计审阅》,并非司法机关依职权委托形成,材料未经石某质证,报告认为"餐饮消费信息可疑",没有形成明确的结论,不具有司法会计鉴定意见证据属性,只能作为案件进一步调查的线索,不能作为证据使用。

第六节　鉴定文书形式要件审查

司法鉴定文书必须具备一定的形式要件,证明鉴定意见的形成依据和形成过程,供鉴定意见使用者审查判断鉴定意见的证据能力和证明力。本节主要介绍司

① 参见[美]威廉姆·S.霍普伍德、杰伊·J.莱纳、乔治·R.杨:《法务会计》,张磊主译,东北财经大学出版社2009年版,第10页。

② 参见[美]罗伯特·鲁弗斯、劳拉·S.米勒、威廉·哈恩:《法务会计案件解析与应用》,杨书怀译,北京大学出版社2017年版,第7~10页。

法鉴定文书形式要件相关规定、审查方法及相关案例。

一、鉴定文书形式要件相关规定

《司法部关于印发司法鉴定文书格式的通知》(司发通〔2016〕112号)规定,司法鉴定文书形式要件包括:声明、文书标题、编号、基本情况(委托人、委托事项、受理日期、鉴定材料)、基本案情、资料摘要、鉴定过程、分析说明、鉴定意见、附件、鉴定人签名及盖章、鉴定文书出具日期、骑缝章。

《最高人民法院关于适用〈中华人民共和国刑事诉讼法〉的解释》第97条规定:"对鉴定意见应当着重审查以下内容:……(四)鉴定意见的形式要件是否完备,是否注明提起鉴定的事由、鉴定委托人、鉴定机构、鉴定要求、鉴定过程、鉴定方法、鉴定日期等相关内容,是否由鉴定机构盖章并由鉴定人签名……"

二、审查方法

我国的司法会计鉴定主要由会计师事务所的注册会计师承担,注册会计师受理司法会计鉴定,容易按照审计报告的形式要件出具司法会计鉴定意见书。

审查方法一般为将鉴定机构出具的鉴定文书与《司法部关于印发司法鉴定文书格式的通知》中规范的司法鉴定意见书形式要件进行对照,观察鉴定文书形式要件是否缺失,特别对缺失鉴定过程(检验所见)、分析说明(分析论证)等证明鉴定意见形成依据和过程的关键性形式要件,可以通过申请鉴定人出庭作证的方式进一步审查,对缺少鉴定人签名、盖章的,应当直接予以排除。

三、相关案例

案例42 张某滥用职权案[(2014)郑刑一终字第376号]

原判认定,被告人张某原系某村镇建设发展中心主任,主要职责是协助区查违办、执法局、规划局对辖区内违法建设情况进行巡查、制止、拆除。

2013年7月以后,张某因多次接受他人吃请及烟、酒等礼品,对某违章仓库建设予以照顾,致使该处违章建造的仓库面积逐步扩大,造成7万平方米基本农田被破坏。

经会计师事务所鉴定:2012年9月至2014年4月,朱某等人投资建仓库期间的费用支出合计为977万元,成品仓库被拆除损失金额450万元,以上费用支出及成品仓库被拆除损失金额共计1427万元。

一审法院依据该鉴定意见，以张某构成滥用职权罪作出相应判决。

原审被告人张某不服，提出上诉。其辩护人辩护称，会计师事务所出具的鉴定意见，没有鉴定人签名和事务所盖章，不能作为定案根据。

二审法院认为，会计师事务所出具的鉴定意见，鉴定文书缺少签名、盖章，依照《最高人民法院关于适用〈中华人民共和国刑事诉讼法〉的解释》第85条第7项的规定，[①]不能作为定案根据。该项辩护意见予以支持。同时，原判据此鉴定意见认定的部分事实，不能成立。原判定罪准确，审判程序合法，但采信证据不当，导致认定的造成投资、拆除仓库损失1427万元的事实缺乏证据支持，应予纠正。

[评析]我国有关刑事证据的规定中将证据的排除区分为强制性排除、裁量性排除和可补正的排除。《最高人民法院关于适用〈中华人民共和国刑事诉讼法〉的解释》(法释〔2021〕1号)第98条第7项规定，鉴定文书缺少签名、盖章的不得作为定案的根据。此项规定属于强制性排除。

案例43　张某虚报注册资本案[(2015)高刑再终字第00615号]

原审法院对张某犯职务侵占罪、敲诈勒索罪、虚报注册资本罪作出判决，其中犯职务侵占罪的主要证据为某会计司法鉴定所出具的鉴定意见。

宣判后，原审被告人张某不服，提出上诉。

二审法院采信司法会计鉴定意见，维持原审对张某犯职务侵占罪的定罪部分的判决。

二审判决发生法律效力后，最高人民法院指令北京市高级人民法院对本案进行再审。

再审期间，北京市高级人民法院与北京市人民检察院对该鉴定进行补正及合法性的审查工作，未找到该鉴定报告的档案材料，鉴定人亦拒绝补正签名。

北京市人民检察院再审出庭意见为：本案鉴定报告仅有机打鉴定人姓名并加盖鉴定所印章，但无鉴定人手写签名，且该瑕疵未能通过补正得到合理解释。该鉴定报告不符合法律规定的程序要件，不能作为定案根据。

北京市高级人民法院认为，该鉴定报告收集的合法性存疑，且不符合鉴定报告的形式要件，亦不能补正，不具备证明效力，应当予以排除。

[评析]《人民检察院鉴定规则(试行)》第21条第2款规定，鉴定文书应当由

---

① 现为《最高人民法院关于适用〈中华人民共和国刑事诉讼法〉的解释》(法释〔2021〕1号)第98条第7项。

鉴定人签名，有专业技术职称的，应当注明，并加盖鉴定专用章。《公安机关办理刑事案件程序规定》第251条第1款规定，鉴定人应当按照鉴定规则，运用科学方法独立进行鉴定。鉴定后，应当出具鉴定意见，并在鉴定意见书上签名，同时附上鉴定机构和鉴定人的资质证明或者其他证明文件。《中华人民共和国监察法实施条例》第178条第1款规定，鉴定人应当在出具的鉴定意见上签名，并附鉴定机构和鉴定人的资质证明或者其他证明文件。《司法鉴定程序通则》第37条规定，司法鉴定意见书应当由司法鉴定人签名。本案的鉴定报告仅有机打鉴定人姓名，不具备法定的司法鉴定文书形式要件，机打鉴定人姓名证明不了就是其本人鉴定，依法应当予以排除。

第七节　鉴定文书补正程序审查

司法鉴定文书出具后，如发现有瑕疵，影响鉴定意见使用的，按规定可以进行补正，但补正的范围和方式应当按规定进行。本节主要介绍鉴定文书补正相关规定、审查方法及相关案例。

一、鉴定文书补正相关规定

《司法鉴定程序通则》第41条规定："司法鉴定意见书出具后，发现有下列情形之一的，司法鉴定机构可以进行补正：（一）图像、谱图、表格不清晰的；（二）签名、盖章或者编号不符合制作要求的；（三）文字表达有瑕疵或者错别字，但不影响司法鉴定意见的。补正应当在原司法鉴定意见书上进行，由至少一名司法鉴定人在补正处签名。必要时，可以出具补正书。对司法鉴定意见书进行补正，不得改变司法鉴定意见的原意。"

二、审查方法

审查人员发现鉴定文书打印文本上存在手写补正的，或者鉴定人另行出具司法鉴定意见补正书的，应当审查补正的范围是否超出了可以补正的范围，补正处是否有鉴定人签名，出具的司法鉴定意见补正书是否合规，补正的内容是否改变了鉴定意见的原意。

三、相关案例

案例44　吴某、罗某等与蒋某等损害公司利益责任纠纷案[(2019)湘06民初231号]

吴某、罗某等与蒋某等损害公司利益责任纠纷一案,经吴某、罗某申请,法院委托会计师事务所进行司法鉴定。2018年4月18日,会计师事务所出具司法鉴定意见。2018年7月5日,会计师事务所出具补正书:因注册会计师方某遗漏签名,特依法予以补正。

法院认为,2017年修正的《中华人民共和国民事诉讼法》第78条规定:"当事人对鉴定意见有异议或者人民法院认为鉴定人有必要出庭的,鉴定人应当出庭作证。经人民法院通知,鉴定人拒不出庭作证的,鉴定意见不得作为认定事实的根据;支付鉴定费用的当事人可以要求返还鉴定费用。"本案案涉司法鉴定意见的鉴定人系刘某和顾某,本案原一审中,当事人对鉴定意见提出了异议,但刘某、顾某经本院通知未到庭作证,而由方某代表鉴定人出庭作证,蒋某对此质疑后,会计师事务所在案涉司法鉴定意见出具后的两个多月,以注册会计师方某遗漏签名为由,又出具补正书,将方某名字补上。会计师事务所出具的补正书不符合《司法鉴定程序通则》规定的补正形式要求,亦不属于《司法鉴定程序通则》规定的补正范围,且因会计师事务所的鉴定人刘某、顾某拒不到庭作证,导致司法鉴定意见未被本案原一审予以认定。本院重审亦认为案涉司法鉴定意见因鉴定人未依法出庭作证不能作为认定事实的依据,依法不予采信。吴某、罗某预交的鉴定费可以要求会计师事务所返还。

[评析]本案会计师事务所出具的补正书补证范围不属于《司法鉴定程序通则》规定的补正范围。

第八节　鉴定意见告知程序审查

鉴定意见"告知"是一项诉讼程序,不是鉴定意见本身存在的问题。诉讼法律法规均设置了鉴定意见的"告知"制度,旨在保护犯罪嫌疑人、被害人及其他相关当事人的合法权益,实现相关当事人的知情权,为当事人是否申请补充鉴定或重新鉴定提供了救济途径。本节主要介绍鉴定意见告知相关规定、审查方法及相关案例。

一、鉴定意见告知相关规定

《中华人民共和国刑事诉讼法》第 148 条规定，侦查机关应当将用作证据的鉴定意见告知犯罪嫌疑人、被害人。如果犯罪嫌疑人、被害人提出申请，可以补充鉴定或者重新鉴定。

《人民检察院刑事诉讼规则》(高检发释字〔2019〕4 号)第 221 条第 1 款规定，用作证据的鉴定意见，人民检察院办案部门应当告知犯罪嫌疑人、被害人；被害人死亡或者没有诉讼行为能力的，应当告知其法定代理人、近亲属或诉讼代理人。

《公安机关办理刑事案件程序规定》(公安部令第 159 号)第 252 条第 2 款规定，对经审查作为证据使用的鉴定意见，公安机关应当及时告知犯罪嫌疑人、被害人或者其法定代理人。

《中华人民共和国监察法实施条例》第 179 条第 1 款规定，调查人员应当对鉴定意见进行审查。对经审查作为证据使用的鉴定意见，应当告知被调查人及相关单位、人员，送达《鉴定意见告知书》。

《最高人民法院关于民事诉讼证据的若干规定》(法释〔2019〕19 号)第 37 条第 1 款规定，人民法院收到鉴定书后，应当及时将副本送交当事人。

二、审查方法

审查人员可以通过审查卷宗材料中是否有当事人签名并捺指印的“鉴定意见通知书”，判断委托方是否履行了告知程序。

三、相关案例

案例 45 邹甲、吴某诈骗案[(2018)黔 0522 刑初 106 号]

公诉机关指控，被告人邹甲、吴某、邹乙、陈某在多部手机上登陆购买来的多个包含大量好友的微信账号，在这些微信账号的朋友圈或者微信群里发布可以办理小额贷款的虚假信息吸引人们关注，对于受吸引需要办理贷款的人员再分别以各种理由让对方通过微信财付通或者支付宝将钱款转入被告人李某、董某购买的多个支付宝账号内或者用于诈骗的微信账号内，然后再将所骗取的钱款陆续转入各自用于日常生活的支付宝账户再转入银行账户取现。至案发，被告人邹甲、吴某、邹乙、陈某共同骗取了罗某、廖某、田某等 45 名被害人的钱款共计 80 万元，其中邹甲获得47万元、吴某获得24万元、邹乙获得6万元、陈某获得3万元。

公诉机关指控犯罪嫌疑人诈骗上述金额的证据有被害人陈述、被告人供述、证人证言及相关书证等。其中,某司法鉴定所出具的鉴定意见证实被告人邹甲获得的非法收入为47万元,其中利用微信获得非法收入2万元,利用支付宝获得非法收入45万元;被告人吴某获得的非法收入为24万元,其中利用微信获得非法收入500元,利用支付宝获得非法收入239,500元;被告人邹乙获得的非法收入为6万元,其中利用微信获得非法收入5000元,利用支付宝获得非法收入55,000元;被告人陈某获得的非法收入为3万元,其中利用微信获得非法收入2万元,利用支付宝获得非法收入1万元。

法院认为,针对公诉机关出示的"某会计师事务所有限公司鉴定报告书",因该鉴定意见未及时告知相关人员,当事人均表示对该鉴定意见有异议。根据2012年发布的《最高人民法院关于适用〈中华人民共和国刑事诉讼法〉的解释》第84条、第85条之规定,对该鉴定意见本院不予采信。本案诈骗资金数额根据支付宝交易记录、微信交易记录、被害人陈述及被告人供述综合认定为26万元。

[**评析**]根据判决书记载,庭审中被告人邹甲、吴某、董某及其辩护人对公诉机关指控的罪名无异议,提出诈骗数额没达到起诉书指控数额的辩护意见。其中:被告人邹甲供述,支付宝和微信总收入中,我诈骗得到的是5万元,剩下的都是我赌博和帮我爸爸收取木材钱获得的。被告人吴某供述,我支付宝交易记录中收到的款有一部分是我的朋友或者亲戚转给我的。被告人董某供述,2012年开始做倒卖支付宝账号的事情,×××@163.com三木账号收的钱都是倒卖支付宝账号的收入。

由于受判决书信息所限,无法得知公安机关提出的鉴定事项。笔者分析,公安机关在聘请鉴定时很可能没有明确提出鉴定事项,鉴定人以犯罪嫌疑人开设微信、支付宝就是为了诈骗为前提,把微信、支付宝收到的与诈骗无关的资金也作为犯罪金额认定,导致各被告人在庭审时对鉴定意见有异议,加上鉴定意见未告知,违反法定程序,依据法律规定,鉴定意见不能作为定案的根据。

第三章 鉴定事项审查

鉴定事项是委托方向鉴定人就案件需要解决的若干项专门性问题的提问，鉴定意见应当围绕委托方的提问进行回答。司法会计鉴定有别于审计，司法会计鉴定必须先有鉴定事项，后有鉴定意见。鉴定事项正确与否，直接关系鉴定意见的证明力。本章主要介绍鉴定事项基本知识、鉴定事项的审查方法及相关案例，其中鉴定事项审查包括鉴定事项明确性审查、鉴定事项专门性问题审查、鉴定事项中立性审查。

第一节 鉴定事项概述

司法会计鉴定对象泛指所有的财务会计专门性问题。财务会计专门性问题非常广泛，涉及会计主体的资产、负债、所有者权益、收入、成本费用、利润等。具体案件中，不是所有的财务会计问题都与案件有关，或都是委托方需要解决的问题，只有与案件待证事实有关的财务会计问题，才可以成为鉴定事项。本节主要介绍鉴定事项的概念、所处法律文书部位及基本要素。

一、鉴定事项的概念

鉴定事项就是委托方认为需要解决的、与案件待证事实有关的具体财务会计专门性问题的项目。根据案情，鉴定事项可以是一个，也可以是若干个，通常由委托方提出，当委托方不能准确确定鉴定事项，或者鉴定人认为委托方提出的鉴定事项不能实现鉴定目的时，也可以由委托方与鉴定人协商确定鉴定事项。

鉴定事项是鉴定人需要回答的问题,鉴定意见只需回答鉴定事项范围内的问题,既不回答鉴定事项范围外的问题,也不回答委托方提出超出鉴定人专业范围以外的问题。

二、鉴定事项在诉讼文书中的部位

审查鉴定事项,首先要了解鉴定事项在哪些诉讼文书中记载及其所处的文书部位。一般情况下,鉴定事项在两种诉讼文书上有所体现。一是在委托方出具的鉴定聘请书上,二是在鉴定机构出具的司法会计鉴定文书上。以公安机关出具的鉴定聘请书为例,详见表3-1。

表3-1　公安机关出具的鉴定聘请书

××公安局

鉴定聘请书

×公(经)鉴聘字[20××]××号

××会计师事务所有限公司:

为了查明________________案,根据《中华人民共和国刑事诉讼法》第一百四十六条之规定,特聘请你对________________进行鉴定。请你于______年___月___日前将鉴定情况和意见书面送交我局。

××公安局(公章)

年　月　日

本聘请书已收到

被聘请人:

年　月　日

鉴定聘请书中的"对__________进行鉴定",下画线空白处填写的内容就是委托方提出的鉴定事项。

根据《司法部关于印发司法鉴定文书格式的通知》(司发通〔2016〕112号)的规定,鉴定机构出具的司法鉴定意见书的"基本情况"应当注明"委托事项"。该鉴定事项来自委托方出具的"鉴定聘请书"中所提出的鉴定事项,两者应该一致。

鉴定事项审查，应当在鉴定文书中的鉴定事项与鉴定聘请书中的鉴定事项一致的情况下进行。

三、鉴定事项的基本要素

完整的鉴定事项，应当由“涉案单位或个人”、“检验对象期间”和“财务会计专门性问题”三要素构成。

“涉案单位或个人”是指办案单位查办的涉案人员所在的单位、犯罪嫌疑人或有关当事人个人。

“检验对象期间”是指办案单位需要解决财务会计问题涉及财务会计资料的起止时间跨度。

“财务会计专门性问题”是指办案单位需要解决的具体财务会计专门性问题，该问题可以是一个，也可以是若干个，一般由办案单位确定，当办案单位不能准确提出财务会计专门性问题时，也可以由办案单位与鉴定人协商确定。

现以 A 公司涉嫌非法经营某品牌卷烟为例，办案单位如果想查清 A 公司 2019 年 1 月 1 日至 2020 年 12 月 31 日销售某品牌卷烟收入情况，应当提出的鉴定事项为“查清 A 公司 2019 年 1 月 1 日至 2020 年 12 月 31 日期间销售某品牌卷烟收入数额”，该鉴定事项就包括“A 公司”“2019 年 1 月 1 日至 2020 年 12 月 31 日”“销售某品牌卷烟收入数额”三要素。如果办案单位还想查清 A 公司某期间经营该品牌卷烟的非法获利数额，可以再提出第二个鉴定事项，如“确认 A 公司 2019 年 1 月 1 日至 2020 年 12 月 31 日期间销售某品牌卷烟的净利润数额”。

第二节　鉴定事项明确性审查

根据法律法规及司法解释，聘请鉴定时，委托方应当明确提出鉴定需要解决的问题，即鉴定事项。如果鉴定事项不明确，鉴定人容易随意扩大或缩小鉴定范围，造成鉴定意见与待证事实缺乏关联性。本节主要介绍与鉴定事项明确性有关的法律法规、审查方法及相关案例。

一、鉴定事项明确性相关法律法规

《人民检察院刑事诉讼规则》（高检发释字〔2019〕4 号）第 219 条规定，人民检察院应当为鉴定人提供必要条件，及时向鉴定人送交有关检材和对比样本等原始材料，介绍与鉴定有关的情况，并明确提出要求鉴定解决的问题，但是不得暗示或者强迫鉴定人作出某种鉴定意见。

《公安机关办理刑事案件程序规定》（公安部令第159号）第249条规定，公安机关应当为鉴定人进行鉴定提供必要的条件，及时向鉴定人送交有关检材和对比样本等原始材料，介绍与鉴定有关的情况，并且明确提出要求鉴定解决的问题。禁止暗示或者强迫鉴定人作出某种鉴定意见。

《中华人民共和国监察法实施条例》第177条第1款规定，监察机关应当为鉴定提供必要条件，向鉴定人送交有关检材和对比样本等原始材料，介绍与鉴定有关的情况。调查人员应当明确提出要求鉴定事项，但不得暗示或者强迫鉴定人作出某种鉴定意见。

《最高人民法院关于民事诉讼证据的若干规定》第32条第3款规定，人民法院在确定鉴定人后应当出具委托书，委托书中应当载明鉴定事项、鉴定范围、鉴定目的和鉴定期限。

以上法律法规均规定，办案机关聘请鉴定时，必须“明确提出要求鉴定解决的问题”或“鉴定事项”。

诉讼实务中，由于委托方案件承办人员一定程度上缺乏会计知识和司法会计鉴定基本知识，常见的错误表现为提出的鉴定事项不明确、把检验对象当作鉴定对象提出或者把鉴定目的当作鉴定事项提出，容易造成鉴定人按照审计规范操作，鉴定意见与案件待证事实缺乏关联性，无法实现鉴定目的，鉴定意见不被司法机关采信的后果。

二、审查方法

审查人员通过查阅鉴定聘请书中委托方所提的鉴定事项是否具备“三要素”来判断鉴定事项是否明确。

三、相关案例

案例46　丁某、范某假冒注册商标案［（2015）穗天法知刑初字第39号］

公诉机关指控，2014年2月起，被告人丁某为获取非法利益雇用被告人范某、林某、许某及同案人余某、方某，在未获取某有限责任公司委托处理中国地区某商标等注册商标所有人的许可情况下，由丁某租用工作场地和仓库，并负责购买二手的电脑硬盘和网上销售，范某负责检测，许某、方某、余某负责翻新、贴标、发货，从中非法获利。2014年10月23日，公安机关在丁某租用的工作场地和仓库抓获上述被告人及同案人，当场缴获带有某标识的西部数据、希捷、迈拓等品牌的电脑硬盘1批，经鉴定，均为假冒注册商标的商品，总价值人民币28万元，带某商标的电脑硬盘标识3000张，以及销售单据1批及电子日记账1份，经会计鉴定，销售数额为650万元。公诉机关认为被告人丁某、范某、林某、许某的行为均已构成假冒注册商标罪，提请法院审判。

法院另查明，公安机关现场缴获的1批销售单据，经统计，销售金额为人民币2.6万元。

法院审理后对公诉机关指控现场查获假冒注册商标商品价值28万元予以认定，对销售单据记载的销售金额2.6万元予以认定，对已销售数额650万元不予认定，法院认为：

第一，公安机关并未将所提取的电子日记账交由被告人丁某、范某、林某、许某及同案人辨认，而且被告人丁某、范某均供述该电子日记账所记载的内容只是丁某登记有购买意向客户的需求信息，其中丁某还供认其销售电脑硬盘只会以发货单作为销售记录，没有其他记录，并未供认该电子日记账是销售电脑硬盘的记录。

第二，公安机关未能调取被告人丁某等人在淘宝网销售假冒注册商标电脑硬盘记录，不能与该电子日记账内容吻合。

第三，公诉机关指控的电子日记账金额是以专项审计报告为依据，但该专项审计报告反映的销售金额统计期间为2013年9月至2014年10月，而公诉机关起诉书指控被告人从2014年2月起实施作案，指控作案时间与审计时间段两者之间明显矛盾。因此，现有证据不能充分证明该电子日记账内的金额均为被告人丁某等人销售假冒电脑硬盘的金额记录，该部分金额不能计入本案犯罪金额。

[评析]根据《中华人民共和国刑事诉讼法》第146条的规定，诉讼中需要解决的专门性问题，应当指派、聘请鉴定。本案公安机关按照法律规定出具的聘请手续是“鉴定聘请书”而不是“审计聘请书”，但鉴定机构出具的却是“专项审计报告”，说明鉴定人执行的是注册会计师审计准则而非《司法鉴定程序通则》。判决书虽然未记载公安机关提出的鉴定事项，但从专项审计报告统计的时间与公诉机关指控丁某等人作案时间不符判断，公安机关在聘请鉴定时很可能没有明确提出鉴定事项的期间范围。根据中国注册会计师审计准则相关规定，注册会计师可以

对委托人提供的财务会计资料发表审计意见。本案公安机关聘请鉴定时送检材料至少包括2013年9月至2014年10月的财务会计资料,在公安机关未明确提出鉴定事项期间范围时,注册会计师误将司法会计鉴定当作审计实施,执行了审计规范,审计表达的意见期间范围包含了公安机关提供的所有审计证据期间范围,造成审计认定的销售数额包括了与犯罪无关的、公诉机关起诉指控被告人从2014年2月起实施作案之前的销售额,这是导致审计意见不被采信的原因之一。

本案审计报告不被采信的另一个原因是,公诉机关在指控时把专项审计报告认定为"会计鉴定",说明该公诉机关误把专项审计报告当作司法会计鉴定使用,没有正确把握司法会计鉴定与审计的差异。根据中国注册会计师审计准则相关规定,在审计证据不完整不充分的情况下,注册会计师可以出具不同类型的审计报告。公安机关聘请鉴定时,只提供了电子日记账,没有提供与销售有关的原始凭证或者银行流水,该情形能够满足审计条件但达不到司法会计鉴定条件。

案例47　兰某挪用资金、职务侵占、合同诈骗案[(2016)吉0103刑初201号]

公诉机关指控,被告人兰某代表天合房地产开发有限公司,与米兰房地产策划营销有限公司签订凯悦花园内部认购策划营销合同期间,先后收取陈某、王某等人的团购房预付款共计人民币480万元。后被告人兰某将其中部分款项人民币215万元用于凯悦花园工程项目支出,其余购房款被其利用职务便利挪用和侵占。其另骗取被害人李某、秦某等人14套房屋预付购房款共计人民币160万元。

公诉机关指控被告人兰某犯罪的证据之一是天合房地产开发有限公司向公安机关举报公司原执行董事、法定代表人张某在任职期间涉嫌职务侵占和挪用本单位资金,公安机关聘请某会计师事务所出具的司法会计鉴定意见,公安机关提出的鉴定事项是"对张某任职期间的会计账目进行司法会计鉴定"。

会计师事务所出具的司法会计鉴定意见:张某将收到的借款现金截留占为已有,除涉嫌职务侵占165万元以外,还赊欠垫付工程款84万元。2009年10月27日至12月24日,房地产开发项目还未开工,而且公司工程全部采取发包方式,没有自营工程,不应当存在赊欠兰某垫付工程款的情况。我们怀疑上述经济事实有张某利用职权之便勾结兰某采用向法院告诉取得民事判决书的手段进行合同诈骗,实施职务侵占。

合议庭认为,本案经两次补充侦查,侦查机关未能对兰某收取的售房款及在凯悦花园项目上的投入进行审计鉴定，无法确定房款的去向及兰某投入的额度，公诉机关指控被告人兰某犯职务侵占罪、合同诈骗罪事实不清，证据不足，指控的罪名不能成立。

[评析]本案公安机关聘请鉴定时，所提的鉴定事项是"对张某任职期间的会计账目进行司法会计鉴定"，"会计账目"是司法会计的检验对象，不能成为司法会计的鉴定对象，即公安机关误把检验对象当作鉴定对象提出，没有明确提出对兰某实际收取的售房款、已入账的售房款、兰某投资数额等具体需要解决的财务会计问题进行鉴定。由于会计师事务所的常规工作是审计，按照审计规范，特别是舞弊审计，事先可以不需要设定具体审计事项，由审计机构在委托方提供的全部财务会计资料中去查找、发现舞弊线索。具体到本案，因公安机关未提出具体鉴定事项，会计师事务所按照审计思路实施司法会计鉴定，得出"涉嫌职务侵占""我们怀疑……"等不确定的意见，该意见只能作为犯罪线索，不具有司法会计鉴定意见对财务会计专门性问题作出确认的证据属性。

案例48 吴某甲涉嫌职务侵占不起诉案[海检刑申复决〔2019〕4号][①]

申诉人某农资公司因吴某甲涉嫌职务侵占一案，不服某区人民检察院作出的不起诉决定书，以吴某甲侵占该公司财产，事实清楚，证据充分，已构成职务侵占罪，应对其提起公诉为由，向本院提出申诉。

检察院复查后认为，某鉴定机构出具的司法会计鉴定意见书是鉴定机构受农资公司委托后作出的，是侦查机关认定吴某甲涉嫌职务侵占罪的主要证据。经审查，该鉴定意见的客观性、准确性存疑，一是……四是该鉴定书认定2015年6月23日转到林某某账户的3759元，为吴某甲所收货款存入。经查明，吴某甲因涉嫌诈骗于2015年6月14日被刑事拘留，后被羁押于看守所，而该笔款项在吴某甲被羁押期间从何某某的银行账户转出，显而易见并非由吴某甲经手办理。因此，不能认定该笔款项为吴某甲所收货款并存入林某某账户。

本院决定：维持某区人民检察院作出的不起诉决定书的决定。

[评析]吴某甲于2015年6月14日被刑事拘留后羁押于看守所，已经失去了人身自由，在该日期之后的2015年6月23日转到林某某账户的3759元，不可能为吴某甲所为，鉴定得出"为吴某甲所收货款存入"的意见，显然与其他证据矛盾。

① 案例来自"12309"中国检察网。

鉴定人之所以得出这样的鉴定意见,很可能与委托方没有明确提出"鉴定事项期间"有关。

第三节　鉴定事项专门性问题审查

司法会计鉴定解决的问题是财务会计方面的专门性问题,在诉讼中由委托方通过设定的鉴定事项向鉴定人提出,非财务会计专门性问题不应当向司法会计鉴定人提出。实务中委托方常见的错误是把案件事实或者法律判断等非财务会计专门性问题向鉴定人提出。本节主要介绍专门性问题范围相关规定、审查方法及相关案例。

一、专门性问题范围相关规定

《人民检察院司法会计工作细则(试行)》第9条规定,司法会计鉴定的范围为:(1)资产历史成本的确认;(2)资产应结存额及结存差异的确认;(3)财务往来账项的确认;(4)经营损益、投资损益的确认;(5)会计处理方法及结果的确认;(6)其他需要通过检验分析财务会计资料确认的财务会计问题。

《司法鉴定执业分类规定(试行)》(已废止)第9条规定,司法会计鉴定:运用司法会计学的原理和方法,通过检查、计算、验证和鉴证对会计凭证、会计账簿、会计报表和其他会计资料等财务状况进行鉴定。

以上部门规章对司法会计鉴定的范围作出了明确规定,即司法会计鉴定只解决资产、负债、所有者权益、收入、成本费用、利润等与财务会计专业有关的问题,委托方不应该把非财务会计问题向鉴定人提出。

二、审查方法

审查人员通过查阅鉴定聘请书中委托方所提的鉴定事项是否为财务会计问题来判断鉴定事项是否超范围。

三、相关案例

案例49　王某职务侵占案[(2010)济刑初字第44号]

公诉机关指控,2007年2月13日,琚某向梨园村委会转账支付12万元。

2007年8月1日,被告人梨园村会计王某将村支书张某给琚某出具的一张收据和一张临时收条同时记入村账,依据正式收据增加村里的存款12万元,依据临时收条减少村里的12万元存款,从而侵占该村12万元现金。

公诉机关指控王某职务侵占的证据之一为公安机关聘请某会计师事务所出具的司法会计鉴定书,公安机关提出的鉴定事项为“对王某有无从村账上支取12万元交给村支书张某进行鉴定”。

鉴定书主要内容:分析2007年涉案款项12万元的入账情况后认为,梨园村财务原始支出单据中,应有村主任卞某和村支书张某签字,但张某2007年2月13日所写的领条,仅有本人签字,而无其他第二人签字,且该领条中的事由记载是该款项的来源,而非领取款项的原因,故认为该领条不应作为张某借款的凭据。依据现有资料,认为王某以张某于2007年2月13日所打领条作为银行存款减少的依据不充分,不能认定王某从村账上支取12万元交给张某。

被告人王某辩称,其在2007年12月14日以现金方式将12万元交给了村支书张某,临时收条就是张某的领款手续,其没有侵占集体公款。

法院审理查明:被告人王某系梨园村会计,负责编制该村所有记账凭证并保管村里的银行存款。2007年2月13日,琚某与被告人王某、梨园村党支部书记张某、村委主任卞某一起,在信用社转账给该村12万元。次日,张某向琚某出具一份收据,收据内容为“今收到琚某预交土地租赁金(含赔青28亩,每亩800元)壹拾贰万元正,收款单位:梨园村,收款人:张某”,并注明“土地核实后,开具正式单据,此据暂不入账”。2007年8月1日,被告人王某在第56号会计凭证记录该12万元系收取琚某的款项,并支付给张某,会计分录借贷会计科目均记为“银行存款”,后附两份单据,其一时间为2007年2月13日,内容为“今领到:瞿(原文如此写)某交来土地租赁费、国土局罚款、开垦费、1队和2队28亩赔青款,壹拾贰万元正,领款人:张某”,村主任签字处空缺,并注明“春节过后交村土地租赁费入账”,该条被王某作为支出凭证记账;其二时间为2007年2月14日,内容为“今收到琚某预交土地租赁金(含赔青28亩,每亩800元)壹拾贰万元正,收款单位:梨园村,收款人:张某”,并注明“土地核实后,开具正式单据,此据暂不入账”,该条被王某作为收入凭证入账。

2008年镇农经办对梨园村审计时,认为该村2007年8月1日第56号会计凭证记账方式存在问题。经该农经办调查,王某称该12万元被村支书张某领走,其据以入账的2007年2月13日领条即为领款凭据;张某否认从王某处领取该款,称该领条是其向琚某出具的临时收据，已更换成2007年2月14日的收据，不知道该临时收据如何到了王某手中。

梨园村对公存折2007年2月11日至2月17日存取款情况：2007年2月13日转入12万元；2007年2月13日王某取款5万元，14日王某取款14万元，16日王某取款12万元，合计取款31万元。2007年春节前该村支出情况是：王某经手支出现金13万元，卞某从王某处取款5万元。

法院认为，司法会计鉴定书关于“该领条不应作为张某借款的凭据”“王某以张某于2007年2月13日所打领条作为银行存款减少的依据不充分”的内容，并没有完全排除王某将该款支付给张某的可能性，因此，难以得出该条是或者不是“临时收据”的唯一结论，依据公诉机关提供的证据，也不能得出王某没有将该款给张某的唯一结论。同时，分析该村的账目及银行交易记录可知，王某确实从银行取款31万元，在此期间王某经手支出现金13万元，卞某从王某处取款5万元，扣除上述支出后，余款足以支付12万元，不能得出王某同期无钱支付该12万元给张某的结论。综上，公诉机关提供的证据不能得出该12万元必然被王某侵占的结论，公诉机关指控被告人王某犯职务侵占罪的证据不足，本院不予支持。

判决：被告人王某无罪。

宣判后，原公诉机关不服提出抗诉，后上级检察机关申请撤回抗诉。

[评析]本案需要查明的事实是被告人梨园村会计王某从银行领取的12万元现金是否交给村支书张某。公安机关提出的鉴定事项为“对王某有无从村账上支取12万元交给村支书张某进行鉴定”，该鉴定事项为公安机关需要查明的案件事实，王某领取的现金交给了谁，是一种行为事实，与财务会计问题无关，因此该鉴定事项非财务会计专门性问题，不应当由鉴定人判断，鉴定人也无法判断该问题。公诉机关以该鉴定意见作为证据指控王某职务侵占，明显误用鉴定意见。

案例50　丁某职务侵占罪再审案[(2016)皖02刑再1号]

公诉机关指控丁某职务侵占罪，证据之一为公安机关聘请某司法鉴定中心出具的司法鉴定书，公安机关提出的鉴定事项为“对丁某职务侵占数额进行鉴定”。某司法鉴定中心出具的鉴定意见：经对上述先后时间发生的所有财务会计资料的鉴定，公司的总经理丁某利用职权，于2006年7月31日直接占有了公司现金37万元，属于侵占公司财产的行为。

原审法院认为，司法鉴定中心的鉴定意见直接给出了丁某行为属于侵占公司财产的结论，显然超越其鉴定范围，对该鉴定意见不予采信。

重审法院认为，司法鉴定中心的鉴定意见，全面审查了案件材料，虽有对鉴定事实超越鉴定职责进行法律评价之处，但就涉案资金的流转过程分析可以采纳。

［**评析**］本案鉴定意见对法律问题作出确认，显然超出司法会计鉴定"财务会计专门性问题"范围。造成超范围鉴定的原因有两方面：一是公安机关提出的鉴定事项超范围，"丁某职务侵占数额"是鉴定目的，众多的资金往来中，哪些金额构成职务侵占，哪些金额不构成职务侵占，属于法律判断问题，是司法机关需要查明的案情，不应当由会计审计专业人员判断，故不能成为鉴定事项；二是鉴定人员不了解司法会计鉴定对象，对公安机关提出的鉴定事项不加判断"照单全收"，造成鉴定意见超范围。

第四节　鉴定事项中立性审查

司法鉴定的基本原则是客观性、公正性、科学性、独立性。其中"公正性"即"中立性"，要求作为第三方的鉴定人始终保持中立的立场从事司法鉴定工作，不得偏向诉讼主体的任何一方。中立性包括委托方提出的鉴定事项中立和鉴定人出具的鉴定意见中立。本节主要介绍鉴定事项中立性的相关规定、审查方法及相关案例。

一、司法鉴定中立性相关规定

司法鉴定的中立性即公正性，与司法鉴定中立性有关的法规主要有：

《人民检察院刑事诉讼规则》第 219 条规定，不得暗示或者强迫鉴定人作出某种鉴定意见。

《公安机关办理刑事案件程序规定》第 249 条第 2 款规定，禁止暗示或者强迫鉴定人作出某种鉴定意见。

《中华人民共和国监察法实施条例》第 177 条规定，不得暗示或者强迫鉴定人作出某种鉴定意见。

《人民检察院鉴定规则（试行）》第 3 条规定，鉴定工作应当遵循依法、科学、客观、公正、独立的原则。

《人民检察院司法会计工作细则（试行）》第 3 条规定，司法会计工作应当遵循客观、公正、科学、独立的原则。司法会计人员应当具备相应资格或专门知识，遵守保密规定，依法保守秘密。

《公安机关鉴定规则》第6条规定，公安机关鉴定机构及其鉴定人应当遵循合法、科学、公正、独立、及时、安全的工作原则。

《司法鉴定程序通则》第5条规定，司法鉴定实行鉴定人负责制度。司法鉴定人应当依法独立、客观、公正地进行鉴定，并对自己作出的鉴定意见负责。司法鉴定人不得违反规定会见诉讼当事人及其委托的人。

二、审查方法

审查人员通过查阅鉴定聘请书中委托方所提的鉴定事项是否带有倾向性的定性词语来判断鉴定事项是否中立。

三、相关案例

案例51　李某贪污二审案[（2014）西中刑二终字第00204号]

犯罪嫌疑人李某于1998年调入某中学担任会计，2006年兼任该校基建会计和基建出纳。公诉机关指控，被告人李某在担任某中学会计兼任该校基建会计和基建出纳期间，利用职务便利侵吞公款60万元。公诉机关指控李某犯罪的证据之一是审计报告和司法会计鉴定意见。

原审判决认定，被告人李某担任某中学会计期间，用学校工行账户转账支票转入某房地产开发有限公司10万元，为其个人购买商铺，其行为已构成贪污罪，并作出相应判决。

宣判后，检察机关提出抗诉，认为法院认定事实有误。理由为以下两点：(1)侦查机关提取了李某经手学校的所有账务账册及现金、银行账，从银行调取了银行对账单等大量证据，该案收集证据的程序合法、内容客观真实有效，经专业财会机构对该账务账册及现金、银行账分别进行审计和鉴定，对学校原本混乱的账务资料进行恢复，审计和鉴定意见均为经费账现金短缺28万元、基建账现金短缺14万元、工程款8万元支出依据不足，另有公款10万元转账支出用于李某购买自己商铺使用，合计公款60万元。被告人李某对贪污公款60万元的事实拒不承认，对其经手账务中的公款短缺问题均不能作出合理解释，依据被告人供述、证人证言、书证等证据，能够证实被告人李某一人操作所经手账务的支出，并没有其他人经手，且可以排除资金其他去向的可能，结论具有唯一性，足以认定被告人贪污公款60万元的事实。(2)原审判决以"对恢复后的账务反映事实存疑"为由,排除在案审计报告和鉴定意见的证明力,属于采信证据不当,据此认定的事实必然有误。司法会计鉴定人出庭作证,接受了法庭调查,并就司法会计鉴定意见的结论部分进行了说明。根据2012年发布的《最高人民法院关于适用〈中华人民共和国刑事诉讼法〉的解释》第73条、第85条关于不得作为定案根据的书证、鉴定意见的规定,在案的审计报告和鉴定意见不存在不得作为定案根据的情况,因而原审予以排除是没有法律依据的,显系采信证据不当。综上所述,本案被告人李某利用职权贪污公款60万元的事实清楚,证据确实、充分,原审法院仅以被告人李某贪污10万元的事实作出判决,属于认定事实有误、采信证据不当,导致量刑确有错误。

二审法院认为,抗诉机关指控被告人李某贪污经费账现金28万元,贪污基建账现金14万元,该贪污数额来自审计报告与鉴定报告,侦查机关未向鉴定部门提供李某任职的所有账目账册供鉴定,只选择了2006年以后的账目,且未包含经费账银行存款日记账、基建现金日记账、基建银行存款日记账、基建明细分类账等账目;李某实际身兼出纳、会计职责,管理混乱,账务缺乏监督,侦查时从其家中搜查到大量存根、票据,侦查机关以此做账,是否已经搜集全所有账务资料并不确定;学校运营过程中客观存在账外资金,而账外资金如何运转及与总账的关联尚未查明;审计与鉴定人员仅是针对侦查机关提供的检材进行审计与鉴定,在账务资料不全的情况下通过汇总、调账恢复账务,是否能够反映李某历年经手的所有收入和支出的事实存疑;会计师事务所有限公司专项审计报告未说明委托单位及提供的材料及审计目的,形式要件缺失;检察机关在委托鉴定时所提检验要求是"依据送检资料对李某2006年1月1日至2010年12月31日任职期间的学校经费账及教学实验楼基建账货币资金短缺额予以检验确认",该检验要求带有主观性,未站在中立立场取证。因此,抗诉机关所依据的审计报告与鉴定报告的结论存在片面性,以该审计和鉴定意见推定短缺的金额就是贪污的数额缺乏其他证据支持,既不客观也不能排除合理怀疑,达不到"确实充分,排除合理怀疑"的证据标准。李某以白条的形式冲账欠钢结构制造(集团)公司的工程款8万元,对于该笔款项,被告人李某虽有财务手续不规范之处,但是否被其占有,证据不足。故抗诉意见不能成立,本院不予采纳。对检察机关的抗诉意见,本院不予支持。裁定驳回抗诉,维持原判。

[评析]本案审计和鉴定存在以下两处问题:

1. 检材不完整不充分，该类问题将在第四章用其他案例作专门讨论。

2. 该案检察机关委托的鉴定事项是“对货币资金短缺额予以检验确认”，该鉴定事项违背了司法鉴定中立性原则。在鉴定实施之前就要求鉴定人确认“货币资金短缺额”，主观上存在“先入为主、有罪推定”之嫌，容易让鉴定人在检验过程中发现“货币资金存在短缺”，不再认真校验检材，不再认真复核计算过程是否有误。该案在检材完整充分的情况下，正确的鉴定事项应该是：(1)分别确认某中学截至××××年××月××日的经费账、基建账货币资金应结存额与实际结存额是否相符；(2)工程款8万元账务处理情况。如果鉴定结果货币资金存在短缺，侦查机关应结合其他证据认定短缺数额是否被李某贪污；如果8万元工程款在账务上已经形成支出，侦查机关应当进一步查证债权人某钢结构制造(集团)公司是否收到了该8万元，来证明8万元是否被李某贪污。

第四章 鉴定材料审查

鉴定材料亦称“检材”，包括原始凭证、记账凭证、会计账簿、会计报表和其他相关材料。其中其他相关材料是指除原始凭证、记账凭证、会计账簿、会计报表以外的能够证明经济业务发生或结果的材料，主要包括财务移交清单，物资代管清单，与财物结存数额有关的勘验、检查笔录等。检材是形成鉴定意见的“基石”，直接影响鉴定意见的客观性，决定鉴定意见的证明力。本章主要介绍有关法律法规对鉴定材料的要求、审查方法及相关案例，审查重点包括鉴定材料收集合法性、来源合法性、形式合规性、完整充分性及其他方面问题的审查。

第一节 鉴定材料收集审查

鉴定材料收集审查是指对委托方在收集鉴定材料过程中的合法性审查。司法会计鉴定材料主要由财务会计资料和勘验、检查笔录组成。其中财务会计资料依据载体不同，分为纸质版和电子版：纸质版归属于书证，电子版归属于电子数据。委托方在收集鉴定材料过程中，应当分别按照法律法规中有关书证，勘验、检查笔录和电子数据收集的方法依法收集。本节主要介绍鉴定材料收集相关规定、审查方法及相关案例。

一、鉴定材料收集相关规定

《中华人民共和国刑事诉讼法》第142条规定，对查封、扣押的财物、文件，应当会同在场见证人和被查封、扣押财物、文件持有人查点清楚，当场开列清单一式二份，由侦查人员、见证人和持有人签名或者盖章，一份交给持有人，另一份附卷备查。

《人民检察院刑事诉讼规则》第209条第2款、第3款规定，调取书证、视听资料应当调取原件。取得原件确有困难或者因保密需要不能调取原件的，可以调取副本或者复制件。调取书证、视听资料的副本、复制件和物证的照片、录像的，应当书面记明不能调取原件、原物的原因，制作过程和原件、原物存放地点，并由制作人员和原书证、视听资料、物证持有人签名或者盖章。

《公安机关办理刑事案件程序规定》第230条第1款规定，对查封、扣押的财物和文件，应当会同在场见证人和被查封、扣押财物、文件的持有人查点清楚，当场开列查封、扣押清单一式三份，写明财物或者文件的名称、编号、数量、特征及其来源等，由侦查人员、持有人和见证人签名，一份交给持有人，另一份交给公安机关保管人员，还有一份附卷备查。

《中华人民共和国监察法实施条例》第151条第2款、第3款规定，调取书证、视听资料应当调取原件。取得原件确有困难或者因保密工作需要不能调取原件的，可以调取副本或者复制件。调取物证的照片、录像和书证、视听资料的副本、复制件的，应当书面记明不能调取原物、原件的原因，原物、原件存放地点，制作过程，是否与原物、原件相符，并由调查人员和物证、书证、视听资料原持有人签名或者盖章。持有人无法签名、盖章或者拒绝签名、盖章的，应当在笔录中记明，由见证人签名。

最高人民法院、最高人民检察院、公安部印发的《关于办理刑事案件收集提取和审查判断电子数据若干问题的规定》第7条规定，收集、提取电子数据，应当由2名以上侦查人员进行。取证方法应当符合相关技术标准。

二、审查方法

审查人员将司法会计鉴定文书中记载的鉴定材料与司法机关、监察机关卷宗材料的查封、扣押清单中所记载的材料进行核对，再查看鉴定材料是否依法定程序收集，用作鉴定的勘验、检查笔录是否依法制作。

三、相关案例

案例52　汪某等人贪污、职务侵占、挪用公款案[（2018）川07刑终35号]

该案一审[（2017）川0792刑初48号]公诉机关指控，被告人汪某等人身为农村基层组织人员,在协助政府管理灾后土地复垦工作中,共同利用职务上的便利,挪用地震灾毁耕地复垦补助资金,采用虚列支出的方式侵吞国家资金,数额巨大。

公诉机关指控汪某等人犯罪金额的证据之一为会计师事务所出具的司法会计鉴定报告。

一审宣判后,公诉机关提出抗诉,汪某等人提出上诉。

辩护人提出:本案应排除未依法定程序收集在案的书证以及以书证为基础材料的鉴定意见。

二审法院认为,根据2012年修正的《中华人民共和国刑事诉讼法》第54条之规定,收集物证、书证不符合法定程序,可能严重影响司法公正的,应当予以补正或者作出合理解释;不能补正或者作出合理解释的,对该证据应当予以排除。本案收集的书证主要来自从会计蒋某家里及办公场所扣押的账本、单据。经查,侦查机关将上述书证查扣带走时未出具扣押清单,存在程序违法情况,事后出具的情况说明及侦查人员到庭所作解释仍难以补正上述程序重大瑕疵问题。据此,鉴定意见本身虽不属于非法证据,但不宜作为本案的定案根据。

[评析]《最高人民法院关于适用〈中华人民共和国刑事诉讼法〉的解释》(法释〔2021〕1号)第86条第1款、第3款规定,在勘验、检查、搜查过程中提取、扣押的物证、书证,未附笔录或者清单,不能证明物证、书证来源的,不得作为定案的根据。物证、书证的来源、收集程序有疑问,不能作出合理解释的,不得作为定案的根据。

本案用作司法会计鉴定的财务会计资料收集不合法,侦查人员又不能作出合理解释,依据不合法方式收集的财务会计资料作出的司法会计鉴定意见,不具有证据能力。

案例53 林某职务侵占案[(2015)深罗法刑一重字第1号]

公诉机关指控,某珠宝首饰公司聘请被告人林某为广西地区的区域经理,负责广西区域日常营运管理。至2011年7月31日,被告人林某利用其担任区域经理的便利条件,违反公司销售专柜的货品必须在所在商场统一结算的规定,采用"内购"的方式,自己或授意店长、店员将货品出售给他人,将货款126万元占为己有,后指使公司工作人员将内购的货物数量虚构成库存,逃避公司监管。

公诉机关指控林某犯罪金额的依据为甲司法会计鉴定所出具的鉴定书,鉴定意见:截至2011年7月31日,水晶城店、金朝阳店、中华店共盘亏货物258件,涉及销售金额126万元。

一审法庭据该鉴定意见作出相应判决。被告人林某不服判决提起上诉。某中级人民法院以一审在认定事实、证据方面存在一定问题发回重审。重审时公诉机关出示了乙司法会计鉴定所出具的司法会计鉴定书,鉴定意见:水晶城店2011年7月31日盘亏珠宝339件,价值人民币72万元。乙司法会计鉴定所就鉴定意见作出了情况说明:鉴定意见中之所以仅有水晶城店的盘亏情况而无其他店的盘亏情况鉴定,是因为委托人提供的其他店的会计资料不完整,鉴定机构无法得出相关结论。

重审法庭认为:本案中,公诉机关指控被告人林某利用职务上的便利,将本单位财物非法占为己有,证实被告人构成犯罪的关键证据是乙司法会计鉴定所出具的鉴定意见书,鉴定意见书的数据来自被害单位提供的盘点表。该盘点表显示,参加实盘人员为李某、兰某、杨某、张某四人。本案没有其他证据材料对上述四人的身份、盘点依据、盘点过程进行确认。盘点结论也没有得到被告人或第三方确认。用该鉴定意见作为定案依据,不能排除被告人对鉴定意见的合理怀疑。因此,本案事实不清,证据不足,现有证据无法证实被告人的行为构成职务侵占罪,判决被告人林某无罪。

[评析]《中华人民共和国刑事诉讼法》第128条规定,侦查人员对于与犯罪有关的场所、物品、人身、尸体应当进行勘验或者检查。在必要的时候,可以指派或者聘请具有专门知识的人,在侦查人员的主持下进行勘验、检查。

《公安机关办理刑事案件程序规定》(公安部令第159号)第213条规定,侦查人员对于与犯罪有关的场所、物品、人身、尸体应当进行勘验或者检查,及时提取、采集与案件有关的痕迹、物证、生物样本等。在必要的时候,可以指派或者聘请具有专门知识的人,在侦查人员的主持下进行勘验、检查。第215条规定,公安机关对案件现场进行勘查,侦查人员不得少于2人。

《司法鉴定程序通则》第15条规定,发现鉴定材料取得方式不合法的,司法鉴定机构不得受理。

本案需要证明珠宝账面应结存数额与实际结存数额是否相符,必定涉及实际结存数量的盘点,即现场勘查。根据上述法规,犯罪现场勘验、检查的主体为侦查人员,或者在侦查人员的主持下才能进行勘查、核查。鉴定机构用作检材的财物盘点表虽然来自侦查机关,但参加实盘的4人中没有侦查人员,该勘验、检查不合法,依据不合法方式收集的鉴定材料作出的鉴定意见,不具有证据能力。

第二节　鉴定材料来源审查

鉴定材料来源审查是指对鉴定人用作鉴定材料来源的合法性审查。有关法规、司法鉴定规范要求鉴定材料必须由委托方提供，非经委托方提供的材料不能作为鉴定材料。本节主要介绍鉴定材料来源相关规定、审查方法及相关案例。

一、鉴定材料来源相关规定

《人民检察院刑事诉讼规则》（高检发释字〔2019〕4 号）第 219 条规定，人民检察院应当为鉴定人提供必要条件，及时向鉴定人送交有关检材和对比样本等原始材料，介绍与鉴定有关的情况，并明确提出要求鉴定解决的问题，但是不得暗示或者强迫鉴定人作出某种鉴定意见。

《公安机关办理刑事案件程序规定》（公安部令第 159 号）第 249 条规定，公安机关应当为鉴定人进行鉴定提供必要的条件，及时向鉴定人送交有关检材和对比样本等原始材料，介绍与鉴定有关的情况，并且明确提出要求鉴定解决的问题。禁止暗示或者强迫鉴定人作出某种鉴定意见。

《中华人民共和国监察法实施条例》第 177 条规定，监察机关应当为鉴定提供必要条件，向鉴定人送交有关检材和对比样本等原始材料，介绍与鉴定有关的情况。调查人员应当明确提出要求鉴定事项，但不得暗示或者强迫鉴定人作出某种鉴定意见。

《最高人民法院、司法部关于建立司法鉴定管理与使用衔接机制的意见》（司发通〔2016〕98 号）规定：鉴定机构接受人民法院委托鉴定后，不得私自接收当事人提交而未经人民法院确认的鉴定材料；鉴定过程中需要调取或者补充鉴定材料的，由鉴定机构或者当事人向委托法院提出申请。

《司法鉴定程序通则》（司法部令第 132 号）第 12 条第 1 款规定，委托人委托鉴定的，应当向司法鉴定机构提供真实、完整、充分的鉴定材料，并对鉴定材料的真实性、合法性负责。

以上法规要求司法鉴定材料必须由办案单位提供；鉴定人不得自行获取鉴定材料，也不得私自接收报案人、有关当事人提供的材料。

二、审查方法

鉴定材料来源审查,主要有两种方法:一是审查司法会计鉴定文书“基本情况”中是否记载委托方提供的鉴定材料及提供哪些材料,是否存在案发单位、报案人、有关当事人直接提供或者鉴定人自行获取鉴定材料情况;二是审查司法会计鉴定文书中记载的委托方提供的鉴定材料是否在司法机关卷宗材料中的查封、扣押清单中有所记载。

三、相关案例

案例 54　姜某等人诈骗案[(2014)渝一中法刑初字第 00109 号]

骏马公司系重庆市信息产业重点企业,被告人姜某等人系骏马公司人力资源部工作人员。根据人力资源和社会保障局等单位的联合文件,经营性人力资源公司等机构为骏马公司输送工人就业可获得招聘补贴。

公诉机关指控,被告人姜某等人共同商定成立海华人力资源管理有限公司,为骏马公司输送工人,以获取政府补贴。海华公司成立后,向骏马公司输送了少量工人。为获取更多的政府补贴,姜某等人将骏马公司自行招聘工人的入职渠道篡改为海华公司,再将篡改后的招聘工人材料向就业服务管理局等单位进行虚假申报,骗取招聘补贴 615 万元。公诉机关指控姜某等人诈骗 615 万元的证据系某鉴定机构出具的司法会计鉴定意见。

被告人姜某的辩护人提出:司法会计鉴定依据的 9637 人名单收集程序不合法、缺乏真实性,不具备参考价值,不应作为认定本案诈骗金额的证据的辩护意见。

法院审理后认为,司法会计鉴定报告依据的 9637 人名单并非由两名以上侦查人员依法提取,鉴定意见未依法告知被告人,且名单中存在数百人的入厂时间在被告人归案之后,部分人员的在职时间不足 1 个月等问题,该鉴定意见不具有客观真实性,故不予采信。对相应辩护意见,予以采纳。

[**评析**]本案除案例 45 已提及的鉴定意见未告知问题外,主要问题是检材来源不合法。本案判决书虽然没有记载“9637 人名单”来源,但如果是侦查机关依法提取后送检的,完全可以通过一定方式予以补正,而法院并没有给侦查机关补正的机会,笔者认为很可能是鉴定人自行获取的。《〈中国注册会计师审计准则第 1301 号——审计证据〉应用指南》第 2 条规定:“在形成审计意见的过程中,注册

会计师的大部分工作是获取和评价审计证据……”根据该条规定，注册会计师审计的材料可以由审计人员自行获取。本案中“9637 人名单”如果确属鉴定人自行获取，说明注册会计师从事司法会计鉴定工作时，本应当执行《司法鉴定程序通则》，却错误执行了审计准则，以审计规范代替司法鉴定规范。

第三节　鉴定材料合规性审查

司法会计鉴定对鉴定材料有一定的要求：并非任何材料都可以作为司法会计鉴定的材料，只有能够证明经济业务实际发生或结果的财务会计资料及相关材料才可以作为司法会计鉴定材料。鉴定材料合规性审查，是指对鉴定材料是否符合司法会计鉴定材料范围的审查。本节主要介绍司法会计鉴定材料范围相关规定、审查方法及相关案例。

一、鉴定材料范围相关规定

《司法鉴定执业分类规定（试行）》（已废止）第 9 条规定，司法会计鉴定：运用司法会计学的原理和方法，通过检查、计算、验证和鉴证对会计凭证、会计账簿、会计报表和其他会计资料等财务状况进行鉴定。

《人民检察院司法会计工作细则（试行）》（高检发技字〔2015〕27 号）第 11 条规定，委托鉴定应当提供以下材料：

（1）鉴定涉及的财务会计资料及相关材料，如会计报表、总分类账、明细分类账、记账凭证及所附原始凭证、银行对账单等；

（2）与鉴定有关的勘验检查笔录、扣押清单、调取证据通知书等；

（3）鉴定所需的其他相关材料。

第 24 条第 2 项规定，鉴定意见不得依据犯罪嫌疑人供述、被害人陈述、证人证言等非财务会计资料形成。

二、审查方法

司法会计鉴定材料只能是会计凭证，会计账簿，会计报表，银行对账单，有关勘验、检查笔录和其他会计资料。审查人员审查时主要把握以下两点：

第一，审查财务会计资料为原件还是复制件。如为复制件，审查复制件的制作是否符合有关法规规定。

第二，审查司法会计鉴定文书中是否将犯罪嫌疑人供述、被害人陈述、证人证言、其他单位出具的审计报告等非财务会计资料列作鉴定材料，鉴定意见是否依据非财务会计资料形成。

三、相关案例

案例 55　卢某、高某诈骗案［（2017）陕0329刑初3号］

公诉机关指控，被告人家乐电子商行实际经营者卢某，利用国家对家电下乡产品实行销售网点先行垫付、农民享受13%补贴的政策便利，伙同被告人高某向农户索取身份证、户口簿获取农户信息，采取买少挂多或未购买凭空捏造或将非农户购买挂到农户名下等手段，录入虚假农户信息703条，骗取家电下乡补贴款人民币15万元。

公诉机关据以指控犯罪金额的证据之一是某司法鉴定中心出具的司法鉴定检验报告书及关于司法会计检验补充报告书，主要证实：公安机关先后两次委托司法鉴定中心对家乐电子商行涉嫌骗取财政补贴的金额进行检验，该中心根据委托机构提供的家乐电子商行申报家电下乡补贴人员明细表、公安机关的询问笔录、财政部门支付家乐电子商行家电补贴款相关单据、家电下乡补贴申报汇总表，以财政部门的家电下乡申报补贴资金明细表为基础，对公安机关询问笔录进行逐一核对，以笔录中是否购买家电下乡补助产品、是否享受补贴、是否提供身份证为主要内容进行了核实，最后形成检验审计意见。后因检材中笔录证据审查标准等发生变化，司法鉴定中心对有关事项进行补充报告，认定家乐电子商行以虚报方式从财政部门多领取家电下乡补贴款15万元。

被告人卢某辩护人的辩称：（1）证人赵某等人的证言证明他们是代理家乐电子商行销售家电下乡产品，补贴由家乐电子商行申报领取后再转给他们，而侦查人员在询问证人时只问是否在家乐电子商行购买过家电，证人说没有在家乐电子商行购买过家电，便推断其领取补贴就是诈骗，显然事实不清。（2）询问笔录中他人代替证人做的笔录共124份，被询问人不是补贴款的领取人，这些证据材料依法不能使用。（3）有18名侦查人员在询问证人笔录上的签名存在他人代替签名的问题，这些询问笔录依法不能作为证据使用。（4）有部分侦查人员在同一时间询问不同证人的8份询问笔录，严重违反了《公安机关办理刑事案件程序规定》，其证据效力应予以排除。（5）司法鉴定中心为本案出具的司法鉴定检验报告书所依据的证人证言只是待证事实,在司法会计鉴定中将其作为鉴定的依据不客观、不科学。鉴定人应遵守国家有关法律和鉴定原则,对于不具备鉴定条件,检材不足以作出鉴定意见的鉴定案件,不能依据财务会计资料(包括实物)以外的其他证据或资料作出司法会计鉴定意见。

法院审理查明有关证人证言:(1)贤惠家电行业主赵某证实,他在家电下乡前一直在卢某处进货,家电下乡活动开始后,因为店面小,未入选第一批家电下乡产品销售点,他就和卢某协商,从家乐电子商行进货。卢某的进货价比家电下乡产品限价低,这中间有一个差价,就是他的利润。他进货之后,按照限价卖给群众,实际向群众收取限价金额扣除13%补贴款的钱,群众给他提供户口簿复印件,他把户口簿复印件和购买产品的标识卡交给家乐电子商行,家乐电子商行把13%补贴款给他返回来,然后家乐电子商行就拿群众的户口簿复印件和产品标识卡去开票,领取补贴款,这种方式等于他给家乐电子商行代卖电器。(2)人和家电销售商张某证实,家电下乡开始后的第二年,他就主动联系卢某,想代卖其家电下乡电器。他们达成协议,他以销售1台电器抽50元的方式代家乐电子商行销售家电下乡产品。他在卢某处交押金1万元后,由卢某给他发电器,他代为销售。他向群众收取户口簿、身份证复印件,把复印件和产品标识卡交给家乐电子商行,然后每台扣50元货款,剩下的款项交给家乐电子商行。

法院审理后认为:

1. 对公诉机关提供的邢某、纪某、关某、马某、高某等51名证人证言,根据贤惠家电行业主赵某、人和家电销售商张某的证言,他们这两个家电行代售家乐电子商行家电产品并向购买家电下乡产品的群众垫付补贴款后,向家乐电子商行提供群众身份证、户口簿、产品标识卡等相关资料,然后由家乐电子商行申报家电下乡补贴后返还代售商,因而无法排除鉴定意见中所涉及的该51名群众在此两个家电商行购买电器并享受家电下乡补贴的可能性,故对鉴定意见中该51名证人证言所涉及的家乐电子商行以虚报方式从财政部门多领取家电下乡补贴款1.7万元不予认定。

2. 对公诉机关提供的刘某、王某、闫某等123名证人所作的证言,因不同程度地存在首次询问未告知权利义务、询问人员代替证人签字、询问笔录中存在两种以上笔迹等问题,且办案部门未予重新补查或补正,故不予采用。对该部分证言所涉及的家乐电子商行以虚报方式从财政部门多领取家电下乡补贴款3.9万元及部分侦查人员未出庭说明情况涉及的24名证人证言涉及金额6000元,亦应从某司法鉴定中心出具的司法鉴定检验报告书及关于司法会计检验补充报告书中予以剔除。

3. 对公诉机关提供的杨某、武某等8名证人证言,因系同一侦查人员在同一时间询问不同证人而作,故不予采用。对该8名证人证言所涉及的家乐电子商行多领取的家电下乡补贴数额2000元亦应从某司法鉴定中心出具的司法鉴定检验报告书及关于司法会计检验补充报告书中予以剔除。

[**评析**]本案鉴定存在的问题突出表现为违反诉讼法律和司法会计鉴定规范将证人证言作为检材,部分鉴定意见依据证人证言得出。证人证言属于言词证据。言词证据能否作为司法会计鉴定材料,鉴定意见能否依据言词证据得出,我们可以从以下五个方面展开讨论:

1. 从诉讼法律、司法解释角度讨论。《中华人民共和国刑事诉讼法》第50条第1款规定,可以用于证明案件事实的材料,都是证据。其中,言词证据包括证人证言,被害人陈述,犯罪嫌疑人、被告人供述和辩解;同时又规定证据必须经过查证属实,才能作为定案的根据。第61条规定,证人证言必须在法庭上经过公诉人、被害人和被告人、辩护人双方质证并且查实以后,才能作为定案的根据。根据《最高人民法院关于适用〈中华人民共和国刑事诉讼法〉的解释》《最高人民法院、最高人民检察院、公安部、国家安全部、司法部关于办理刑事案件严格排除非法证据若干问题的规定》《最高人民法院、最高人民检察院、公安部、国家安全部、司法部关于办理死刑案件审查判断证据若干问题的规定》《最高人民法院关于建立健全防范刑事冤假错案工作机制的意见》等司法解释和司法解释性质文件的规定,采用刑讯逼供、暴力、威胁、冻、饿、晒、烤、疲劳审讯,在规定的办案场所外讯问(除情况紧急必须现场讯问以外),未依法对讯问进行全程录音录像取得的供述,处于明显醉酒、麻醉品中毒或者精神药物麻醉状态,以致不能正确表达的证人所提供的证言,询问证人没有个别进行的、书面证言没有经证人核对确认的等非法手段取得的犯罪嫌疑人、被告人供述,证人证言,被害人陈述,应当作为非法证据予以排除。

根据上述法律和司法解释相关规定,言词证据在鉴定时,尚未经法定程序查证合法和属实,不应当成为司法会计鉴定材料,鉴定意见不应当建立在言词证据基础之上。

2. 从司法会计鉴定规范角度讨论。《人民检察院司法会计工作细则(试行)》(高检发技字〔2015〕27号)第24条第2项也明确规定,鉴定意见不得依据犯罪嫌疑人供述、被害人陈述、证人证言等非财务会计资料形成。《司法鉴定执业分类规定(试行)》(司发通〔2000〕159号,已废止)第9条规定,司法会计鉴定:运用司法会计学的原理和方法,通过检查、计算、验证和鉴证对会计凭证、会计账簿、会计报表和其他会计资料等财务状况进行鉴定。即司法会计检验的对象只能是"会计凭证、会计账簿、会计报表和其他会计资料"。言词证据为非财务会计资料,决定了言词证据不能成为司法会计的检验对象,鉴定意见不应当建立在言词证据基础之上。

3. 从司法鉴定科学性角度讨论。言词证据属于主观证据,言词证据是当事人对过去发生事件的回忆。不同年龄的人记忆力不同,且随着时间的推移,记忆逐渐模糊;同一人在不同时期对过去发生的事件回忆结果可能不同。因而,言词证据具有不稳定性和不可靠性。司法会计鉴定意见如果依据言词证据得出,当言词证据发生变化时,鉴定意见也要随之不断修改(如本案判决书记载"后因检材中笔录证据审查标准等发生变化,司法鉴定中心对有关事项进行补充报告"),失去了司法会计鉴定意见应有的独立性、科学性和严肃性。

4. 从司法会计鉴定标准角度讨论。犯罪嫌疑人前后多次供述不一,或者与证人证言矛盾时,采用谁的或者哪次的言词证据,没有相关司法会计鉴定标准可遵循。

5. 从证明角度讨论。司法机关聘请鉴定人对财务会计专门性问题进行鉴定,目的之一是用鉴定意见证明言词证据的真实性、可靠性。如果鉴定意见依据言词证据得出,实质上就是用犯罪嫌疑人供述、被害人陈述、证人证言等言词证据去证明他们自己的供述、辩解和陈述,不能形成证据之间的互证。

鉴定人实施鉴定时言词证据尚未经过法庭举证质证,能否作为定案的根据处于待定状态。鉴定人依据言词证据得出鉴定意见,实际上是代替法官对言词证据作出确认,显然违反诉讼法律、司法解释及司法会计鉴定规范,容易误导司法机关认为鉴定意见与言词证据互相印证。

司法会计鉴定实务中鉴定人普遍采用言词证据作为鉴定材料,主要原因在于我国司法会计鉴定基本由会计师事务所注册会计师受理。注册会计师的日常业务是审计;根据审计准则,言词证据可以作为审计证据。注册会计师受理司法会计鉴定业务时,受惯性思维影响,可能以审计规范代替司法会计鉴定规范,造成司法会计鉴定质量低劣。

案例56 袁某、魏某开设赌场案[(2019)鄂0324刑初111号]

公诉机关指控,被告人袁某租借某酒吧对面二楼的住房用于经营餐馆,后在该住房内陆续添置自动麻将机用于经营麻将馆。后被告人袁某雇请被告人魏某在该麻将馆内负责为参赌人员提供茶水、打扫卫生等服务，帮忙收取“台费”及为参赌人员换取现金。

公诉机关指控被告人袁某、魏某犯罪金额的证据之一为某司法会计鉴定所出具的鉴定报告。

鉴定结果：某期间，袁某等人开设麻将馆共收取台费94万元。

法院审理查明，某司法会计鉴定所受公安机关委托，于2019年9月6日作出司法鉴定，鉴定意见为：根据委托方要求，结合相关人员笔录，台费收入从2017年6月1日起算（因腾讯公司交易记录只保存1年，故只能调取2017年6月1日以后的交易记录），袁某二楼麻将馆于2018年4月5日自行关闭，故截止时间为2018年4月4日，减去春节3天放假时间，共计305天，平均按每天中午、晚上两场，二楼11台麻将机、每桌4人、每人××元，一楼8台麻将机、每桌4人、每人××元计算，共计收取台费92.4万元；一楼从2018年4月7日计算至2018年4月26日，结合相关人员笔录，按每天收入800元计算，在此期间台费收入为1.6万元。综上所述，袁某开设麻将馆共收取台费94万元。

法院认为，鉴定机构依据言词证据，根据一定时间段的天数扣除可能不营业的天数，结合麻将机台数、推定的接待人数推算出被告人的违法所得为94万元，该鉴定意见系主观推断，无法排除人多、人少或不营业等特殊情况的存在，不具有客观性，无法排除合理怀疑，故本院对认定被告人违法所得为94万元的鉴定意见不予采信。

[评析]本案司法会计鉴定机构出具的所谓鉴定意见，完全与会计专业知识无关，是鉴定人根据笔录对违法所得的一种推算，不可以作为证据使用。如果该推算结果可以作为证据使用，侦查机关案件承办人员完全可以自己推算，无须聘请鉴定。

案例57　唐某、李某非法吸收公众存款案[（2018）粤0106刑初2007号]

公诉机关指控，被告人唐某注册成立“电子商务公司”，在未取得国务院银行业监督管理机构批准的情形下，该公司通过微信公众号、App平台、公司推介会等途径向社会公开宣传，吸收的投资款共计人民币3.4亿元，被害人损失金额共计人民币3亿元。案件起诉后又有183人报案，吸收投资金额及损失金额发生了变化。

公诉机关指控犯罪嫌疑人吸收的投资金额和给被害人造成的损失金额的依

据为某司法会计鉴定所先后出具的5份司法鉴定意见书。

法院审理认为，司法会计鉴定所出具的5份司法鉴定意见书及鉴定表显示，共有548名被害人报案，报案所称的投资金额为4.6亿元，收回金额为0.5亿元，损失金额为4.1亿元。但上述数额均系被害人自述或者自列的金额，缺乏相应的银行账户流水、收据及平台数据等客观凭证的印证，不足以作为认定本案非法吸收公众存款活动的犯罪金额和损失金额。

[评析]被害人自述或者自列的金额是对过去发生事情的回忆。从心理学角度讲，当被害人过去的记忆模糊时，报案金额往往有利于自己，报多不报少。本案鉴定在缺乏银行账户流水、收据等财务会计资料的情况下，依据被害人自述或者自列的金额进行，鉴定材料不合规，鉴定意见完全脱离了司法会计鉴定对财务会计专门性问题的甄别判断。本案所谓的司法鉴定意见书实质上是对被害人自述或者自列金额的汇总，不可以作为证据使用。如果被害人自述或者自列金额可以作为证据使用，案件承办人员完全可以自己汇总，无须聘请司法会计鉴定。

案例58 王某等人诈骗案[(2017)川1826刑初38号]

公诉机关指控，被告人王某等人以非法占有为目的，虚构工程项目的用工、用车量，骗取政府资金，金额达到105万元。公诉机关指控诈骗金额的证据为某司法鉴定所出具的鉴定意见。

法院认为，该鉴定意见是以公安机关提交的询问工人以及车主或者驾驶员的笔录结合报账手续进行计算得出本案涉及的虚报民工工资金额和虚报车辆运输费金额。其中询问工人以及车主或者驾驶员的笔录属于证人证言，需经过法庭庭审质证认证后才能作为定案的根据，鉴定意见却直接予以确认。经法庭庭审质证后，本院对其中部分没有其他证据予以印证的证人证言不予采信。对司法鉴定所出具的司法鉴定意见本院不予采信。

[评析]虚报民工工资的金额和虚报车辆运输费的金额是实际报销金额与应报销金额的差额。其中实际报销金额，鉴定人员可以对财务会计资料进行检验，出具司法会计检验报告；应报销金额属于案件事实认定问题，应该由侦查人员查明。本案鉴定人根据言词证据对案件事实作出判断，超出了司法会计鉴定解决财务会计专门性问题的范围。

案例59 岳某组织、领导传销活动案[(2020)沪0116刑初390号]

公诉机关指控，被告人岳某为获利，委托他人开发“松鼠”手机App，通过面授、组建微信群等方式发展App会员。被告人岳某共计发展了8层67名会员，经司法审计，上述人员投入资金达人民币260万余元。

为证明指控的事实，公诉人当庭宣读或出示了某司法会计中心出具的司法会计鉴定意见书、司法鉴定意见补正书。

法院认为，根据《人民检察院司法会计工作细则（试行）》的相关规定，司法会计工作应当遵循客观、公正、科学、独立的原则，鉴定意见不得依据犯罪嫌疑人供述、被害人陈述、证人证言等非财务会计资料形成。本案中司法会计鉴定意见书、司法鉴定意见补正书形成的基础资料多为证人证言，不符合上述规定，且关于证人李某投入资金进行鉴定的基础资料发生变化，故司法鉴定意见书、司法鉴定意见补正书不宜作为证据采信。

［评析］《人民检察院司法会计工作细则（试行）》虽然只规范检察机关内部司法会计鉴定人的鉴定行为，但该细则是检察机关有关专家多年来的研究成果，是检察机关集体智慧的结晶。本案上海市金山区人民法院引用了该细则对案件作出了公正判决，对其他法院审理涉及司法会计鉴定、审计报告证据的案件，具有参考价值。同时，注册会计师从事司法会计鉴定，应当参照执行。

司法会计鉴定实务中鉴定人大量采用言词证据的原因在于我国司法会计鉴定基本上是会计师事务所的注册会计师实施，注册会计师在执行司法会计鉴定业务时对相关法律及司法鉴定程序、规范不了解，在受理司法会计鉴定后按照审计程序和规范操作司法会计鉴定非常普遍。根据《中国注册会计师审计准则第1301号——审计证据》应用指南第2条的规定，为获取审计证据而实施的审计程序包括询问。第22条规定，作为其他审计程序的补充，询问广泛应用于整个审计过程中。而根据诉讼法律及司法解释相关规定，犯罪嫌疑人、被告人供述，证人证言，被害人陈述等言词证据应当经过法庭举证质证后才能作为定案的根据。司法会计鉴定相关规范明确将言词证据等非财务会计资料排除在鉴定材料之外，鉴定意见不得依据言词证据作出。

案例60　新某某公司董事长涂某由死缓改判无罪案[①]

2003年5月，涂某等人贪污、挪用公款案，H省某市中级人民法院以贪污罪判

① 参见《江西新大地总公司董事长涂某由死缓改判无罪》，载萍乡市中级人民法院2006年12月25日，http://pxzy.chinacourt.gov.cn/article/detail/2006/12/id/3347377.shtml。

处涂某死刑，缓期2年执行，剥夺政治权利终身，并处没收个人全部财产；以挪用公款罪判处其无期徒刑，剥夺政治权利终身；以逃脱罪判处其有期徒刑2年，决定执行死刑，缓期2年执行。王某犯贪污罪、挪用公款罪，被判处无期徒刑。黄某犯挪用公款罪、徇私舞弊造成亏损罪（该罪名已修改），数罪并罚被判处有期徒刑12年，剥夺政治权利3年。

一审判决之后，涂某等人表示不服，向H省高级人民法院提起上诉。

H省高级人民法院认为，原审判认定涂某、王某贪污公款2556万元人民币，事实不清，证据不充分。原判认定的这些事实依据的是审计报告和司法会计鉴定，但无论是审计还是鉴定都存在问题。审计报告和司法会计鉴定，将存入涂某、王某等私人账户的数额，认定为新某某公司的收入；但新某某公司的收入究竟是多少，没有原始的会计凭证。审计和鉴定的依据是个人的回忆。例如，原新某某公司负责租金审核的负责人夏某的回忆称，新某某公司出租展览中心的租金收入情况是：1996年月收入大概60万元人民币，1997年月收入大概70万元人民币，1998年和1999年月收入大概80万元人民币；新某某公司收取租金的收款员回忆称，多的每月40多万元人民币，少的每月10多万元人民币。根据以上情况，综合分析新某某公司的收入相差2000多万元人民币，进而认定存入涂某、王某等人私人账户的2556万元人民币就是新某某公司的收入。但是夏某和收款员的回忆没有原始凭据，不能证明交了多少给王某，因而不能证明这2556万元人民币就是来自新某某公司的收入。

H省高级人民法院作出终审宣判，撤销一审判决，宣告涂某、王某、黄某无罪。

案例61 史某职务侵占案［（2018）渝0236刑初24号］

案件审理经过：一审公诉机关指控原审被告人史某犯职务侵占罪、挪用资金罪一案，一审法院以职务侵占罪、挪用资金罪，对史某作出相应判决。被告人史某不服，以原判决认定事实不清、证据不足，其行为不构成犯罪为由，提出上诉。二审法院于2009年7月23日作出刑事裁定，驳回上诉，维持原判。该裁定发生法律效力后，史某向二审法院申诉。该院于2014年12月17日驳回史某的申诉。史某仍然不服，向高级人民法院申诉。高级人民法院于2015年12月9日决定提审本案。2017年12月11日，高级人民法院认为原审判决认定史某犯职务侵占罪、挪用资金罪的部分事实不清、证据不足，裁定撤销二审法院刑事裁定和一审法院刑事判决，发回一审法院重新审判。

一审公诉机关指控,2002年9月16日,某商贸公司和某客运公司签订了商贸公司向持有客运公司准购证的客户销售中巴客车,每辆按约定比例给客运公司返成的协议。2003年1月25日,双方进行了结算,从被告人史某应付商贸公司的车款中抵扣了商贸公司返给客运公司的11.4万元及给客运公司经理游某、副经理管某的回扣各1万元、史某的回扣1.6万元,共计15万元。在抵扣了这些款项后,由史某个人给商贸公司出具了一张153,129元的欠条。史某一直未将返给客运公司的11.4万元入公司账,且否认自己收到了该款。2003年5月至7月,被告人史某将自己经手收取的各车主向客运公司缴纳的养路费等费用,挪用29,900元用于自己及其他车主与商贸公司打官司的诉讼费、律师代理费,至今未归还。

公诉机关认为被告人史某利用担任客运公司出纳的职务之便侵占单位资金11.4万元,数额巨大,挪用单位资金29,900元归个人及他人使用,数额较大,超过3个月未还,应当分别以职务侵占罪和挪用资金罪追究其刑事责任。

一审法院判决认定的主要事实:

1. 职务侵占罪。2002年4月,某客运公司成立,由被告人史某任公司出纳。因史某想要买中巴客车经营,于是史某就联络其他想购车的人,由其牵头与商贸公司联系购车事宜。因客车车辆营运必须要有挂靠的营运公司才能经营,商贸公司为了车辆销售,与客运公司签订了协议:凡是在商贸公司销售的车辆挂靠在客运公司的,由商贸公司每辆车付给客运公司3000元的费用。同时,史某和商贸公司达成口头协议,由史某帮商贸公司向各车主收取购车款。2003年1月26日,双方进行结算,商贸公司应给客运公司返款11.4万元。另外给客运公司经理游某、副经理管某回扣各1万元、史某回扣1.6万元,共计15万元。在抵扣了这些返还款项后,由史某个人给商贸公司出具了一张欠条,欠商贸公司的购车款及保险费153,129元。但史某一直没将返给客运公司的11.4万元交给公司亦未入公司收入账,而是将此款作为购车款交给了商贸公司,且至今否认收到了该款。2008年9月3日某会计师事务所受公安机关委托对史某任出纳期间的账目进行了司法会计鉴定,认定史某代车主支付商贸公司的100万元购车款中包括返给客运公司的11.4万元。

2. 挪用资金罪。2003年5月至7月,被告人史某受各车主的委托,代表车主以公司及各车主的名义诉商贸公司买卖合同纠纷案,被告人史某作为车主代表书面向公司承诺因此案所产生的费用由各车主自行承担。被告人史某将其所收的各车主应缴公司的费用29,900元挪用作诉讼费及律师代理费,且超过3个月未归还。

一审法院以职务侵占罪和挪用资金罪对史某作出判决。

原审判决后,史某以原审认定事实不清、证据不足为由提起上诉。

原二审认定事实与原一审认定事实一致,并裁定驳回史某上诉,维持原判。

再审法院另查明:

1. 在2002年10月25日至12月16日,商贸公司郭某等人向史某出具了83万元购车款收条,另有史某存入郭某建行账户17万元的银行凭证,上述款项共计100万元。

2. 会计鉴定报告认为:(1)史某代10个车主支付商贸公司100万元车款包含回扣款11.4万元。其依据是公安机关调取的史某笔记本(一张记录单)和对史某的讯问笔录、游某书写的《关于史某经手与商贸公司购车结算情况说明》、史某书写的《关于商贸公司与客运公司车辆买卖收费结算情况的说明》。(2)史某在客运公司任出纳期间,未入账的收入1,757,830元;未入账的支出1,626,510元,其中,公司法人不认可列支的费用6012元、史某代表车主诉商贸公司的诉讼费及律师代理费29,900元,史某涉嫌挪用资金131,320元;如果加上公司法人不认可列支的费用6012元和史某用公款垫付诉讼费及律师代理费29,900元,那么史某涉嫌挪用资金167,232元。

关于职务侵占罪,再审法院认为,会计鉴定依据史某有关100万元构成情况的供述,与游某书写的《关于史某经手与商贸公司购车结算情况说明》有关结算事项的说明以及史某书写的《关于商贸公司与客运公司车辆买卖收费结算情况的说明》,内容均不一致,会计鉴定依据上述证据作出的结论明显依据不足。因此,会计鉴定相关结论不予采信。史某提交的83万元收条和17万元银行存款凭证证明其实际支付的购车款事实不能被否定,即原审公诉机关指控"史某代10个车主支付贸易公司100万元购车款中包含回扣款11.4万元""史某在结算时扣除了回扣款14万元(包含客运公司回扣款11.4万元),史某实际支付现金76.1万元"的事实存疑。

关于挪用资金罪,再审法院认为:(1)在会计鉴定"四、分析说明""现金收入"栏中,将本案公诉机关指控的14万元回扣(含商贸公司应支付给客运公司的11.4万元)列为史某应入公司账册的现金收入,进而得出史某挪用资金数额的鉴定意见。本判决在关于史某职务侵占罪事实认定中已经认定,史某侵占该14万元证据不足,会计鉴定将该14万元列入"现金收入"显然不恰当,故会计鉴定有关"史某涉嫌挪用资金131,320元”的结论依据不足,不应作为认定案件事实的主要依据。(2)会计鉴定意见中注明,“史某涉嫌挪用资金131,320元。如果加上公司法人不认可列支的费用6012元和史某用公款垫付诉讼费及律师代理费29,900元,那么史某涉嫌挪用资金167,232元”,所述“公司法人不认可列支的费用6012元”系为公司利益所花费,无论该花费是否符合公司利益,均不应当认定为“归个人使用或者借贷给他人”的行为。即使史某支付的代理费存在是否构成挪用资金的争议,但如果将上述会计鉴定所认定的“涉嫌挪用资金167,232元”减去前述6012元,再减去诉讼费14,900元和不能认定的职务侵占罪中的14万元后,尚余6320元,亦不符合挪用资金罪中“数额较大”之要件。综上,上述证据不足以认定史某“挪用单位资金”归个人使用或者借贷给他人,数额较大的客观要件。

再审法院根据查明的其他事实,判决原审被告人史某无罪。

[评析]本案司法会计鉴定的材料不合规。司法会计鉴定材料只能是财务会计资料及相关证据,本案得出“史某代10个车主支付商贸公司100万元车款包含回扣款11.4万元”鉴定意见的依据为史某的笔记本、公安机关对史某的讯问笔录、史某书写的情况说明和游某书写的情况说明,鉴定材料中没有一份是财务会计资料。除此之外,本案鉴定还存在以下三个问题。第一,对同一笔资金作出重复认定。假如史某侵占了回扣款11.4万元未交客运公司,鉴定人在计算资金收支结余时,将14万元回扣(含商贸公司应支付给客运公司的11.4万元)列为史某应入公司账册的现金收入,计算出资金收支结余131,320元,得出包含11.4万元在内的“史某涉嫌挪用资金131,320元”,造成11.4万元既被侵占又被挪用的错误结论。第二,超范围对法律问题作出判断。司法会计鉴定意见只能回答与财务会计专门性问题有关的问题,本案鉴定意见对史某的行为作出“涉嫌挪用”的判断,超出了财务会计专门性问题范围。第三,即使鉴定意见可以对法律问题作出判断,但认定史某挪用金额的依据仍然不足。史某的工作岗位是客运公司的出纳,负有保管公司现金的义务,假如史某将结余资金131,320元存放在单位保险柜,在没有对史某保管的库存现金进行盘点的情况下,无法得出“史某涉嫌挪用资金131,320元”的结论。

案例62　肖甲、李某诈骗案[(2019)湘1382刑初142号]

公诉机关指控,2018年3月,被告人肖甲和李某等人利用电脑、微信等工具搭建网上虚拟赌博平台,虚构“中运彩”等网络平台实施网络诈骗,引诱被害人参与赌博，并通过诈骗平台预设的支付宝、微信账号充值转入银行卡内。其中，肖甲在“皇城御园1603”诈骗窝点参与期间从2018年3月12日至同年5月18日，团伙诈骗金额88万元，个人所得8万元；李某参与期间从2018年3月20日至5月18日，团伙诈骗金额87万元，个人诈骗金额7万元，个人所得3万元；肖乙参与期间从2018年4月12日至同年5月18日，团伙诈骗金额64万元，个人诈骗金额13万元，个人所得2万元。

公诉机关指控诈骗金额的证据为某会计师事务所出具的司法鉴定意见书。

该鉴定根据诈骗窝点2018年3月12日至2018年5月18日的后台数据，计算出各犯罪嫌疑人参与期间团伙诈骗数额及个人诈骗数额分别为：肖甲2018年3月12日至5月18日，团伙诈骗金额88万元；李某2018年3月20日至5月18日，团伙诈骗金额87万元，个人诈骗金额7万元；肖乙2018年4月12日至5月18日，团伙诈骗金额64万元，个人诈骗金额13万元。

法院审理查明，被告人肖甲等人在网上虚构“中运彩”等网络平台，以“时时彩”“十一选五”等赌博为由控制中奖结果，通过发送诈骗推广信息联系被害人，引诱被害人上网赌博，并在其控制的支付宝、微信、银行卡等账号上充值，即控制被害人投注资金。当被害人小额投注时，让被害人中奖；当被害人大额投注时，便修改后台数据，控制中奖结果，不让被害人中奖；当被害人受骗后，不愿意投注资金时，实施诈骗的相关人员在其控制的网络平台上虚假借钱给被害人，让被害人中奖；当被害人想提现时，相关人员以各种理由不让提现，并要求被害人将虚假借款还清，然后又修改后台数据，不让被害人中奖，从而达到诈骗的目的。

法院认为，公诉机关指控诈骗金额是根据会计师事务所提供的司法鉴定意见书确定的，该份鉴定意见书中各被告人的团伙诈骗金额、直接诈骗金额均是根据后台交易勘查数据分析得出，但是后台交易勘查数据中有虚拟借款数据，鉴定机构没有剔除虚拟借款数据，其得出的结论与实际不符，不予采信。

[评析] 依据电子数据鉴定，能够大大提高司法会计鉴定工作效率。如果电子数据本身是以电子形式为载体的财务会计资料，可以作为司法会计鉴定材料，或者有纸质版财务会计资料印证的电子数据，也可以作为司法会计鉴定的材料。本案的鉴定材料只有电脑“后台数据”，该数据既不是以电子形式为载体的财务会计资料，也没有纸质版财务会计资料印证；因而该数据不是财务会计资料，不能证明经济业务的实际发生情况，按规定不能作为司法会计鉴定材料。依该数据作出的鉴定意见不能客观反映犯罪嫌疑人与有关人员的资金往来情况，不能作为定案的根据。

案例63　乳业公司与侯某财产损害赔偿纠纷案[(2015)杨民一(民)初字第6878号]

法院审理查明,被告侯某系原告乳业公司劳务派遣员工,负责居民订奶服务和奶费收取工作。2013年原告公司财务在结账时,发现被告经手的奶款中短缺人民币3万元。事发后,原告要求被告将短缺奶款上交公司,被告百般抵赖,不予交款。原告向公安机关报案,公安机关委托会计师事务所有限公司对被告涉嫌职务侵占案的案值进行司法会计鉴定,会计师事务所有限公司出具司法会计鉴定意见书:被告自2010年7月至2013年3月,担任原告销售员职务,根据原告提供的电子数据,共计向被告发货金额为1231万元,原告共计收到被告上交的奶款金额为1228万元,差额为3万元。鉴定报告中载明,"乳业公司未提供发货记录的原始凭证,故无法对其提供的电子数据进行核对"。2015年5月,公安机关出具撤销案件决定书,以被告没有犯罪事实为由,撤销此案。

原告认为,被告通过电子系统进行报单,鉴定机构根据电子数据所出具的鉴定意见合法有效。被告的行为虽不构成犯罪,但确有存在货款短缺的情况,造成了原告的经济损失,故诉至法院,要求被告赔偿3万元。

法院审理后认为,原告凭司法会计鉴定意见书认为被告上交公司货款短缺3万元,但根据司法会计鉴定意见书的内容看,该鉴定意见是基于原告提供的电子数据,被告对原告提供的电子数据提出异议,而原告始终未能提供有效的原始发货凭证,故原告要求被告赔偿3万元,依据不足。

判决:驳回原告乳业公司要求被告侯某赔偿人民币3万元的诉讼请求。

[评析]原始凭证是经济业务发生或完成时取得或填制的,用以记录、证明经济业务的发生或完成情况,明确经济责任的文字凭据。近年来,随着电子数据技术的迅猛发展,在诉讼中出现各式各样的电子数据证据,其中与财务会计业务事项有关的电子数据主要有银行流水电子数据,以电子数据为载体的票据和会计电算化软件为载体的记账凭证、会计账簿、会计报表等。其中具有原始凭证性质、能够证明经济业务实际发生的电子数据,可以作为司法会计检验的对象。本案中,原告提供用于鉴定的电子数据,因没有原始凭证印证其客观真实性,故法院对鉴定意见不予采信。

案例64　罗某等人破坏生产经营罪案[(2020)桂02刑终173号]

原审查明,范某与某村委会、村民小组签订《土地租赁协议书》用于经营砖厂,后该土地经过多次转租，最后租给某木业公司。2018年9月，村民小组部分村民以《土地租赁协议书》签订时未经村民大会同意为由，主张协议无效，要求重新签订协议并涨租金。经协商无果后，为了达到阻止木业公司的生产经营活动进而迫使其涨租金或者搬离等目的，罗某、韦某、廖某等人用一车大石头堵住该公司门口通行道路，致使货车无法拉货进出，公司无法进行生产和销售活动，被迫停工23天。为查明罗某、韦某、廖某等人的行为给木业公司造成的损失，公诉机关提供了司法会计鉴定意见书。

原判认为，司法会计鉴定意见书的鉴定材料只有木业公司自己制作的成本、利润、销售、损失、员工工资等统计表，而无证实其统计真实性的相应原始凭证，缺乏据以佐证鉴定意见的证据材料，故无法审核鉴定依据和结论是否准确，对司法会计鉴定意见书不予采信。

原审宣判后，廖某不服，称其系为维护集体利益而堵路，并不是为个人目的，不构成破坏生产经营罪。

二审法院根据查明的事实，维持原判。

[评析]司法会计鉴定解决的是财务会计问题而不是统计问题，检验的对象只能是财务会计资料以及能够证明经济业务发生或结果的其他相关材料。本案中的检材是统计表，没有财务会计资料以及能够证明经济业务发生或结果的其他相关材料为依据的统计表属于纯粹的统计资料，不属于财务会计资料范畴，不能成为司法会计检验的对象。本案司法会计鉴定依非财务会计资料作出的鉴定意见无法证明财务会计业务的发生及结果，故法院不采信该鉴定意见。

案例65　付某非法吸收公众存款案[(2017)粤0106刑初343号]

公诉机关指控，同案人杨某设立并经营广州某设备公司，招揽被告人付某等人为业务员，在不具备吸收公众存款资格的情况下，以某设备公司名义，向不特定的社会公众吸收投资款。至2016年5月，杨某等人先后吸收了李某、黄某等2320名被害人的投资款共计5.05亿元人民币。其中，付某发展客户48名，吸收投资款人民币862万元。

公诉机关指控付某等人犯罪金额的证据之一为某司法会计鉴定所出具的鉴定报告。

法院认为：第一，鉴定报告以借款补充协议书、合作合同书等材料为依据统计出合同金额为人民币5.05亿元，公诉机关据此金额指控，但未提供相应证据证实涉案公司实际获得合同及借款协议约定的借款,同案人杨某亦对该金额提出异议,故该金额不能准确反映本案实际吸收投资款的情况,公诉机关指控的该金额有误。第二,鉴定报告仅以在涉案公司查获的"广州工程统计表"认定被告人付某吸收的投资款金额,未提供其他证据予以佐证,被告人付某对上述投资款金额均予以否认,故公诉机关的该指控证据不足,本院不予支持。

[**评析**]司法会计检验的对象只能是财务会计资料以及能够证明经济业务发生或结果的其他相关材料,借款协议、合同、统计表等材料并不能证明经济业务实际履行或发生情况,故仅依据借款协议、合同、统计表等非财务会计资料检验得出的鉴定意见,不能保证结论的客观性。本案所谓的鉴定报告,实际上是统计报告,不具有司法会计鉴定意见的证据属性。

案例66　张甲、张乙非法吸收公众存款案[(2014)和刑初字第55号]

公诉机关指控,2010年9月至10月,被告人张甲注册成立了硕华公司和盛华公司,在明知公司不具有金融经营管理资质,又未申请备案的情况下,向社会不特定群众公开宣传,采取发行多种基金的形式,以承诺高额回报为诱饵,非法吸收公众存款。从2010年10月至2011年12月,张甲、张乙非法吸收公众存款,合同金额为7.2亿余元,实际进账5.8亿余元。公诉机关指控张甲、张乙非法吸收公众存款的证据之一为某司法鉴定中心出具的司法会计鉴定报告。

司法会计鉴定意见:无锡地区总吸揽资金442人次,吸揽资金合同总额2041万元,支付利息1.56万元,已兑付7人次,兑付金额13万元,尚未兑付435人次,未兑付合同金额2028万元;苏州地区总吸揽资金132人次,吸揽资金合同总额457万元,全部未兑付,支付利息3.38万元;成都地区总吸揽资金136人次,吸揽资金合同总额870.50万元,全部未兑付。

法院审理后认为,无论是硕华公司还是盛华公司吸揽的资金,存款人在存款前确实均存在将利息先行扣除,存款金额小于合同金额的情况。因司法会计鉴定报告仅对合同数额及人次进行了审计,不符合法律规定,对于鉴定报告中的涉案金额以本案现查明的金额为准。

[**评析**]合同不是财务会计资料,不能独立证明合同标的数额的履行情况。比如本案中,某存款人与涉案公司签订的借款合同为100万元,预先扣除利息10万元,实际付款90万元,犯罪嫌疑人吸收的资金就是90万元,如果按照合同认定,吸收的资金是100万元,显然与客观情况不符。合同相关条款可以作为司法会计

鉴定对资金用途的判断,但不可以仅依据合同对资金发生额作出认定。

案例 67 教育印刷公司与永越印务公司财产损害赔偿纠纷案[(2017)琼0108 民初 4002 号]

原告教育印刷公司向法院提出诉讼请求:判令被告永越印务公司立即偿还原告的款项约 200 万元。原告为证明自己的主张,提供了单方委托的会计鉴定意见书。

法院认为,原告提供的会计鉴定意见书为原告单方委托鉴定,其所提供的送检材料大部分为复印件,未见与原件核对无异或者材料的出具人进行确认,该送检材料的真实性无法确认。在该情形下,依据该送检材料所作出的鉴定意见不具有客观性、合法性,所作出的鉴定意见明显依据不足。因此,会计鉴定意见书的鉴定意见本院不予采信。

[评析]《最高人民法院关于民事诉讼证据的若干规定》(法释〔2019〕19 号)第 61 条规定,对书证、物证、视听资料进行质证时,当事人应当出示证据的原件或者原物。但有下列情形之一的除外:

1. 出示原件或者原物确有困难并经人民法院准许出示复制件或者复制品的。

2. 原件或者原物已不存在,但有证据证明复制件、复制品与原件或者原物一致的。

本案教育印刷公司委托鉴定时提供的材料是复印件,且不符合《最高人民法院关于民事诉讼证据的若干规定》的相关规定。因此依据不合规的鉴定材料作出的鉴定意见不能作为认定案件事实的根据。

案例 68 陈某职务侵占案[(2014)深罗法刑二初字第 374 号]

公诉机关指控,2012 年 9 月,被告人陈某应聘至某旅行分社任副总经理,负责招揽游客交给总公司组织出团旅游。此后,被告人陈某利用职务上的便利,违反公司规定,私自使用自己的账号或者以现金的方式,收取团队内的客户旅游款 449 万元占为己有。公诉机关指控陈某犯罪金额的依据为公安机关聘请某会计师事务所有限责任公司出具的鉴证报告。

鉴证结论:截至 2014 年 8 月 31 日,账面应收国内部陈某业务欠款余额人民币 449 万元,其中,按记账凭证后有无附单据分类,记账凭证后有附单据的应收国内部陈某业务欠款余额 439 万元,记账凭证后没有附单据的应收国内部陈某业务欠款余额 10 万元。

法院审理认为,公安机关委托会计师事务所有限责任公司出具的关于陈某业务欠款情况的鉴证报告中,存在记账凭证没有附单据或附单据为复印件。鉴于该鉴证报告存在上述错误和瑕疵,本院对该证据不予采信。判决陈某无罪。

[**评析**]本案鉴定存在以下两个问题:

1. 违反规定以鉴证报告代替司法鉴定报告。根据《中华人民共和国刑事诉讼法》第146条的规定,公安机关出具的手续应当是鉴定聘请书,会计师事务所本应当执行司法鉴定规范开展司法会计鉴定工作,却错误执行了注册会计师鉴证业务规范。根据《中国注册会计师鉴证业务基本准则》(财政部财会〔2022〕1号)[①]第54条第1款的规定,对任何类型的鉴证业务,如果注册会计师的工作范围受到限制,注册会计师应当视受到限制的重大与广泛程度,出具保留结论或无法提出结论的报告。而根据《司法鉴定程序通则》第15条第2项的规定,发现鉴定材料不真实、不完整、不充分或者取得方式不合法的,司法鉴定机构不得受理。因本案部分记账凭证后未附单据,说明检材不充分,满足不了司法鉴定要求,但能够满足注册会计师鉴证要求。会计师事务所接受司法鉴定聘请,出具的却是鉴证报告,明显与公安机关所提要求不符。

2. 使用无原件印证为真实的复印件作为检材。根据《公安机关办理刑事案件程序规定》(公安部令第159号)第65条的规定,收集、调取的书证应当是原件。只有当取得原件确有困难时,才可以使用副本或者复制件。书证的副本、复制件,经与原件核实无误或者经鉴定证明为真实的,或者以其他方式确能证明其真实的,可以作为证据使用。书证有更改或者更改迹象不能作出合理解释的,或者书证的副本、复制件不能反映书证原件及其内容的,不能作为证据使用。根据《最高人民法院关于适用〈中华人民共和国刑事诉讼法〉的解释》(法释〔2021〕1号)第84条第1款、第3款的规定,据以定案的书证应当是原件。取得原件确有困难的,可以使用副本、复制件。书证的副本、复制件,经与原件核对无误、经鉴定或者以其他方式确认真实的,可以作为定案的根据。

本案法院不采信鉴定意见的理由之一是鉴定检材为复印件,说明该复印件没有原件印证为真实,因而无法证明鉴定意见客观真实。

案例69 宛某与戴某合伙协议纠纷案[(2014)邵中民一终字第470号]

一审法院查明,宛某与戴某合伙承包电化厂,期限为3年,承包期满后,双方

① 案发时该项准则为财政部财会〔2006〕4号,相应内容同现行准则。

聘请会计师刘某帮助清算。第一次清查过程中，宛某抄录产品销售、原材料数量共17页，双方签字认可。第二次清算过程中，宛某将电化厂所有产品销售和原材料抄录共2页，宛某在刘某书写的《结算决议书》落款处添加"如查出销售产品未入账，谁查出货款归谁所有"的文字。抄录后，双方同意将原始账本、账册、凭证烧毁，并约定产品销售以抄录件为准。随后不久，宛某以发现有26笔销售产品未记收入为由，起诉至法院，要求戴某返还合伙财产或赔偿合伙财产损失。宛某提供的证据为某司法鉴定所出具的鉴定文书，鉴定意见：未入账收入合计为83万元。

一审法院认为，司法鉴定所依据产品销售抄录件，在无原始账簿为事实根据的前提下，作出的鉴定意见无客观事实依据。会计师刘某数次清账核查，均未查出戴某隐瞒巨额销售款未入账的事实。因此，该司法鉴定意见不客观真实，不予采信。宛某以司法鉴定所作出的鉴定意见，要求戴某返还合伙财产或赔偿合伙财产损失，缺乏事实根据，对其诉讼请求，不予支持。判决：驳回宛某的诉讼请求。

宛某不服一审判决，上诉称，司法鉴定所作出的司法鉴定意见应当作为本案的定案根据。

二审法院认为，宛某提供的主要证据即司法鉴定所作出的司法鉴定意见，据以作出的鉴定材料即宛某对产品销售、原材料数量以及电化厂销售产品入账数等系抄录件，并非进行司法会计鉴定所要求的会计凭证及会计账簿，故该鉴定意见不足以保证其科学严谨、客观真实，本院不予采信。法院作出驳回上诉，维持原判的终审判决。

[评析]本案鉴定材料是手抄件，不符合法律对书证复制件的要求，鉴定材料不合规。

案例70 张某职务侵占案[(2015)长刑二初字第25号]

公诉机关指控，被告人张某经人介绍认识了天宏房地产开发有限公司经理刘某，并谎称能够负责天宏房地产开发有限公司开发所需建设费用7700万元，且取得了天宏房地产开发有限公司经理刘某的信任，签署了股权转让协议及合作协议，骗取了天宏房地产开发有限公司60%股权和天宏房地产开发有限公司公章。被告人张某担任天宏房地产开发有限公司法人代表期间，在开发花园小区的过程中，非法占有天宏房地产开发有限公司财物3044万元。其中公诉机关指控张某第五起犯罪事实为：张某经办对外借款4077万元后，利用职务便利，对其他股东隐瞒事实，截留2155万元据为己有而没有交到公司。

公诉机关指控该起犯罪金额的依据为某会计师事务所出具的司法会计鉴定报告书:张某任职期间经办对外借款本金4077万元,收到后截留2155万元没有交回公司。

被告人张某的辩护人认为,张某在天宏房地产开发有限公司经营期间以天宏房地产开发有限公司名义对外借款时将借款利息写入本金数额,鉴定意见对借款数额的认定不准确。

法院认为,被告人张某在经营期间以天宏房地产开发有限公司名义向他人大量借款后引发借款纠纷,债权人杨某、韩某、刘某、王某、朱某先后到人民法院起诉天宏房地产开发有限公司索要欠款,人民法院依据借款合同作出民事判决。本案中,鉴定机构依据上述民事判决对天宏房地产开发有限公司向上述债权人借款本金数额作出认定。但在本院审理期间,上述鉴定意见所依据的民事判决已被撤销并通过再审重新作出判决或者已被上级法院决定再审,且根据再审生效判决证实,张某在公司经营期间以天宏房地产开发有限公司名义对外借款时存在将借款利息写入本金数额的情况,鉴定意见认定的依据发生变化,应依据新证据将计入借款本金的利息数额从借款数额中扣除,而不应依据鉴定意见认定借款本金数额。故对该辩解和辩护意见予以采纳。

法院根据查明的事实宣判后,张某不服,提起上诉。二审法院虽然撤销本案判决,但二审法院[(2018)吉刑终256号裁定]同样没有将该项鉴定意见作为认定张某犯罪金额的依据。

[评析]本案鉴定人应当对财务会计资料进行检验后,对案件需要解决的财务会计问题独立作出判断。法院裁判文书不是财务会计资料,不应当作为鉴定材料使用,况且民事判决书并不一定能够作为刑事诉讼中的证据使用。比如本案中,假设被告人张某以天宏房地产开发有限公司名义向杨某借款100万元,约定年利率10%,被告人张某收到100万元后未入公司账,将该100万元占为己有,其职务侵占数额为100万元,但是民事诉讼中法院判决天宏房地产开发有限公司应归还杨某一年期的本利和110万元,该判决没有问题,但是鉴定人以该判决作为鉴定材料,认为未入账金额110万元,显然是错误的。

第四节　鉴定材料完整性、充分性审查

完整、充分的鉴定材料是保证鉴定意见客观的前提,司法会计鉴定的基本条

件就是与鉴定事项有关的鉴定材料必须达到完整、充分。本节主要介绍鉴定材料完整性充分性相关规定、审查方法及相关案例。

一、鉴定材料完整性、充分性相关规定

鉴定材料完整性是对鉴定材料"质"的要求，是指鉴定事项需要用到的信息都应当在鉴定材料中有所记载，如经济业务发生的日期、数量、单价、金额、收款方、付款方等；鉴定材料的充分性是对鉴定材料"量"的要求，是指鉴定材料在数量上能够满足鉴定事项涉及经济业务自始至终的全部材料的要求。

鉴定材料完整性充分性有关规定主要有：

《人民检察院司法会计工作细则（试行）》第 18 条规定，经审查发现送检材料明显不足的，应当要求送检人补充。第 19 条规定，送检材料不足需要补充才能继续鉴定的，应当中止鉴定。第 20 条规定，送检材料不足，无法补充的，应当终止鉴定。《司法鉴定程序通则》第 14 条第 2 款规定，对于鉴定材料不完整、不充分，不能满足鉴定需要的，司法鉴定机构可以要求委托人补充；经补充后能够满足鉴定需要的，应当受理。第 15 条规定，发现鉴定材料不完整、不充分的，司法鉴定机构不得受理。

由于我国司法会计鉴定大多由注册会计师受理，他们容易以审计规范代替司法会计鉴定规范，在鉴定材料不完整不充分的情况下出具鉴定文书。诉讼实务中鉴定材料不完整不充分的主要表现为无账无证、有账无证、有表无账证、账证不齐、银行流水缺少交易对手信息、鉴定材料期间跨度不足等。

二、审查方法

审查人员可以按以下方法进行审查：

第一，审查鉴定材料是否为涉案主体的原始凭证、银行流水或者其他能够证明涉案主体经济业务发生的凭证；

第二，审查鉴定材料内容记录是否全面，经济业务是否连续。

三、相关案例

案例 71　邱某职务侵占案［（2015）穗中法刑二终字第 511 号］

原审判决认定：某商贸公司法人代表及实际控制人为郭某。郭某与被告人邱某于 2009 年 4 月离婚，离婚后双方一直隐瞒实际情况未对外公开。2011 年 9 月

至2012年2月,被告人邱某利用担任商贸公司业务总经理的职务之便,在负责该公司全面工作期间,多次要求公司业务员唐某将该公司货款3万元、要求业务员陆某将该公司货款10万元存入其私人的银行账号。2012年2月8日邱某突然离开商贸公司下落不明,郭某向公安机关报警。

证明邱某犯罪金额的证据先后有两份司法会计鉴定文书:

第一份是致力司法会计鉴定所出具的司法会计鉴定书,审计结果是:(1)唐某在2011年4月8日至2012年3月17日,从商贸公司领取货单后,有12万元货款未按规定交回;(2)陆某在2011年3月16日至2012年3月17日,从商贸公司领取货单后,有26万元货款未按规定交回。

第二份是公安机关重新委托东泰司法会计鉴定所对商贸公司被侵占货款数额进行审计,审计结果是:(1)陆某未交回商贸公司的货款总额为10万元;(2)唐某未交回商贸公司的货款总额为3万元。

原审判决认为,被告人邱某利用职务上的便利,将本单位财物非法占为已有,数额较大,其行为已构成职务侵占罪。公诉机关指控被告人邱某犯职务侵占罪的罪名成立,唯指控邱某犯职务侵占罪的犯罪数额有误,对此予以纠正。

原审法院采信东泰司法会计鉴定所出具的鉴定意见,认定邱某职务侵占13万元,并作出相应判决。

宣判后,原审被告人邱某提出上诉。

二审法院审理后对鉴定意见作出评判:本案两份司法会计鉴定的结论均依据不足。司法会计鉴定反映,被害单位商贸公司长期以来财务混乱,无正常经营的有限公司所需的会计账簿,没有提供销售明细小票、收款单、付款单、退货单等,致审计结论真实性较弱,本院对上述司法会计鉴定意见不予采纳。

二审法院认为,本案关键证人唐某、陆某证言前后矛盾,且与邱某存在重大利害关系,司法会计鉴定意见依据不足,本案证据未能相互印证排除合理怀疑,不足以证实邱某利用职务之便,侵占商贸公司货款的事实。原判决认定的事实不清,证据不足,罪名不成立,依法应予改判。

判决:撤销原判,上诉人邱某无罪。

[**评析**]根据判决书记载,本案鉴定既无原始凭证又无会计账簿,鉴定依据严重不足,鉴定意见缺乏客观性,不具有证明力。

退一步来讲,即使本案鉴定材料完整、充分,能够满足鉴定需要,但鉴定意见与待证事实关联性较弱,仍不能作为定案的根据,主要原因有:

第一，两份鉴定意见对业务员领取货单后未交回商贸公司的货款作出认定，缺乏购货客户是否已经将货款支付给业务员的案件事实，即如果该货款因购货方所欠而未收回，是正常的商业行为，任何人均不涉及犯罪。

第二，重新鉴定时公安机关提出对“商贸公司被侵占货款数额进行审计”，该鉴定事项先入为主，既不中立，又属于法律判断问题。货款是否被侵占是公安机关需要查明的案件事实，不属于财务会计问题，鉴定人无权对案件涉及的法律事实作出判断。

在鉴定材料完整、充分的情况下，本案公安机关应当先查明两位业务员对应的客户货款直接支付给业务员的金额。如果客户没有将货款支付给业务员，业务员与邱某的资金往来属私人资金往来，案件不成立。如果客户将货款支付给业务员，为查明业务员收到货款后是交给公司还是交给邱某，可设置两个鉴定事项：一是某期间商贸公司收到两位业务员货款金额，该鉴定事项目的是证明业务员是否存在收回货款未交回或少交回公司情况；二是某期间两位业务员与邱某资金往来情况，该鉴定事项用于证明业务员是否与邱某有债权债务关系，如果业务员与邱某存在债权债务关系，业务员收取货款未交回或少交回公司，用于偿还欠邱某的债务，犯罪嫌疑人应该是业务员而不是邱某。

案例72　江某受贿、贪污案[（2016）粤1223刑初267号]

公诉机关指控，被告人江某在其担任镇中心小学校长期间，利用主管镇辖区幼儿园的职务便利，为蓓蕾幼儿园的场地租赁、师资筹备等方面提供帮助。2013年1月，江某借用其妻子卢某的名义与罗某签订《蓓蕾幼儿园股东合作协议》，约定由其妻卢某出资30%，占股40%。经核实，蓓蕾幼儿园的投资总额为555,000元，江某应投资166,500元（555,000×30%），实际投资55,378元，收受虚假出资额111,122元（166,500－55,378）。

公诉机关指控江某犯罪金额的证据之一为某鉴定机构出具的司法会计检验报告，检验结果为：蓓蕾幼儿园收到罗某投资总额555,000元，其中注册资本6万元，借款49.5万元。

法院审理后认为，公诉机关在补充侦查阶段提供的司法会计检验报告所依据的数据来源是他人记录的会计账簿，该检验报告认定罗某出资42万元、5万元、2.5万元，这些出资额均无有效的附件，也无任何人的签名确认，该检验报告的检材不够充足、可靠，因此，对该检验报告，本院不予采纳。

[评析]原始凭证是记录经济业务、明确经济责任的有效凭据。本案检验报告仅依据他人记录的会计账簿作出,没有原始凭证印证账簿记录的客观真实性,作出检验报告的依据不充分,检验报告没有证明力。

案例73　马某、黄甲、黄乙非法经营案[(2015)汕阳法刑二初字第280号]

公诉机关指控,被告人马某、黄甲为非法牟利,合谋开设假冒香烟过滤嘴棒制假工厂,被告人马某负责购买、维护制假机器及假冒香烟过滤嘴棒成品的销售,被告人黄甲则负责采购原料及制假工厂日常管理。制假工厂开设后,被告人黄甲雇用同案人黄丙作为制假工厂会计,对原料进货、成品销售、人员工资、生产费用等进行账务统计。该制假工厂自设立至被公安机关查获,共非法获利1500万元。此外,被告人马某还与被告人黄乙合伙,从制假工厂中购买部分假冒香烟过滤嘴棒成品,并转售给他人,共非法获利800万元。

公诉机关指控被告人非法获利金额的主要证据为某机构出具的司法会计鉴定意见书和司法会计补充鉴定意见书:黄丙记载的"香烟过滤嘴棒"账本显示,2014年2月至12月,本期累计销售总额为13,000万元,扣除相应期间的成本费用总额为11,500万元,账载本期营销实现利润总额为1500万元;黄乙记载的"香烟过滤嘴棒"账本显示,2014年2月至12月,本期累计销售总额为4800万元,扣除相应期间的成本费用总额为4000万元,账载本期营销实现利润总额为800万元。

法院审理后认为,公诉机关指控被告人马某、黄甲、黄乙犯非法经营罪的罪名成立。但指控被告人马某、黄甲开设的假冒香烟过滤嘴棒制假工厂共非法获利1500万元以及被告人马某与被告人黄乙合伙从制假工厂中购买部分假冒香烟过滤嘴棒成品转售共非法获利800万元的事实不清,证据不足。理由主要有以下两点:(1)检察机关指控的该事实主要依据司法会计鉴定意见书鉴定的数额,而该司法会计鉴定意见书又主要依据黄丙、黄乙各自记载的账本作为检材进行鉴定,但所依据鉴定的检材只是黄丙、黄乙各自的单方记载,没有进货单据、销货单据和资金往来等记账原始凭证,且黄丙记载的账本均没有经工厂合伙人马某、黄甲核对、确认,黄乙记载的账本没有经其合伙人马某核对、确认,三被告人又均否认指控的牟利数额。(2)检材账本所记载的内容存在诸多不客观之处,如制假工厂所购置的机器设备,租金,人员工资,水电、运输、维修费用等生产成本和费用均没有在账本中体现;账载库存商品购销结存情况明细表中所显示的"上年结转"数额与拟鉴定期间即2014年2月至12月所发生的数额缺乏关联性；账载库存商品购销结存情况汇总表期末结余的数量和金额与案发时公安机关现场查扣在案的数量和金额明显不符；账本记载内容中的卷纸和丝束的生产销售与指控的工厂生产销售过滤嘴棒的事实明显不相符；黄乙记载账本中的成本费用只记录金额，而没有数量和单价，品名摘要并非记录过滤嘴棒成品。上述司法会计鉴定意见书存在的问题，经司法会计鉴定所补充鉴定，无法审核出本案起诉指控的过滤嘴棒的经营数额。故按现有证据无法认定起诉书指控的被告人马某、黄甲开设的假冒香烟过滤嘴棒制假工厂共非法获利1500万元以及被告人马某与被告人黄乙合伙从制假工厂中购买部分假冒香烟过滤嘴棒成品转售共非法获利800万元的事实。

［评析］本案鉴定材料只有账簿，缺乏原始凭证，且机器设备、水电费是任何生产加工企业不可或缺的基本生产资料。任何产品成本均包括直接材料、直接人工和制造费用。根据财政部发布的《企业产品成本核算制度（试行）》（财会〔2013〕17号）第22条的规定，制造费用，是指企业为生产产品和提供劳务而发生的各项间接费用，包括企业生产部门（如生产车间）发生的水电费、固定资产折旧、无形资产摊销、管理人员的职工薪酬、劳动保护费、国家规定的有关环保费用、季节性和修理期间的停工损失等。鉴定人在缺少固定资产、水电费等成本资料情况下作出利润数额的鉴定意见，依据明显不足。

案例74　顺达公司、王某诉俊杰公司买卖合同纠纷案［（2015）沪一中民四（商）终字第1060号］

上诉人（原审被告）：顺达公司

上诉人（原审被告）：王某

被上诉人（原审原告）：俊杰公司

原审查明：俊杰公司与顺达公司之间存在承揽合同关系，由俊杰公司为顺达公司加工高铁零部件等产品。经双方对账，顺达公司尚欠俊杰公司加工款302万元。

原审法院另查明，顺达公司系一人有限责任公司，王某系顺达公司的股东。现俊杰公司因多次催讨加工款未果，遂向原审法院提出起诉，请求法院判令顺达公司支付俊杰公司加工款及利息。

原审法院认为，王某提供的证据不足以证明顺达公司与王某的财产各自独立，王某应当对顺达公司的债务承担连带清偿责任，并作出相应判决。

顺达公司和王某不服原审判决，提起上诉。顺达公司及王某为证明其上诉主张，向二审法院提交了某会计师事务所有限公司出具的专项审计报告书1份，证明顺达公司与王某之间的财务资产债务及净资产均为独立的和完整的，不存在财务混同情况。

二审法院认为，该专项审计报告系对顺达公司单方面提供的资产负债表及利润表进行审计，对于被审计的资产负债表及利润表是否全面真实无法确定，因此可以认定该专项审计报告不能全面客观地反映顺达公司的经营、债权债务及真实财产财务状况，本院对该专项审计报告不予采信。

［**评析**］会计报表是以货币为主要计量单位、根据日常核算资料编制的、用来总括反映会计主体财务状况和经营成果的书面文件。编制会计报表最为基础的资料是原始凭证，没有原始凭证，相关人员也可以随意编制会计报表。本案审计报告仅仅依据资产负债表及利润表作出，从注册会计师审计角度评价，并不违反审计准则规范；但从司法会计鉴定角度评价，因其缺乏原始凭证，鉴定材料不充分，属于不得受理情形。因此，本案审计报告不具有司法会计鉴定证据属性，不能客观反映顺达公司财务状况，故不能作为认定事实的根据。

案例75　祁县华誉纤维厂诉祁县人民政府行政赔偿二审案①

一审法院查明，原告祁县华誉纤维厂于2003年8月经祁县发展计划局祁计字〔2003〕90号文件批准成立，企业性质为个人独资企业，主要产品为二硫化碳及化工产品，总投资198万元。该批文要求原告收文后速办理土地、城建、环保、工商、税务、地震等手续。之后原告请专家设计并购买生产设备，同年11月投产，12月24日被告祁县人民政府以原告企业无任何环保手续为由对其进行了行政处罚罚款3000元。为此原告向有关部门申请办理了工商营业执照、税务登记证、组织机构代码证（前述三证合一，合并为营业执照）、防雷设施安全检查合格证、产品质量技术检验报告等手续。2005年8月被告以“祁县挂牌督办环境违法企业名单”（共313家企业）通知原告完善环保审批手续，同年11月晋中市环保监察大队以原告无任何审批手续对原告罚款10,000元，并要求其立即完善环保手续。2006年4月11日被告在执法检查中，认定原告企业是挂牌督办违法企业，原告向被告交纳环境监测费3000元并申请办理环保有关手续未果。2007年5月25日祁县

① 祁县华誉纤维厂诉祁县人民政府行政赔偿案，载《中华人民共和国最高人民法院公报》2011年第4期。

人民政府下发祁政发〔2007〕20号文件，以不符合国家产业政策、污染严重、治理无望为由，决定淘汰原告企业，下令于2007年5月27日关闭祁县华誉纤维厂。同年6月8日原告企业仍在生产中，被告专项行动领导组对原告的企业采取了断电停水查封措施，强制原告停止生产。此后，原告对被告的上述具体行政行为不服向晋中市中级人民法院提起行政诉讼，晋中市中级人民法院作出(2008)晋中中法行初字第8号行政判决，确认被告该具体行政行为违法，并予以撤销。祁县人民政府提起上诉，后又撤回上诉;2009年3月7日，山西省高级人民法院作出裁定准予撤诉。为此原告向被告提出赔偿请求，被告于2009年4月23日以祁行赔决字〔2009〕1号不予行政赔偿决定书驳回原告的行政赔偿申请。

在诉讼过程中，原告祁县华誉纤维厂于2009年6月向祁县人民法院提出对其损失鉴定的申请，祁县人民法院委托司法鉴定所对其损失进行鉴定，鉴定意见为原告各项损失(包括机器设备全部报废损失、利息损失、工资损失、成品、半成品、原材料损失、预期利润损失)共计790万元。庭审中原告认为被告的行政行为与原告的损失之间有因果关系，原告虽账目流失但损失存在，司法鉴定所对原告损失所出具的司法会计鉴定意见，比较符合客观真实。

一审法院对鉴定意见未作评价，根据《中华人民共和国行政许可法》、《安全生产许可证条例》、《危险化学品安全管理条例》、《中华人民共和国国家赔偿法》、1997年发布的《最高人民法院关于审理行政赔偿案件若干问题的规定》等法律法规及司法解释，作出驳回原告华誉纤维厂要求被告祁县人民政府赔偿损失的诉讼请求。

祁县华誉纤维厂不服一审判决，向山西省晋中市中级人民法院提出上诉。

山西省晋中市中级人民法院认为，一审期间，祁县人民法院委托司法鉴定所作出的祁县华誉纤维厂生产设备、成品、半成品、原材料、工资、借款利息损失及预期利润损失的司法会计鉴定意见，系在祁县华誉纤维厂未提供完整的会计账簿、凭证、会计报表等财务数据，亦无设计图纸及土建安装工程预结算书的情况下作出，根据司法部制定的《司法鉴定执业分类规定(试行)》(已废止)第9条“司法会计鉴定:运用司法会计学的原理和方法，通过检查、计算、验证和鉴证对会计凭证、会计账簿、会计报表和其他会计资料等财务状况进行鉴定”的规定，司法鉴定所作出的司法鉴定意见所依据材料的客观性、真实性无法确认，其鉴定意见缺乏事实和法律依据，依法不能采信。

二审判决:驳回上诉，维持原判。

[评析]《司法鉴定程序通则》第15条规定,发现鉴定材料不完整、不充分的,司法鉴定机构不得受理。本案鉴定机构在会计账簿、凭证、会计报表不完整的情况下进行司法会计鉴定,系违规受理鉴定,鉴定意见不具有证明力。

案例76 田某职务侵占案[(2018)京03刑终361号]

一审[(2017)京0105刑初1598号]公诉机关指控:(1)被告人田某于2010年4月,利用担任商贸公司山西太原销售部经理的职务之便,私自将公司货场的271吨焦炭贩卖,将货款人民币28万元据为己有。(2)2010年4月至2013年5月,被告人田某利用担任商贸公司山西太原销售部经理的职务之便,收取相应公司的货款共计人民币4700万元后,将其中的人民币1100万元据为己有。

公诉机关指控第二起犯罪事实的证据之一为某会计师事务所出具的司法会计鉴定意见书及补充更正说明。

鉴定意见书及补充更正说明:鉴定期间为2009年7月1日至2015年4月12日,在该期间内,田某共收款4730万元,支出3630万元,故在其工作期间发生的、与其相关的业务经营收支结余为1100万元。其中,田某收入汇总表中含以承兑汇票方式收取货款共22项累计金额3194万元;含2010年4月14日、5月4日收取王某的货款共计28万元;含公诉机关指控时间起点即2010年4月之前的收入款共16项累计金额260万余元。田某提供的部分转账凭证原件在上述鉴定意见书中不予确认。田某支出汇总表中的91项列支摘要均为运费、货款。

一审法院对公诉机关指控的第一起犯罪事实予以认定,但认为公诉机关指控的第二起犯罪事实不清、证据不足,理由如下:

第一,公诉机关该起指控所依据的鉴定意见的鉴定思路与指控目的不一致。被害单位的法定代表人孙某所称其公司被田某职务侵占的数额是根据田某以商贸公司名义收取的1100万元的银行承兑汇票没有交给公司而得出的。而鉴定意见书的思路是概括的进项减支项差额,鉴定意见书无法完整涵盖田某为商贸公司业务的全部支出,举例如下:

在鉴定意见书"田某支出汇总表"中的诸项列支仅涵盖了运费、货款,但孙某称田某在代表商贸公司做业务期间,除了为公司支付货款、运费等,还负责公司在太原诸如场地租赁的费用、雇用工人的工资等,上述列支在鉴定意见书中未予体现。

在案孙某及田某都称,田某在收取业务相对方的银行承兑汇票后会找个人贴现，贴现需要支付3%～4%的手续费，但鉴定意见书中的收入汇总表中未考虑这一情节，而是将全部银行承兑汇票的金额计入田某的收入总额，公诉机关指控直接采用了鉴定意见书的数额。

田某提供了其称为商贸公司业务支付的货款、运费的部分转账凭证原件，但鉴定意见书中对上述内容存在多笔不予确认的情况。

第二，公诉机关该起指控所依据的鉴定意见的鉴定期间与指控时间段不统一。公诉机关该起指控的起止时间为2010年4月至2013年5月，但指控的依据即司法会计鉴定意见书的鉴定期间为2009年7月1日至2015年4月12日。通过比对发现鉴定意见中计入了2010年4月之前田某存在的收入款共16项，累计金额达260万余元，上述钱款均发生在公诉机关指控时间起点之前。

第三，公诉机关该起指控中包含第一起指控的犯罪数额。公诉机关根据鉴定意见认定田某第二起职务侵占的数额为人民币1100万元，但鉴定意见"田某的收入汇总表"中包括了田某从王某处收取的两笔货款共计28万元，即上述1100万元包括第一起事实的28万元，属于重复指控。

一审法院以田某职务侵占数额28万元作出相应判决。

宣判后，原公诉机关提出抗诉；原审被告人田某不服，提出上诉。

二审法院认为，公诉机关依据在案的司法鉴定意见书认定犯罪数额存在问题。首先，指控时间超出鉴定时间。一审公诉机关指控田某在2010年4月至2013年5月非法占有商贸公司1100万元的主要依据是司法鉴定意见书，该司法鉴定经过第一次鉴定和补充更正，鉴定期间是2009年7月1日至2015年4月12日，在2010年4月之前田某账户收入至少有260万余元，在2013年5月之后田某账户亦有收支，一审公诉机关未将超出指控时间的数额予以扣除。其次，指控数额不客观。审计依据的是涉案卷宗、证人田甲提供的材料、孙某提供的材料、田某支出明细账及收入明细账，概括的进项减支项得出差额，即田某侵占的数额。一方面商贸公司未能提供公司原始账目，另一方面田某提供的大量支出票据未予采纳，这导致最终数额不客观。田某提供的有支出凭证的426万余元，审计报告未计算在内，不能排除上述支出属于经营性支出，且不能排除田某实际支付了部分款项；双方都认可的银行承兑汇票的贴现手续费亦未予计算。

二审法院根据查明的事实，对公诉机关指控田某职务侵占28万元不予认定，撤销了一审判决，改判上诉人田某无罪。

[评析]本案鉴定存在的问题是鉴定人将卷宗作为检材，卷宗中的财务会计资

料为公安机关在侦查过程中向有关单位和个人收集的，由于公安机关侦查人员一定程度上缺乏会计知识，不了解会计数据之间的勾稽关系，收集到的财务会计资料是碎片式的可能性较大，即在收集过程中容易遗漏与案件有关的其他财务会计资料，因此卷宗材料不宜作为鉴定检材。除此之外，本案鉴定还存在两个问题：其一，对田某提供的部分转账凭证原件不予确认，田某提供的转账凭证与案件是否具有关联性，应当由侦查机关确认，而不应当由鉴定人予以确认。其二，未将银行承兑汇票票面金额与银行流水核对，直接将票面金额确定为收入，导致收入金额不客观。银行承兑汇票是购销双方约定远期收付款项的一种结算方式，是由出票人签发，银行承兑的一种商业汇票。收款人持有银行承兑汇票有两种处理方式：一是在票据到期时送交开户银行办理转账，收到票面全部金额；二是在票据到期前向银行贴现或背书转让，其中向银行贴现的，银行扣除贴现息后将余款付给贴现人。本案中鉴定人未将银行承兑汇票票面金额与银行流水核对，没有排除田某在票据到期前将票据背书转让给他人收到的款项小于票面金额的可能，而事实上田某将票据转让给了他人，支付了3% ~4% 的手续费，导致鉴定意见认定的收入不客观。

案例 77　周某诈骗案[（2019）湘1382 刑初212 号]

公诉机关指控，自 2017 年 9 月以来，刘某（另案处理）组织被告人周某等人在某居民楼五楼等作案地点利用电脑、微信等工具搭建网上虚拟赌博平台，引诱被害人参与赌博，并通过诈骗平台预设的支付宝、微信账号充值转入建设银行等银行卡内。其中，周某参与诈骗期间为 2017 年 10 月 21 日至 2018 年 3 月 13 日，其在该诈骗团伙工作期间该团伙的诈骗总金额为 106 万元。

公诉机关提供证明指控事实的证据有某会计师事务所出具的司法鉴定意见书等。鉴定意见为：刘某负责的 3 个诈骗窝点，根据涉案的 1 张入款卡、21 张取款卡，2018 年 1 月 2 日至 3 月 13 日的银行交易流水统计，剔除 21 个取款卡互转资金，剔除转回被害人账户的资金，周某参与期间（2017 年 10 月 21 日至 2018 年 3 月 13 日），团伙诈骗金额为 106 万元。

法院认为，公诉机关指控被告人周某参与期间团伙诈骗金额为 106 万元，经查，公诉机关指控的该诈骗金额是根据鉴定意见书确定的，在该鉴定中，没有剔除转入未知账户的金额，没有剔除被告人周某离开窝点时间的金额，导致鉴定意见与实际不符，对该鉴定意见不予采信。

[**评析**]银行资金收付交易对手信息是指资金收付对方的姓名、账号等。银行流水中如果没有记载交易对手信息,属于鉴定材料不完整情形,按规定鉴定机构应当要求委托方补充。本案转入"未知账户"的资金有可能是受害人账户,鉴定人在未要求补充检材的情况下出具的鉴定意见,不足以证明鉴定意见的客观性。

案例78 王某偷税罪[①]再审案[(2014)烟芝刑再初字第1号]

原审被告人:王某,系某设备厂负责人,因犯偷税罪,山东省烟台市芝罘区人民法院于2008年12月6日对其作出刑事判决,且已经发生法律效力。2013年11月6日,山东省烟台市芝罘区人民法院作出刑事裁定,公开开庭再审本案。

原审查明,2003年,被告人王某作为设备厂直接负责的主管人员授意并安排会计人员通过设立账外账,将该厂正常销售业务中未开具发票的销售收入记入该账,并在纳税申报中隐匿该部分销售收入,从而达到不缴或少缴税款的目的,偷税数额共计36万余元,偷税数额占应纳税额比例为69.4%,其行为侵犯了国家税收征管制度,已构成偷税罪,依法对王某作出相应判决。

判决后,被告人没有上诉,检察机关亦未抗诉。

原审判决认定王某偷税数额的关键证据为某司法鉴定中心根据公安机关的委托对设备厂2003年1月1日至2003年12月31日年度涉税的会计账簿进行鉴定出具的司法鉴定书,鉴定意见为偷漏税金额总计360,531.62元;其中增值税210,402.03元,城市建设维护税14,728.14元,教育费附加6312.06元,企业所得税129,089.39元。

再审过程中原审被告人王某称,原审判决认定其犯偷税罪的关键证据为司法鉴定中心就设备厂偷税的税种、金额及偷税比例作出的司法鉴定书。但该鉴定书本身存在重大缺陷,主要表现在:该司法鉴定意见书在计算设备厂欠缴企业所得税时,未先扣除企业以前年度亏损,而该企业在2003年前后连续多年亏损;设备厂在2003年第四季度购进材料的进项税额,被记入2004年第一季度账目中,计算2003年度该厂欠缴增值税时应先对上述的进项税额予以扣除而未扣除。因此,原审认定事实不清。

再审查明,本案原审过程中的2008年7月17日,山东省烟台市芝罘区人民法院对司法鉴定中心鉴定人进行了调查。鉴定人称:设备厂在2003年时是增值税

---

① 偷税罪罪名已取消。

一般纳税人，鉴定人根据公安机关提供的设备厂的账本及凭证等书证进行了鉴定。"2003年账外收入及税金明细表"中载明的收入为通过核查该厂账外账计算得出的该厂账外收入；费用通过核查该厂账外账中发票、凭证等税务部门认可的合理单据计算得出，有些费用单据不符合税务部门的规定，鉴定中心没有将该费用计算在内；该厂通过账外账获得的利润为上述两项的差额；增值税额是根据收入数额乘以17%的税率计算出来的，因为该厂通过非法手段设立账外账，且税务部门规定增值税中对于应抵扣的进项税的部分须在90天之内予以抵扣，本案到鉴定中心鉴定之日早已过了90天的期限，故对账外账中应交纳的增值税，鉴定中心没有抵扣进项税；城建税是按照应纳增值税的税额乘以7%得出；教育费附加是按增值税的3%计算得出。该厂通过设立账外账偷税共计360,531.62元。"2002年至2006年应交税金和已交税金及欠税明细表"中载明的账内（已交）是根据该厂通过正常业务，正常纳税的单据、凭证计算的。其中，2003年度增值税账内（已交）是通过核查该厂2003年12个月的完税凭证和该厂会计记录的资料计算得出的，但不排除增值税准予抵扣的进项税在2003年未抵扣，而在2004年抵扣的情况。应交企业所得税是按账外利润乘以企业所得税税率33%计算出来的。但通过核查，该企业在2003年前后均每年亏损，按法律规定，该企业有权在5年内以下一年度的盈利弥补上年的亏损，如弥补后该年企业还有盈利，则对于盈利的部分征收企业所得税。而鉴定中心在该表中列明的账外利润没有弥补该厂近五年来的亏损，只是对账外账的利润进行计算得出的应交税额。该厂2003年度应纳税额指的是该厂偷税额再加上通过正常纳税产生的并已缴纳的增值税、城建税、教育费附加的总额。

原审2008年6月25日，法院在给检察院的原审补充材料函中载明，提起公诉的被告单位设备厂、被告人王某偷税案，经审查，缺少部分材料，请检察院在收到本函的次日起3日内，补充以下材料，递交本院：(1)设备厂于2004年11月改制为私营企业前的工商登记证明、税务登记证明、法定代表人或负责人身份情况证明。(2)税务部门对设备厂2003年纳税年度内偷税情况的证明：该厂2003年应纳税额（包括税种、税率、税额），该厂2003年已缴税额（包括税种、税率、税额），该厂2003年通过设立账外账不缴或者少缴应纳税额（包括税种、税率、税额），偷税数额占应纳税额的比例；税务部门是否对该厂进行了行政处罚及处罚执行情况。(3)设备厂于2003年纳税年度纳税申报表、财务报表及账本、记账凭证等书证。原审中，公诉机关没有按该函的内容补充证据。

本案再审过程中，再审法院又给检察院发出了补充材料函，要求其在原审补充材料函的基础上对设备厂2003年第四季度购进材料的进项税额是否被记入2004年第一季度账目中和原审鉴定报告中设备厂因不符合税务部门的相关规定而未被扣除费用的相关书证及数额补充相关证据。

至今，公诉机关仍然没有根据补充材料函提供相关证据。公诉人称，其在收到法院的补充材料函后，向公安机关发出了补充材料函，由于要求补充的相关证据大部分都来自财务账本、凭证等书证，而该部分证据公安机关至今未向检察机关提供，故不能向法庭提供。

本院再审查明的其他事实与原审相同。

本院再审认为，据以认定原审被告人王某犯偷税罪的主要证据是司法鉴定书和被告人王某对公诉机关根据司法鉴定书指控其犯偷税罪事实的认可，而该"事实"至今不确定或不能排除合理怀疑。

首先，在原审和再审中，公诉机关均未按本院的补充材料函提供设备厂的税务登记证等相关证据，致使本院至今不确定设备厂系增值税一般纳税人还是小规模纳税人，继而使其税率和增值税额不确定。如果根据被告的供述和证人证言认定设备厂系增值税一般纳税人，那么，根据《中华人民共和国增值税暂行条例》的相关规定，增值税应纳税额等于当期销项税额减去当期进项税额，根据司法鉴定书和本院对鉴定人的调查，对设备厂账外欠缴增值税额是按该厂账外利润乘以17%的增值税税率计算的，其中未抵扣当期进项税。所以，在是否存在应当抵扣的当期进项税而没有证据证明已经抵扣时，鉴定意见书中增值税的数额不能确定。由于城市建设维护税、教育费附加的数额是分别按增值税的7%和3%计算的，所以该两种税额亦不确定。

其次，司法鉴定书中企业所得税的认定是根据设备厂设立的账外账计算出销售收入，扣除相关费用(无正式发票的费用未计算在内)，计算出企业利润，再按33%的企业所得税税率计算所得税。根据被告人王某的供述，设备厂在2003年前后处于亏损状态。根据本院对鉴定人的调查，"通过核查，该企业在2003年前后均每年亏损……而我们在该表中列明的账外利润没有弥补该厂近五年来的亏损，只是对账外账的利润计算的应交税额"。根据原烟台地税局芝罘分局出具的该厂纳税证明，设备厂在2001年缴纳了企业所得税，在2002年至2003年未缴纳企业所得税，说明该厂在2003年之前账内有可能存在未盈利的情况。根据《中华人民共和国企业所得税暂行条例》①第 11 条的规定,纳税人发生年度亏损的,可以用下一纳税年度的所得弥补;下一纳税年度的所得不足弥补的,可以逐年延续弥补,但是延续弥补期最长不得超过 5 年。因此,如果设备厂在 2003 年前经营亏损,则该厂 2003 年企业利润应首先弥补之前的亏损,然后再向税务机关缴纳 33%的企业所得税。至今,公诉机关没有对此提供相关证据。故上述企业所得税额亦不确定。

最后,对一切案件的判处都要重证据,重调查研究,不轻信口供。只有被告人供述,没有其他证据的,不能认定被告人有罪和处以刑罚。虽然原审中被告人认罪,但在本院要求公诉机关补充证据材料而其未予补充时,在参与司法鉴定的鉴定人对该鉴定书关于设备厂 2003 年度各项税额的认定作出可能与客观事实不符的说明时,不能排除合理怀疑。因此,该鉴定意见书不能作为定案的根据,亦不能认定被告人王某犯偷税罪。

综上所述,原审认定被告人王某犯偷税罪事实不清,证据不足。

再审判决:撤销原判,宣告原审被告人王某无罪。

[评析]本案鉴定存在的主要问题是检材时间跨度不能满足鉴定事项需要,检材不充分。本案鉴定意见为少缴税额包括企业所得税,根据当时的《中华人民共和国企业所得税暂行条例》第 11 条的规定,纳税人发生年度亏损的,可以用下一纳税年度的所得弥补;下一纳税年度的所得不足弥补的,可以逐年延续弥补,但是延续弥补期最长不得超过 5 年。公安机关聘请鉴定时只提供了设备厂 2003 年 1 月 1 日至 2003 年 12 月 31 日的财务会计资料,该部分财务会计资料可以对"利润总额"作出确认,但无法对"应纳税所得额"作出确认,因而无法对"应纳所得税额"作出确认。根据《中华人民共和国企业所得税法》第 5 条规定,"应纳税所得额"是指企业每一纳税年度的收入总额,减除不征税收入、免税收入、各项扣除以及允许弥补的以前年度亏损后的余额。第 22 条规定,应纳税额是指企业的应纳税所得额乘以适用税率,减除依照本法关于税收优惠的规定减免和抵免的税额后的余额。

为进一步说明"亏损五年弥补"与"应纳所得税额"的关系,举例如下:假如设备厂 2003 年各项收入扣除成本、费用、税金后的利润总额为 100 万元,1998 年至

---

① 该条例已废止。现为《中华人民共和国企业所得税法》(2018 年 12 月 29 日第十三届全国人民代表大会常务委员会第七次会议第二次修正)。对应条款为第 18 条,企业纳税年度发生的亏损,准予向以后年度结转,用以后年度的所得弥补,但结转年限最长不得超过 5 年。

2002 年没有其他纳税调整,5 年的盈亏情况分别为 +20 万元、-30 万元、+20 万元、-20 万元、-30 万元,详见表 4-1。

表 4-1　1998 年至 2002 年盈亏情况

单位:万元

年份	1998 年	1999 年	2000 年	2001 年	2002 年	2003 年
盈亏情况	+20	-30	+20	-20	-30	+100

注:"+"为盈利,"-"为亏损。

在暂不考虑税收优惠规定减免和抵免情形下,根据当时的《中华人民共和国企业所得税暂行条例》(现为《中华人民共和国企业所得税法》)的规定,2000 年盈利 20 万元先弥补 1999 年亏损 30 万元,尚未弥补亏损 10 万元。2003 年盈利 100 万元弥补 1999 年尚未弥补的亏损 10 万元,再弥补 2001 年亏损 20 万元和 2002 年亏损 30 万元,剩余 40 万元为当年的"应纳税所得额",当年应纳所得税额为 40 万元乘以当时适用的税率 33%。因此本案鉴定仅依据公安机关提供的 2003 年度财务会计资料对应纳税额的鉴定,不符合税法规定,鉴定材料至少应当再调取 2003 年之前五年的财务会计资料。公安机关未调取,检材在时间跨度上不能满足司法鉴定需要。除此之外,鉴定书还存在以下问题:

1. 认定设备厂为一般纳税人缺乏证据支持。根据《中华人民共和国增值税暂行条例实施细则》的规定,小规模纳税人的标准为:从事货物生产或者提供应税劳务的纳税人,以及以从事货物生产或者提供应税劳务为主,并兼营货物批发或者零售的纳税人,年应征增值税销售额(以下简称年应税销售额)在 50 万元以下(含本数,下同)的;除此以外的纳税人,年应税销售额在 80 万元以下的。小规模[①]纳税人以外的纳税人为一般纳税人。根据《中华人民共和国增值税暂行条例》的规定,一般纳税人发生应税销售行为的,应纳税额为当期销项税额抵扣当期进项税额后的余额。应纳税额计算公式:

应纳税额 = 当期销项税额 - 当期进项税额

小规模纳税人发生应税销售行为的,实行按照销售额和征收率(小规模纳税人增值税征收率为 3%,国务院另有规定的除外)计算应纳税额的简易办法,并不得抵扣进项税额。应纳税额计算公式:

① 现为《财政部、国家税务总局关于统一增值税小规模纳税人标准的通知》(财税〔2018〕33 号)第 1 条:增值税小规模纳税人标准为年应征增值税销售额 500 万元及以下。

应纳税额=销售额×征收率

再审法院向检察机关发出的补充材料函中要求检察机关补充提供设备厂的税务登记证，说明原审中缺乏该证据，因而，鉴定人按一般纳税人17%的税率计算设备厂应纳增值税缺乏证据支持。

2. 增值税计算方法错误。即使设备厂为增值税一般纳税人，鉴定人在计算销项税额时按照收入数额乘以17%的税率的计算方法是错误的。对于设备厂隐匿不开票的收入，将其纳入账外账核算偷逃税款，其收入应该是含税销售额，增值税销项税额正确的计算方法应先把收入换算为不含税销售额，换算公式：

销售额=含税销售额÷(1+适用税率)

换算后再计算增值税销项税额，计算公式：

增值税销项税额=销售额×适用税率

鉴定人未将收入额换算为不含税销售额，直接乘以税率，计算方法不符合《中华人民共和国增值税暂行条例实施细则》的规定。

3. 将非税收入计入偷税数额。鉴定意见将教育费附加作为偷税数额，不符合《中华人民共和国刑法》规定。逃(偷)税罪的客体是指逃(偷)税行为侵犯了国家的税收征收管理秩序，我国至今并没有把教育费附加纳入税收征收管理，故鉴定意见将教育费附加作为偷税数额，没有法律依据。

第五节 鉴定材料其他问题审查

用作司法会计鉴定的材料除不合规、不完整、不充分情形外，实务中还存在送检不及时、民事诉讼中未经另一方当事人质证等问题。本节主要介绍鉴定材料送检规定、审查方法及相关案例。

一、鉴定材料送检规定

《人民检察院刑事诉讼规则》第219条规定，人民检察院应当为鉴定人提供必要条件，及时向鉴定人送交有关检材和对比样本等原始材料，介绍与鉴定有关的情况，并明确提出要求鉴定解决的问题，但是不得暗示或者强迫鉴定人作出某种鉴定意见。

《公安机关办理刑事案件程序规定》第249条规定，公安机关应当为鉴定人进行鉴定提供必要的条件,及时向鉴定人送交有关检材和对比样本等原始材料,介绍与鉴定有关的情况,并且明确提出要求鉴定解决的问题。禁止暗示或者强迫鉴定人作出某种鉴定意见。

以上规定明确要求送检方应及时向鉴定人送检鉴定材料。财务会计资料虽然不会随着时间的推移发生明显质变,送检及时性审查的主要目的在于查明侦查人员是否遗漏了应该查封扣押的鉴定材料;在鉴定文书出具后,对照鉴定文书所列的、不在查封扣押清单中的、报案人私自向鉴定人提供或者鉴定人自行获取的鉴定材料并补充制作查封扣押清单,从而判断鉴定材料提取的合法性问题。

二、审查方法

审查人员审查时,首先审查鉴定材料是一次性送检的还是分批次送检的:如果是一次性送检的,将侦查机关出具查封扣押鉴定材料手续日期与鉴定文书中注明的鉴定受理日期进行对比;如果是分批次送检的,将侦查机关出具查封扣押鉴定材料手续日期与鉴定文书出具日期进行对比。当查封扣押鉴定材料日期分别晚于鉴定受理日期及鉴定文书出具日期,则说明鉴定材料送检不及时,鉴定意见依据的鉴定材料来源不合法,形成鉴定意见的依据可能不充分。

三、相关案例

案例 79 杜某虚开增值税专用发票案[(2018)京 0108 刑初 1036 号]

公诉机关指控,被告人杜某在明知北京某技术有限责任公司与其他公司没有实际经营业务的情况下,让其他公司为北京某技术有限责任公司虚开增值税专用发票共计 149 张,并用于抵扣税款共计人民币 236 万元。

公诉机关指控杜某犯罪的证据之一为公安机关委托某鉴定机构出具的司法会计鉴定书。

辩护人提出,相关书证的扣押时间晚于鉴定时间,鉴定意见不应采信。

法院认为,起诉书指控的事实中,相关书证被扣押的时间明显晚于送检以及鉴定意见作出的时间,在侦查机关对此未作出说明之前,该鉴定意见暂不宜作为定案根据使用,对于辩方该质证意见,法庭予以采纳。

[评析]《公安机关办理刑事案件程序规定》第 249 条第 1 款规定,公安机关应当为鉴定人进行鉴定提供必要的条件,及时向鉴定人送交有关检材和对比样本等原始材料,介绍与鉴定有关的情况,并且明确提出要求鉴定解决的问题。该条文

明确规定公安机关聘请鉴定时,应"及时"向鉴定人送交有关检材和对比样本等原始材料。本案鉴定材料扣押时间晚于送检以及鉴定意见作出时间,鉴定程序违反规定,不能保证鉴定材料来源的合法性。根据《最高人民法院关于适用〈中华人民共和国刑事诉讼法〉的解释》第98条第3项的规定,鉴定意见的送检材料、样本来源不明,或者因污染不具备鉴定条件的,不得作为定案的根据。

案例80　邵某与冯某租赁合同纠纷案[(2014)确民初字第00041号]

邵某与冯某租赁合同纠纷案,原告邵某诉称,其与被告冯某于2007年年初签订房屋租赁合同,合同约定房租随行就市涨。2011年,其根据周边房租行情将房租涨至每间1500元,但被告拒绝交纳房租及房屋水电费。经其多次催要,被告都拒绝交纳,还将其房屋门面房防盗门损坏。其请求判令被告支付房租、水电费及修复其租赁房屋防盗门的费用。

冯某提出反诉称,其于2007年开始租赁反诉被告的两间房屋做生意,经营鲜花、婚庆用品,合同约定当年租金5000元,以后的租金随行就市涨,合同签订后的前三年,双方之间无任何争议和纠纷。后来,反诉被告嫉妒其生意好,就想收回房屋自己经营,于是2010年4月猛涨房租,高出周边地区很多。在未达成一致意见的情况下,2010年4月27日反诉被告强行将出租房内的水电断掉,致使其无法经营,为此给其造成很大的经济损失。

在诉讼过程中,反诉原告冯某对其反诉请求向法院提出评估申请,要求对反诉被告邵某门面房因停水停电从2011年4月1日至同年9月21日的损失进行司法会计鉴定。会计师事务所作出司法鉴定书,该鉴定书根据反诉原告冯某在2011年4月之前6个月的总收入、总成本、房租、租金推算出2011年4月1日至9月21日其损失为15万元。

法院认为,会计师事务所作出的鉴定意见是根据反诉原告冯某提供的2011年4月之前6个月的总收入、总成本、房租、税金推算出来的,但冯某提供的2011年4月之前6个月的总收入、总成本、房租、税金等证据未在庭审中由邵某一方进行质证。根据2008年的《最高人民法院关于民事诉讼证据的若干规定》第47条第1款的规定,证据应当在法庭上出示,由当事人质证。未经质证的证据,不能作为认定案件事实的根据。故对会计师事务所据上述未经质证的证据所作的司法鉴定书,本院不予采信。

[评析]根据2008年《最高人民法院关于民事诉讼证据的若干规定》第47条

第1款的规定，证据应当在法庭上出示，由当事人质证。未经质证的证据，不能作为认定案件事实的依据。根据《最高人民法院关于民事诉讼证据的若干规定》（法释〔2019〕19号）第34条第1款的规定，人民法院应当组织当事人对鉴定材料进行质证。未经质证的材料，不得作为鉴定的根据。

本案单方委托鉴定时提供的鉴定材料未经另一方质证，不能保证鉴定材料的完整、充分、真实，依法不能作为认定案件事实的根据。

第五章 鉴定过程审查

鉴定过程是指鉴定人受理鉴定聘请后，初步检验鉴定材料，拟定鉴定方案、步骤、方法，详细检验和记录鉴定相关证据材料至分析论证前的过程。

司法会计鉴定文书的“鉴定过程”，主要内容是记录鉴定人在检验过程中所见到的，与鉴定事项有关的财务会计资料所反映的经济业务发生或结果信息，即“检验所见”。鉴定过程审查，主要是对检验记录进行客观性审查。本章主要介绍鉴定过程审查，包括数额记录客观性审查和文字记录客观性审查。

第一节 数额记录客观性审查

会计主体在会计确认、计量和报告时，是以货币为主要计量单位，辅以必要的其他计量单位，反映会计主体的生产经营活动。司法会计鉴定意见，必定涉及财务数额，而这些数额来自鉴定材料。鉴定人应当在委托方提供完整充分的鉴定材料的基础上，客观记录与鉴定事项有关的财务数额，做到不重不漏。本节主要介绍财务数额记录客观性审查方法及相关案例。

一、审查方法

由于各种原因，鉴定人在检验过程中，可能存在财务数额多记、少记、重记、漏记、错记等，或者应该记录的数额未检验记录等情形。审查人员在审查时，以委托方提供的鉴定材料作为比对物，将鉴定文书中“鉴定过程”记录的有关数额与比对物进行比对，审查鉴定过程所记录的有关财务数额的客观性。

二、相关案例

案例81　潘某诈骗案[(2018)桂0603刑初28号]

公诉机关指控,2015年3月至2017年1月,被告人潘某虚构经营红木、海关拍卖罚没物品生意的事实,通过兰某向被害人韦某许诺高息借款。韦某陆续通过银行转账给兰某账户或兰某指定的账户共3800万元,然后兰某陆续将上述款项转到潘某账户或潘某指定的账户上。为了持续取得被害人信任,潘某采取以后期骗取他人的钱款归还前期骗取的钱款和利润的方式持续占有被害人的资金。至案发时,潘某仍有600万元未归还韦某。

公诉机关就上述指控,向法庭出示了司法会计鉴定意见书等证据。

司法会计鉴定意见:韦某和韦某的关系人李某、宋某付给潘某、兰某的款项共3800万元,收到潘某、兰某返还的款项3200万元,潘某、兰某尚欠韦某和韦某的关系人李某、宋某600万元的财务事实存在。

被告人潘某辩解:其没有诈骗韦某的钱,因为其与韦某不认识,没有与韦某联系过,没有向韦某借钱。且韦某已明确与兰某的所有资金来往属民间借贷,故不存在诈骗行为。

被告人潘某的辩护人提出的辩护意见:韦某将钱借给兰某是一个民间借贷合同,兰某再将钱借给潘某是另一个民间借贷合同。潘某没有与韦某有任何直接联系,也不认识,没有任何经济往来,没有非法占有韦某钱款的目的。

法院认为,公诉机关指控事实中的司法会计鉴定只对韦某一个银行账户中韦某付给潘某、兰某及潘某、兰某转回该账户的钱款进行鉴定,便得出收大于支的结论,且混淆潘某、兰某没有明确区分;其余的银行账户均只鉴定了韦某及其关系人转到兰某银行账户的钱,没有鉴定兰某是否将所有的钱都转到潘某账户,从而仅仅依据兰某证言所述"全部的钱都转给潘某了"简单认定韦某转到兰某账户的钱就是潘某诈骗韦某的钱,属于事实不清。

法院根据查明的事实,判决被告人潘某无罪。

[评析]本案资金往来涉及潘某、兰某、韦某(含韦某的关系人,下同)三方关系人。鉴定事项应当有三项:一是查清某期间(韦某第一笔资金转给兰某的时间至案发时间)韦某与兰某的资金往来及差额;二是查清某期间(兰某收到韦某的第一笔资金时间至案发时间)兰某与潘某的资金往来及差额;三是查清某期间(韦某第一笔资金转给潘某的时间至案发时间)韦某与潘某的资金往来及差额。根据判

决书信息，鉴定过程中应当没有记录第二项检验结果，便根据证言得出兰某收到韦某的钱全部转给潘某的结论。审查人员只要依据有关银行流水账作为比对客体，将鉴定文书中“鉴定过程”记载的资金往来情况与银行流水账比对，即可查明兰某是否将其收到的韦某的资金全部都转给潘某，从而判断鉴定文书中鉴定过程记录数额的客观性。

第二节　文字记录客观性审查

司法会计鉴定意见，除需要客观反映财务数额外，还需要客观记录鉴定材料中所记载的与该财务数额有关的文字信息，反映财务数额代表的资金属性等。本节主要介绍文字记录客观性审查方法及相关案例。

一、审查方法

司法会计鉴定要求鉴定人在检验过程中客观记录“检验所见”，见到什么记录什么，不得添加、删减、篡改或者揣测有关文字信息。实务中，鉴定人容易受侦查机关所立的“案由”影响，对鉴定材料中未记载的文字，根据“案由”添加检验过程中未见到的文字信息，对资金用途作出判断。

审查人员在审查时，应当以委托方提供的鉴定材料作为比对客体，将鉴定文书中“鉴定过程”记录的有关文字信息与比对客体进行比对，审查鉴定过程所记录的有关文字信息的客观性。

二、相关案例

案例 82　梁某、金某职务侵占、非国家工作人员受贿案[（2018）青 01 刑终 271 号]

一审[（2017）青 0104 刑初 378 号]公诉机关指控，1999 年 6 月祥光公司成立，公司的法定代表人为黄某，被告人梁某任副董事长、总经理，被告人金某任财务总监。2010 年 12 月 28 日至 31 日，被告人金某经被告人梁某同意，以“归还借款”名义，4 次从祥光公司账户向其个人账户转款共计 50 万元。金某收到上述资金后全部归自己支配使用。

公诉机关指控梁某、金某职务侵占罪的证据之一为某鉴定机构出具的司法鉴定意见书。

司法鉴定意见:2010 年 12 月 28 日,摘要为归还借款,科目为其他应付款——金某,借方金额 20 万元,备注中国建设银行现金支票存根(收款人:祥光公司);29 日摘要为归还借款,科目为其他应付款——金某,借方金额 20 万元,备注中国建设银行现金支票存根(收款人:祥光公司);30 日摘要为归还借款,科目为其他应付款——金某,借方金额 5 万元,备注中国建设银行现金支票存根(收款人:祥光公司);31 日摘要为归还借款,科目为其他应付款——金某,借方金额 5 万元,备注中国建设银行现金支票存根(收款人:祥光公司)。

法院审理查明,企业活期明细信息,祥光公司企业账户于 2010 年 12 月 28 日转出 20 万元,摘要描述为“工资/奖金”,对方账户无;29 日转出 20 万元,摘要描述为“工资/奖金”,对方账户无;30 日、31 日分别转出 5 万元,摘要描述为“工资/奖金”,对方账户无。

法院认为,祥光公司转入被告人金某账户的 50 万元资金,在祥光公司企业账户摘要描述为“工资/奖金”,而司法鉴定意见书中摘要为“归还借款”,对该笔款项梁某与金某的供述不符,且付款时均由财务履行了正常支付手续,不能证实上述款项系被告人梁某、金某职务侵占所得,故公诉机关的指控不能成立。

[评析]司法会计鉴定文书的“鉴定过程”,应当客观记录检验所见。本案企业活期明细信息记载支付出去 50 万元的摘要描述为“工资/奖金”,而鉴定书记载摘要为“归还借款”。该检验结果与企业账户记载不一致,检验结果不客观。受判决书信息所限,笔者分析认为,造成检验结果不客观的原因,可能是鉴定人根据祥光公司将 50 万元资金的账务处理记录在“其他应付款”的借方,而判断该资金属于“归还借款”,便在鉴定书中记录为“归还借款”,造成检验结果与鉴定材料本身记载的文字信息不一致。

案例 83　辛某、游某非法经营案[(2016)川 0923 刑初 98 号]

公诉机关的指控主要包括:

1. 2015 年 7 月,被告人辛某通过微信朋友圈发布香烟销售广告,与微信好友聊天获得购买香烟的相关信息后,将信息转发给供货商,由供货商通过快递邮寄的方式将香烟寄给微信好友,微信好友则通过支付宝转账等方式将货款支付到辛某提供的 3 个支付宝账户内,随后辛某将货款通过支付宝转账的方式支付给供货商,并从中牟利。经鉴定,辛某通过 3 个支付宝账户,共收取经营香烟销售货款人民币292万元。

2.2015年7月,被告人游某、蒋某使用微信搜索功能得知辛某在微信上销售香烟,并将辛某添加为好友。游某、蒋某在辛某处了解到微信销售香烟的方法后,在自己朋友圈内发布香烟销售广告,并添加香烟购买者为微信好友。事后,游某、蒋某从辛某处购得香烟并转售给微信好友,并从中牟利。经鉴定,游某通过自己的支付宝账户向辛某提供的3个支付宝账户共计转账人民币14万元;蒋某通过自己的支付宝账户向辛某提供的3个支付宝账户共计转账人民币6万元。

公诉机关指控犯罪嫌疑人犯罪数额的依据为某会计师事务所出具的司法会计鉴定书。鉴定意见:辛某通过3个支付宝共收取经营香烟销售货款292万元,游某共支付经营香烟购买货款14万元,蒋某共支付经营香烟购买货款6万元。

被告人辛某供述:转入3个支付宝的钱是卖酒、茶叶、眼药水,帮别人支付宝转账,还有卖衣服的钱,还有支付宝之间相互转账,还有很多收了钱退款了,卖烟的钱占比20%~30%。

法院审理后认为,现有证据能够证实辛某共收取游某、蒋某购买香烟货款20万元,对公诉机关指控辛某的其他犯罪数额,因证据不足,不予采信。

[**评析**]本案的鉴定材料为犯罪嫌疑人辛某的支付宝账户资金流水。从法院的判决结果分析,支付宝账户资金往来应当没有"香烟款"的文字记载,鉴定人把辛某支付宝收到的资金认定为"香烟销售货款",显然该检验记录不客观。检验记录不客观的原因很可能是鉴定人根据"非法经营香烟"这一案由,先入为主地对鉴定材料中未记载的文字信息添加了"香烟销售货款"。

司法会计鉴定实务中,造成检验结果不客观,除了鉴定人依据案由先入为主地对鉴定材料中未记载的文字信息擅自添加外,还有一种情况与司法机关提出错误的鉴定事项有关,下面我们再看一个案例。

案例84　张某非法经营案[(2018)赣0424刑初53号]

某检察机关指控被告人张某犯非法经营罪,向法院提起公诉。原审法庭作出刑事判决后,被告人张某不服,提出上诉。某中级人民法院作出刑事裁定,以原判认定事实不清为由,裁定撤销原判,发回重审。原审法院依法另行组成合议庭进行审理。在审理过程中,经检察院建议,法院同意将本案退回补充侦查。2018年5月11日,检察机关将本案重新移送法院,并作出补充起诉决定。

公诉机关指控,2012年开始,被告人张某从事地下"六合彩"写单,向下线提供网盘、账户及密码,接受下线黄甲、黄乙、黄丙、蔡某、胡某、邹甲、邹乙等人报单,并通过自己控制的张甲、张乙等人的银行账户与下线进行“六合彩”码单款往来,总计接受下线汇来“六合彩”码单款2221万元。

本案在原二审阶段,某中级人民法院委托会计司法鉴定所对本案中被告人张某非法经营数额及非法所得数额进行司法会计鉴定。鉴定机构作出的鉴定意见显示,张某控制的银行账户共计收到其下线及下线的下线所汇款项共计2165万元,其控制的银行账户向其下线及下线的下线支付共计1636万元。并将上述人员账户与张某控制账户的资金交易金额认定为张某“六合彩”资金数额。另以涉案银行账户间资金交易流水没有得到双方印证为由,对黄甲转入张某控制账户的261万元、邹乙转入的10万元未予确认。

法院审查后认为,根据在案证据情况,能够查实的仅有被告人张某与黄甲、黄乙、黄丙、蔡某、胡某、邹甲、邹乙等人的“六合彩”资金结算情况。鉴定意见除将上述人员认定为张某的下线或下线的下线以外,还将与张某控制的账户有资金交易的徐某、邱某、龚某、黎某也认定为其下线或下线的下线,并将该部分人员账户与张某控制账户的资金交易金额认定为张某“六合彩”资金数额。经查,与张某控制账户有过资金交易的远不止上述部分人员的账户。鉴定机构在没有其他证据印证的情况下,仅将该部分人员认定为张某的下线或下线的下线,并仅将该部分人员账户与张某控制账户交易资金数额认定为本案“六合彩”资金数额,明显依据不足,本院不予采纳。另外,鉴定意见中以涉案银行账户间资金交易流水没有得到双方印证为由未予认定的资金数额,公诉机关在该案经补充侦查后重新移送本院时,提交了相关账户的资金流水证据资料,且排除了无双方数据印证的情况,故对该部分资金数额应予以认定。

[**评析**]一般来说,犯罪嫌疑人从事犯罪活动,不可能在银行转账时注明资金用途。如本案,参与犯罪的人员不可能在转账时对资金的用途注明为“六合彩”,即鉴定人在鉴定过程中,不可能看到银行转账备注栏有“六合彩”标识的字样,也就无法得出张某与有关人员的资金往来系“六合彩”资金的鉴定意见。也就是说,本案鉴定过程记录并非来自鉴定材料,“六合彩”三个字是鉴定人凭空添加的,即检验记录不客观。造成该结果的原因,除了与鉴定人的专业能力有关外,还与法院提出的鉴定事项错误有关。法院提出的鉴定事项为“对被告人张某非法经营数额及非法所得数额”进行鉴定,张某及其控制的银行账户有多个,与多人发生资金往来,其中哪些是合法的,哪些是非法的,犯罪数额是多少,属于法律判断问题,不

应当由会计专业人员判断。法院把法律判断问题交由会计专业人员判断,显然是错误的。正因为鉴定事项错误,才出现了“涉案银行账户间资金交易流水没有得到双方印证,对黄某转入张某控制账户的261万元、邹某转入的10万元未予确认”的鉴定意见,该意见显然是对犯罪数额的判断,超出了司法会计鉴定解决财务会计问题的范围。本案鉴定事项可以根据查明的案情采用两种设定方法:其一,如果聘请鉴定时,司法机关未查清参与“六合彩”赌博人员姓名,设定的鉴定事项为“查清张某及其控制的银行账户(列出具体账号)在某期间与所有交易对手资金往来情况”,司法机关在使用鉴定意见时,根据后续查明参与“六合彩”赌博人员姓名,在鉴定书中挑选对应人员的资金数额认定张某的犯罪金额;其二,如果聘请鉴定时,司法机关已经查清参与“六合彩”赌博人员姓名,设定的鉴定事项为“查清张某及其控制的银行账户(列出具体账号)与某某(列出具体人员姓名)在某期间资金往来情况”,司法机关可根据该鉴定结果,认定张某的犯罪金额。

第六章 分析论证审查

司法会计鉴定意见书的“分析论证”是鉴定人根据检验结果，运用科学理论知识和鉴定标准，对委托方提出需要解决的财务会计专门性问题进行分析、甄别和逻辑推理，推导出鉴定结果，形成鉴定意见的过程。本章主要介绍对分析论证的审查，包括分析论证形式要件审查、科学性审查和鉴定方法审查。

第一节 分析论证形式要件审查

司法会计鉴定意见是鉴定人对委托方提出需要解决问题的回答，鉴定人需要通过摆事实讲道理的方式，详细论证鉴定意见的形成过程，回答通过鉴定为什么得出这样的结果而不是那样的结果，供鉴定意见使用者审查判断鉴定意见的科学性、客观性。因此，分析论证是鉴定书必不可少的形式要件。本节主要介绍鉴定书分析论证形式要件是否完备的审查方法及相关案例。

一、审查方法

司法会计鉴定文书分为检验报告和鉴定书，其中检验报告是对委托方提出“怎么样”问题的回答，只需要客观反映检验所见，无须分析论证；而鉴定书是对委托方提出“为什么”问题的回答，需要详细论证鉴定意见的形成过程。

审查人员审查时，首先，需要清楚委托方提出的问题性质，即是属于“怎么样”问题还是“为什么”问题。如何区分“怎么样”问题和“为什么”问题，可以从会计基本原理去判断。会计主体发生的所有与资金有关的问题，不外乎收入和支出，这些收入和支出通过原始凭证能够直接体现出来,如果委托方提出的问题是查清某项收入数额或支出数额等能够在原始凭证上直接反映出来的问题,鉴定人应当出具检验报告,客观反映检验过程中所见到的收入数额或支出数额等问题即可,无须分析论证。如果委托方提出的问题不能在原始凭证上直接反映的,如利润数额,会计上没有任何原始凭证能够直接反映利润数额,即利润数额是通过一定的方法计算得出的,该问题就属于“为什么”的问题,需要鉴定人回答为什么这样计算而不是那样计算,计算标准出自何处,这就是分析论证过程。其次,在判断清楚委托方提出问题的性质后,观察鉴定文书中对应当经过分析论证才能得出鉴定意见的问题是否进行了分析论证,具体表现为鉴定书是否具备“分析说明”要素,判断形式要件是否齐备。

二、相关案例

案例85 张某挪用资金案[(2014)鄂十堰中刑终字第00004号]

一审法院审理查明:被告人张某利用担任村报账员发放集体征地补偿款的职务之便,先后三次从以其个人名义在农业银行开设的尾号为7101存款账户(属其保管的村集体备用金账户)中支取现金93万元,将其中的63万元借给其侄女购买房屋使用,另将30万元存入其个人在中国邮政储蓄银行开设的账户,用于购买个人理财产品,从中获取利息由其个人占有。案发前,其中的91万元已归还。被告人张某从中挪用资金69万元。

一审法院根据事实和证据,以被告人张某犯挪用资金罪作出相应判决。

宣判后,检察机关抗诉称:原判认定原审被告人张某犯挪用资金罪,属定性错误,适用法律不当。张某名下的银行账号、保管村账户及账户中的资金,经司法鉴定应为待发放的征地补偿款,张某的行为构成挪用公款罪。

检察机关抗诉的证据之一是某鉴定机构出具的司法会计鉴定书,鉴定意见认为张某先后三次从其所管7101银行账户的农户征地补偿款中转款借与他人购置房屋和自己用于购买银行理财产品共计98万元(法院审理查明其中包括张某侄女向其母亲借的5万元,在此之前由张某存入该账户),其行为侵犯了公款使用权,属于占用公款。

二审法院审理查明:原审被告人张某利用担任村报账员的便利,先后三次从其保管的村集体备用金尾号为7101账户中支取现金93万元。该账户是经相关领导同意,由张某以其个人名义在农业银行开设,2007年9月至2013年6月,该村先后从财政所借备用金总计7490万元转入该账户，用于村集体日常开支和农户征地补偿款的发放（具体各种款项的准确数额无法查清），另有村集体零星收入21万元。原审被告人张某将93万元中的63万元分两次借给其侄女购买房屋使用，并在3个月内将其中24万元归还，其余39万元超过3个月未还；另将30万元存入其个人在中国邮政储蓄银行开设的账户，用于购买个人理财产品，从中获取利息由其个人占有。原审被告人张某挪用资金共69万元。

二审法院认为：司法鉴定机构出具的司法会计鉴定意见虽然程序合法，亦符合法定的形式要件，但其意见与本院庭审查明的事实不符，不能作为定案的根据，本院不予采信。原审被告人张某挪用的账户资金中既有征地补偿款，又有该村日常开支所需的费用，还有部分村集体零星收入，原审被告人张某在本案中挪用的69万元是该账户资金的一小部分，没有证据证明其所挪用的资金类别必然属于征地补偿款，原审被告人张某的行为有可能符合两个犯罪，但现有的证据不能充分、确实地证明其行为符合其中重罪，即挪用公款罪的构成，但可以充分、确实地证明其行为已符合其中的轻罪，即挪用资金罪的构成，检察机关按照挪用公款罪追究原审被告人张某刑事责任的抗诉意见，证据不够充分，本院不予采信。裁定驳回抗诉，维持原判。

[评析]本案鉴定存在的主要问题是鉴定意见认定挪用的款项属于哪部分来源的资金未经分析论证，随意下结论。本案判决书虽然看不到鉴定文书的分析论证部分，但从法院判决说理内容可以判断鉴定意见是未经分析论证得出的。根据法院查明的事实，犯罪嫌疑人张某的农业银行账户既有征地补偿款，又有村集体资金，在两种不同性质资金混用情况下，认定挪用的是哪部分来源资金，需要经过分析论证，分析结果既可能可以认定挪用的资金来源，也可能无法认定挪用的资金来源。鉴定人可以根据不同来源资金发生时间先后顺序和挪用金额大小，分析挪用的款项来自哪种来源的资金。

为便于读者理解，我们另举例如下：以下假设该村委会银行账户期初余额100万元，资金性质为村集体资金，收到的征地补偿款性质为公款，根据挪用金额大小及时间点不同，挪用款项的性质分析如下：

1. 挪用款项时间发生在收到征地补偿款之前，如表6-1所示。

表6－1　挪用款项时间发生在收到征地补偿款之前

单位:万元

摘要	收入	支出	余额
期初余额	—	—	100
挪用支出	—	90	10
征地补偿款	200	—	210

该种情形挪用的款项无论金额大小,与挪用之后收到的征地补偿款无关,表6－1中挪用的90万元能够确定来自期初余额,即村集体资金,挪用行为构成犯罪的,只涉及挪用资金罪。

2.挪用款项时间发生在收到征地补偿款之后,需区分以下两种情况分别认定挪用款项的来源:

(1)挪用的款项金额小于或等于收到征地补偿款之前的银行存款余额,如表6－2中90万元小于100万元,由于货币资金是种类物,挪用的90万元既有可能来自期初余额中的100万元,也有可能来自征地补偿款中的200万元,或者两者兼而有之,在无法区分挪用的款项来自哪种性质资金时,根据刑事诉讼法律存疑有利于被告的原则,应当确定挪用的90万元来自期初余额,即村集体资金,挪用行为构成犯罪的,只涉及挪用资金罪。

表6－2　挪用款项时间发生在征收补偿款之后且金额小于/等于收到征收地补偿款之前的银行存款余额

单位:万元

摘要	收入	支出	余额
期初余额	—	—	100
征地补偿款	200	—	300
挪用支出	—	90	210

(2)挪用的款项金额大于征地补偿款到账以前的银行存款余额,如表6－3中180万元大于100万元,同理,根据刑事诉讼法律存疑有利于被告的原则,挪用的180万元应当确定为由集体资金100万元和征地补偿款80万元构成,如果挪用行为构成犯罪,就涉及两个罪名,即挪用资金罪和挪用公款罪。

表 6－3 挪用款项时间发生在征收补偿款之后且金额大于收到补偿款之前的银行存款余额

单位:万元

摘要	收入	支出	余额
期初余额	—	—	100
征地补偿款	200	—	300
挪用支出	—	180	120

3. 如果银行存款资金收支频繁,且有大量现金收支业务,无法认定每笔资金来源渠道的,就无法判断挪用款项的资金来源,挪用行为构成犯罪的,司法机关应当按照刑事诉讼法律中存疑有利于被告原则,确定为挪用资金罪。

从以上分析可知,当不同性质资金混用时,鉴定人应当区别情况进行分析论证,确定挪用款项的资金来源渠道,不应当未经分析论证随意得出鉴定意见。

本案鉴定除存在上述问题外,还存在以下两个问题:

第一,将现金业务认定为转账业务。具体表现在鉴定意见中的"转款借与他人"。根据法院查明的事实,被告人张某的挪用手段是从其保管的村集体备用金银行账户提取现金后存入其侄女银行账户和其本人中国邮政储蓄银行账户,现金是种类物,在流通过程中没有遗留财务痕迹,鉴定人无法认定存入张某侄女银行账户和其本人邮政银行账户的资金一定来自其保管的村集体备用金账户,即使张某提取现金存入其侄女和其本人邮政银行账户,现金在流通中的财务痕迹是间断的,鉴定人无法通过对财务会计资料的检验,得出张某从村集体备用金账户提取的现金一定存入其侄女和其本人邮政银行账户唯一结论。实务中,犯罪嫌疑人为逃避打击,挪用手段采用从一个银行账户提现,存入另一个银行账户现象比较普遍,对此,鉴定人应当与委托方协商确定两个检验事项:其一,某期间某银行账户提取现金情况;其二,某期间某银行账户现金存入情况。提现与存现之间的证据链连接,由司法机关根据犯罪嫌疑人供述、证人证言等其他证据证明。

第二,对款项性质作出认定,超出了司法会计鉴定范围。具体表现在鉴定意见中的"其行为侵犯了公款使用权,属于占用公款"。任何鉴定意见的形成,是基于鉴定人对财务会计资料的检验,通过分析论证得出。根据《会计基础工作规范》第 48 条第 1 项的规定,原始凭证主要包括:凭证的名称,填制凭证的日期,填制凭证单位名称或者填制人姓名,经办人员的签名或者盖章,接受凭证单位名称,经济业务内容,数量、单价、金额7个要素,原始凭证中没有"公款"或"集体资金"等款项性质要素。也就是说,鉴定人无法通过对财务会计资料检验得出款项性质的鉴定意见。本案中,鉴定人即使通过分析论证,得出挪用的款项包括"征地补偿款",但"征地补偿款"是款项的名称,是否属于"公款",应当由司法机关认定,即鉴定人可以认定被挪用款项的来源和名称,但不能对款项的性质作出判断。

案例86　某环境监察分局单位受贿、邝某受贿、私分国有资产案[(2014)汕龙法刑初字第570号]

公诉机关指控:被告单位某环境监察分局犯单位受贿罪、被告人邝某犯单位受贿罪、受贿罪、滥用职权罪。其中,指控邝某犯滥用职权罪的事实为:被告人邝某在担任监察分局局长期间,利用职务的便利,违反有关环保专项资金使用办法的规定,指使他人以印刷品、差旅费和会议费等支出名义虚开发票,套取环保专项资金合计24万元,用于账外开支和消费;虚构以办公用品、劳保用品等名义开具发票,套取环保专项资金合计60万元,用于支付购物卡;使用环保专项资金150万元,用于支付奖金、补助、礼品、慰问、绿化费和修缮费等支出。上述被套取的环保专项资金共计113笔,金额合计234万元,导致环保专项资金未能用于与环境保护工作相关的支出,致使公共财产遭受重大损失。

公诉机关指控邝某犯滥用职权罪的证据之一为某司法会计鉴定所出具的司法会计鉴定书,鉴定意见:邝某任监察分局局长期间,违反有关环保专项资金使用办法的规定,使用环保专项资金支付虚开发票、购物卡、绿化费、修缮费、礼品、奖金、补助和慰问等支出共计113笔金额总计234万元。

庭审过程中,对于如何界定涉案支出是否属于环保专项资金的问题,鉴定人的理解是除了财政正常的拨款之外,监察分局的其他资金均属于环保专项资金。此外,庭审期间,鉴定人对有关问题作出如下回应:(1)从鉴定意见依据的材料中,无法查出监察分局财政资金的来源;(2)即便根据财政文件规定,排污费征收上交后的回拨资金,一部分属于发展基金,一部分属于员工福利,涉案的113笔资金也不可以用于员工福利。庭后,司法会计鉴定所又发函说明:(1)鉴定所根据检察院委托的鉴定事项,并依据该院提供的相关资料进行司法会计鉴定,该委托方委托资料没有涉及监察分局其他财政资金的资金来源;(2)检察院提供的相关资料均没有反映本次鉴定的113笔资金中涉及用于发放员工福利的资金,是已报经有关财政部门申请并批复同意发放的员工福利。

法院认为,第一,鉴定人当庭关于资金来源的说明与鉴定意见中"违反有关环保专项资金使用办法的规定,使用环保专项资金"的表述出现矛盾,而司法鉴定所随后出具的情况说明中第1点意见与其当庭所述矛盾,也无法必然支持其鉴定意见的表述,如果鉴定人在无法查出财政资金来源的情况下,就断定委托方没有提交涉及监察分局其他财政资金来源的资料,那么据此可以断定鉴定人已经先入为主界定涉案开支来源属于专项资金了;第二,司法鉴定所出具的情况说明中第2点意见认为,委托方提供的相关资料均没有反映本次鉴定的113笔资金中涉及用于发放的员工福利的资金,是已报经有关财政部门申请并批复同意发放的员工福利。但实际上,司法会计鉴定意见中体现,委托方提交作为鉴定依据的文件中,就有市财政局关于排污费征收奖励办法的请示及市政府的批复、市环保局的会议纪要等资料,该资料已经明确了排污费征收后可以按一定比例回拨用于福利性质的奖励等;退一步讲,如果以委托方没有提交相关资料便推定监察分局没有报批获得同意发放员工福利,则是将控方举证不能的责任转由监察分局及邝某承担,对邝某不利,据此得出的鉴定意见不合理。综上所述,该份鉴定意见不予采纳作为定案的根据,对公诉机关指控邝某犯滥用职权罪不予认定。

[评析]假如本案环境监察分局在银行开设两个账户分别核算环保专项资金和办公经费,那么涉案资金来源可以根据从哪个银行账户支取作出判断。根据本案判决书分析,环境监察分局只用一个银行账户支取环保专项资金和办公经费两种不同性质的资金,在此种情况下,涉案资金到底来自什么性质的资金,鉴定人应当进行分析论证,如果未经分析论证,不应当先入为主对涉案资金的来源作出认定。为便于理解,我们不妨举个例子说明。假如环境监察分局银行账户收到财政部门拨入的资金有1000万元,其中700万元为日常办公经费,300万元为环保专项资金,鉴定人应当对涉案资金发生支出时点前环境监察分局日常办公经费开支数额进行检验,只有涉案资金发生时点前700万元已经耗尽,才可以得出涉案资金来自环保专项资金的结论,否则就无法得出涉案资金来源于什么性质的资金。从本案的判决书分析,鉴定意见书很可能缺乏"分析论证"形式要件,缺失鉴定意见的形成过程。

案例87　原某与王某、某运输公司等机动车交通事故责任纠纷案[(2018)晋0423民初504号]

原告:原某

被告:王某、某运输公司、某保险公司

原告诉称:常某驾驶原告所有的重型半挂货车与王某驾驶的重型半挂货车发生碰撞,造成两车不同程度损坏。经交警队事故认定书认定,常某、王某承担本次事故的同等责任。事故发生后,原告车辆被送去维修,经核算各项经济损失为11万元,其中某司法鉴定中心出具的司法会计鉴定意见书中表明,经鉴定,×××货车的停运损失为2万元。

法院审理后认为,司法会计鉴定书虽是正规鉴定机构作出的,但所需鉴定材料均由原告自行提供,鉴定资料中未反映收集资料的情况及收集过程,也没有成本、收入及利润的计算方法及计算依据,故本院不予认可。

[评析]《最高人民法院印发〈关于当前形势下审理民商事合同纠纷案件若干问题的指导意见〉的通知》(法发〔2009〕40号)第9条规定,可得利益损失主要分为生产利润损失、经营利润损失和转售利润损失等类型。根据本案的案情,原告的"停运损失"属于"经营利润损失"。受判决文书信息所限,无法得知委托方所提的鉴定事项具体内容,但从法院不采信鉴定意见的理由可以分析,其中应当有一项鉴定事项为利润鉴定。根据《财政部关于印发〈企业会计制度〉的通知》(以下简称《企业会计制度》)(财会〔2000〕25号)第106条第1项规定,利润,是指企业在一定会计期间的经营成果,包括营业利润、利润总额和净利润。

其中:营业利润=主营业务收入-主营业务成本-主营业务税金及附加+其他业务利润-营业费用-管理费用-财务费用。

根据司法鉴定文书格式规范,鉴定文书的"鉴定过程"应当按照鉴定事项涉及的营业利润鉴定标准,客观记录该标准中所涉及的收入、成本费用及税金等项目金额,但本案鉴定文书未予以记录,未经过分析论证,无法证明鉴定意见的形成过程和依据,故法院不予采信。

第二节　分析论证科学性审查

鉴定意见是鉴定人运用科学知识和技术原理对诉讼中需要解决的专门性问题的判断,科学性是鉴定意见的灵魂。鉴定意见的科学性除了与检验过程是否科学有关外,最关键的是分析论证是否科学。本节主要介绍分析论证科学性审查方法及相关案例。

一、审查方法

审查人员主要通过查看分析论证过程中是否有标准可依、是否指出标准的出处、采用的标准是否正确、分析论证是否严谨、逻辑推理是否严密、论证过程是否存在自相矛盾、论证得出的结论是否唯一等方法进行审查。

二、相关案例

案例 88　庄某职务侵占案[（2019）粤 0106 刑初 607 号]

公诉机关指控：2017 年 2 月至 2018 年 7 月，被告人庄某在餐饮连锁分店工作，担任服务员，负责为顾客点菜下单、收费等事项。2017 年中秋节后至 2018 年 7 月，被告人庄某受同案人吴某、林某纠集，伙同服务员李某在为顾客点菜下单、收费的过程中，利用公司收银系统漏洞，多次通过虚假退菜的方式截取该分店的营业收入，合计金额为人民币 41 万元。

公诉机关指控庄某等人犯罪金额的证据为某鉴定所出具的司法会计鉴定书。

法院审理后认为，起诉书指控各被告人犯罪数额共计人民币 41 万元，系根据司法鉴定所对餐饮连锁分店电脑内的异常取消菜单进行的鉴定，但该鉴定意见书不足以认定各被告人侵占被害单位共计人民币 41 万元。理由是：该鉴定意见仅是对异常取消菜单进行统计、鉴定，没有其他证据印证所有的异常取消菜单都是被告人实施职务侵占的记录，据此认定犯罪数额证据尚不充分。根据被害单位信息部经理张某的报案陈述，正常取消的菜单一般发生在点菜后几分钟甚至更长时间，并会在系统数据中注明退菜原因的编码代号和退菜授权人的编码代号，而利用公司的收款系统的漏洞截留营业款的异常取消菜单，没有注明退菜原因和退菜授权人，需要在点餐后立即取消订单，一般在 10 秒之内完成。但经对司法会计鉴定列明的异常取消菜单进行核对，有少部分是在 20 余秒甚至 30 余秒后取消菜单，有个别是在下单之前已经取消菜单，再对比鉴定意见抽取的注明退菜原因和退菜授权人的正常取消菜单，也有在数秒内退菜的菜单。以上说明：正常取消菜单并标注退菜原因，退菜授权人亦可以在数秒内完成，取消菜单的间隔时间不足以作为区别取消菜单是否异常的标准，而经统计的没有注明退菜原因和退菜授权人的所谓异常取消菜单，不能完全排除虽然是正常取消菜单但是为操作不规范所致的情况。

[评析]《司法鉴定程序通则》第 23 条规定，司法鉴定人进行鉴定，应当依下列

顺序遵守和采用该专业领域的技术标准、技术规范和技术方法:(1)国家标准;(2)行业标准和技术规范;(3)该专业领域多数专家认可的技术方法。

本案的鉴定事项为对"餐饮连锁分店电脑内的异常取消菜单进行鉴定",首先,"异常取消订单"不是财务会计专门性问题,不能成为司法会计鉴定事项;其次,多少时间取消订单算"正常",多少时间取消订单算"异常",既没有国家、行业标准和技术规范,也没有该专业领域多数专家认可的技术方法。

本案鉴定"无标准可依"的原因是"异常取消订单"不是财务会计专门性问题,会计准则、制度自然就没有这方面的标准。

案例89　万华公司、万某逃税案[(2017)渝04刑终87号]

一审[(2017)渝0240刑初12号]重庆市某检察机关指控,被告人万某系被告单位万华公司法定代表人和实际负责人。2010年7月,万华公司在税务机关办理了税务登记并于同年开发"南城首座"楼盘项目。2012年度,万华公司累计销售收入2421万元,向税务机关虚假申报销售收入为1300万元;2013年上半年,万华公司累计销售收入2217万元,向税务机关申报销售收入670万元。2013年9月至2014年无销售收入。

公诉机关认为被告单位万华公司通过虚假纳税申报和通知后拒不申报的方式逃避税款,被告人万某作为对万华公司直接负责的主管人员,应当以逃税罪追究万华公司及万某的刑事责任。公诉机关指控犯罪的证据之一为某会计师事务所出具的司法会计鉴定报告。

司法会计鉴定意见:2012年度,万华公司销售"南城首座"预收售房款2421万元,申报1300万元,少缴纳(含预缴)税费1,372,097元,是该期间应缴纳(含预缴)税费2,373,257元的58%。其中,少缴营业税560,537元,少缴比例46%;少缴城市建设维护税28,027元,少缴比例为46%;少缴教育费附加16,816元,少缴比例为46%;少缴地方教育费附加11,211元,少缴比例为46%;少预缴土地增值税224,215元,少预缴比例为46%;少缴契税106,234元,少缴比例为100%;少缴印花税5605元,少缴比例为46%;少预缴企业所得税419,452元,少缴比例为100%。2013年度,万华公司销售"南城首座"项目取得预收售房款2217万元,申报金额670万元,少缴(含预缴)税费1,595,670元,是该期间应缴纳(含预缴)税费2,074,962的77%。其中,少缴营业税773,513元,少缴纳比例为70%;少缴城市维护建设税38,676元,少缴比例为70%;少缴教育费附加23,205元,少缴比例为70%;少缴地方教育费附加15,470元,少缴纳比例为70%;少预缴土地增值税309,405元,少预缴比例为70%;少缴印花税7735元,少缴纳比例为70%;少缴城镇土地使用税19,660元,少缴比例为100%;少预缴企业所得税408,006元,少缴比例为100%。2012年至2013年度,万华公司合计少缴(含预缴)各项税(费)2,967,767元,少缴比例67%。该鉴定报告中特别说明:教育费附加、地方教育费附加系营业税附加费,土地增值税、企业所得税采用预征方式,尚未进行清算。

被告人万某的辩护人提出:被告单位万华公司及被告人万某不构成逃税罪,理由如下:(1)逃税总额及比例应当以一个纳税年度为计算周期和基准,并以税务机关催缴为前置程序。本案中,税务机关只向万华公司催缴了2013年1月至8月的税款,未对2013年9月至12月和2012年度应缴纳税款进行催缴,不能认定万华公司2012年、2013年的欠税行为构成逃税罪。(2)指控被告单位万华公司、被告人万某逃税的金额及比例有误:①本案中,项目尚未结算,企业所得税、土地增值税采用预征方式,不能将万华公司所欠预征额计入犯罪金额;②教育费附加、地方教育费附加不属于税的范畴,不应计入犯罪金额;③税务机关未对契税、城镇土地使用税进行催缴,相应的欠税金额不应计入犯罪金额。

一审法院审理后认为,关于辩护人提出逃税总额及比例应以一个纳税年度为周期和基准,本案中税务机关只向万华公司催缴了2013年1月至8月的税款,未对2013年9月至12月和2012年度应缴纳税款进行催缴的意见,经查,税务机关于2013年7月5日向万华公司送达了限期缴纳税款通知书,限万华公司在2013年7月20日前到税务机关缴纳2013年1月至3月应纳税款;税务机关又于2013年9月9日向万华公司送达了税务事项通知书,限万华公司于2013年9月16日缴纳2013年1月至2013年9月经营房地产开发应纳的地方税款。税务机关的催缴通知中未明确万华公司应缴纳2012年度的税款,虽然税务机关于2016年12月23日出具说明称2013年9月9日催缴的税款中包含2012年12月所取得收入的相应税款,但当时送达通知书时并没有将该情况明确告知纳税义务人,因此根据有利于被告人的原则,本院认定税务机关未能完成对万华公司2012年度应纳税款的催缴。故辩护人提出未对万华公司2012年度应缴纳税款催收的意见成立,本院予以采纳。关于辩护人提出企业所得税、土地增值税采取的是预征方式,教育费附加、地方教育费附加不属于税的范畴,税务机关未对契税、城镇土地使用税进行催缴,相应所欠金额不应计入犯罪金额的意见,经查:(1)《中华人民共和国企业所得税法》第54条规定:“企业所得税分月或者分季预缴。企业应当自月份或者季度终了之日起十五日内，向税务机关报送预缴企业所得税纳税申报表，预缴税款。企业应当自年度终了之日起五个月内，向税务机关报送年度企业所得税纳税申报表，并汇算清缴，结清应缴应退税款。企业在报送企业所得税纳税申报表时，应当按照规定附送财务会计报告和其他有关资料。"2007 年《中华人民共和国企业所得税法实施条例》(已修订)第 128 条第 1 款规定："企业所得税分月或者分季预缴，由税务机关具体核定。"《中华人民共和国土地增值税暂行条例实施细则》第 16 条规定："纳税人在项目全部竣工结算前转让房地产取得的收入，由于涉及成本确定或其他原因，而无法据以计算土地增值税的，可以预征土地增值税，待该项目全部竣工、办理结算后再进行清算，多退少补……"本案中，税务机关出具说明证明截至 2017 年 7 月 28 日"南城首座"项目尚未进行土地增值税和企业所得税的清(结)算，因企业所得税、土地增值税采取的是预缴、预征的方式，其具体应缴数额尚未确定，不应将万华公司尚未预缴的企业所得税及所欠预征的土地增值税计入犯罪金额。(2)根据相关规定可知，教育费附加是对缴纳增值税、营业税、消费税的单位和个人征收的一种附加费，作用是加快发展地方教育事业，扩大地方教育经费的资金来源。《重庆市地方教育附加征收使用管理办法》第 2 条规定："地方教育附加属于政府非税收入，收入全额缴入市级国库，纳入基金预算管理。"故教育费附加和地方教育费附加的性质属于费，不属于税的范畴，故不应将万华公司未缴纳的该两项费用计入犯罪金额。本院以此对万华公司在 2013 年度应缴、少缴的营业税、城市维护建设税、印花税的金额予以认定。一审法院根据查明的事实，对万华公司及万某作出相应判决。

宣判后，公诉机关提出抗诉。抗诉机关提出：(1)逃税罪并不以税务机关催缴作为必备要件，税务机关在 2013 年 7 月 20 日、9 月 16 日两次向万华公司催缴税款而万华公司未缴纳，故原判未认定万华公司逃避缴纳 2012 年度税款共计 1,344,070 元错误。(2)原判未认定万华公司逃缴 2013 年度企业所得税、土地增值税共计 717,411 元错误。

二审查明的事实和证据与原判一致。

二审法院认为，关于抗诉机关提出逃税罪并不以税务机关催缴作为必备要件，税务机关在 2013 年 7 月 20 日、9 月 16 日两次向万华公司催缴税款而未缴纳，故原判未认定万华公司逃避缴纳 2012 年度税款 1,344,070 元错误的抗诉理由，经查，《最高人民检察院、公安部关于公安机关管辖的刑事案件立案追诉标准的规定(二)》(已废止)第 57 条第 1 项规定"纳税人采取欺骗、隐瞒手段进行虚假纳税申报或者不申报，逃避缴纳税款，数额在五万元以上并且占各税种应纳税总额百分之十以上，经税务机关依法下达追缴通知后，不补缴应纳税款、不缴纳滞纳金或者不接受行政处罚的”，构成逃税罪。根据该规定，税务机关的追缴是追究逃税罪刑事责任的前置程序。本案中，税务机关下达的催缴通知书没有明确要求万华公司缴纳2012年度的应纳税款，欠缺追缴程序，故原判未将万华公司2012年度欠缴税款计入犯罪数额并无不当，该抗诉理由不能成立，本院不予采纳。

关于抗诉机关提出原判未认定万华公司逃缴2013年度企业所得税、土地增值税共计717,411元错误的抗诉理由。经查，企业所得税、土地增值税均为预缴税款，须待最后清算后才能确定实际应缴数额，以及是否需要补缴或者退税。本案中，万华公司虽然未缴足两种预缴税款，但“南城首座”项目尚未进行土地增值税和企业所得税的清（结）算，万华公司实际应缴多少企业所得税和土地增值税，是否存在补缴或者退税等情况均无法查清，故原判未将万华公司2013年度未全部预缴的企业所得税和土地增值税计入犯罪数额并无不当，该抗诉理由不能成立，不予采纳。裁定驳回抗诉，维持原判。

［评析］逃税罪的客体是指逃税行为侵犯了我国税收征收管理秩序，顾名思义，行为人逃掉的是“税”。根据《征收教育费附加的暂行规定》（国务院令第588号）第5条第2款的规定，教育费附加纳入预算管理，作为教育专项资金；该规定第8条第1款规定，地方征收的教育费附加，按专项资金管理。根据《财政部、国家发展改革委、水利部关于印发〈水利建设基金筹集和使用管理办法〉的通知》（财综〔2011〕2号）第7条的规定，水利建设基金属于政府性基金。

教育费附加、地方教育费附加、水利建设基金虽然由税务部门征收，但我国尚未将其纳入税收征收管理，属于政府非税收入，不属于税的范畴。行为人不缴、少缴教育费附加、地方教育费附加、水利建设基金，不能成为逃税罪犯罪侵害的客体，不应计入逃税总额中。本案鉴定把教育费附加、地方教育费附加计入逃税总额中，系采用标准错误。

案例90　姚某、王某非法吸收公众存款案［（2018）苏01刑终828号］

原公诉机关指控：2015年6月，盛浩投资管理有限公司注册成立，该公司成立后，通过派送传单等方式，以高额利息为诱饵，面向不特定的社会群众吸收存款。被告人王某、姚某均担任该公司的业务员，负责吸收客户投资款。被告人王某向集资参与人华某、李某等11人吸收资金合计701万元，造成损失合计589万元。

被告人姚某向史某等 4 名集资参与人吸收资金合计数额 40 万元,造成实际损失 37 万元。

公诉机关指控犯罪金额的证据之一为某会计师事务所出具的审计报告。

会计师事务所审计人员张某陈述,审计报告认定存款人的投资本金及损失,采取存款人的陈述与合同、收据、银行单据、合同到期付款明细表等书证相印证的原则,具体的数额由直接投资数额及投资到期后转投数额累加得出,转投数额由前期投资数额及其利息组成。

原审法院审理认为,非法吸收公众存款的数额,应以行为人实际吸收的资金全额计算,具体的数额应全面综合在案证据作出认定。投资款项到期后再次投资的数额是否累加计入犯罪数额,应当结合到期后的本息是否交付投资人等情况具体确定。本案中,在案证据不能证明行为人在投资到期后向投资人交还了本金,投资本金一直在行为人控制之下,双方虽在投资到期后再次签订合同续投,但犯罪对象仍系投资人首次交付的本金,只是非法吸收资金持续时长发生变化,行为人实际没有吸取新的社会资金,并未对金融秩序造成新的侵害,故本案投资款项到期后本息再次投资的数额不应累加计入犯罪数额。公诉机关依据审计报告指控的犯罪数额,不仅存在投资款项到期后本息再次投资重复计算数额的问题,而且再次投资的数额中包含年息逾 100% 的高额利息、复利。即便在合法的民间借贷中,根据 2015 年《最高人民法院关于审理民间借贷案件适用法律若干问题的规定》第 28 条的规定,出借人要求借款人支付超过年利率 24% 的利息的,人民法院不予支持;借贷双方对前期借款本息结算后将利息计入后期借款本金并重新出具债权凭证,借款人在借款期间届满后应当支付的本息之和,不能超过最初借款本金与以最初借款本金为基数,以年利率 24% 计算的整个借款期间的利息之和。非法吸收公众存款犯罪中,行为人对存款人的损失尚应承担退赔责任,本案如采信审计报告的有关数据,必然导致将非法的高额利息、复利合法化。实践中,非法吸收公众存款案件的爆发多系资不抵债,本案如将高额利息、复利计入犯罪数额,既不利于平等保护投资人的本金损失,也不利于引导投资人进行理性投资。此外,审计报告认定存款人的实际损失,超过存款人陈述的投资本金,不仅逻辑上很难自圆其说,而且不符合日常情理,审计报告的相应意见本院不予采纳。

原审法院认为,被告人王某、姚某非法吸收公众存款,扰乱金融秩序,其行为均构成非法吸收公众存款罪。其中,被告人王某非法吸收公众存款数额巨大。公诉机关指控罪名成立,但对被告人王某、姚某吸收公众存款以及造成实际损失的数额认定不当，予以纠正。

原审法院根据查明的事实，以非法吸收公众存款罪对王某、姚某作出相应判决。

宣判后，原公诉机关提出抗诉，认为原审判决对被告人王某、姚某犯罪数额计算原则有错误，对于重复投资的金额应当累计计算等抗诉意见。

某市人民检察院认为原公诉机关部分抗诉正确，抗诉意见为：原审判决认定原审被告人王某、姚某非法吸收资金的犯罪数额有误，未将二原审被告人吸收资金中转存部分计入犯罪数额。

二审法院认为，关于本案吸收公众存款及造成损失数额的认定标准问题，抗诉、支抗机关认为到期转投的金额均应累计计算，应按照审计报告的数额来认定非法吸收的金额。本院经审查认为，本案审计报告在吸收人员范围、损失计算等方面与查明事实不符，原审法院对审计报告不予采信，并根据集资参与人陈述、自登表、合同、收据等证据重新审核非法吸收存款以及损失的金额，认定亦无不当。故抗诉、支抗机关的意见不能成立，本院不予采纳。

裁定驳回抗诉，维持原判。

[评析]根据《最高人民法院关于审理非法集资刑事案件具体应用法律若干问题的解释》（法释〔2010〕18号）第3条的规定，非法吸收或者变相吸收公众存款的数额，以行为人所吸收的资金全额计算。案发前后已归还的数额，可以作为量刑情节酌情考虑。[①] 该司法解释明确规定吸收公众存款数额，以行为人“吸收的资金全额计算”，即行为人收到的是“真金白银”，而投资到期后未收回本息续投的，是原投资期的延续，并没有发生新的资金流，根据上述司法解释精神，未发生资金流，不应当认定为“吸收”资金。

根据诉讼法律，司法机关办案中遇到需要解决某些专门性问题时，应当指派、聘请具有专门知识的人进行鉴定。本案涉及资金往来问题，对应的执业门类为司法会计鉴定，鉴定人受理后应当实施司法会计鉴定。本案鉴定人在执业过程中存在两处错误。第一，应当引用《最高人民法院关于审理非法集资刑事案件具体应用法律若干问题的解释》（法释〔2010〕18号，已修改）作为吸收资金数额的判断标准而没有引用，造成认定吸收资金数额的错误。第二，以审计报告代替司法会计

① 《最高人民法院、最高人民检察院、公安部关于办理非法集资刑事案件若干问题的意见》第5条规定：“……非法吸收或者变相吸收公众存款的数额，以行为人所吸收的资金全额计算。集资参与人收回本金或者获得回报后又重复投资的数额不予扣除，但可以作为量刑情节酌情考虑。”

鉴定意见书。按照审计规范,审计报告可以以“存款人的陈述”等非财务会计资料作为检材,审计意见可以依据言词证据等非财务会计资料得出,而司法会计鉴定不允许以非财务会计资料作为检材,不允许鉴定意见依据非财务会计资料形成。

案例 91　孙某、王某非法吸收公众存款案[(2019)鲁 1329 刑再 2 号之一]

原公诉机关指控,2010 年 4 月 13 日至 2015 年 2 月 5 日,被告人孙某、王某以经营房地产中介服务、投资理财咨询服务经营为由,成立某理财咨询有限公司从事违法犯罪活动,在未经中国人民银行批准的情况下,违反国家金融管理规定,以支付高额利息为诱饵,向凌某、韩某等社会公众 278 余人出具自制存款收据(出借证明和借条)非法吸收公众存款 3071 笔,共计人民币 18,831 万元(其中本金人民币 17,337 万元,到期利息转存人民币 1494 万元)。案发前,仍有非法吸收公众的存款 1127 万元未兑付。

原公诉机关指控孙某、王某非法吸收公众存款数额的主要证据为某会计师事务所出具的审计报告。

原审判决对于公诉机关指控被告人孙某、王某非法吸收公众存款 18,831 万元的事实,以审计报告的审计结论 18,831 万元存在一次存款后多次未支取转存的事实,不能真实反映被告人孙某、王某实际非法吸收公众存款的数额情况为由,认为公诉机关提供的现有证据不能充分证实指控事实,属于指控的证据不足,不予认定。判决认定孙某、王某非法吸收公众存款数额为 1127 万元。

判决发生法律效力后,某市检察院提出抗诉。

再审中,抗诉机关认为:本案审计报告、证人证言、原审被告人供述等证据证实,二被告人非法向社会公众 278 人吸收存款 3071 笔,共计人民币 17,337 万元。一审判决仅以未归还 1127 万元认定为非法吸收公众存款的数额,系认定事实错误,导致量刑不当。

再审认为,抗诉机关关于“二被告人非法向社会公众 278 人吸收存款 3071 笔,共计人民币 17,337 万元”的抗诉意见无确实充分的证据证实,从刑事证据的角度评价,该数额指控所依据的审计报告不能作为有效证据采信。理由有三:第一,庭审业已查明,原公诉机关举证的审计报告虽然载明,二被告人从 2010 年 4 月 13 日至 2014 年 12 月 10 日,向社会公众 278 人非法吸收公众存款本金 17,337 万元,但是根据被告人供述、证人证言、审计报告载明的需要注意的事项,均能证实二被告人长时间、多人数进行非法吸收社会公众存款的犯罪活动,大量存在以下情况:一个被吸存户存入一笔存款后,公司即时向存户出具出借证明和借条两份收据,其中出借证明载明存款本金,借条载明按照约定利率计算得出的利息金额,一般一次存款周期为3个月。到期后,该存户若不支取本金及利息,则由公司财务人员将出借证明上的本金和借条上的利息相加,作为该存户的第二周期存款的本金,并以此本金为基础,计算出第二周期的利息,按照前述程序出具第二周期存款的出借证明和借条。以此类推,同一存户的同一笔存款,可能会出现二次、三次、四次等N个周期的存款本金及利息,故抗诉机关依据审计报告结论主张的上述抗诉数额意见,大部分属于各存户第一次存款到期未支取后N次滚动计算的结果,不能真实反映二被告人非法吸收公众存款的数额情况。虽然2010年12月13日发布的《最高人民法院关于审理非法集资刑事案件具体应用法律若干问题的解释》(已修改)第3条第3款规定,非法吸收或者变相吸收公众存款的数额,以行为人所吸收的资金全额计算。案发前已归还的数额,可以作为量刑情节酌情考虑。但是本案审计报告结论中二被告人吸收资金的全额数量与被告人供述、被害人陈述、证人证言、出借证明、借条等证据均不吻合,原审和再审过程中,原公诉机关和抗诉机关均未提供证据证实二被告人非法吸收公众存款的资金全额,并未能将审计结论"二被告人非法向社会公众吸收存款本金17,337万元"中具体包含第一次本金多少数额,该第一次本金对应的利息数额,该第一次本金及利息是否在期满后支取,未支取的本金及利息又转存了几次等问题予以分离审计清楚,故该抗诉意见数额17,337万元扣除尚未兑付的1127万元的有效指控,剩余部分不能认定为司法解释中的"案发前已归还的数额",亦不能认定为非法吸收存款的"资金全额"。第二,原审期间侦查机关提供的审计报告第15页需要注意的事项载明:(1)本次审计过程中,我们仅根据公安局提供的财务资料进行,无法对债权人、债务人进行函证落实。(2)本审计报告的前提条件是理财咨询公司所提供的资料真实、合法、完整,没有重大遗漏以及相关人员无虚假陈述。(3)基于审计工作性质的特殊性及局限性,本审计报告不应被视为对理财咨询公司经营期间财务报表的鉴证意见,仅给公安局审理理财咨询公司案件提供参考,不得对外使用。上述说明,从负责审计的会计师事务所及会计师角度证实了该审计结论的不确定性。第三,原起诉书指控的尚未归还的数额为1127万元,审计报告附表第8页载明的尚未归还的数额为1258万元,该审计数额比公诉机关指控数额多出131万元,多出的数额在侦查、起诉、审判时,均无被害人报案主张权利,与常理不符。故该审计报告不能作为有效证据使用,相关抗诉指控属于事实不清,证据不足,本院不予支持。

再审裁定：驳回抗诉，维持原判。

[评析] 本案例与案例90类同，存在应当引用非法吸收公众存款数额的法律判断标准而未引用，应当进行司法会计鉴定而未鉴定，以审计报告代替司法会计鉴定书等问题。从司法会计鉴定角度评价，本案检验的对象主要是犯罪嫌疑人与集资参与人之间的银行流水，借款凭证只能作为判断银行流水资金用途的依据，送检方如果没有提供银行流水，检材就达不到司法会计鉴定条件。如果从审计角度评价，按照审计准则，审计证据不充分时，注册会计师可以出具不同类型的审计报告，这正是再审判决述及的审计报告第15页载明的三点注意事项的原因。另外，判决书中虽然没有记载审计依据，但可以分析该份审计报告很可能只是对借款凭证的简单累加，如果是这样，该审计报告实质上是一份借款凭证统计报告，统计结果不一定能够反映资金往来真实情况，因而不具备司法会计鉴定意见证据属性。

案例92　易某行贿案[（2019）湘0112刑初29号]

公诉机关指控，2008年至2010年，被告人易某通过借用某建设集团有限公司名义及资质的方式，承揽了市民服务中心项目。此后，为确保该项目若干附属工程不另行公开招投标，并在项目合同签订、工程款超进度支付等方面获得帮助，易某多次找到城市建设投资有限公司董事长、总经理王某，并向其行贿。

公诉机关为证明易某谋取的不正当利益，向法庭提交了某司法鉴定中心出具的司法鉴定意见书，鉴定意见称：易某借用某建设集团有限公司的资质，承揽的市民服务中心项目及其附属工程项目，收入26,144万元，利润总额为2692万元。

易某到案后，通过其近亲属主动向检察机关退缴人民币2000万元。

法院认为，本案中有关违法所得的司法鉴定意见的鉴定过程和方法是参照国家税务局（现为国家税务总局）发布的《企业所得税核定征收办法（试行）》（国税发〔2008〕30号，已修改）中对没有账簿、无法确定成本的企业征收所得税时如何核定应税所得额的相关规定。而司法鉴定是指在诉讼活动中鉴定人运用科学技术或者专门知识对诉讼涉及的专门性问题进行鉴定和判断并提供意见的活动，鉴定的技术方法依次为国家标准、行业标准和技术规范、该专业领域多数专家认可的技术方法。而非参照其他行业的方法、分析过程和标准进行核定。故此，公诉机关提交的司法鉴定意见的鉴定过程和方法不符合相关专业的规范要求，不具有合法性,本院不予采信。公诉机关未提供有效证据证明被告人易某因犯罪是否获得违法所得及具体金额,易某自愿退缴的人民币2000万元是否具有违法性无相关证据证明,本院在本案中不予追缴。

[评析]本案涉及利润鉴定,根据《企业会计制度》第106条的规定,利润,是指企业在一定会计期间的经营成果,包括营业利润、利润总额和净利润。其中:

营业利润,是指主营业务收入减去主营业务成本和主营业务税金及附加,加上其他业务利润,减去营业费用、管理费用和财务费用后的金额。

利润总额,是指营业利润加上投资收益、补贴收入、营业外收入,减去营业外支出后的金额。

净利润,是指利润总额减去所得税后的金额。

本案鉴定人在鉴定利润时,引用了国家税务总局发布的《企业所得税核定征收办法(试行)》(已修改),该办法第3条第1款规定,纳税人具有下列情形之一的,核定征收企业所得税:(1)依照法律、行政法规的规定可以不设置账簿的;(2)依照法律、行政法规的规定应当设置但未设置账簿的;(3)擅自销毁账簿或者拒不提供纳税资料的;(4)虽设置账簿,但账目混乱或者成本资料、收入凭证、费用凭证残缺不全,难以查账的;(5)发生纳税义务,未按照规定的期限办理纳税申报,经税务机关责令限期申报,逾期仍不申报的;(6)申报的计税依据明显偏低,又无正当理由的。

由《企业所得税核定征收办法(试行)》(已修改)以上规定可知,该办法适用于未设置账簿、财务会计资料不齐全或者逾期不申报纳税的纳税人核定应缴纳税费的方法,并不涉及利润的计算,鉴定人应当引用《企业会计制度》第106条有关利润的计算标准而未引用,却引用了与利润无关的《企业所得税核定征收办法(试行)》(已修改),系引用标准错误。

案例93　王甲、王乙等人假冒注册商标案[(2019)鄂1083刑初275号]

公诉机关指控,2014年7月,被告人王甲、王乙、王丙在武汉市成立了华泰网络科技有限公司,在淘宝网上注册了"安密综合布线商场"等网店,主要从事网线产品销售。被告人王甲于2015年3月与广州畅通公司的被告人冷某、邱某等人协商生产销售假冒国际一线品牌"安密""康茂"网线。被告人冷某、邱某等人负责订货、生产、发货等,被告人王甲、王乙、王丙等人负责订货、销售,分工明确,各负其责。

2015年1月至2018年11月，被告人冷某、邱某按被告人王甲的要求，在未获得商标注册许可及委托加工合同的情况下，生产并向被告人王甲等人销售印有“安密”标识品牌系列假冒网线共6586卷，价值184万元；生产并向被告人王甲等人销售印有“康茂”标识品牌系列假冒网线共48,141卷，价值1441万元，以上合计1625万元。

2015年9月至案发，被告人王甲、王乙、周某、宁某等人在武汉注册成立5个淘宝网店，销售假冒“安密”“康茂”系列品牌网线。依据支付宝公司提供近两年的交易记录，通过审计，该5个淘宝店从2017年1月至2018年11月销售总额为1891万元；在广州注册成立的4个网店，依据支付宝公司提供近两年的交易记录，通过审计，该4个淘宝店销售假冒“安密”“康茂”网线280万元。

通过审计，广州畅通公司2015年1月至2018年11月涉嫌生产并向王甲销售假冒网线累计销售收入为1625万元，按公司综合毛利率测算，广州畅通公司销售给被告人王甲涉嫌假冒网线获取收益188万～191万元。被告人冷某销售给王甲的假冒网线提成金额为2万元。

根据审计，被告人王甲等人销售金额及获利情况为：2017年1月至2018年11月从广州畅通公司采购的假冒康茂网线46,476卷，销售总金额达2000多万元，扣除采购、人工、发货等成本1778万元，被告人王甲、王乙、王丙、周某、宁某、王丁等人一共获利最低为222万元。

关于审计报告能否作为定案根据的问题，法院认为：

1. 广州畅通公司生产销售假冒“安密”“康茂”网线的收益应为销售假冒网线的收入减去生产销售假冒网线的成本（包括原材料、厂房租金、设备折旧、人工工资、水电、运输、税费等）。本案中广州畅通公司在2015年至2017年营业的收入和成本既包括正品，也包括假冒产品，正品和假冒产品的成本是不一样的。而审计机构却按照被告单位广州畅通公司近三年（2015年至2017年）经营的毛利率来推算被告单位2015年至2018年11月生产销售假冒的“安密”“康茂”网线使王甲获取的收益，这种计算方法显然不科学。

2. 审计报告中直接引用了王甲、王乙、周某的供述与辩解等言词证据，违反了《人民检察院司法会计工作细则（试行）》第24条第2项关于“鉴定意见不得依据犯罪嫌疑人供述、被害人陈述、证人证言等非财务会计资料形成”的规定。

3. 根据《司法鉴定程序通则》第12条第1款的规定，委托人委托鉴定的，应当向司法鉴定机构提供真实、完整、充分的鉴定材料，并对鉴定材料的真实性、合法性负责。本案中审计报告所依托的送检材料不充分、不完整。其一，送检材料中没有王甲等人2015年至2016年淘宝网店的销售记录。其二，根据王甲等人的供述，2015年至2018年，其淘宝店销售的有正品也有假冒产品，而委托单位没有提供王甲等人2017年至2018年11月的销售记录中正品和假冒产品分别的数量、金额。其三，审计报告中出现“人工成本数据取自王甲记账手抄本记录，提成金额按包括正品、假冒商品的销售总额10%计算并发放，由于无法区别每个人提成中假冒商品的销售金额，上述人工成本统计数据大于实际假冒商品的人工成本”；“发货单位成本取自王甲经侦卷笔录中关于网线相关口述，实际每件发货价格可能有少量波动，数量取自畅通公司发货记录中的发货数量，数量未考虑在库未销售的部分，故发货成本的计算不够精确”；“方案一获利金额计算的不足提示，上表销售单价取自王甲经侦案卷笔录口供的销售单价，而在淘宝店实际销售过程中可能会有价格上下波动，与实际假冒商品的销售金额约有差异”；“方案二获利金额的不足提示，上表销售单价取自周某、王乙经侦案卷笔录口供的销售单价，而在淘宝店实际销售过程中可能会有价格上下波动，与实际假冒商品的销售金额约有差异”；“方案三获利金额的不足提示，淘宝店统计的销售金额可能包括正品的销售，由于无法准确区分订单中正品的金额，统计的销售金额可能大于实际假冒商品的销售金额”等多处以不确定或推测方式替代客观描述的会计事项。

4. 审计报告中的审计意见不明确。根据《最高人民法院关于适用〈中华人民共和国刑事诉讼法〉的解释》（已修改）第84条第7项的规定，对鉴定意见应当着重审查以下内容：鉴定意见是否明确。本案中审计报告的审计意见分别是“按综合毛利率测算，畅通公司销售给客户王甲涉嫌假冒网线获取收益约在188万~191万元”“王甲等人涉嫌假冒网线获取收益约在222万~393万元”“冷某销售给王甲的提成金额约2万元”等模糊性、推测性意见，不符合鉴定意见的证据要求。

综上所述，公诉机关当庭举出的审计报告所依托的送检材料不充分、不完整，鉴定的方法和依据不科学，得出的鉴定意见不明确、不合理，不能全面、客观、真实地反映审计的事实，故对该审计报告本院不予采信。

[评析] 暂且不论审计报告代替司法会计鉴定书的问题。本案审计报告存在的主要问题是“有标准不依”。《企业会计制度》第106条第1项规定，营业利润，是指主营业务收入减去主营业务成本和主营业务税金及附加，加上其他业务利润，减去营业费用、管理费用和财务费用后的金额。审计报告在计算广州畅通公司销售给王甲等人假冒网线所获取的利润时，没有引用该标准。另外，广州畅通

公司同时经营正品和假冒产品，正品和假冒产品的成本不同，即使依据综合毛利率计算结果作为违法所得，计算结果也不客观。

本案法官另指出“审计报告中直接引用了王甲、王乙、周某的供述与辩解等言词证据”“在送检材料不充分、不完整情况下以不确定或推测方式替代客观描述会计事项”“审计意见不明确”等问题，这些问题并不是审计报告本身存在的问题，依据审计准则规定，审计报告完全可以采用言词证据作出审计意见，也可以在材料不充分、不完整情况下出具不同类型的审计报告，审计准则也没有要求审计意见必须是唯一的，因为审计的主要职能是经济管理和经济监督，诉讼中本不应该把审计报告当作司法会计鉴定书使用。法院指出的问题，实质上是根据司法会计鉴定规范对照审计报告所作的评价，因相关问题在其他案例中已经做过评析，不再重复评析。

案例94　先科公司与创业公司联营合同纠纷案[(2013)庆商初字第85号]

原告先科公司诉称，2007年6月，为解决被告创业公司的资金不足和专业技术人才短缺等困难，被告与原告签订了生产经营联营合同，约定：年终利润原告、被告按6:4分成。合同签订后，原告、被告资金相继到位，2008年进行投产，当年产值就达到了4293万元，按合同规定年终应进行审计结算，分配利润，但被告却以企业新建，资金短缺为由不进行年终结算，2009年、2010年都是这种情况。由于被告违约，使合伙企业无法继续经营，原告诉请要求被告给付原告自2008年至2012年5月的企业利润。

2014年2月，原告、被告双方均向法院申请，对2007年至2012年5月联营体生产产品的成本、产值和利润进行司法鉴定，法院委托会计师事务所进行审计鉴定，该所出具的《鉴定报告》确定2007年至2012年5月的净利润为3277万元。

被告创业公司质证称，我方对鉴定报告完全不认可，一是鉴定中成本套定额按照行业平均水平只是一种理论上的可能性，而非客观真实的不存在偏差的成本，所谓平均必然是有高有低，不尽相同，联营体既可能高也可能低，所以套定额的方式不应该作为司法审计的方法；二是原告提交的鉴定所依据的大量入库单、调拨单、出库单等未经法庭质证，是原告直接向鉴定人提交的，鉴定人应当向被告出示，并经被告确认，而鉴定报告上并没有作为附件，我方至今没见过，因此，鉴定依据存疑，鉴定程序违法。

法院认为，司法鉴定报告存在使用未经法庭质证的材料作为鉴定依据等严重程序违法的情形，故不能作为有效证据予以采信。

[评析]本案除鉴定材料未经质证，违反法律规定外，还存在标准采用错误，以定额成本代替实际成本的问题。“定额成本”是各种产品成本项目的耗费定额、当期费用预算和其他有关资料计算的一种预计成本，主要用于反映和监督产品实际成本脱离定额成本的原因，加强成本管理而采用的一种成本核算方法。根据《财政部关于印发〈企业产品成本核算制度（试行）〉的通知》（财会〔2013〕17号）第48条的规定：“企业不得以计划成本、标准成本、定额成本等代替实际成本。企业采用计划成本、标准成本、定额成本等类似成本进行直接材料日常核算的，期末应当将耗用直接材料的计划成本或定额成本等类似成本调整为实际成本。”本案鉴定事项为产品成本、产值和利润，其中产品成本是指企业在生产产品过程中所发生的材料费用、职工薪酬以及不能直接计入而按一定标准分配计入的各种间接费用。利润是指收入与实际发生的成本、费用、税金的差额，定额成本并不是实际成本，以定额成本计算出来的利润不是实际利润。

案例95　季某、周某诈骗案[（2014）衢开刑初字第245号]

公诉机关指控，2010年4月开始，为简化“家电下乡”补贴发放程序，方便农民领取“家电下乡”财政补贴资金，国家实行“家电下乡”先由销售网点代办申领并垫付补贴资金的方式，后由销售网点根据购买人户口簿、身份证复印件、开具的发票及产品标识卡等整理上报申领资料，向财政局申报补贴资金。

欢乐家电商场系个人独资企业，具有“家电下乡”销售网点资格，被告人季某系该企业投资人，平时由其和被告人周某（两人系夫妻关系）共同经营。2010年4月至2013年案发，被告人季某、周某利用实行“家电下乡”销售网点代办申领并垫付补贴资金的便民措施，通过多次复印农民户口簿、身份证，抽取、使用他人给了的“家电下乡”产品标识卡等方式制作虚假申领材料向财政局申报，骗取“家电下乡”财政补贴资金，经鉴定，骗取财政补贴共计37万元。

司法会计鉴定分析论证过程：由于财务会计资料不完整，同一品牌各型号销售明细（包括数量、价格）不清，并有串型销售（甲型号发票开为乙型号）的情形存在，而且申报数据的虚假集中反映在真票虚开上，因此难以确定具体的虚假申报标的。根据有利于被鉴定人原则，采用同一品牌型号的最大可销售量与向财政申报补贴的数量的差来确定虚报家电数量。计算公式为：

最大可销售数量＝期初可销售数量＋本期购进数量－期末库存数量

其中进货数量的确定：以被鉴定人从财政局领取财政补贴的"家电下乡"商品品牌型号为依据，找出2010年4月1日至2013年1月31日所有进货发票及商品验收单，确定领取补贴的"家电下乡"商品数量6245台。据此经过计算，确定被鉴定人季某、周某在申报"家电下乡"补贴的过程中于2010年4月1日至2013年1月31日多报能够享受国家财政补贴的家电销售数量1215台，多领取国家财政"家电下乡"补贴款共计37万元。

被告人的辩护人提出司法会计鉴定书有误，认为公诉机关据以指控被告人季某、周某诈骗数额的依据是司法会计鉴定书，该鉴定书采用的最大可销售量及同期购进数是根据欢乐家电商场的增值税发票来确定的，而有证据表明欢乐家电商场实际的进货数量和销售数量包含了有增值税发票的部分和没有增值税发票却实际已经购进销售的部分，该家电商场因货款未付清等原因而未取得部分电器的增值税发票，实际进货量远远大于司法会计鉴定书中确定的数额，因此，该份司法会计鉴定书的基础数据与事实情况有出入，由此得出的被告人季某、周某多冒领"家电下乡"补贴的金额不宜认定为被告人季某、周某诈骗数额。

辩护人向法庭宣读出示了下列证据：雅丽家电有限公司的证明和往来对账单，证实欢乐家电商场自2010年4月1日至2013年1月31日到该公司进货，包括奥克斯空调269台，美的空调1688台，三洋洗衣机667台，容声冰箱563台，索伊冰箱324台，远远高于鉴定书确定的欢乐家电商场在2010年3月至2013年1月购进奥克斯空调123台，美的空调564台，三洋洗衣机385台，容声冰箱466台，索伊冰箱29台的数量。

法院向雅丽家电有限公司业务员金某、李某、詹某进行核实，印证了上述证明和往来对账单的事实。

法院认为，根据现有证据，公诉机关认定两被告人诈骗金额以司法会计鉴定书所认定的37万元为依据与在案其他证据存在矛盾，在确定最大进货量上确有瑕疵，经法庭庭后核实，欢乐家电商场实际最大进货量远远超出该鉴定书认定的进货量，由于基础数据错误，造成鉴定意见错误，对该司法会计鉴定书所认定的37万元本院不予认定，该鉴定意见不能作为定案的根据，公诉机关的该指控意见，本院不予采纳。

[评析]在财务会计资料完整充分的情况下，本案应当按照犯罪嫌疑人从财政部门实际领取的补贴金额与实际销售应领取的补贴金额差额认定多领取的金额，但由于财务会计资料不完整，并有串型销售（甲型号发票开为乙型号）的情形存

在，鉴定人采用反推法来计算多领取的补贴金额，即：多领取的补贴金额＝从财政部门实际领取的补贴金额－最大可销售量应领取的补贴金额，最大可销售数量＝期初可销售数量＋本期购进数量－期末库存数量，最大可销售量应补贴金额＝Σ（某品牌最大可销售数量×某品牌单位补贴金额）。但鉴定人可能忽略了对“预付账款”或“应付账款”账户的检验，或者财务会计资料不完整不充分本身就缺乏“预付账款”或“应付账款”账户资料，鉴定人未能考虑“家电商场因货款未付清而未取得增值税发票”这一经营中的正常现象，分析论证不严谨，造成鉴定结果错误。

案例 96　张某、孟某虚开抵扣税款发票案［（2017）云 0822 刑初 169 号］

公诉机关指控，2014 年 3 月，被告人张某注册成立了寻甸药业公司。在公司经营期间，被告人张某、孟某在某地大量收集居民身份证复印件，并利用自身常年收购中药材的便利条件，带回大量中药材物价信息，在无实物交易的情况之下，和被告人赵某一起以公司向个人收购药材的名义，利用他人身份信息开具了农副产品收购发票，经调查核实，共虚开农副产品收购发票 266 份，票面金额 480 万元，用于抵扣税款 62 万元。

公诉机关对指控的上述事实，当庭出示了司法会计鉴定意见书等证据。

司法会计鉴定意见：（1）寻甸药业公司自 2014 年开具的票面金额（含税价）合计为 1900 万元的共计 1048 份某省国家税务局通用机打发票，实际并未向中药材供货方支付采购款，寻甸药业公司原料采购记录行为系虚构货物采购，虚开《××省国家税务局通用机打发票》的虚假经营行为。（2）寻甸药业公司自 2014 年向正阳中药有限公司、红枫药业有限公司、泰康药业有限公司填开的票面金额（含税价）合计为 1981 万元的共计 181 份增值税专用发票，对未实际采购的原料进行虚假销售，并进行虚假资金结算、虚假财务核算，该经营行为属没有货物销售的虚假经营行为。（3）寻甸药业公司向税务部门虚假申请领用并填开的票面金额（含税价）为 1981 万元的共计 185 份的增值税专用发票，有 181 份已被受票单位进行了进项税抵扣，给国家造成了 228 万元应收税金的损失。

法院审理后认为，鉴定机构依据寻甸药业公司的账目等出具的鉴定意见，本院采纳其中该公司具有虚构货物采购，虚开某省国家税务局通用机打发票的虚假经营行为以及对未实际采购的原料进行虚假销售，并进行虚假资金结算、虚假财务核算的经营行为的意见。但寻甸药业公司存在真实货物采购、销售情况，该鉴定其中包含真实的交易部分,本院不将其鉴定数额作为定罪数额。

[**评析**]本案鉴定人出具"虚构货物采购、虚假销售"的鉴定意见,法院审理后查明"该鉴定其中包含真实的交易部分",说明部分鉴定意见是错误的,错误的原因在于鉴定人无法通过逻辑推理得出"虚构货物采购、虚假销售"的唯一结论。受判决书信息所限,无法得知鉴定书的论证过程,但是,我们可以通过分析,假设鉴定书有分析论证过程,分析论证存在以下逻辑错误:

1. 第1项鉴定意见认为,寻甸药业公司未向中药材供货方支付采购款,便得出虚构货物采购、虚假经营行为的结论,该逻辑推理不一定成立。理由是企业在经营过程中,赊销赊购是很正常的行为,亦即未支付货款不能推导出虚假交易的唯一结论。

2. 第2项鉴定意见是建立在第1项虚假购进原料的基础上得出虚假销售的结论,第1项结论不唯一,由第1项结论推导出的第2项结论也不唯一。

3. 第3项鉴定意见认为,因虚假开具的181份增值税专用发票已被受票单位进行了进项税抵扣,会给国家造成228万元应收税金损失,该逻辑推理不严谨,结论不唯一。理由是,即使181份发票确实是虚开的,如果下游企业也对外虚开,最后形成循环虚开,就没有给国家税款造成损失。在没有查明某个环节存在真实销售,并以接受虚开的增值税专用发票抵扣税款的情况下,鉴定人便无法得出虚开用于抵扣的税款就等于给国家造成税款损失的唯一结论。

涉及虚开增值税发票案件司法会计鉴定中,鉴定人不应当对"虚开"作出鉴定,"虚开"是案件事实,不是财务会计专门性问题,不应当由鉴定人判断。对案件事实的认定,没有侦(调)查权就没有发言权,鉴定人没有侦(调)查权,就没有对案件事实作出认定的权利。

涉税案件司法会计鉴定实务中,鉴定人对"虚开"作出认定,要么结论不唯一,要么抄袭侦查结论,失去了司法鉴定的独立性原则。下面我们再看一例抄袭侦查结论的涉税案件司法会计鉴定。

案例97 韩某玩忽职守案[(2016)晋0424刑初字第15号]

公诉机关指控,2011年3月10日,嘉祥公司注册成立,当月28日,被告人原某税务局税源管理科副科长韩某在未认真履行职责的情况下,在增值税一般纳税人认定表上签署"同意认定一般纳税人"的意见。嘉祥公司在取得一般纳税人资格期间,共开具增值税专用发票1200份,金额共计11,985万元。经鉴定:嘉祥公司虚开增值税专用发票致使国家税款流失1965万元。

公诉机关就上述指控向法庭出示了司法会计鉴定意见等证据，认为被告人韩某的行为已构成玩忽职守罪，应当追究被告人的刑事责任。

法院审理后认为，关于公诉机关据以指控被告人玩忽职守行为造成国家税款流失，属情节特别严重的鉴定意见。经查，该鉴定意见从实质内容上讲，认定嘉祥公司虚开增值税专用发票的基础和依据是公安机关关于该企业在没有真实业务交易情况下，大肆虚开增值税专用发票的情况说明，并无人民法院的生效判决对此予以确认；从程序上讲，该鉴定意见的鉴定人经法庭依法通知，无正当理由拒不出庭作证，依据《最高人民法院关于适用〈中华人民共和国刑事诉讼法〉的解释》（已修改）第86条（现为第99条）之规定，经人民法院通知，鉴定人拒不出庭作证的，鉴定意见不得作为定案的根据，故公诉机关出示的鉴定意见不能作为定案的根据。

[评析]本案鉴定意见对“虚开”作出认定，完全是抄袭了公安机关的侦查结论，并非鉴定人独立作出的判断，事实上鉴定人也无法对“虚开”作出判断。

关于虚开增值税专用发票案的司法会计鉴定，正确的做法是鉴定人应当根据“虚开”在财务会计业务处理上的某些特点，与侦查部门协商确定但不限于下列鉴定事项：

1. 涉案企业在某期间开具给下游企业（列明企业名称，下同）增值税专用发票数额及资金往来情况；

2. 涉案企业在某期间接受上游企业开具的增值税专用发票数额及资金往来情况；

3. 涉案企业在某期间发生的增值税销项税额、进项税额、应缴税额、已缴税额情况；

4. 涉案企业在某期间接受上游企业和开具给下游企业增值税专用发票对应的货物入库、出库账务处理情况；

5. 涉案企业在某期间产品生产加工账务处理情况；

6. 涉案企业在某期间与上下游企业购销货物有关的运杂费开支账务处理情况；

7. 下游企业在某期间接受涉案公司开具的增值税专用发票抵扣数额。

鉴定人对上述财务会计专门性问题鉴定后，司法机关根据鉴定意见结合其他证据，判断涉案企业是否存在“虚开”的情形以及确定给国家造成的税款损失数额。

案例98　游某职务侵占案[(2006)深宝法刑重初字第23号]

公诉机关指控,被告人游某任冠捷公司董事长兼总经理,在其任职期间,多次以个人名义向冠捷公司借款,合计人民币45万元,至案发时均未归还。该部分借款在公司会计账册中无记录反映,事实上被告人已侵占了该公司财产。

公诉机关指控游某职务侵占的证据之一为某司法会计鉴定所出具的鉴定书及三份补充说明。

某司法会计鉴定所出具的《关于冠捷公司资金流失情况司法鉴定书》和《关于游某借款45万元的情况说明》(第三份补充说明)认定:(1)冠捷公司财务状况混乱,许多记账凭证没有付款依据,仅有游某的签名就可以报销,无法明确证明款项用途、去向;(2)游某个人45万元借款未计入账内,一旦公司经营或经办人员发生变动,极有可能造成公司资产被游某占有;(3)支付给游某的45万元借款包含在未入账的支出中,该借款未能列入冠捷公司财务账册内,系违规占用冠捷公司资金的行为。

第一份司法鉴定补充说明:45万元的借条是冠捷公司会计私自向鉴定机构提供的,未经侦查机关确认其真实性,故不应调整计入一套账内,且冠捷公司账内已平账,事实上游某已侵占了该笔款项。

第二份司法鉴定补充说明:在鉴定过程中,因发现投资记录、资金往来记录与冠捷公司会计账册记录不符,而且大量的现金收支无依据,因此判断冠捷公司有另外一本账册;经向会计询问并由其提供后,通过将账外单据、金额、账内记录与投资记录、往来记录核对,能相互印证一致,故鉴定报告将上述账外资金收支按明细性质分类已调整计入一套账内。

法院认为,公诉机关支持指控的第一份司法鉴定补充说明不具备客观公正性。司法会计鉴定所曾对冠捷公司的司法鉴定情况作出3份补充说明,认定被告人游某侵占公司财产的是第一份补充说明,该份补充说明的作出背景是:侦查机关发现鉴定机关在对冠捷公司资金流失情况的鉴定时,擅自向冠捷公司调取材料,并作出相关的鉴定意见后,侦查机关批评了相关的鉴定人员,并责成鉴定机构作出书面更正材料。为此鉴定机构作出了补充说明,认为因冠捷公司会计提供的借款单的真实性未能确定,故不宜将此支出调整计入一套账内,进而得出游某已侵占了公司款项的结论。对此,本院认为,第一份鉴定补充说明不将游某的借条记载的款项计入一套账内的理由不能成立,其得出的结论自然不能反映客观情况。首先,该鉴定补充说明本身前后矛盾,一方面,认定游某45万元的借款单因未能确定真实性，不计入一套账内；另一方面，该份补充说明和第二份司法鉴定补充说明一样，均认可冠捷公司会计提供其他相关材料（账外收支项目记录等）的真实性，并将该记录调整计入一套账内，而该记录里包含了游某借款 45 万元的项目，其鉴定依据前后相互冲突，得出的结论显属牵强。其次，借条的真实性已为后来侦查机关提取的借条所印证，不计入一套账内的情形已消失。即会计人员记录的游某借款的情况和游某书写的借条所反映的情况是真实、有效的，理应调整计入一套账内，由此而得出的鉴定意见才符合客观真实。

法院综合其他证据，判决被告人游某无罪。

[评析]本案鉴定存在的主要问题是分析论证即本案鉴定中的分析说明自相矛盾，具体表现为第一份司法鉴定补充说明认为 45 万元借条不应调整计入一套账内，而第二份司法鉴定补充说明又认为包含游某借款 45 万元的账外收支项目的真实性，并将该记录调整计入一套账内，前后两次分析说明自相矛盾。除此之外，该鉴定书及补充说明还存在以下问题：

1. 部分鉴定材料来源不合法。根据司法鉴定规范，鉴定需要的检材应该由委托方提供，本案鉴定机构擅自向冠捷公司调取材料，并作出相关的鉴定意见，明显违规。

2. 鉴定机构出具的报告名称虽然冠以“司法鉴定书”，却实为审计报告。司法会计鉴定是一项诉讼活动，其基本操作程序是鉴定机构按照委托方所提出的鉴定事项，即委托方需要解决的财务会计专门性问题，对送检材料进行检验、甄别和分析论证，从而得出鉴定意见。而注册会计师审计是一项经济管理和经济监督活动，可以不需要委托方事先提出具体审计事项，审计人员对财务会计资料审阅后，根据会计制度、财务管理制度、财经法纪等对被审计单位会计业务处理正确性、合规性、财务管理规范化程度以及效益性进行评价，其作用之一为委托方或被审计单位发现单位财务管理中的不足，从而加强财务管理，完善相关管理制度，堵塞财务漏洞，不断提高经济效益。

本案鉴定机构出具的第 1 项鉴定意见认为“冠捷公司财务状况混乱，许多记账凭证没有付款依据，仅有游某的签名就可以报销”，该鉴定意见揭示了冠捷公司财务管理不规范，可以作为冠捷公司今后加强财务管理提供方向，但与侦查机关需要查明游某是否存在职务侵占行为无关。第 2 项鉴定意见认为“游某个人借款 45 万元未计入账内，一旦公司经营或经办人员发生变动，极有可能造成公司资产被游某占有”，该鉴定意见为不确定的事项，其作用是提示冠捷公司管理人员，公司只有少数人知道游某借款45万元未入账，如果该少数人因调离或者退休而变动，游某有可能不需要归还45万元，即该笔资金存在潜在风险。该鉴定意见对冠捷公司加强该笔资金管理，具有十分重要的意义，但无法证明游某侵占事实。第3项鉴定意见认为“支付给游某的借款45万元系违规占用冠捷公司资金的行为”，该鉴定意见系对冠捷公司财务管理合规性评价，财务管理不合规是经济犯罪发生的诱因，但并不必定会发生经济犯罪，游某即使违规占用资金，是否涉及犯罪问题，应由司法机关判断，故该鉴定意见不属于司法机关需要查明的财务会计专门性问题，即司法机关不可能以“游某是否违规占用资金”作为鉴定事项向鉴定机构提出。

第三节　鉴定方法审查

司法会计鉴定方法是指鉴定人在分析论证财务会计问题过程中所采用的技术方法，包括比对鉴别法、平衡分析法以及其他应用已知数额推导未知数额过程中运用的各种分析计算方法。本节主要介绍鉴定方法审查方法及相关案例。

一、鉴定方法审查方法

司法会计鉴定方法不同于司法会计检验方法，司法会计检验方法主要是指从鉴定材料中查找与鉴定事项有关的证据材料，并对这些证据材料进行审阅、复核或汇总的方法，其中查找方法又包括顺查法和逆查法等。司法会计鉴定方法是指鉴定人对委托方提出需要解决的财务会计问题进行鉴别和判断所采用的方法。司法会计鉴定方法主要有比对鉴别法和平衡分析法，除此之外，其他运用科学原理求证未知数额的方法也可成为司法会计鉴定方法。

比对鉴别法是指某项经济业务以会计准则、财务会计制度等规定的财务会计处理方法及结果作为参照客体，或者有关数额的计算方法以事先约定的方法作为参照客体，将鉴定材料中该项业务实际处理方法及结果与参照客体进行比较对照，鉴别判断该项业务实际处理方法及结果正确与否的司法会计鉴定方法。比如，某企业从银行提取现金，该业务会引起库存现金的增加和银行存款的减少。根据企业会计制度规定，该项业务正确的会计账务处理为“借：库存现金，贷：银行存款”。如果鉴定材料中实际账务处理为“借：管理费用，贷：银行存款”，鉴定人以实际账务处理与正确账务处理进行比对,得出该项账务处理错误以及引起账面上库存现金虚减、管理费用虚增的鉴定意见。

平衡分析法是指运用质量守恒定律(也称物质不灭定律)①,用已知数推导未知数的司法会计鉴定方法。比如,“收入－支出＝结余”是永恒不变的数额平衡定律,如果已知其中任何两个数额,可以推导出另一个未知数额。

其他用已知数额推导未知数额的方法包括会计制度中发出存货的计价方法、成本费用的归集、分配方法等。

审查人员审查时,应当对鉴定人采用的鉴定方法是否符合会计准则、财务会计制度、质量守恒定律以及有关法律法规等,判断鉴定方法的正确性。

二、相关案例

案例99　翟某、正方泊车公司合同诈骗案[(2018)桂刑终177号]

原判认定:路桥公司经市政府授权,享有该市机动车道两旁停车位经营权。2012年12月21日,路桥公司与正方泊车公司签订《道路停车承发包合同书》,约定:路桥公司将城市道路机动车泊位发包给正方泊车公司经营,承包经营年限:2013年1月1日至2017年12月31日,期限5年。正方泊车公司除按约定向路桥公司上缴议定的承包金外,若年停车收费收入大于当年上缴承包金,超过部分的分成比例,由双方采取一年一议方式议定。2013年度的分成比例为:超过部分小于或等于200万元的,双方五五分成;超过部分大于200万元的,路桥公司分成35%,正方泊车公司分成65%。2013年5月至2015年10月,时任正方泊车公司总经理的翟某明知正方泊车公司停车泊位收费实际收入大于正方泊车公司从路桥公司所申领的停车泊位收费发票总额,还让财务总管将停车泊位收费的实际收入中的一部分调列到正方泊车公司“其他应付款”会计科目中记账,虚构实际停车收费收入,并将该虚构过的财务报表提交给路桥公司,正方泊车公司及翟某均未将调整行为告知路桥公司。路桥公司在不知该财务报表已经过调整的情况下,将其作为历年结算停车收费收入的重要参考依据。正方泊车公司“其他应付款”项下部分资金以往来款项的名义转至茂业公司(与正方泊车公司是一套“人马”)银行账户用于购买理财产品。经鉴定,2013年5月至2015年10月,正方泊车公司

---

① 俄国科学家罗蒙诺索夫通过大量的定量试验,发现在化学反应中,参加反应的各物质的质量总和等于反应后生成各物质的质量总和,这个规律就叫作质量守恒定律,后来被普遍应用于其他领域。

应补缴停车泊位经营收益金及路桥公司运营费用共计752万元。

鉴定意见:(1)正方泊车公司在2013年至2015年经营期间,合计收到停车收费收入为6071万元。(2)按照《道路停车承发包合同书》,以停车收费收入计算得出的正方泊车公司应缴付路桥公司的承包金及分成款为2065万元,减除已缴付路桥公司的承包金及分成款1313万元,正方泊车公司应补缴路桥公司的承包金及分成款为752万元。该报告特别注明:因路桥公司与正方泊车公司未约定2014年、2015年的超收分成比例,故参照双方2013年约定的分成比例计算出正方泊车公司尚欠路桥公司分成款共计752万元。

原判认为,被告单位正方泊车公司在履行合同过程中,采取虚构事实、隐瞒真相的手段,隐瞒其历年真实收入,使路桥公司少分得分成款共计752万元,其行为构成合同诈骗罪,被告人翟某作为正方泊车公司主要负责人,应当承担刑事责任。

原审法院以正方泊车公司及翟某犯合同诈骗罪作出相应判决。

正方泊车公司及翟某均不服原审判决,提出上诉。

二审法院认为,在案证据不能认定正方泊车公司占有了路桥公司2013年至2015年的分成款752万元。分成款的具体数额及分配,涉及对合同条款的理解问题,对此,有待合同的双方经过协商达成合意或通过民事诉讼予以司法确认。同时,正方泊车公司将该款项挂在单位正规账的"其他应付款"科目而非挂在公司收入科目项下,且双方的合同并非到期终止,亦没有进行总结算,故正方泊车公司挂账于"其他应付款"科目的资金,不能认定为正方泊车公司已经占有该款项,且会计师事务所出具的司法会计鉴定意见系参照双方2013年约定的分成比例计算出正方泊车公司尚欠路桥公司2013年至2015年的分成款,该数据不准确。

二审法院根据查明的其他事实和证据,判决:撤销原判,上诉单位正方泊车公司无罪,上诉人翟某无罪。

[评析]本案路桥公司和正方泊车公司只对2013年超过承包金部分约定了分成比例,其他年度无约定,鉴定人在计算2014年和2015年分成款时,擅自参照2013年的分成比例,计算方法没有依据。本案鉴定正确的做法是鉴定人首先要求委托方提供2014年和2015年超承包金分成比例,然后进行鉴定,如果路桥公司与正方泊车公司没有约定而无法提供,鉴定人应当与委托方协商改变鉴定事项,将鉴定事项设为"查清正方泊车公司2013年至2015年停车费收入金额及已缴金额",出具司法会计检验报告,正方泊车公司欠缴金额由司法机关结合其他证据认定。

案例100　李某、谢某等人非法经营案[(2019)川1302刑初282号]

公诉机关指控:2008年被告人李某、谢某等人合伙成立兴业气体公司,兴业气体公司成立后向南博县内各大医院及周边医院销售医用氧气。医用氧气于1953年写入《中华药典》后按药品管理。国家食品药品监督管理局(现为国家食品药品监督管理总局)在《关于医用氧气经营企业监督有关问题的批复》(国食药监市〔2006〕440号)中规定,对实行药品批准文号管理的低温空气分离法制取的氧气,要严格按照药品进行管理,即在取得药品经营许可证后方可经营。被告人李某、谢某等人在明知经营医用氧气需办理药品经营许可证的前提下,未办理该证,从A公司和B公司以每瓶30元、22元不等的价格购买医用氧气进行非法销售。

公诉机关举示了兴业气体公司医用氧气已收款销售收入与销售成本司法会计鉴定报告,认定兴业气体公司向14家医院非法销售医用氧气9万瓶,均价为80元,销售收入为720万元,已收款销售收入为640万元,收款销售数量8万瓶,销售成本均价为44元,金额为352万元。指控本案的违法所得金额是288万元,为已收款销售收入与销售成本的差额。

法院另查明,司法会计鉴定报告第5条第3款载明:本次核实的已收款销售收入与销售成本差额,系医用氧已收款销售收入扣除该部分医用氧进价、运杂费后的差额,未扣除其他可能涉及的相关费用。第4款载明,本次鉴定核实的已销售收款医用氧气购入进价是按厂家的询问笔录中两家公司进价平均(30+22)÷2=26/瓶确认。

合议庭认为,依据该鉴定报告得出的违法所得金额不准确,故对该鉴定报告不予采信。

[评析]《最高人民法院研究室关于非法经营罪中"违法所得"认定问题的研究意见》认为:"非法经营罪中的'违法所得',应是指获利数额,即以行为人违法生产、销售商品或者提供服务所获得的全部收入(即非法经营数额),扣除其直接用于经营活动的合理支出部分后剩余的数额。"该意见明确了非法经营数额和违法所得两个概念,即"非法经营数额"指行为人违法生产、销售商品或者提供服务所获得的全部收入;"违法所得"是指获利数额,即非法经营数额扣除直接用于经营活动的合理支出部分后剩余的数额。根据该意见,非法经营罪中涉及的财务会计问题如果需要进行司法会计鉴定,鉴定事项主要有两项:一是兴业气体公司某期间的"经营收入";二是兴业气体公司某期间的"经营损益"。"经营损益"鉴定必定涉及"经营成本""经营费用""营业税金及附加"。

本案合议庭仅以“该鉴定报告得出的违法所得金额不准确”而不采信鉴定意见，但没有予以说理。本案司法会计鉴定在计算医用氧气平均进价成本时存在两个问题。第一个问题为在鉴定材料不充分，达不到鉴定条件的情况下，违规以“询问笔录”代替财务会计资料的，如何进行判断，该类问题在第四章有关案例中已经做过评析，不再赘述。以下对第二个问题，即兴业气体公司向A、B两家公司购进医用氧气计算平均进价成本存在的问题展开论述。

我们假如把“询问笔录”换作具有财务会计资料对应的进价成本资料，鉴定人在计算兴业气体公司向两家公司购进医用氧气平均单位成本时，以从两家公司的单位进价相加再除以2的方法，即按$(30+22)\div 2=26$元计算，该计算方法叫简单算术平均法，所谓简单算术平均法是指将各标志值X直接相加得出标志总量ΣX，再除以总体单位数N所得出的平均值，用公式表示为：$\bar{X}=\Sigma X/N$。简单算术平均法的缺点在于没有考虑各种样本数量的多少，当同一标志值存在多个样本时，以该方法计算出的成本就与实际成本不符，举例如下：

假设兴业气体公司共从A、B公司购进6瓶医用氧气，单位进价：A公司30元/瓶，B公司22元/瓶，从不同单位购进的数量可能组合及总进价成本计算见表6－4。

表6－4　向不同单位购进的数量可能组合及总进价成本

组合	A公司			B公司			总进价成本/元
	数量/瓶	单价/元	成本/元	数量/瓶	单价/元	成本/元	
组合1	1	30	30	5	22	110	140
组合2	2	30	60	4	22	88	148
组合3	3	30	90	3	22	66	156
组合4	4	30	120	2	22	44	164
组合5	5	30	150	1	22	22	172

观察表6－4我们可以得出结论：在购进总量确定，从不同公司购进的单位成本确定的情况下，购进数量不同，总成本是不同的。如果按照简单算术平均法计算平均进价，即$(30+22)\div 2=26$元，得出总成本$=6\times 26=156$元，该成本仅与表6－4中的组合3即从A、B公司进货数量相同时的总成本相等。也就是说，只有从不同单位进货数量相等时，才可以使用简单算术平均法计算，当从不同单位进货数量不等时，不能按照简单算术平均法计算，如表6－4中的组合1、2、4、5所示。

根据判决书记载的信息，没有证据证明兴业气体公司从A、B两家公司购进医用氧气数量相等，因此，鉴定人采用简单算术平均法计算单位进货成本，以该单位进货成本乘以收款销售数量得出已售医用氧气成本是错误的，得出被用作证明违法所得金额的"获利数额"也是错误的。

司法会计鉴定实务中，发出存货成本的鉴定，大多数鉴定人采用了企业会计准则中发出存货成本计价方法。笔者认为，企业会计准则并不一定都能作为司法会计鉴定标准。为了论证这个问题，下面，我们以非法经营案为例，讨论发出存货成本能否采用企业会计准则中存货计价方法问题。《企业会计准则第1号——存货》第14条第1款规定，"企业应当采用先进先出法、加权平均法或者个别计价法确定发出存货的实际成本"。根据该准则，销售成本计价有三个方法可供选择，按照会计一惯性原则①，会计主体在持续经营过程中可以根据实际情况选择最合适的方法作为发出存货销售成本的计价方法。其中"先进先出法"是指以先购入的存货应先发出这样一种存货实物流动假设为前提，对发出存货进行计价的一种方法。采用这种方法，无论实际发出的存货来自哪批次购进，成本均按照购进存货的时间先后顺序计算，据此确定发出存货和期末存货的成本。"加权平均法"是指以期初存货数量和本期收入存货数量为权数，于月末一次计算存货平均单价，据以计算当月发出的存货和月末结存存货实际成本的方法。计算公式：加权平均单价=（期初结存存货实际成本+本期收入存货实际成本）÷（期初结存存货数量+本期收入存货数量）。"个别计价法"亦称具体辨认法，是指每次或每批发出的存货可具体辨认，明确属于哪一批或哪几批收入的存货，然后分别按照所属批次的实际入库成本确定发出存货的实际成本。三种成本计算方法举例如下：

假设兴业气体公司2021年4月15日向A公司购进医用氧气1500瓶，每瓶进价22元，2021年4月20日向B公司购进500瓶，每瓶进价30元，2021年4月25日销售1800瓶，购进、销售、结存情况见表6-5。

① 一惯性原则，即要求企业采用的会计政策在前后各期保持一致，不得随意变更。

表 6－5　购进、销售、结存情况

日期			摘要	购进			销售			结存		
年	月	日		数量/瓶	单价/元	金额/元	数量/瓶	单价/元	金额/元	数量/瓶	单价/元	金额/元
2021	4	15	从A公司购进	1500	22	33,000	—	—	—	1500	22	33,000
2021	4	20	从B公司购进	500	30	15,000	—	—	—	2000	—	48,000
2021	4	25	销售	—	—	—	1800	—	—	200	—	—

下面我们按照不同的计价方法观察发出存货成本。

方法一，先进先出法。销售1800瓶医用氧气，先销售最早购进的1500瓶，再销售余下于2021年4月20日购进的300瓶，总成本＝1500×22＋300×30＝42,000元。

方法二，加权平均法。加权平均单价＝(1500×22＋500×30)÷(1500＋500)＝24元/瓶，销售1800瓶成本＝1800×24＝43,200元。

方法三，个别计价法。假设兴业气体公司对每批次购进的医用氧气都做了标记，或者不同批次医用氧气外表有可区分的规格、型号、生产日期等标记，销售1800瓶医用氧气能够辨认出有1400瓶是2021年4月15日购进的，另400瓶是2021年4月20日购进的，销售1800瓶成本＝1400×22＋400×30＝42,800元。

以上计算结果表明，采用不同的成本计算方法，得出的成本不同，会直接影响销售利润，从而对犯罪嫌疑人的量刑产生影响。其中“个别计价法”是按照货物实际流动计算出的，其结果最客观，其他两种方法能否作为司法会计鉴定方法，答案是否定的。根据《企业会计准则——基本准则》(财政部令第76号)第6条的规定：企业会计确认、计量和报告应当以持续经营为前提。所谓“持续经营”是指企业会计确认、计量和报告应当以持续、正常的生产经营活动为前提，在可预见的将来，不会面临倒闭、停业、破产清算的可能。在企业正常经营过程中会计主体选择其中的某种发出存货计价方法，从长远看，并不影响所有者权益，因而无可厚非。而司法会计鉴定人受理司法机关鉴定聘请，对非法经营案件中的“获利数额”进行鉴定时，已知企业不仅没有了“可预见的将来”，而且到了无法“持续经营”的地步，既然“持续经营”这个前提不存在，当然不应该采用在“持续经营”状态下会计主体原来使用的发出存货计价方法作为司法会计鉴定标准，即“皮之不存毛将焉附”。因此，在非法经营存货销售成本鉴定中，除具备条件可引用“个别计价法”外，“先进先出法”和“加权平均法”均不能作为司法会计鉴定引用标准。刑事诉讼法律规定提请司法鉴定的目的是“查明案情”，如果侦查机关无法提供或者司法会计鉴定人在检验过程中无法具体辨认发出存货流动的真实情况，本身就意味着鉴定前提“案情不明”，在无法确定发出存货是否与实际物流一致的情况下，按照“先进先出法”或“加权平均法”得出的鉴定意见，均达不到“证据确实”的刑事诉讼证明标准。发生此种情形如何鉴定发出存货成本，笔者认为应当按照《刑事诉讼法》“存疑有利于被告”的精神，采用“成本计量从高”的方法作为司法会计鉴定标准，即按照成本从高到低的顺序计算销售存货成本，仍按照上例数据，计算方法如下：

$500 \times 30 + 1300 \times 22 = 43,600$ 元

需要强调的是，“成本计量从高”鉴定原理并非适用于所有案件“获利数额”鉴定，其应用前提必须同时具备以下四个条件：第一，鉴定受理时会计主体不能持续经营；第二，不同批次存货采购成本存在差异；第三，期末存货余量不为零；第四，存货实物流动不可辨认。

案例 101　李某侵犯商业秘密案[(2015)厦刑终字第 590 号]

原判认定，被告人李某系百香公司鞋帽部经理，负责鞋类商品的进出口业务。威廉公司于 2010 年 3 月 29 日成立，经营范围为批发、零售服装鞋帽、皮制品以及经营各类商品和技术的进出口，法定代表人为曾某。曾某系被告人李某的丈夫。被告人李某在威廉公司成立后，将其在百香公司掌握的国外七家客户介绍给威廉公司做鞋类产品的业务。2010 年 8 月至 2011 年 7 月，威廉公司与上述七家客户完成总计 110 万美元的鞋子出口贸易，获得利润人民币 45 万元。按百香公司 2009 年、2010 年两年的平均利润率计算，百香公司因此造成经济损失达人民币 77 万元。

原判认定李某的行为给百香公司造成损失的依据为某会计师事务所出具的司法会计鉴定报告书，该报告表明被告人李某 2009 年、2010 年在百香公司的平均利润率（平均利润率指出口 1 美元的平均人民币利润）分别为 0.65、0.75，即两年的平均利润率为 0.7。被告人李某造成百香公司直接经济损失为 77 万元。

原判认为，客户信息对于进出口业务而言，是极重要的经营信息，能为权利人

带来经济利益，具有商业秘密的属性。被告人李某以百香公司鞋帽部经理的名义代表百香公司参展、开发客户、完成交易所获得的涉案客户信息属于百香公司的商业秘密。被告人李某为牟取非法利益，违反与百香公司的保密约定，披露、并通过威廉公司使用其掌握的百香公司的客户信息，给百香公司造成人民币77万元的重大经济损失，被告人李某的行为已构成侵犯商业秘密罪。

原审对李某作出相应判决。

宣判后，原审被告人李某在上诉期限内提出上诉。二审中，上诉人李某、检察机关均未提交新的证据。

二审法院对被害单位百香公司损失的鉴定是否合理，评判如下：

行为是否造成严重侵害后果是侵犯商业秘密罪的构成要件之一。《最高人民法院、最高人民检察院关于办理侵犯知识产权刑事案件具体应用法律若干问题的解释》第7条第1款规定，给商业秘密的权利人造成损失数额在50万元以上的，属于给商业秘密的权利人造成重大损失，应当以侵犯商业秘密罪判处3年以下有期徒刑或者拘役，并处或者单处罚金。经查，2010年8月至2011年7月，威廉公司与上述七家客户完成总计110万美元的鞋子出口贸易，获得利润人民币45万元。原判认定百香公司因此造成的损失达人民币77万元。但是，证明该损失的司法会计鉴定报告书以李某负责的整个鞋帽部的交易额来计算平均利润率确有不当。其一，李某负责的鞋帽部客户众多，各家利润不一，把不相关的其他客户利润计入缺乏客观性、合理性。其二，涉案客户与威廉公司的交易发生在2010年、2011年，鉴定的时间为2009年、2010年，与威廉公司实际交易的时间不符。其三，鉴定报告未体现汇率对利润率的影响。其四，鉴定报告体现百香公司的利润与威廉公司上报税务机关的毛利润不符，前者高于后者。因此，以李某在百香公司期间负责的鞋帽部所有的经营利润为基础来计算利润率，鉴定对象不当，认定造成损失的依据不足。

二审法院认为，上诉人李某以被害单位百香公司名义开发的客户名单属于百香公司所有，涉案七家客户名单具有商业秘密的属性。但原审判决对被害单位百香公司损失的认定事实不清，证据不足，上诉人李某的行为不构成侵犯商业秘密罪。判决：撤销原判，上诉人李某无罪。

[评析] 损失数额属于案件事实，应当由司法机关认定。本案鉴定存在的问题法院已经指明，不再赘述。从专业角度评价，鉴定人以整个鞋帽部的交易额计算平均利润率，推算损失数额，该鉴定方法错误。鞋帽部既与国内客户交易又与国

外客户交易，两者售价、成本费用水平不同，各自的利润率可能差异较大，以包含国内交易利润率在内的平均利润率推算损失数额，鉴定结果与案件需要证明的事实缺乏关联性。在条件具备情况下，本案鉴定人既可以对百香公司鞋帽部与国外七家客户交易的平均利润率进行鉴定，也可以根据办案单位需要，对威廉公司2010年8月至2011年7月与国外七家客户营业额进行鉴定，至于损失数额的认定，由司法机关判断。

案例102 杨某、费某合伙协议纠纷案[（2015）昆民四终字第268号]

上诉人（原审原告）：杨某

被上诉人（原审被告）：费某

原审第三人：红星律师事务所（以下简称红星所）

原审第三人：范某、邓某等六人

原审法院经审理确认以下案件事实：2009年4月5日，杨某、费某与第三人范某、邓某等六人共同签署《红星律师事务所合伙协议》，约定由上述八人共同投资创办合伙制度的律师事务所，即红星所。红星所的月收支账目、合伙人收支账目，均在合伙人会议上公布，合伙人认为无误应签字认可。2009年9月11日，杨某、费某、范某签订了一份《红星律师事务所合伙人会议决议》，约定费某、范某在红星所占有的出资比例全额转让给杨某，费某、范某就此退伙。2010年5月，经红星所委托，某会计师事务所对红星所2009年度的经营情况出具审计报告，该审计报告的结论为：红星所2009年度亏损28万元。后因亏损承担发生分歧，杨某遂提起诉讼，请求判令费某承担红星所2009年5月1日至2010年5月25日的亏损21万元。

原审法院认为：2009年度红星所的亏损28万元，该金额的依据是经红星所委托，某会计师事务所对红星所2009年度的经营情况出具的审计报告，而经法庭询问，出具该份审计报告的会计师认可作出报告所依据的仅是红星所自行提供的会计账本、会计报表，并未对账本、报表相对应的原始财务凭证进行逐一审计，也未核实有红星所合伙人签字的账目情况。而根据《红星律师事务所合伙协议》约定，红星所的月收支账目、合伙人收支账目均应在合伙人会议上公布，合伙人认为无误应签字认可。另外，该份审计报告的审计范围是2009年整个年度，审计起始时间并非费某享有合伙人身份的2009年5月1日。综上所述，原审法院认为该份审计报告的审计过程不符合法定形式，审计范围与杨某的诉请范围并非一一对应，对该份审计报告的结论，原审法院不予采信。

原审法院判决：驳回杨某的诉讼请求。

原审判决宣判后，上诉人杨某不服，提起上诉，其上诉理由之一是：虽然审计过程中没有对原始凭证进行逐一审计，但注册会计师已明确表示进行了审计抽样，该抽样行为符合审计准则的规定。故审计报告依法应作为红星所亏损的依据，原审判决认定审计过程不符合法定形式明显错误。

二审法院认为，杨某主张费某承担合伙经营期限内的经营亏损，其所提交的审计报告及相应财务报表、财务凭证因缺乏客观性，费某亦不予认可，原审法院不予采信并无不当。二审中，为查实红星所的经营情况，本院委托鉴定机构对合伙期间的经营盈亏进行鉴定，因杨某未缴纳鉴定费导致鉴定机构退回鉴定。据此，杨某应对其亏损主张承担举证不能的法律后果，其诉请费某分担红星所经营亏损无证据证实，原审法院不予支持正确。

二审判决：驳回上诉，维持原判。

[评析]本案审计报告审计时间范围与费某参与合伙时间范围不符，审计报告不能作为认定事实的根据，该问题我们无须讨论。需要讨论的是，上诉人杨某提出："虽然审计过程中没有对原始凭证进行逐一审计，但注册会计师已明确表示进行了审计抽样，该抽样行为符合审计准则的规定。"根据《〈中国注册会计师审计准则第1301号——审计证据〉应用指南》(2019年3月29日修订)第52条的规定，注册会计师选取测试项目的方法包括审计抽样。财政部为规范注册会计师在实施审计程序时使用审计抽样，专门制定了《中国注册会计师审计准则第1314号——审计抽样》(财会〔2010〕21号)。本案会计师事务所接受委托对红星所2009年度的经营情况进行审计，在审计过程中采用审计抽样，该方法完全符合审计准则规范。审计作为一项经济管理、经济监督的工具，在审计过程中采用抽样检查方法，能够为注册会计师针对整个总体得出结论提供合理基础，大大提高审计工作效率。但是在诉讼中需要待证的事实是总体的客观性，审计抽样不能保证未被抽中的检材客观性，因此以审计抽样方法得出的审计意见，不应该作为定案或认定案件事实的根据。正因为此，二审法院提出进行司法鉴定，因杨某未缴纳鉴定费导致鉴定机构退回鉴定，二审法院判决认为杨某承担举证不能的法律后果，完全正确。

第七章　鉴定意见审查

司法会计鉴定意见是司法会计鉴定人针对委托方提请需要解决的财务会计专门性问题，对鉴定材料进行检验，采用一定的标准进行鉴别、分析和判断后得出的结论性意见。司法会计鉴定意见应当对委托方提请需要解决的财务会计专门性问题进行确认，鉴定意见只回答委托方提请需要解决的问题，不回答委托方未提出需要解决的问题，也不回答与财务会计专业无关的其他问题。鉴定意见只有具备确定性、唯一性和排他性，且与待证事项具有关联性，才具有证明力。

本章主要介绍司法会计鉴定意见的审查方法及相关案例，包括审查鉴定意见是否超出委托鉴定事项范围、是否超出财务会计专门性问题范围、是否客观、是否唯一、是否与待证事实具有关联性、是否自相矛盾、是否与其他证据矛盾等。

第一节　鉴定意见与鉴定事项相符性审查

鉴定事项是委托方提请需要解决财务会计专门性问题的具体项目，该项目既可以是一个，也可以是若干个。在鉴定材料完整充分的条件下，只要是委托方认为需要解决的财务会计专门性问题，均可以向鉴定人提出。鉴定意见只确认鉴定事项范围内的问题，委托方未提出的鉴定事项无须确认。本节主要介绍鉴定意见与鉴定事项相符性审查及相关案例。

一、审查方法

审查人员将鉴定文书中的鉴定意见内容与鉴定聘请书中提出的鉴定事项进行对比,查明鉴定意见回答的问题是否与鉴定事项提出需要解决的问题相符。

二、相关案例

案例 103　夏某、贺某合伙协议纠纷案[(2017)黔 23 民终 884 号]

上诉人(原审原告暨反诉被告):夏某

上诉人(原审被告暨反诉原告):贺某

原审第三人:富源采石场

一审法院认定事实:2007 年 9 月 8 日,夏某作为乙方,贺某作为甲方签订了一份合股投资收购富源采石场的协议书,协议签订后,双方对共同经营采石场的具体方案存在重大分歧,2007 年 10 月 1 日起,贺某独自经营采石场。2009 年 4 月夏某要求贺某退出由其经营,遭到贺某拒绝。因此,夏某于 2009 年 4 月向法院提起诉讼,请求:(1)确认夏某对富源采石场享有 40% 的财产份额;(2)由贺某支付给夏某富源采石场利润 720 万元(其中包含与贺某协议书中约定的回收投资部分)。

案件审理中,夏某提出申请对贺某经营期间开采总量及单价进行司法鉴定,经委托,某司法鉴定中心出具司法鉴定意见书,鉴定意见:富源采石场从 2007 年 9 月 8 日至鉴定之日(2012 年 8 月 22 日),开采砂石总量为 55 万立方米,平均出厂价为 55 元/立方米,生产成本为 23 元/立方米,利润为 55 × (55 − 23) = 1760 万元。

贺某辩称,对夏某主张按司法鉴定中心作出的司法鉴定意见书来确认富源采石场的利润不予认可,该主张明显违反法律规定。(1)鉴定事项超出委托范围。(2)两名鉴定人员中,马某仅具有建筑工程司法鉴定资质,赵某仅具有资产评估和建筑工程司法鉴定资质,二人均不具有司法会计鉴定资质,而企业利润依法属于司法会计鉴定的范畴,故而鉴定人员对企业利润作出的鉴定不具有法律效力。

本案在再次重审中,贺某申请对原鉴定进行重新鉴定,并申请对其采石场进行会计鉴定,经法院询问贺某,其明确表示只进行会计鉴定,但只能提供白条票据,经会计师事务所出具说明,已明确告知法院,由于贺某提供的票据支出费用金额较大,且均系白条,不符合《中华人民共和国会计法》、《企业会计制度》和《会计基础工作规范》等相关规定,不能进行鉴定,故不准予贺某再次重复进行鉴定。

一审法院认为,夏某请求分配的主要依据是司法鉴定中心作出的司法鉴定意见书。经核实,夏某申请鉴定的事项是一定时期的砂石单价和砂石开采量,法院委托鉴定时也是针对砂石单价和砂石开采量进行鉴定,夏某并未申请对贺某经营期间的利润进行鉴定。而鉴定意见对利润作出鉴定,超出了申请鉴定范围。因此,司法鉴定中心作出的鉴定意见书依法不能作为利润分配的依据。企业经营期间的利润是指企业营业收入减去营业成本和费用(包括生产成本、管理费用、销售费用和财务费用),再减去营业收入负担的税金后的数额。对于企业利润一般以其财务会计数据、会计账簿等财务资料作出,或者由会计司法鉴定机构根据符合财务会计法规定的相关凭证或资料作出。但本案在审理中,由于贺某提供的财务数据不完整、不规范,导致本案不能进行司法会计鉴定,因而不能依据司法会计鉴定得出富源采石场经营期间的利润。同时,贺某在独自经营期间有义务按照财务会计法规管理好账目,由于未履行好管理义务,不能提供符合财务会计的资料导致本案不能鉴定,对此,其负有一定责任。在贺某单独经营长达近八年的时间里,从富源采石场开采的总量、销售单价、营运成本等分析,贺某经营期间应赢利,而不是亏损。赢利后按照协议约定,夏某有权分配利润,因此,夏某请求分配利润的主张成立。由于上述原因不能得出客观且符合实际的利润及利润产生的时间。结合本案的实际情况以夏某实际出资额116万元为本金,利润参照民间借贷年利率不超过24%的标准计算,计算时间为2007年9月8日至2012年8月22日,利润为137万元。

一审法院判决被告贺某于本判决生效之日起10日内返还投资款116万元并支付利润137万元,本利合计253万元给原告夏某,第三人富源采石场承担连带责任。

一审判决后夏某、贺某均不服,向二审法院提起上诉。其中夏某认为应当获得的利润为704万元(1760×40%),一审判决按照民间借贷进行处理,认定夏某仅获得投资本利253万元,是极其错误的。

二审法院认为,本案中,虽司法鉴定中心所作出的司法鉴定意见书系一审委托鉴定机构鉴定后作出,但不能作为定案的根据。理由为:第一,本案中,司法鉴定意见书所作鉴定事项超出了人民法院的委托鉴定范围。根据《司法鉴定程序通则》及《最高人民法院关于印发〈人民法院司法鉴定工作的暂行规定〉的通知》,一审委托鉴定系基于夏某的申请,而司法鉴定意见书所附委托鉴定材料表明,夏某只申请对富源采石场从2007年9月8日至鉴定之日止的开采砂石总量及砂石市场单价进行鉴定,但司法鉴定意见书在前述委托鉴定的基础上还对鉴定期间富源采石场的利润进行鉴定并得出相应结论。夏某系依据该有关利润的鉴定意见提出诉请。第二,企业经营利润是指企业营业收入减去营业成本和费用(包括生产成本、管理费用、销售费用和财务费用),再减去营业收入负担的税金后的数额。对于企业利润一般以其财务会计数据、会计账簿等财务资料作出,或者由司法会计鉴定机构根据符合财务会计法规定的相关凭证或资料作出。本案中,司法鉴定意见书所得出关于富源采石场的在鉴定期间的利润,系根据对砂石开采量、每单位砂石销售单价、每单位砂石生产成本的鉴定而得出,并非依照司法会计鉴定的相应规则,且鉴定证据不充分。同时,鉴定人员并无司法会计鉴定的相应资质。第三,根据《司法鉴定程序通则》及《最高人民法院关于印发〈人民法院司法鉴定工作的暂行规定〉的通知》,人民法院系接受当事人的申请而委托具有资质的鉴定部门进行鉴定。上述规范、法律及行政法规并未规定人民法院在委托鉴定时对鉴定机构所指派的鉴定人员是否具有所鉴定事项的司法鉴定资质负有审查的义务。第四,上述司法鉴定意见书经一审举证、质证,贺某一方不予认可,并对该司法鉴定意见书提出异议,因此司法鉴定意见书不能作为定案的根据。

二审驳回夏某、贺某的上诉,维持原判。

[评析]本案鉴定意见对法院未委托的鉴定事项作出认定,超出了鉴定事项范围,且超范围部分不属于两名鉴定人的专业范围,鉴定意见不能作为认定案件事实的根据。

案例 104　博雅技术培训学校与金星电视台名誉权纠纷案[(2018)赣0111民初636号]

原告:博雅技术培训学校

被告:金星电视台

原告诉称:2013年3月,被告在有关媒体上刊登原告非法办学的报道,对原告使用侮辱、诋毁的语言,捏造事实,诽谤原告。被告的侵权行为导致原告社会信誉下降,唯一的招生渠道——网络宣传被关闭,投放大量广告还是招不到生。综观原告2013年之后五年的利润与2013年之前五年的利润、价差评估达476万元。故原告诉请,要求被告赔偿经济损失。

为查明被告的侵权行为给原告造成的经济损失金额,原告向法院提交司法会计鉴定申请书,要求对其学校2008年至2018年经营利润及与某大学的合作是否真实、2013年辞退20名教职工是否真实、房屋租赁协议是否真实、百度收费凭单是否真实进行司法会计鉴定。因司法会计鉴定的对象系针对诉讼涉及的财务会计问题,故原告仅要求对经营利润进行司法会计鉴定,而放弃其他事项的司法会计鉴定。2018 年 5 月,法院依法组织原、被告各方通过抽签决定委托某会计师事务所对原告 2008 年至 2018 年经营利润进行司法鉴定。2018 年 9 月,会计师事务所有限公司出具司法鉴定报告书,结论为:"针对原告 2010 年至 2016 年培训学员收入及培训人数情况进行了司法鉴定,自 2010 年至 2016 年账面收入 200 万元,账面人数和审核人数均为 782 人,人均收费 2557 元"。

法院审理认为,鉴定意见与委托事项不符,对该鉴定报告不予采信。

[**评析**]本案司法会计鉴定意见存在两处与委托鉴定事项不符问题:

1. 鉴定意见表达的时间区间与委托鉴定事项不符。委托方所提的时间区间是"2008 年至 2018 年",而鉴定意见给出的时间区间是"2010 年至 2016 年",与委托鉴定事项不符。

2. 鉴定意见表达的内容与委托鉴定事项不符。委托方所提的鉴定事项为"经营利润",鉴定机构没有回答,而是对委托方未提出的"培训收入、培训人数、人均收费"作出回答,属于"答非所问",鉴定意见超出了委托鉴定事项范围,达不到委托鉴定目的。

第二节 鉴定意见明确性审查

任何类别的司法鉴定,明确、唯一的鉴定意见是其具备证明力的必然条件,司法会计鉴定意见也一样。本节主要介绍司法会计鉴定意见明确性审查方法及相关案例。

一、审查方法

司法会计鉴定实务中,鉴定意见不明确,主要表现为两种情形:一是鉴定意见出现"可能""不排除""涉嫌"等含混不清的意见;二是同一份鉴定书同一鉴定人对同一鉴定事项,同时作出两个以上不同的鉴定意见。审查人员在审查时,主要把握两点:一是审查鉴定意见用语是否明确;二是审查同一份鉴定文书相同的鉴定人对同一鉴定事项是否作出前后两个或两个以上不一的鉴定意见。

二、相关案例

案例105　李某非法吸收公众存款、合同诈骗案[（2018）赣08刑终69号]

飞荣公司于2011年2月注册登记成立，法定代表人为本案被告人李某。2011年至2015年，被告人李某以飞荣公司需要资金周转、项目开发等为由违反国家金融管理法规，未经国家金融主管部门批准，通过口口相传等形式向社会公众非法吸收资金。公诉机关指控李某非法吸收公众存款的证据之一为司法会计鉴定意见书。原审法院根据查明的事实，对李某作出相应判决。

原审被告人李某不服，提出上诉。

二审中，关于对司法会计鉴定意见采信问题，法院认为，鉴定意见是证据的种类之一，和其他证据种类一样，必须经过审查判断，确定其属实的，才能作为定案的根据。经查，鉴定意见中有关飞荣商业城违法、违规需要交纳罚款2785万元才能通过综合验收的意见，缺乏事实根据，未见任何行政机关的书面处罚决定，该罚款没有实际发生，鉴定人当庭也未出示计算依据，鉴定意见中出现的上述数据是预测性数据，对该部分意见，本院不予采信。鉴定意见是否有科学根据，论据是否可靠，论证是否充分，论据与结论是否矛盾，结论是否明确，涉及鉴定意见证据效力问题，应由鉴定人运用专业知识对刑事诉讼中的专门性问题进行鉴别和判断后作出明确意见，如出现“可能是”“不排除”等不明确意见，在刑事案件中是没有证据价值的，更没有证明力。该鉴定意见对飞荣公司飞荣府邸项目未销售房屋不动产评估意见及对飞荣府邸项目预估利润数据均是暂估性数字，且飞荣府邸项目尚未结算，相关资产未处置，存在不确定因素，无法估价，故鉴定机构对上述两方面未作出明确的分析意见，不能如实反映未售房产的真实价值以及飞荣府邸项目今后的利润，对该部分预估性的鉴定意见，本院不予采信。

[评析]司法会计鉴定是对已有的财务会计资料进行检验，对需要解决的财务会计问题作出甄别判断，在鉴定材料完整充分的条件下，鉴定意见应当是明确的。如果依据已有的财务会计资料对未来可能发生的财务结果作出判断，该业务属于财务预测范畴，不属于司法会计鉴定范畴。本案鉴定人显然混淆了司法会计鉴定与财务预测的关系，将不确定的预测结果当作鉴定意见出具，造成鉴定意见不确定，不具有证明力。

案例106 石某某涉嫌职务侵占、挪用资金不起诉案[渝检五分院刑申复决(2020)Z26号[①]]

2017年7月3日,重庆市某建材有限公司以石某某涉嫌利用职务便利将公司财产4000万余元侵占且拒不归还为由向公安机关报案,同年7月27日公安机关以石某某涉嫌挪用资金罪立案侦查。侦查过程中,公安机关委托会计师事务所对该公司的账务进行了审计。该所于2018年3月6日作出的鉴定意见为:(1)2008年至2016年,公司账面少计收入208万元,多计支出260万元,共计468万元;(2)2016年10月至2017年2月,石某某在未征得其他股东同意的情况下,擅自将公司账户收到的关闭补偿款中的460万元转至个人账户及近亲属名下银行卡内,并将转出资金中的400万元用于购买基金或理财产品。该鉴定书又特别提示:“本鉴定意见系依据经侦部门提供的鉴定材料所作。某建材财务核算极其不规范不健全,经侦部门提供的鉴定材料未按照财务会计制度有关规范进行核算记录。销售收入及收款、成本支出及费用报销等缺乏充分有效的入账依据,由此可能导致收入记录不完整、成本费用虚增等情况。此外,石某某将公司资金与个人及其家庭资金混同且不能提供公司现金日记账和银行存款日记账,导致公司真实资金情况不能得到真实、完整、准确的记录。因鉴定材料可能存在不完整、不真实、不准确等情况,可能导致鉴定意见与实际情况不一致。特提请报告使用人注意。”

公安机关侦查认定石某某涉嫌职务侵占416万余元、挪用资金400万元向重庆市巴南区人民检察院移送审查起诉。2019年7月12日,巴南区人民检察院认为公安机关认定的犯罪事实不清、证据不足,对石某某作出不起诉决定。同年7月19日、8月23日,公安机关分别就该决定向巴南区人民检察院和重庆市人民检察院第五分院申请复议、复核,申诉人重庆市某建材有限公司不服重庆市巴南区人民检察院不起诉决定书,向重庆市人民检察院第五分院提出申诉。

重庆市人民检察院第五分院经复查认为,综合全案,公安机关认定石某某涉嫌职务侵占罪、挪用资金罪的事实不清、证据不足。理由之一为司法会计鉴定意见客观性存疑。由于某建材有限公司管理混乱,财务收支记录不完整,且不能提供现金日记账和银行存款日记账,导致真实资金情况未能得到完整、准确的记录。凭借支离破碎的鉴定材料,不能确保鉴定意见与实际情况相符。换言之,本案鉴定意见不能保证具有客观性(真实性),缺乏合格证据的完整属性。因此,该鉴定

① 案例来自“12309”中国检察网。

意见不能作为定案证据。但本案中,公安机关认定石某某涉嫌犯罪的客观证据却基本上依托于此。

重庆市人民检察院第五分院认为,巴南区人民检察院对石某某涉嫌职务侵占、挪用资金一案以事实不清、证据不足对其作出不起诉决定并无不当。

决定:维持巴南区人民检察院不起诉决定。

[**评析**]《人民检察院司法会计工作细则(试行)》第9条规定,司法会计鉴定的范围为:(1)资产历史成本的确认;(2)资产应结存额及结存差异的确认;(3)财务往来账项的确认;(4)经营损益、投资损益的确认;(5)会计处理方法及结果的确认;(6)其他需要通过检验分析财务会计资料确认的财务会计问题。

不难发现,上述细则每项鉴定范围都带有"确认"两字,即要求鉴定意见必须对委托方提出的财务会计专门性问题进行确认。

根据本案鉴定书特别提示,可以判断公安机关提供的鉴定材料不完整、不充分,根据《司法鉴定程序通则》的规定,送检材料达不到司法鉴定条件,属于不得受理的情形。但按照中国注册会计师审计准则规范,注册会计师可以根据审计证据受限程度不同,出具无保留意见、保留意见、否定意见、无法表示意见类型的审计报告。本案鉴定书作出"可能导致收入记录不完整、成本费用虚增等情况""可能导致鉴定意见与实际情况不一致"的特别提示,据此可以认定,本案会计师事务所出具的文书名称虽然是司法会计鉴定意见,但实际上是按照审计标准和规范操作的产物,实质上是一份"无法表示意见"类型的审计报告。由于不确定的鉴定意见不具有证明力,在诉讼中不应当将其作为定案或认定案件事实的根据。

案例107　肖某、李某、裴某涉嫌职务侵占不起诉案[呼检一部刑申复决(2020)Z2号①]

申诉人徐某不服牙克石市人民检察院牙检一部刑不诉(2020)5号、牙检一部刑不诉(2020)6号、牙检一部刑不诉(2020)7号不起诉决定,认为牙克石市人民检察院作出的不起诉决定错误,并要求对肖某、李某、裴某提起公诉,向呼伦贝尔市人民检察院提出申诉。

呼伦贝尔市人民检察院复查查明:2010年4月,中国某有限公司在满洲里市成立满洲里某开发有限公司,聘任肖某任总经理、李某为会计、裴某为出纳。公司

① 案例来自"12309"中国检察网。

在运营期间出现严重亏损,并存在公私账号混用、收入不入账等行为。经某会计师事务所司法会计审计,该公司6558万元资金去向不明。牙克石市人民检察院依据司法会计鉴定意见,认定肖某、李某、裴某三人涉嫌职务侵占6558万元,向牙克石市人民法院提起公诉。在开庭审理期间,法院建议撤回起诉。牙克石市人民检察院撤回起诉并要求公安机关补充侦查,因补查材料不符合起诉条件,牙克石市人民检察院认为该案事实不清、证据不足,对肖某、李某、裴某三人作出不起诉决定。

申诉人徐某不服牙克石市人民检察院不起诉决定,认为牙克石市人民检察院作出的不起诉决定错误,并要求对肖某、李某、裴某提起公诉,向呼伦贝尔市人民检察院提出申诉。

呼伦贝尔市人民检察院复查认为,公安机关认定肖某、李某、裴某涉嫌职务侵占罪、挪用资金罪的事实不清、证据不足。某会计师事务所司法会计鉴定意见认定"6558万元资金去向不明"是推导得出的结论,该意见只是为侦查机关提供侦查方向,具体每笔资金最终流向哪里、是否被侵占、被谁侵占、各嫌疑人具体侵占数额、具体侵占每笔资金时各犯罪嫌疑人所起作用、是否有其他参与人或者其他获利人等问题均没有查清。而且,该鉴定意见采用笔录作为检材不符合鉴定标准,使用抽样和函证的方法得出的结论,不能反映事实全貌。因肖某等人的银行卡公私不分,无法确定转出的钱款是单位资金还是个人资金,证据之间不能形成闭合链条,公安机关移送的具体单笔犯罪亦事实不清、证据不足,故本案不符合起诉条件。牙克石市人民检察院决定对肖某、李某、裴某不起诉正确。

呼伦贝尔市人民检察院决定:维持牙克石市人民检察院的不起诉决定。

[评析]注册会计师的日常工作是审计,本案会计师事务所出具的文书名称虽然叫"司法会计鉴定意见",但其采用了"笔录"、"抽样"和"函证"等审计方法,说明注册会计师不懂司法会计鉴定规范,相关问题在其他章节中已做过评析,不再赘述。需要说明的是,职务侵占是指公司、企业或者其他单位的工作人员,利用职务上的便利,将本单位财物非法占为己有为前提。本案的鉴定意见是"6558万元资金去向不明",属于不明确的鉴定意见,该意见既不表示6558万元进入肖某、李某、裴某的银行账户,也不表示进入与他们有关联的银行账户,完全不具备司法会计鉴定意见对财务会计专门性问题确认的证据属性,不能直接作为证据使用。从本质上评价,本案所谓的鉴定意见其实就是一份审计报告,审计意见可以作为侦查线索使用。

案例108　武某合同诈骗罪再审案[(2020)晋08刑再1号]

一审法院审理查明，自2012年6月，被告人武某开始与被害人云阳公司合作做生意，被告人武某为云阳公司供应某品牌钢材，具体由被告人武某与云阳公司业务员邱某先电话商定好钢材的型号、价格等事项，然后发货、结算货款。截至2013年6月30日，对6月的账目进行核对后，云阳公司尚欠被告人武某36万元。自2013年7月1日起，被告人武某每日均少发一定数量的钢材，编造虚假送货信息给云阳公司业务员邱某，至7月11日，云阳公司共向被告人武某支付钢材货款996万元，但只收到其送来的价值734万元的钢材，结清6月份的欠款36万元，被告人武某共骗取云阳公司钢材款226万元。一审法院根据查明的事实作出相应的判决。

原审被告人武某不服判决，提出上诉。其辩护人申请对被告人武某合同诈骗案中武某与云阳公司钢材供应吨位、数量、价格及账务依法进行审计，二审法院委托某司法鉴定所对被告人武某与云阳公司之间的钢材供应吨位、数量、价格及账务进行司法审计鉴定。

鉴定意见为：(1)2013年2月18日至7月11日武某给云阳公司提供各种型号龙钢钢材5万吨。(2)①以武某讯问笔录供述计算，每吨降140元，武某供应云阳公司钢材5万吨，价款18,097万元。②以邱某询问笔录陈述计算，分三种情况：一是与市场价持平，5万吨钢材价款18,834万元；二是按市场价每吨降10元，5万吨钢材，价款18,784万元；三是按市场价每吨降20元，5万吨钢材价款18,734万元。

二审法院认为，司法鉴定所出具的司法会计鉴定意见不具有唯一性，不予采纳，并作出相应裁定。

宣判后，武某不服，向山西省高级人民法院提出申诉，山西省高级人民法院作出再审决定指令二审法院再审本案。

再审认为，本案申诉人武某诈骗云阳公司的证据，司法鉴定所出具的司法会计鉴定意见不具有唯一性，不予采纳，维持二审裁定。

[评析]本案鉴定人分别以武某的讯问笔录和邱某询问笔录作为鉴定材料，说明检材中缺乏钢材价格财务会计资料，按照《司法鉴定程序通则》的规定，检材达不到司法会计鉴定条件，属于不得受理的法定情形。鉴定人依据言词证据作为检材，本身就违反司法会计鉴定规范，导致同一鉴定事项出现四种不同鉴定意见的结论，鉴定意见不唯一，不具有证明力。

案例 109　乐某、蒋某等与罗某不当得利纠纷案[(2019)赣民终 114 号]

上诉人(原审原告):乐某、蒋某

被上诉人(原审被告):罗某

一审[(2017)赣 11 民初 139 号]诉讼中,上诉人乐某、蒋某向法院提出诉讼:请求被上诉人返回原告不当得利 1008 万元。

事实和理由:自 2010 年 10 月 13 日起,原告因资金周转需要,陆续向被告借款本金 7868 万元,但在实际结算时,被告却按“利滚利”结算,经原告结算,原告已向被告支付款项金额高达 14,521 万元,除去借款本金 7868 万元及法律允许范围内最高的 36% 利率计算利息外,原告多付被告 1008 万元。

本案在一审过程中,乐某、蒋某申请对与罗某之间的借款和还款本息金额进行鉴定,法院依法委托某司法鉴定中心进行司法鉴定,鉴定意见为:(1)根据 2011 年 3 月 8 日手写版结息清单反映的本金和利率,结合乐某还款银行流水,截至 2012 年 8 月 30 日尚欠本息金额共计 7281 万元;根据 2011 年 3 月 8 日手写版结息清单反映的本金按法律规定的年利率 36%,截至 2012 年 8 月 30 日尚欠本息金额共计 3940 万元。(2)根据 2011 年 3 月 14 日打印版清单反映的本金和利率,结合乐某还款银行流水,截至 2012 年 8 月 30 日尚欠本息金额共计 4998 万元;根据 2011 年 3 月 14 日打印版清单反映的本金最后三笔按法律规定的年利率 36%,截至 2012 年 8 月 30 日尚欠本息金额共计 5509 万元。

一审法院认为,由于双方当事人对借款和还款本息金额存在较大争议,本院依申请进行了司法鉴定,但该鉴定意见无法真实判断双方之间的借贷数额及利率。鉴于鉴定意见存在缺陷,无法采信。

法院根据查明的事实,驳回原告乐某、蒋某的诉讼请求。

一审原告乐某、蒋某不服该判决,向江西省高级人民法院提起上诉,上诉理由之一为:鉴定意见合法合理,一审法院应当予以采信。

关于一审法院未采信鉴定机构出具的鉴定意见是否正确的问题,江西省高级人民法院认为,一审法院委托某司法鉴定中心对乐某、蒋某与罗某之间的借款和还款本息金额进行司法鉴定,而该司法鉴定中心出具的司法鉴定意见书中出现了四种数额相差巨大的鉴定意见。因此,一审法院以鉴定意见存在缺陷为由未予采信,并无不当。

[评析]本案出现四种不同结论的鉴定意见,原因在于鉴定人分别依据手写版结息清单和打印版清单以及不同的利息计算方法形成。鉴定人进行鉴定时,应当

先由委托方确定以哪份鉴定材料为准以及利息计算方法，再进行鉴定，在无法确定鉴定材料的情况下，不应当受理鉴定。客观事实只有一个，不可能同时出现多个。本案出现四种不同的结论，自然没有证明力。

第三节　鉴定意见表达范围审查

我国诉讼法均明确规定，诉讼中需要解决某些专门性问题的时候，应当指派、聘请有专门知识的人进行鉴定。就司法会计鉴定而言，法律中的“专门性问题”是指财务会计方面的问题。司法会计鉴定意见表达的范围仅限于财务会计专门性问题，超出财务会计专门性问题范围的，均属于超范围鉴定。本节主要介绍鉴定意见表达范围审查方法及相关案例。

一、审查方法

财务会计专门性问题的范围比较广阔，按照会计要素划分，涉及资产、负债、所有者权益、收入、费用和利润六大要素。审查人员审查时，应该紧紧围绕“财务会计专门性问题”这个中心，审查鉴定意见确认的问题是否超出了上述会计六大要素范围。

二、相关案例

(一)超范围问题之一，对行为人作出确认

案例110　张某贪污、受贿案[(2018)云25刑终34号]

某检察院指控原审被告人张某犯贪污罪、受贿罪案，一审法院于2017年12月28日作出刑事判决。宣判后，原审被告人张某不服，提出上诉。

关于贪污事实，原判认定，张某在担任某局副局长并主持工作期间，利用职务上的便利，非法占有公款共计人民币102万元。具体事实如下：

1. 张某在项目工程、采购设备过程中，采取虚增的手段非法占有公款35万元。

2. 张某安排或指使原报账员王某及陈某等人将虚套的公款直接打入其个人账户共计11万元，并被其非法占有。

3. 张某从报账员龙某处以出具借条的方式非法占有公款共35笔，合计人民币56万元。

原审判决张某贪污56万元的主要证据之一系某鉴定机构出具的司法会计鉴定报告，鉴定意见为：某期间，某局发生支出业务69笔，支出金额409万元，其中56万元被张某借用未归还，张某的行为，导致某局资金的所有权和使用权转移出单位。

原审法院根据上述事实和相关证据，认为张某利用职务上的便利，非法占有公款共计人民币102万元，作出相应判决。

宣判后，张某不服，以原判认定事实错误，无证据证明其占有借款56万元，部分借条系事后制作或他人补签，有借条的金额部分为空白，无法证明其收到借款，请求二审法院依法改判。

二审法院审理后认为，司法会计鉴定意见得出的某局某期间发生支出业务69笔，金额为409万元，其中56万元被张某借用未归还。经查，其中7张借条金额8万元非张某本人签字，另有1张借条金额1万元虽有张某签字，但金额部分空白，系事后他人补填，此8张借条张某不予认可，又无其他证据相印证，不能证实张某已经取得了所载的共计人民币9万元，原判认定张某借款35笔共计人民币56万元未归还不当，依法予以纠正。根据有利被告人的原则，仅采信经张某本人签字确认的借条所载金额，即张某借用未归还的金额为47万元。

[评析]本案司法会计鉴定报告存在以下两处问题：

1. 对财务痕迹作出确认，进而认定行为人，超出了财务会计专门性问题范围。

司法会计鉴定意见的形成，基于鉴定人对财务会计资料及相关材料的检验，采用某项鉴定标准，通过分析论证形成。本案鉴定认为"56万元被张某借用未归还"，鉴定人之所以认定"张某借用"，应当是根据有关凭证上署有"张某"姓名字样的财务痕迹，财务痕迹属于文书司法鉴定范围，根据《中国注册会计师鉴证业务基本准则》第31条第1款规定："鉴证业务通常不涉及鉴定文件记录的真伪，注册会计师也不是鉴定文件记录真伪的专家。"司法会计鉴定人即使同时具有文书司法鉴定资质，也应当由司法机关另行聘请鉴定，鉴定人仅凭肉眼对财务痕迹作出辨认，无法排除他人模仿或代签的可能，以此认定款项被张某借用，既不科学又超范围。实务中这种做法比较普遍，法院采信了鉴定意见，要么有其他证据佐证，要么是巧合，恰好不存在他人模仿或代签。司法鉴定意见之所以被称为"证据之王"，靠的是其具有极强的科学性，而依靠巧合得出的鉴定意见，是不可取的。

类似问题正确的做法是，对遗留有“张某”财务痕迹的凭证，表达鉴定意见时将姓名打上双引号，仅表示具有某种特征的凭证资金收支情况，而不直接表达系某人所为。如本案鉴定意见应当表达为：借条上留有“张某”字样的借款凭证56万元。该鉴定意见提示鉴定意见使用人需要结合其他证据进一步确认是否为张某所为。

2. 对资金所有权和使用权发生转移作出认定，超出了鉴定范围。

具体表现在鉴定意见中的“张某的行为，导致某局资金的所有权和使用权转移出单位”。

《中华人民共和国民法典》第208条规定：“不动产物权的设立、变更、转让和消灭，应当依照法律规定登记。动产物权的设立和转让，应当依照法律规定交付。”本案中，张某的违法行为不可能导致涉案财物的所有权和使用权发生转移，否则，违法财物就不是“赃款赃物”，权利人不得去追回了。本案张某的违法行为，只是让财物权属单位暂时无法行使其所有权和使用权。

（二）超范围问题之二，对行为人职务作出确认

案例111　顺祥公司与赵某财产损害赔偿纠纷案[（2015）沪二中民一（民）终字第2182号]

一审原告顺祥公司诉称，赵某系顺祥公司与案外人永华公司共同聘用的出纳，负责公司现金的保管。2014年1月，顺祥公司财务经理会同赵某对现金银箱进行年终盘点时，发现现金缺失，顺祥公司于是向公安机关报案。2014年3月，公安机关经审查认定赵某没有犯罪事实，决定不予立案。之后顺祥公司委托司法会计鉴定机构进行鉴定，鉴定意见：赵某担任顺祥公司与永华公司出纳期间，顺祥公司库存盘缺26万元。

顺祥公司提起民事诉讼，称赵某系顺祥公司与案外人永华公司共同聘用的出纳，赵某作为专管现金的出纳，理应及时将营业现金收入解入银行，但其违反财务制度的规定，且在每月对账时在确定账面数额正确后未进行现金盘点核对，对于现金的缺失负有完全责任，应予赔偿短缺的资金26万元。

赵某表示关于短缺钱款的去向其也不清楚，其没有与顺祥公司建立劳动关系，亦未接受顺祥公司的委托担任其出纳，故不存在保管责任。钱款短缺有很多原因，顺祥公司自认管理混乱，没有进行定期盘点，且保险箱钥匙不是赵某一人所有。赵某表示，顺祥公司设有财务及财务经理，故钱款短缺不是由其造成，而是顺

祥公司财务管理混乱造成的。

一审法院经审理后认为，当事人对自己提出的主张负有举证责任。本案中，顺祥公司提出赵某作为该公司专管现金的出纳，对钱款负有保管责任，本案现有证据无法证明赵某系顺祥公司员工，从事出纳岗位，故对顺祥公司主张的赵某具有对现金的保管义务，法院难以采信。一审法院认为，本案系公司财务制度管理不严导致的钱款缺失，顺祥公司在本案中的请求权基础为侵权，其在无法查明钱款去向，亦未证明缺失钱款系被赵某占有或赵某对缺失钱款负有过错的情况下，要求其承担赔偿责任，难以支持。

一审法院据此作出判决：驳回顺祥公司要求赵某赔偿短缺的资金26万元的诉讼请求。

一审判决后，顺祥公司不服提起上诉，二审法院审理后驳回顺祥公司的上诉，维持原判。

顺祥公司不服二审判决，向高级人民法院申请再审。高级人民法院审理后驳回顺祥公司的再审申请。

[评析]本案的鉴定意见不但对行为人作出认定，而且对行为人的职务作出确认，实质上是对责任人作出指向，超出了司法会计鉴定范围。鉴定人之所以对行为人的职务作出鉴定，可能是根据顺祥公司有关人员的言词证据或者任命文件，但是，言词证据和任命文件都不是财务会计资料，且行为人及其职务并非财务会计专门性问题，不能成为司法会计鉴定对象，行为人及其职务应当由司法机关认定，司法会计鉴定意见只能“对事不对人”，其中的“事”是指财务会计事项，即本案可以对顺祥公司截至某时点库存现金应结存额与实际结存额是否相符作出鉴定，但不能对行为人及其职务作出鉴定。鉴定人在鉴定实施过程中若发现可疑人员，可以口头向司法机关提出，由司法机关查证确认“人”的问题。

（三）超范围问题之三，对行为人主观心理作出判断

案例112　孙某、A公司骗取贷款、票据承兑、金融票证、非法吸收公众存款案[（2016）皖03刑终142号]

公诉机关指控，被告单位A公司、被告人孙某犯骗取贷款罪、非法吸收公众存款罪，并向一审法院提起公诉。审理期间，公诉机关追加指控被告人孙某犯贪污罪。

关于贪污罪，公诉机关指控，被告人孙某在担任供销社下属企业B公司经理

期间，在B公司改制过程中，利用职务之便，隐匿B公司及其全资子公司C公司的资产633万元、负债87万元，新增固定资产1135万元，相应净资产共1855万元，并将该1855万元并入其控股的A公司。

公诉机关指控孙某贪污的主要证据是司法鉴定机构出具的司法会计鉴定意见书，鉴定意见：B公司在2000年12月31日资产评估时，存在隐匿行为，隐匿了C公司的资产633万元、负债87万元，B公司新增固定资产1135万元，相应的净资产1855万元。该隐匿的净资产并入改制后的A公司。

一审法院审理认为，被告人孙某在担任B公司经理期间，在B公司改制过程中，利用职务之便，将C公司应纳入改制评估范围的资产633万元、负债87万元，合计资产720万元予以隐匿，未纳入改制资产评估。2006年7月，以被告人孙某为首的B公司领导班子开会决定将C公司资产以孙某名义并入其控股的A公司，同时经股东大会研究决定，将B公司更名为A公司，公司原注册资本118万元，本次以未分配利润增资1732万元。增资后，被告人孙某注册资本认缴比例从5%变更为98%。

关于公诉机关指控被告人孙某贪污B公司新增固定资产1135万元的公诉意见。一审法院查明，据司法鉴定所的鉴定意见，1135万元的来源是：鉴定所在鉴定时发现，2000年12月31日（改制截止日），B公司以“2000年12月31号”凭证入账，增加固定资产价值2990万元，这2990万元的固定资产均未纳入改制时的评估范围；后又发现上述2990万元的固定资产中有1855万元的固定资产是C公司在2003年购建的，不应纳入改制评估范围，故在应纳入改制评估的固定资产2990万元中扣除，剩余的1135万元鉴定所查不到不应包括在改制评估范围内的证据，故认定为应纳入评估而未评估的资产。

一审法院认为，指控被告人孙某贪污1135万元证据不够充分。(1)主观上，孙某及证人钮某均称不知道1135万元没有纳入评估，讲不清楚为什么没有纳入评估，亦无其他证明材料证实1135万元的事情，故没有查清隐匿1135万元的原因；(2)客观上，隐匿后的资产如何转入改制后公司的账目无任何证据；(3)隐匿的过程未查清，不能形成完整的证据链。现有证据无法证实1135万元资产是如何隐匿的、安排谁隐匿的，是财务室未提供资产账目进行评估，还是评估机构未予以评估均未侦查清楚，不能形成完整的证据链。综上，隐匿1135万元新增固定资产事实不清，证据不足。一审法院根据查明的事实，认定孙某贪污720万元(633+87)，对贪污罪及其他罪作出相应判决。

宣判后,孙某提出上诉,检察机关提出抗诉,其认为,一审法院判决采信了鉴定所关于B公司新增固定资产1135万元,并且该资产被隐匿的事实。这也是认定孙某贪污1135万元的事实基础。指控与判决的分歧焦点是孙某的供述和钮某的证言如何采信。孙某对隐匿公司资产的行为均辩解为不知道,也没有安排其他人故意隐匿公司资产。其对隐匿1135万元的事实和对隐匿720万元的事实的辩解是相同的,因此,采信对其隐匿1135万元事实的辩解,明显是对同一证据采取不同的采信标准。钮某在证言中证实,自己是按照孙某的指示,向评估机构提供会计资料。由于时间长了对提供的相关资料记不清了。现有证据足以证明孙某主观上有通过改制隐匿公司资产的故意。隐匿720万元还是隐匿1855万元,孙某并没有明确的认识,只是主观上存在概括性的故意;隐匿720万元还是隐匿1855万元,都不违背其将国有资产占为己有的犯罪目的。

二审法院认为,认定孙某贪污B公司新增固定资产1135万元证据不足。首先在主观上,贪污罪要求以非法占为己有为目的,本案缺乏上诉人孙某具有将1135万元非法占为己有的证据。从目前公诉机关提供的证据材料来看,孙某及钮某均称不知道1135万元没有纳入评估,讲不清楚为什么没有纳入评估,亦无其他证明材料证实1135万元的事情,故没有查清隐匿1135万元的原因。其次在客观上,贪污罪要求将财产非法占为已有或者能控制财产,本案缺少上诉人孙某将1135万元资产占为已有或者已控制资产的证据。上述资产隐匿后,如何被非法占为己有或者被控制未查清。目前,隐匿后的资产如何转入改制后公司的账目无任何证据。加之隐匿的过程未查清,不能形成完整的证据链。现有证据无法证实1135万元资产是如何隐匿的、安排谁隐匿的,是财务室未提供资产账目进行评估,还是评估机构未予以评估均未侦查清楚,不能形成完整的证据链。综上,隐匿1135万元新增固定资产事实不清,证据不足。故一审判决未认定孙某贪污B公司新增固定资产1135万元并无不当。

裁定:驳回抗诉、上诉,维持原判。

[评析]本案鉴定人对B公司改制时把未纳入评估资产的原因认定为"隐匿",超出了司法会计鉴定范围。司法会计检验的对象只能是财务会计资料以及能够证明经济业务发生或结果的其他相关材料,"隐匿"是一种人的主观故意心理活动,属于意识形态领域范畴,形成于人的心中,不可能体现在财务会计资料中,鉴定人也就无法从财务会计资料中检验出行为人的心理活动。本案B公司新增固定资产1135万元未纳入评估,既有可能是行为人"隐匿",也有可能如一审和二

审法院判决说理“是财务室未提供资产账目进行评估,还是评估机构未予以评估”,还有一种可能是行为人“遗忘”拿去评估。鉴定人可以对未纳入评估的资产数额作出确认,但未纳入评估的原因应当由司法机关结合其他证据判断。

(四)超范围问题之四,对人员身份特征作出确认

案例 113　蒋某集资诈骗案[(2017)黔 0103 刑初 140 号]

公诉机关指控,2011 年至 2014 年 9 月,被告人蒋某在不具有偿还能力的情况下,以自己经营夜总会业务、污水处理厂项目等工程为幌子,虚构集资用途,以高回报率为诱饵,先后向张某等不特定的 14 名被害人借款集资 9775 万元,上述款项主要用于蒋某支付借款人高额利息、赌博等个人挥霍。庭审中,公诉机关指控被告人蒋某犯集资诈骗罪,建议判处相应的刑罚。

公诉机关指控蒋某犯罪金额的证据系某鉴定机构出具的司法会计鉴定书,鉴定意见:被告人蒋某向张某等不特定的 14 名被害人借款集资 9775 万元。

一审法院认为:公诉机关指控蒋某向张某等 14 名集资参与人集资 9775 万元,构成集资诈骗罪的罪名不成立,本院不予确认。理由如下:本案涉及的张某等 13 人均是被告人蒋某的生意合作伙伴、朋友、同学等,且被告人蒋某并未实施向社会公开宣传的行为,其行为不符合集资诈骗罪的犯罪对象是不特定公众的犯罪特征。现有证据中,仅有张某等 13 人向蒋某支付款项的凭证、借条、借款合同等,不能确切证明以上经济往来的性质,且公诉机关未提供被告人蒋某及其关联人程某的银行流水,不能完整反映蒋某与张某等 13 人经济往来情况。故公诉机关指控被告人蒋某犯集资诈骗罪的证据不足,对公诉机关指控集资诈骗的罪名不予确认。判决:被告人蒋某犯合同诈骗罪。

宣判后,原审被告人蒋某不服,提出上诉。

二审法院认为,原判变更原审公诉机关指控上诉人蒋某所犯罪名,但未在判决前听取控辩双方的意见,未充分保障上诉人、辩护人行使辩护权,程序不当,可能影响公正审判。裁定撤销原判,发回重审。

重审[(2019)黔 0103 刑初 6 号]过程中,检察机关以证据发生变化向法院提出撤诉申请,法院准许检察机关撤诉。

[评析]本案鉴定意见对 14 名集资参与人作出“不特定人”的认定,超出了财务会计专门性问题范围。一审判决虽未直接指出超范围鉴定,但指出公诉机关指控的集资参与人并不是“不特定人”,而是蒋某的生意合作伙伴、朋友、同学等。显

然，有关人员的身份特征是由司法机关认定的，而不是由司法会计鉴定人认定的。本案鉴定机构对人员身份特征作出确认，可能有两种情况：一是委托方提出的鉴定事项包含了“不特定人”，鉴定人未加判断是否属于财务会计专门性问题而是照搬该鉴定事项出具鉴定意见；二是委托方将包括认定“不特定人”的案卷材料交由鉴定人鉴定，鉴定人以其中的言词证据等非财务会计资料对人员身份特征作出判断。

造成鉴定人对“不特定人”身份特征作出鉴定固然有客观原因，也有鉴定人不了解司法会计鉴定的对象是什么的主观原因，下面我们再看一例。

案例 114　舒某非法吸收公众存款案［（2021）湘 1224 刑初 153 号］

公诉机关指控，2013 年至 2016 年，被告人舒某以口口相传、以人传人的方式，承诺以 1 分、2 分等不同的月息回报，向张某等 50 余名社会不特定对象吸收借款人民币共计 185 万元，其中已退还人民币 12 万元。

公诉机关就上述所控事实向法院提交了司法会计鉴定意见等证据。

鉴定认为：1. 2013 年至 2016 年，舒某利用口口相传方式，向不特定对象吸收借（存）款资金共计 159 万元，退还本金 9 万元，已付利息 4 万元，未约定利息的资金有 10 万元。2. 2013 年至 2016 年，舒某向特定对象借款合计 75 万元，已退还本金 3 万元，借条上均未注明是否约定利息，但舒甲出借 13 万元，口头约定利息 2 分，其余 62 万元均系未约定利息的资金。

法院认为，司法会计鉴定的对象是财务会计专门性问题，是对资产、负债、所有权权益、收入、费用、利润等专门性问题进行认定，而“不特定对象”是对资金出借人的社会属性进行定义，不是财务会计鉴定范畴，不应依司法会计鉴定意见对资金出借人的身份进行认定，而应根据可以证明双方社会关系的证据予以综合考量和判定。经查，张某、李某等人与被告人既不是亲属，也无特殊关系往来，仅为一般的朋友关系，不应认定为“特定对象”，而应认定为“不特定对象”。上述人员出借的资金应按相关法律规定予以认定。因非法吸收公众存款罪的认定要求行为人承诺在一定期限内以货币、实物、股权等方式还本付息或者给付回报，故未约定利息的资金不宜作为犯罪金额认定。而朱某、李某、张某在出借资金时均未口头或在借据中约定利息，故上述人员出借的资金不宜认定为犯罪金额。公诉机关以借条体现的出借资金作为犯罪金额认定依据，未考虑到借款时有利息转本金的情况，指控不客观，应以被告人实际吸收的资金为认定标准。经计算，被告人舒某的涉案金额为实际吸收资金扣减未约定利息的资金,合计为160万元人民币。

(五)超范围问题之五,对财物保管人作出确认

案例115 马某挪用资金、职务侵占案[(2019)豫1525刑初358号]

公诉机关的指控主要包括:

1.挪用资金罪。被告人马某利用职务便利,于2016年3月5日、7月18日分别挪用远大置业有限公司资金1万元、6万元给高某使用,超过3个月未还;2017年初,马某分两次挪用远大置业有限公司资金35万元给王某使用,超过3个月未还。

2.职务侵占罪。2014年3月至2017年2月,被告人马某在担任远大置业有限公司出纳期间,收取公司销售类款项227万元未上缴公司,2017年2月28日,马某在与公司办理完财务手续交接后,对上述款项既未上缴也不承认。

庭审中,公诉机关依据会计师事务所出具的司法会计鉴定意见及补充报告,变更指控被告人马某侵占公司资金共计86万元。

辩护人提出辩护意见:起诉书指控马某犯职务侵占罪不能成立,关键证据鉴定报告不能作为认定事实的根据,其他证据无法证明职务侵占的犯罪事实。(1)检材不完整、接受鉴定不合法,鉴定报告中已认定远大置业有限公司的三套账不规范、不完整,而在计算马某上交远大置业有限公司资金时又引用该账。(2)当事人对鉴定报告真实性方面有异议,检材没有封存,没有经过马某的签字确认和核对,程序不当、检材的真实性不能保证;认定两枚印章均由马某持有是错误的;鉴定报告认定马某是远大置业有限公司唯一的出纳错误,项某、陈某、王某等都直接或者间接地从事着出纳工作。

法院审理查明,公诉机关提供的鉴定意见中认定的事实,即从2014年3月至2017年3月,远大置业有限公司的两枚财务专用章(一枚有编号、一枚无编号)均由马某保管并使用,与公诉机关当庭出示的证据无法证实,无编号的财务专用章由马某保管并使用的事实之间存在矛盾;鉴定过程中,鉴定所依据的材料,没有严格按照材料收集、送检的相关规定执行;鉴定所依据的材料没有依法固定、处在变动之中,导致鉴定意见不具有唯一性,故对辩护人提出的鉴定意见不能成为认定事实依据的辩护意见,本院予以采纳。

法院认为,被告人马某作为公司工作人员,利用职务上的便利,擅自将本单位资金给他人使用,数额较大、超过3个月未还,其行为已构成挪用资金罪。公诉机

关指控马某犯挪用资金罪的事实和罪名成立，本院予以支持。公诉机关指控马某犯职务侵占罪，因凭现有证据无法确定职务侵占的具体数额，故对该指控本院不予支持，对被告人马某、辩护人提出的与此相关的辩解、辩护意见本院予以采纳。

[评析]本案判决书未记载鉴定意见，根据辩护人提出的辩护意见，鉴定机构对“两枚印章均由马某持有，马某是唯一出纳”作出确认，如果鉴定意见确有对该事实作出确认，明显超出了财务会计专门性问题范围。

本案职务侵占罪部分，在检材达到鉴定条件情况下，根据犯罪嫌疑人是货币资金保管者这一特殊主体，委托方可以设定以下两个鉴定事项：(1)查清远大置业有限公司某年某月某日至某年某月某日出具的某某号码收款凭证收取款项记账情况；(2)确认远大置业有限公司某年某月某日至某年某月某日止货币资金账实是否相符。第1个鉴定事项目的是查明收款未记账情况，第2个鉴定事项目的是在收款未记账情况下，如果货币资金账实相符，排除了“款入库账未记”的情形，证明远大置业有限公司已经失去了未记账部分款项的控制权，有关人员涉嫌犯罪。至于犯罪嫌疑人是谁，再由侦查机关查证。

(六)超范围问题之六，对法律层面问题作出确认

案例116　李某非法吸收公众存款、合同诈骗案[(2018)赣08刑终69号]

公诉机关指控，被告人李某以飞荣公司需要资金周转、项目开发等为由，违反国家金融管理法规，未经国家金融主管部门批准，通过口口相传等形式进行宣传，采取借款约定回购，投资入股等形式，先后向朱某、王某、聂某等人非法吸收资金。

公诉机关指控李某犯罪金额的证据之一为某会计司法鉴定所出具的司法鉴定意见书，鉴定意见：2011～2015年李某以个人及飞荣公司名义对外吸收公众存款进账金额为12,582万元。

法院认为，司法会计鉴定意见只对鉴定涉及的财务会计问题提出意见，而不能涉及法律问题。故该鉴定意见中“涉及李某对外吸收公众存款汇总表”，对李某向外吸收资金的性质，鉴定机构却做了“非吸数额的认定”，对该部分意见，本院不予采信。

[评析]根据《中华人民共和国刑事诉讼法》第146条的规定，为了查明案情，需要解决案件中某些专门性问题的时候，应当指派、聘请有专门知识的人进行鉴定。该条文中的“某些专门性问题”肯定不包括应由司法机关判断的法律问题。本案中李某吸收的资金合法还是非法，属于法律问题，不应当由会计、审计专业人

员判断,鉴定意见中对“非法吸收”作出判断,超出了财务会计专门性问题范围。

案例117　海天公司与梁甲、梁乙股东损害公司债权人利益责任纠纷案

[(2014)佛城法民二初字第7号]

原告:海天公司

被告:梁甲、梁乙

第三人:金海公司,法定代表人梁甲,经理

原告诉称:原告海天公司与第三人金海公司之间的买卖合同纠纷案,法院作出的第852号民事判决书已发生法律效力,根据该生效法律文书,第三人应履行支付货款本金、利息、案件受理费的义务。因第三人拒不履行生效判决,原告向法院申请强制执行。经查询,第三人目前没有可供执行的财产,法院裁定终结执行。至今,原告未能收回分文货款。根据司法会计鉴定结果,原告认为,第三人之所以严重亏损而无法清偿原告的债务,是因为两被告将公司财产提现挪用、串通其他单位转移资金,逃避债务,损害债权人利益。为此,原告依法提起诉讼,请求判令:(1)两被告对第三人欠付原告的货款本金、利息及案件受理费承担连带清偿责任;(2)本案诉讼费由两被告承担。

在执行过程中,法院委托会计师事务所对第三人的财务状况,特别是资金流向进行司法审计。

司法审计鉴定发现:(1)第三人“部分资金支出存在欠缺原始凭证、主要以现金支付、自制收据等情况,资金支出存在异常情况”,即第三人与众多企业存在多次欠缺原始凭证、无发票、自制收据的交易,以及以“租赁费”科目自制收据提现285,000元,异常交易的金额达535万元,已超出第三人应支付给原告的货款本金;(2)第三人在2008年的销售收入为2500万元,而支付的仓租高达248.4万元,约占销售收入的10%;在2009年度的销售收入为268万元,而支付的仓租高达150万元,约占销售收入的56%,所付的仓租成本与其企业规模根本不符;(3)第三人在2008年每月所付的仓租207,000元,按佛山15元/平方米的仓储租金水平,则被告每月租赁面积为13,800平方米的仓库,按每吨纸8000元,价值2500万元的纸品全部压仓共涉及3125吨的体积,该租赁的13,800平方米规模与其生产状况严重不符;(4)第三人的财务资料显示其付出高额的仓租成本,但其没有任何仓储合同、仓储入仓单、出仓单等原始往来凭证或事实依据,仅有格式一模一样的自制收据,显然是被告虚构债权债务抽逃公司资金;(5)第三人在2008年至2009

年共支付运费108万元(39万元+69万元),支付运费没有任何送货单、随车单据、发票等事实依据,仅有格式一模一样的自制收据,显然是被告虚构债权债务抽逃公司资金;(6)2010年第三人租赁办公室支付租赁费285,000元,88.26平方米,每月租金为23,750元,平均每平方米高达269元,远超所谓甲级写字楼的租金水平,明显是被告以租赁为名,套取远远超过市场正常租金水平的现金,虚构债权债务抽逃公司资金;(7)第三人租赁的办公室系梁甲买下的房屋,梁甲又将该房屋租给第三人办公,已构成公司与股东个人的"住所混同"。

两被告共同答辩称:本案原告的证据审计报告,只是反映第三人公司部分支出只有收据,未开具发票,这只能证明第三人公司的管理不规范,从实证角度出发,该现象在现实中并非孤例,有其客观现实性。该审计报告并不能证明被告梁甲、梁乙将第三人公司的财产转移至私人名下,或者挪用第三人公司的财产。第三人公司管理上常见的瑕疵,并不能证明被告梁甲、梁乙有违反《中华人民共和国公司法》第20条的规定的违法行为。因此,本案原告要求被告梁甲、梁乙对第三人的货款承担连带清偿责任缺乏事实和法律依据。

第三人金海公司陈述与两被告共同答辩内容基本一致。

法院认为,原告以两被告将公司财产提现挪用、串通其他单位转移资金,逃避债务,损害其利益为由提起诉讼,本案属股东损害公司债权人利益责任纠纷。2012年《中华人民共和国民事诉讼法》第64条第1款规定,当事人对自己的主张负有举证责任。依据查明的事实,原告据以起诉的依据是第三人财务状况审计报告中显示"部分资金支出存在欠缺原始凭证、主要以现金支付、自制收据等情况,资金支出存在异常情况"。但该证据仅能证明第三人的财会管理制度存在瑕疵,不规范。公司资金支出异常,并不能证明股东即被告将公司财产提现由个人挪用,也不能证明被告串通其他单位转移第三人的资金至股东个人,而第三人对资金支出提交了相应的发票等证据证实存在真实交易。至于被告将自己所有的房屋出租给第三人的问题,法律并无明文规定禁止公司租赁股东的个人财产,该行为与法律法规并不相悖,不能据此认定被告抽逃出资及资产混同。判决:驳回原告海天公司的诉讼请求。

[评析]本案鉴定意见存在的主要问题是超出司法会计鉴定专业范围对法律问题作出确认。"抽逃资金""住所混同"属于法律判断问题,应当由法院根据财务会计问题鉴定结果,结合其他证据作出判断。除此之外,还存在以下两个问题:

1. 鉴定意见与鉴定事项不符。本案法院提出的鉴定事项为"财务状况"和"资金流向”,其中,财务状况通常是指企业一定日期的资产、负债及所有者权益情况,是资金运动相对静止状态时的表现。资金流向是指资金流入去向和流出去向。法院特别要求资金流向鉴定,目的是查明应当流入金海公司的资金是否存在流向梁甲或梁乙及其关联方,金海公司已有的资金在使用时是否存在不当流向梁甲或梁乙及其关联方,以便判断金海公司是否存在抽逃资金或公司财产与股东财产混同,而鉴定发现的问题并非法院委托的鉴定事项。

2. 逻辑推理错误。第3项鉴定根据销售额2500万元与销售单价8000元/吨,计算出销售量3125吨,鉴定认为3125吨的体积与租赁13,800平方米规模与其生产状况严重不符,鉴定人在未计算出3125吨的体积是多少情况下,又将体积与面积进行对比,口径不一,不具有可比性。

案例118 A公司与B公司企业借贷纠纷案[(2016)最高法民终字第4号]

山东省高级人民法院查明:2012年11月5日,B公司(甲方)与A公司(乙方)签订协议书约定:“甲、乙双方就甲方委托乙方融资借款事宜,经协商签订协议如下:一、为解决黄金时代广场项目建设资金不足,甲方委托乙方通过贸易融资方式为甲方融资。二、融资金额:伍亿元,包括现金和建材。”此外双方还对融资期限、融资利息等作出约定。后双方发生纠纷诉至法院。

山东省高级人民法院根据查明的事实作出判决后,B公司提出上诉,并提交了会计师事务所出具的委托人为公安机关的《关于B公司负责人赵某涉嫌挪用资金案司法会计鉴定意见书》,其鉴定意见为:(1)A公司通过贸易融资从C集团新疆有限公司等三家公司获取资金40,500万元,并将其中30,985万元以借款的形式转入B公司;B公司以钢材采购名义替A公司归还C集团新疆有限公司等三家公司30,184万元。(2)截至2013年5月31日,财务账面显示B公司应付A公司28,243万元,经过审计调整后,财务账面显示B公司应付A公司-652万元。

最高人民法院认为,该鉴定意见认定B公司与C集团新疆有限公司等三家企业无真实钢材业务、B公司代A公司归还C集团新疆有限公司等三家公司30,184万元均无足够依据;该两项事实即使成立亦并无因果关系,该鉴定意见认定该两项事实存在因果关系欠妥。并且,该鉴定意见对本案当事人与案外人之间法律关系性质作出认定,超出了会计师事务所审计范围。因此,对该鉴定意见本院不予采信。

[评析]本案涉及A公司、B公司、C集团新疆有限公司及其他公司资金往来情况,如果司法机关认为需要查明这些公司资金往来情况,委托方应当分别提出这些公司之间资金往来情况鉴定事项,至于B公司支付给C集团新疆有限公司等三家公司的款项是否为代A公司归还及其它们之间的法律关系,应当由司法机关判断,鉴定机构对此作出判断,超出了财务会计专门性问题范围。

(七)超范围问题之七,对发票真伪作出鉴定

案例119 百盛公司与罗某损害公司利益责任纠纷案[(2013)穗天法民二初字第960号]

法院审理查明:原告百盛公司成立于2007年6月。被告罗某是原告的持股股东,2008年5月8日起任原告公司总经理、经理、董事等职务。2010年9月,双方解除劳动关系。2011年,百盛公司委托某司法会计鉴定所就原告2007年7月1日至2010年9月30日被告借款未还情况、经其审批利用虚假发票套取现金情况及与恒通公司、格飞公司签订合同的相关资料进行司法会计鉴定。

鉴定意见其中包括:"(二)2007年7月1日至2010年9月30日由罗某审批通过虚假发票报账金额15万元;(三)……贵公司(本案原告)2010年与恒通公司未签订业务合同,根据账面记录统计,2010年罗某、阳某等人共报销恒通项目的差旅费等支出6万元。"

原告依据上述鉴定意见,认为被告在任总经理期间违反相关法律规定和公司财务制度,未履行董事、高级管理人员的忠实和勤勉义务,遂提起本案诉讼,要求被告赔偿损失21万元及承担本案诉讼费用。

经被告申请,法院依法向公安机关调取了公安局经济犯罪侦查大队就余某控告被告罗某等人职务侵占一案的案卷材料,证明公安机关经审查认为没有犯罪事实,不予立案的事实。

被告罗某辩称:其非专业财务人员,无责任对发票真假查验,原告不能把假发票等同于虚假报销,发票的真假与报销行为的真假是两个关系,假发票不能证明原告的主张,何况报销是客观真实的。

法院认为,原告为其主张仅提供了由其单方委托鉴定而形成的司法会计鉴定报告及部分附件,而未提供原告公司的财务制度规定及财务审批流程。在案件审理过程中,原告亦明确表示不提供相关的财务制度规定及财务审批流程作为本案证据。原告明显掌握相关证据而不提供作为认定本案事实的依据,并用以支持其

诉讼请求,理应承担举证不能的法律后果。原告亦未提供相关证据证明被告伙同他人进行虚假报销的事实。因此,原告认为被告违反法律法规和作为公司高级管理人员的忠实、勤勉义务以及公司财务制度,损害公司利益的主张,证据不足,缺乏事实和法律依据,本院不予支持。

判决:驳回原告百盛公司的诉讼请求。

[评析]本案的鉴定意见"通过虚假发票报账"超出了司法会计鉴定范围。《中华人民共和国发票管理办法实施细则》第33条第1款规定,用票单位和个人有权申请税务机关对发票的真伪进行鉴别。收到申请的税务机关应当受理并负责鉴别发票的真伪;鉴别有困难的,可以提请发票监制税务机关协助鉴别。

《国家税务总局关于普通发票真伪鉴定问题的通知》(国税函〔2008〕948号)第1条规定,普通发票的真伪鉴定由鉴定受理税务机关负责;受理税务机关鉴定有困难的,可以提请发票监制税务机关协助鉴定。第2条规定,在伪造、变造现场查获的假发票,由当地税务机关负责鉴定。

根据上述规范性文件,发票真伪鉴定的法定机构是税务机关,本案司法会计鉴定人对发票真伪作出鉴定,超出了其鉴定专业范围。

(八)超范围问题之八,对商标真伪作出鉴定

案例120　精灵公司与旭日公司侵害商标权纠纷案[(2017)沪0107民初15454号]

原告精灵公司诉称:原告是"精灵"商标的所有权人,该商标应用于原告生产和销售的压力开关。被告旭日公司是由毛某、高某夫妇设立的企业。高某原在原告销售部工作,掌握原告全部客户名单,2008年离职后开始利用原告的销售网络从原告处低买然后高卖牟利。2015年10月,原告发现市场上出现假冒精灵商标的压力开关,经查系被告所为。被告向瑞泰电器公司购进同类型的压力开关,配上假冒的原告产品合格证,以原告制造的产品销售。原告向公安机关报案,侦查期间,司法会计中心出具司法会计鉴定意见,案件移送检察机关后,公安机关撤回起诉,建议原告通过民事诉讼途径解决。自2012年1月11日至2014年12月23日,被告向金莱特公司销售精灵品牌压力开关30,310只,经司法会计中心鉴定,认定其中15,160只系从瑞泰电器公司购入的假冒精灵品牌压力开关,销售收入48万元。故原告提起诉讼,要求被告赔偿原告经济损失。

法院审理查明,司法会计中心的司法会计鉴定意见附件中没有本案被控侵权

产品被扣押的实物或照片，被告从瑞泰电器公司购入压力控制器的所有增值税发票上仅注明型号，并未标注品牌，被告向金莱特公司出售压力开关的所有增值税发票上也是仅注明型号，并未标注品牌。

法院审理认为，司法会计中心的鉴定意见在缺乏书面合同、品牌标注、扣押实物的情况下，便以本案被告销售给金莱特公司开关的总数扣除被告从本案原告购入正品开关的数量，推定被告从瑞泰电器公司购入后向金莱特公司出售的开关即为假冒本案原告精灵品牌开关的数量，没有事实根据，本院不予采信。驳回原告精灵公司的全部诉讼请求。

一审判决后原告不服，向上海知识产权法院提出上诉。

上海知识产权法院作出（2018）沪73民终374号判决，认为：《中华人民共和国民事诉讼法》（已修改）第65条第1款（现为第67条第1款）规定："当事人对自己提出的主张，有责任提供证据。"本案中，精灵公司主张旭日公司销售的压力开关侵害其商标权，应当对旭日公司所销售产品系侵权产品的事实提供证据予以证明。而精灵公司提供的现有证据尚不足以证明旭日公司销售的产品存在擅自使用精灵公司注册商标的事实，故精灵公司应当承担举证不能的不利后果。一审法院的相关认定，并无不当，本院予以维持。判决：驳回上诉，维持原判。

[**评析**]本案司法会计鉴定主要存在以下两处问题：

1. 超出业务范围对商标真伪作出鉴定。根据国家工商行政管理总局商标局在2005年11月14日回复《浙江省工商行政管理局关于查处商标侵权违法案件中商标注册人鉴定商品效力问题的请示》，该回复中明确："在查处商标违法行为过程中，工商行政管理机关可以委托商标注册人对涉嫌假冒注册商标商品及商标标识进行鉴定，出具书面鉴定意见，并承担相应的法律责任。被鉴定者无相反证据推翻该鉴定结论的，工商行政管理机关将该鉴定结论作为证据予以采纳。"根据此回复，商标真伪的鉴定机构是商标注册人，司法会计鉴定机构对商标真伪作出鉴定，超出了其鉴定业务范围。

2. 逻辑推理错误。尽管判决书没有记录鉴定书"分析说明"内容，但从判决书"以本案被告销售给金莱特公司开关的总数扣除被告从本案原告购入正品开关的数量，推定被告从瑞泰电器公司购入后向金莱特公司出售的开关即为假冒本案原告精灵品牌开关的数量"这句话，可以判断鉴定机构认定假冒商标商品数量的逻辑思维和推理公式是：

假冒数量 = 销售给金莱特公司开关的总数 − 向原告精灵公司购入正品的数量

很明显，该逻辑推理是错误的，错误所在是没有排除瑞泰电器公司从原告精灵公司购进后转卖给被告旭日公司，旭日公司再转卖给金莱特公司的可能，也没有排除被告旭日公司从其他渠道购进原告精灵公司的精灵商标商品再销售给金莱特公司的可能，所以该逻辑推理过程是错误的，得出的结论不具有唯一性，不唯一的鉴定意见，在诉讼中没有证明力。另外，鉴定机构即使排除了旭日公司从瑞泰电器公司或其他渠道购进原告精灵公司的精灵商标商品，也不能得出“假冒商标商品”的结论，得出的数量差异只能作为嫌疑事项，可作为司法机关侦查案件的线索，商标真伪仍然应由具有法定资质的机构鉴定。

（九）超范围问题之九，对资金性质作出鉴定

案例121　陈某等人贪污案［（2017）内05刑终83号］

一审公诉机关指控陈某等人贪污、私分国有资产罪，其中指控陈某私分国有资产的事实为：陈某作为水文局局长，在国有划拨土地上建设单位办公楼过程中，召开局务会议及职工代表大会决定将单位经营性收入以生活补贴的名义发放给职工，再转为职工集资款作为水文局培训中心的建设资金。在实际施工当中，该部分资金由水文局支出。陈某将在国有划拨土地上用单位收入资金建设的1868平方米水文局培训中心，办理为水文勘测科技咨询中心及109名单位职工共有产权证。公诉机关指控陈某私分国有资产罪的证据之一为某司法鉴定所出具的司法会计鉴定意见。公诉机关认为，对陈某应当以贪污罪、私分国有资产罪追究其刑事责任。

一审法院对陈某贪污、私分国有资产两个罪均作出相应判决。

原审被告人陈某以原审认定事实错误为由提出上诉，二审法院以原审认定部分事实不清为由发回重审。

重审认为，私分国有资产罪，犯罪对象是“国有资产”。水文局建设综合楼时召开局务会及职工代表大会决定将单位经营服务性收入以生活补贴的名义发放给职工，再转为职工集资款作为水文局培训中心的建设资金267万元。该部分资金是水文局有权支配的资金。在没有产权界定的情况下，以水文局培训中心建设资金来自水文局财政专户而将培训中心认定为国有资产的理由不充分。某市非税收管理局作出的“水文局经营服务性收费，记入其他缴入国库的水利行政事业性收费，属于财政收入”的答复证明不了该部分资金属于国有资产。水文局将单位经营服务性收入以生活补贴的名义发放给职工，再转为职工集资款作为水文局

培训中心的建设资金计267万元，办理共有产权的行为违反国家规定的理由不充分，故公诉机关指控私分国有资产罪的证据不足。

重审法院对陈某犯贪污罪作出判决，对私分国有资产罪未予认定。

宣判后原公诉机关不服，对陈某的部分定罪量刑提出抗诉。抗诉机关的抗诉理由为，培训中心所有权性质问题有某司法鉴定所司法会计鉴定意见、《财政局关于在国有土地上全额事业单位用经营性收入建造房屋是否属于国有资产的复函》，能够证实水文局以经营性收费形成的资产属于国有资产，将国有资产办理职工集体产权证的行为构成私分国有资产罪。原审被告人陈某犯私分国有资产罪的事实清楚，证据确实、充分，原审判决未认定，属确实有误。

二审法院认为，司法会计鉴定所出具的司法鉴定意见书证明不了水文局经营性收入转职工集资款的267万元属国有资产。《市非税收入管理局关于水文局经营性收入资金性质的答复》《市财政局关于国有划拨土地上全额事业单位用经营性收入建造房屋是否属于国有资产的函复》内容与2004年财政部、国家发改委下发的财综〔2004〕84号文件事业单位经营性收费的规定不符，与《国家国有资产管理局关于印发〈国有资产产权界定和产权纠纷处理暂行办法〉的通知》中关于界定国有资产的相关规定不符，《国家国有资产管理局关于印发〈国有资产产权界定和产权纠纷处理暂行办法〉的通知》第24条规定国有资产产权界定工作，按照资产的现行分级分工管理关系，由各级国有资产管理部门会同有关部门进行。涉案财物是否属于国有资产，没有国有资产管理部门的产权界定专项审计，公诉机关指控水文局培训中心及其建设款属于国有资产的理由不足，故抗诉理由不成立，不予支持。作出驳回抗诉，维持原判的终审裁定。

[评析]司法会计鉴定意见的形成，必须依据对财务会计资料及相关材料的检验结果，按照财务会计标准，进行分析论证得出。根据《会计基础工作规范》（财政部令第98号，2019年修改）第48条第1项的规定，原始凭证的内容必须具备：(1)凭证的名称；(2)填制凭证的日期；(3)填制凭证单位名称或者填制人姓名；(4)经办人员的签名或者盖章；(5)接受凭证单位名称；(6)经济业务内容；(7)数量、单价和金额。以上俗称原始凭证七要素。从原始凭证的七要素内容可以得知，本案水文局出具的经营性收费收款凭证不可能记录资金性质要素，即司法会计鉴定人对财务会计资料检验时无法检验到资金性质，也就得不出资金性质为国有的鉴定意见。但是，为实现鉴定目的，鉴定人既可以根据收款凭证经济业务内容的摘要，检验意见客观反映收取款项的名称，也可以根据款项来自财政专户银行流水的客观

记录,作出款项来源渠道的认定,并出具司法会计检验报告。至于来自财政专户的款项是否为“国有资金”,由司法机关判断。

(十)超范围问题之十,对非财务因果关系作出判断

案例122　周某与翟某损害公司利益责任纠纷、公司解散纠纷案[(2016)粤20民终1176号]

一审法院认定事实:飞驰公司于2012年11月登记设立,翟某任法定代表人,翟某占45%股权份额,周某占40%股权份额,梁某占15%股权份额。

2013年7月,飞驰公司以股东损害公司利益责任纠纷为由将翟某诉至一审法院,请求判令翟某立即返还侵占款项15万元及利息。

一审法院查明翟某于2013年1月将飞驰公司货款19万美元存入私人账户后拒绝返还,判决翟某向飞驰公司返还款项15万元及其迟延付款的利息损失等。翟某不服一审判决提起上诉,二审法院驳回上诉。该案尚未执结。

2014年12月,翟某则以公司解散为由将飞驰公司、周某、梁某诉至法院,法院经审理后认定翟某所持主张不符合公司章程的约定以及解散公司的法定理由,驳回翟某的诉讼请求。

2015年8月,周某委托某律师事务所代理其与翟某损害公司利益责任纠纷案,对损失赔偿数额及理由分析如下:2013年2月20日股东三方结算确认飞驰公司盈余19万元,因翟某违反忠实义务行为造成飞驰公司至2015年9月收支月报表总值为负值13万元,两者累加损失赔偿32万元。

一审法院认为,翟某将飞驰公司货款存入私人账户拒绝返还违背其应负忠实、勤勉义务,且确实给飞驰公司造成损失,但飞驰公司已提起诉讼,法院已终审判决翟某返还相应款项,故飞驰公司经济损失已得到法律救济,故周某无须再对前述损失提起诉讼。周某称翟某损害公司利益的行为导致飞驰公司由2012年2月20日盈余19万元转为2015年9月亏损13万元,但现有证据仅能证明翟某截留货款的损害利益行为,且飞驰公司有关经济损失已得到救济,周某现未能证明飞驰公司其他经营状况与翟某上述行为存在必然因果关系,且周某所称经济损失未经股东或股东会或第三方核实确认,故对周某赔偿经济损失的请求不予支持,驳回周某的诉讼请求。

周某不服该判决,向二审法院提起上诉。

周某上诉请求:撤销原判,改判翟某向飞驰公司赔偿损失20万元。

周某为支持自己的主张，提交其自行委托会计师事务所的鉴定书，司法会计鉴定意见书载明："三、委托鉴定事项：……3. 飞驰公司目前亏损状况是否因翟某截留公司货款行为引发并与该行为直接相关。鉴定意见：飞驰公司目前的亏损状况因翟某截留公司货款行为引发并与该行为直接相关。"

二审法院认为，仅凭上述司法会计鉴定意见书，不能得出飞驰公司的亏损金额由翟某一人全部承担的结论，周某要求翟某向飞驰公司赔偿损失20万元，理据不足，本院不予支持。

[评析]本案周某提出的委托鉴定事项本身不是财务会计专门性问题。翟某截留公司货款行为，可能会引起飞驰公司资金周转困难，给公司带来损失，但翟某的行为不一定是公司由盈转亏的唯一原因。企业的盈亏受国家经济体制环境、财税环境、金融环境及市场竞争等众多因素影响，翟某截留公司货款的行为如果没有引起客户取消订单，或者飞驰公司为了正常生产经营向外界融资而发生融资费用，飞驰公司的盈亏数额变化就与翟某截留公司货款关系不大，至多引起截留资金存款利息损失。如果翟某截留公司货款引起客户取消订单、发生融资费用或者存款利息减少，鉴定人可以对翟某截留公司货款以后飞驰公司盈亏数额变化作出鉴定，但盈亏数额变化是否与翟某截留公司货款有关，关系度为多少，不属于司法会计鉴定范围，不应当由鉴定人判断。

（十一）超范围问题之十一，对损失数额作出鉴定

案例123　宋某与汇通建设工程有限公司财产损害赔偿纠纷案[（2013）新民初字第1143号]

原告宋某诉称：2011年10月13日，原告发现自家承包的鱼塘里养殖的水产品全部死亡，立即向"110"报案，当地派出所民警出警，初步断定是由于被告在附近施工，将淤泥倾倒至鱼塘内导致鱼塘水质受到污染从而造成原告养殖的水产品全部死亡。

原告委托某司法会计鉴定所对原告宋某受损的40亩鱼塘内水产品损失进行鉴定。结论为：宋某在养殖40亩水产品期间，因施工单位的淤泥污染其鱼塘水质而造成鱼塘里面混养的鱼虾蟹等水产品损失共计49万元。

被告辩称：在2011年中秋节以前，有关部门已通知所有的养殖户在中秋节之前将鱼塘里所有的水产品清塘完毕，作为本案原告也接到了这样的通知，并且根据了解，原告在中秋节之前已经清塘完毕。清塘后，鱼塘内的鱼已经所剩无几，是

因为池塘自身的水质不好导致鱼死亡，与施工无关。

法院认为，关于原告宋某的财产损失数额，因其未能提供鱼塘投入以及养殖品种的相关证据，又未能提供死亡水产品的数量以及品种的证据，且其委托的鉴定机构作出的鉴定系根据未经质证的证人证言而确定原告所养殖水产品品种、数量以及品种的证据，该鉴定机构出具的鉴定报告存在瑕疵。被告虽辩称原告鱼塘在其施工时已经清塘完毕，但未能提供有效证据，故本院结合原告、被告的诉辩意见，原告的实际损失以及司法鉴定意见酌情认定原告损失5万元，由被告汇通建设工程有限公司承担。

[评析]案件损失额问题涉及涉案行为与涉案后果之间的关联判断，这种判断需要建立在相关法律判断的基础上，因而属于法律问题。[①] 损失数额是司法会计鉴定的目的，是司法机关需要查明的案情，换句话说，司法机关聘请鉴定，目的是查明损失，即查明损失的主体是司法机关而不是鉴定人。本案鉴定人对损失数额作出判断，超出了司法会计鉴定范围。

司法会计鉴定的对象是财务会计专门性问题。就本案而言，需要解决的专门性问题是鱼塘里养殖的鱼虾蟹成本，包括鱼虾蟹苗成本、饲料费、人工费、田租、水电费、制氧机折旧费、管理费用等。本案欲证明成本等于损失，需要同时具备下列三个条件：第一，在淤泥污染前原告宋某没有清塘；第二，在养殖过程中已经长大可销售的鱼虾蟹没有销售过；第三，鱼塘里所有的鱼虾蟹全部死亡，且死亡的鱼虾蟹没有任何价值。要证明这三个条件同时具备，显然不是鉴定人的鉴定范围，因此，本案鉴定机构对鱼虾蟹损失作出鉴定，超出了鉴定范围。除此之外，鉴定意见认为"因施工单位的淤泥污染其鱼塘水质而造成鱼塘里面混养的鱼虾蟹等水产品损失"，对鱼虾蟹的死因作出判断，也超出了司法会计鉴定范围。

在财务会计资料完整充分的前提下，本案正确的鉴定事项为"宋某养殖40亩鱼虾蟹等水产品至案发时的成本"，至于成本是否等于损失，由司法机关结合其他证据判断。

无论是刑事案件还是民商事案件，损失鉴定意见不被法院采信比较普遍，在民商事案件中，司法会计鉴定意见不被法院采信，排在第一位的是鉴定人对损失数额作出认定。为进一步说明该类问题，我们再看下面几个判例，从不同的角度说明司法会计鉴定人不能对损失作出鉴定的原因。

---

① 参见于朝：《司法会计鉴定实务》，中国检察出版社2014年版，第16~17页。

案例 124 杜某滥用职权、挪用公款案[(2014)州刑二终字第 35 号]

一审[(2011)古刑初字第 62 号]公诉机关指控杜某犯滥用职权罪的事实为:2005 年,时任粮食局党组书记、局长的杜某主持召开党组会和局务扩大会议,研究粮油公司筹备组建事宜,决定组建股份制公司,建设集储备、加工、物配、检测、信息网络等设施为一体的粮食物流城,并于同年 7 月注册成立了粮油发展公司,粮食物流城项目以该公司名义进行开发建设和经营。同年 12 月该项目获得省发改委立项批复,计划征地 200 亩,总投资为 24,980 万元。

为了筹集粮油发展公司的注册资金及物流城建设资金,在未经报请相关职能部门批准的情况下,杜某多次主持召开会议,发动粮食系统干部职工以自愿入股的名义进行集资。经审计,粮油发展公司以公司名义累计集资 4141 万元,累计清退 2078 万元,欠集资本金 2063 万元,累计支付集资利息 1459 万元。审计认为,粮油发展公司超国家基准利率支付利息 1150 万元,并认定超基准利率支付的利息为造成的损失。

公诉机关认为,被告人杜某在担任粮食局局长期间,违反规定以单位的名义违法集资,致使公共财产遭受重大损失,应当以滥用职权罪追究其刑事责任。

一审法院另查明,2009 年 8 月,经政府办公会议决定,将粮油发展公司物流城项目的部分土地按商业用地转让给其他单位,转让价款用于清偿集资本金及其他工程款。2009 年 9 月,所欠集资款全部清退完毕。

一审法院认为,公诉机关的指控不成立。理由如下:其一,被告人杜某担任粮食局局长期间,以其为主决定向粮食系统员工集资用于筹建粮食物流城项目资金,并给社会造成了一定的负面影响,其行为明显属于滥用职权,但其行为是否构成滥用职权罪,关键要看粮油发展公司以公司名义面向特定群体的集资行为是否给公司财产造成重大损失;其二,从公诉机关认定粮油发展公司以公司名义进行的集资行为造成的损失程度来看,公诉机关将审计局作出的《关于粮油发展公司粮食物流城项目投资损失的审计认定》作为定损依据,因该审计认定是以超国家基准利率支付的利息来认定损失程度,且该审计认定是应纪委的要求形成的审计结论,不属于鉴定意见;其三,人民币存贷款基准利率是中国人民银行发布的商业银行存贷款的指导性利率,根据《最高人民法院关于人民法院审理借贷案件的若干意见》(已废止)及《中国人民银行关于取缔地下钱庄及打击高利贷行为的通知》的相关规定,民间借贷利率可以适当高于银行利率,但最高不得超过银行同类贷款利率的 4 倍(包含利率本数),对超过上述标准的利息不予保护。因此,《审计局关于粮油发展公司物流城项目投资损失的审计认定》以超基准利率为标准计算违规支付的利息,并以存在超基准利率支付的利息就断定是粮油发展公司的集资行为给公共财产造成的损失,显然缺乏法律依据。

一审法院根据查明的事实,对公诉机关指控杜某挪用公款罪也未予认定,判决杜某无罪。

宣判后,公诉机关提出抗诉。

二审法院认为,粮食局在筹备和建设粮食物流城项目中,由杜某主持召开局党组会、局务扩大会和局长办公会,未经批准擅自决定在粮食系统内部以粮油发展公司的名义进行集资,累计集资金额4141万元,给社会造成了一定的负面影响,其行为属于超越职权行为。该集资行为是否给公共财产、国家和人民利益造成重大损失,原公诉机关提交的《审计局关于粮油发展公司粮食物流城项目投资损失的审计认定》系应纪委的要求形成的审计结论,且该审计认定以超国家基准利率支付的利息来认定损失程度缺乏政策和法律依据,不具有证据能力,本院不予采信。

二审法院根据查明的事实,裁定驳回抗诉,维持原判。

[评析]《中华人民共和国审计法》第3条第2款规定"审计机关依据有关财政收支、财务收支的法律、法规和国家其他有关规定进行审计评价……"本案审计局认为粮食物流城项目"以超国家基准利率支付的利息来认定损失",是审计机关依法作出的"审计评价",符合审计法律规定,但审计并不是司法会计鉴定,正如一审法院认为的"审计结论不属于司法鉴定结论"。诉讼中,损失数额是法律判断问题,应当由司法机关根据诉讼法律判断。假如法律规定集资人的集资损失数额以超过国家基准利率支付的利息为判断标准,本案司法机关可以提出"粮食物流城项目超过国家基准利率支付的利息数额"这一鉴定事项,鉴定机构只发表超基准利率支付利息数额的鉴定意见,而该数额是否等于损失,应由司法机关判断认定。事实上法律并没有规定集资人的集资损失数额以超过国家基准利率支付的利息为判断标准,公诉机关以审计局的审计结论作为指控证据,系误用证据。

案例125　田甲、田乙聚众扰乱社会秩序案[(2017)黔06刑终100号]

一审[(2016)黔0625刑初34号]公诉机关指控,2015年1月2日至3日,被告人田甲、田乙组织本县三十余名群众到某建材公司的砂石场,以砂石场的承租山林到期为借口,要求建材公司给予经济补偿。因公司未能满足无理要求,被告人田甲、田乙便煽动群众将砂石场的料口堵住，阻止砂石场开展生产经营，造成砂石场停产。经鉴定，被告人田甲、田乙的行为给建材公司造成7万元人民币的损失。

一审法院认为，关于公诉机关提供的司法会计鉴定意见书，没有翔实的调查和科学的勘测数据作为依据，而是依据被害人陈述和建材公司提供的产量报表进行测算，其鉴定意见不客观、不科学，不能作为本案的定案证据。

一审法院另查明，建材公司因大气污染防治设施没有按环境影响评价审批手续的要求进行建设，原环境保护局责令其停止生产进行整改。建材公司未达到整改要求而擅自恢复生产，2015年1月22日原环境保护局函请供电局对建材公司采取停止供电措施。

二审出庭检察员提出，司法会计鉴定意见书是根据上诉人田甲申请，由公安机关委托作出，鉴定程序合法、内容客观真实、与本案具有关联性，可以作为本案的定案根据。

二审法院认为，由于该鉴定意见是对涉案企业的可得利益进行鉴定，而该企业是在停业整顿期间进行违规生产，其生产的可得利益不受法律保护，该鉴定意见所认定的损失结论不能作为本案的定案根据。故此检察意见不能成立，本院不予采信。

[评析]暂且不论本案司法会计鉴定的检材不足问题，即使检材满足司法会计鉴定条件，鉴定人也不能对"损失"作出认定。法律意义上的"损失"是以合法财产或利益受到侵害为前提，不合法的财产或利益不受法律保护，被侵害方的财产或利益是否合法，应当由司法机关判断，鉴定意见对"损失"作出认定，该意见带有对财产或利益的合法性作出确认，超出了司法会计鉴定范围。

案例126　段某受贿、滥用职权案[(2016)鄂03刑终264号]

公诉机关指控，被告人段某利用担任林业局林政科负责人、林业工程师、林业资产评估员的职务便利，违规为张某、谭某、皮某、周某和李某等人在林权流转办理和集体林权制度改革印刷费用结算等方面提供帮助，先后非法收受上述人员现金共计60万元。

另指控段某擅自违规越权为三木公司及该公司相关工作人员办理发放9本林权证，三木公司为办理林权证，共支付了1035万元费用。后三木公司循环使用上述所办理的林权证作抵押向小额贷款公司抵押借款450万元，将登记在张某名下的林权证载明的森林资源，增发按每股价格为4.3元计算折合股权数量为3071

万股,并以货币出资4654万元对外出售增股,由刘某等88名新股东购买;同时三木公司据此新增注册资本,使公司注册资本由原来的7380万元增加变更为1.5亿元。后林权证被政府部门依法予以撤销,给三木公司造成了经济损失1035万元。

公诉机关根据上述事实,指控原审被告人段某犯受贿罪、滥用职权罪。

原审法院认为:公诉机关指控被告人段某犯受贿罪的事实清楚,证据确实、充分,罪名成立,予以确认;但起诉书指控被告人段某犯滥用职权罪的事实不清,证据不足,滥用职权罪在犯罪形态上属于结果犯,以造成公共财产或国家、个人利益重大损失为犯罪构成条件。本案中对于涉案林权证被撤销是否给三木公司造成了相应经济损失,以及三木公司使用上述涉案林权证是否给国家或他人造成损失并无相应证据证实,三木公司在办理林地、林权流转过程中所支付的1035万元不能直接认定为被告人段某滥用职权行为所造成的经济损失,且公诉机关并未提交对被告人段某滥用职权行为所造成经济损失的鉴定意见,本案中被告人段某虽有滥用职权行为,但指控其滥用职权行为所造成经济损失的证据不足,根据"疑罪从无"和有利于被告人的刑事原则,对起诉书指控被告人段某犯滥用职权罪的罪名不予确认。

原审法院对公诉机关指控段某的受贿罪作出判决,对滥用职权罪未作认定。

宣判后,原公诉机关不服,向二审法院提出抗诉称:判决未将三木公司在办理林地、林权流转过程中支付的1035万元,认定为被告人段某滥用职权行为造成的经济损失,属于认定事实错误。

二审期间,原公诉机关聘请鉴定机构对段某滥用职权所造成的经济损失进行司法会计鉴定。

鉴定意见:三木公司刘某等人因购买林权支付费用1035万元。由于段某在给皮某等人办理林地流转过程中依据的资料不真实、存在虚增林地面积等问题,使办理并发出的9本林权证被市人民政府依法撤销,导致三木公司刘某等人所持有的9本林权证全部作废,使其遭受1035万元的经济损失。

二审法院认为,三木公司不但没有损失,而且用林权证抵押贷款和增资扩股从中获利。原公诉机关抗诉提出的原判决未将三木公司在办理林地、林权流转过程中支付的1035万元,认定为段某滥用职权行为造成的经济损失,属于认定事实错误,因证据不足,本院不予采信。

[评析]"成本"和"损失"是两个不同的概念。"成本"是指生产、销售或获取

一定种类和数量产品所耗费的以货币计量的经济价值,包括生产成本、销售成本、采购成本等。成本属于会计学范畴概念,可以成为司法会计鉴定对象。“损失”是指损毁、损坏、丧失的资产而不能得到补偿的经济价值。在诉讼中损失属于法律判断问题,不应该由鉴定人作出判断。本案鉴定人可以对三木公司办理林权证发生的成本费用与以林权证用于抵押贷款、增资扩股获得的收益进行对比,作盈亏鉴定,而不应当把成本等同于损失认定,超出司法会计范围鉴定。

案例127 海滩开发公司与饮食发展公司租赁合同纠纷案[(2015)海中法民二终字第81号]

上诉人(原审原告):饮食发展公司

被上诉人(原审被告):海滩开发公司

原审查明:2009年8月5日,原告、被告双方签订《餐饮设施租赁协议书》,约定原告租赁被告“覆土会所”用于餐饮经营。2011年5月5日晚被告电话告知称原告辖区政府将拆除“覆土会所”。次日清晨,“覆土会所”被政府强制拆除,原告所有的装修及设备设施等全部损毁。在案件审理过程中,原告申请对“覆土会所”被拆除所造成的直接经济损失进行鉴定,司法会计鉴定报告确认金额为78万元。原审依据鉴定意见作出相应判决。

原审原告不服一审判决,提起上诉。

二审法院认为,饮食发展公司在原审提交的委托鉴定申请书中列明的申请事项为:请求法院委托鉴定机构对饮食发展公司因“覆土会所”被拆除所造成的直接损失(包括但不限于:前期筹备阶段的装修损失及各类投资、花费损失;市场培育期的经营投资、花费损失;房屋拆除时的库存物资损失及拆除后各种支出费用损失等)进行审计鉴定。而海滩开发公司对于饮食发展公司主张的上述直接损失的范围持有不同意见,认为直接损失应仅限于饮食发展公司为租赁物的投入(装修)范围内。在双方当事人对于饮食发展公司因“覆土会所”被拆除所造成的直接损失的范围存在较大分歧的情况下,对于直接损失的范围的判定,应当由法院而非鉴定机构作出。鉴定机构若认为法院移送的鉴定检材中的部分材料不属于直接损失,应当对该部分材料进行审计后列明鉴定机构的意见,再由法院决定是否对该部分损失进行认定。本案中,鉴定机构未经原审法院确认,即自行将直接损失的范围确定为租金、装修款的总投入,在司法会计鉴定报告中未对原审法院移交的鉴定检材中除租金和装修款之外的鉴定检材进行审计和表述,导致本案认定事实不清。

二审裁定:撤销原判,发回重审。

[**评析**]本案鉴定应当先由法院确定财物损失范围,再提出或与鉴定机构协商确定具体鉴定事项,如原告购建的被拆除设备设施净值、装修费摊余价值、受损库存物资成本及有关费用等具体鉴定事项,最后由鉴定人对鉴定事项列明的问题进行鉴定。本案在双方当事人对于饮食发展公司因"覆土会所"被拆除所造成的直接损失的范围存在较大分歧的情况下,鉴定人对损失数额作出认定,此举说明鉴定人不是以居间者身份对财务会计专门性问题作出判断,而是越权以裁判者身份对案件事实作出判定,实质上以鉴代判,超越了鉴定人的法定职责。

案例 128 曙光房地产开发公司、柴某侵权责任纠纷案[(2018)鄂05民终2131号]

上诉人(原审原告):曙光房地产开发公司

被上诉人(原审被告):柴某、薛某

2012年9月20日,柴某被聘为曙光房地产开发公司总经理,2013年1月8日,曙光房地产开发公司聘用薛某为总经理助理。2017年5月,曙光房地产开发公司的新股东提出更换总经理柴某,并派出管理团队共同管理曙光房地产开发公司。2017年6月2日,柴某召集公司员工于次日到曙光房地产开发公司开会,同时出资指使薛某纠集闲散人员到曙光房地产开发公司滋事。次日,薛某与他人共同纠集数十名社会闲散人员强行控制、殴打曙光房地产开发公司共管团队人员,迫使其交出公司印章、证照等共管物品。2017年6月6日,曙光房地产开发公司从北京聘用90名保安人员并租赁豪华大巴2辆,给聘用的安保人员搭乘。2017年6月20日,柴某指使薛某再次纠集人员"维权"、清除曙光房地产开发公司聘请的保安。后薛某安排他人分别纠集了数十人,并分发钢管、砍刀等凶器,欲到曙光房地产开发公司扰乱秩序,被接到报警后赶赴现场的公安民警制止。2017年8月10日,公安机关委托会计师事务有限公司对曙光房地产开发公司2017年6月3日至7月11日的经济损失进行司法会计鉴定,鉴定意见:曙光房地产开发公司2017年6月3日至7月11日经济损失数额64万元(租车费5万元、保安服务费40万元、员工郭某受伤治疗医疗费等0.7万元、公司资金利息损失0.3万元、保安人员住宿及就餐费18万元)。曙光房地产开发公司支付鉴定费1万元。

一审法院认为:柴某、薛某纠集社会闲散人员扰乱曙光房地产开发公司正常经营管理秩序，并打伤曙光房地产开发公司共管团队人员，其行为构成共同侵权，对曙光房地产开发公司造成的损失，应当承担民事赔偿责任。关于曙光房地产开发公司主张的经济损失65万元，具体如下：(1)医疗费损失0.7万元。柴某、薛某纠集社会闲散人员殴打曙光房地产开发公司共管团队人员郭某，导致其受伤，柴某、薛某应当赔偿曙光房地产开发公司因郭某被殴打受伤治疗的医疗费等损失。(2)资金利息损失0.3万元。柴某、薛某扰乱曙光房地产开发公司正常秩序，造成其资金利息直接损失，柴某、薛某应当予以赔偿。(3)鉴定费损失1万元。本案中的鉴定费用系确定曙光房地产开发公司损失而实际产生的费用，柴某、薛某亦应当予以赔偿。(4)租车费用5万元、保安服务费40万元、保安人员住宿费及餐费18万元，共计63万元。曙光房地产开发公司在其合法权益遭受不法侵害时，应当寻求公权力救济，维护其自身合法权益。柴某、薛某扰乱社会秩序的侵权行为不必然导致曙光房地产开发公司从北京聘请保安而支付上述费用，二者之间没有法律上的因果关系，曙光房地产开发公司支出的上述费用，不属于柴某、薛某实施侵权行为造成的经济损失，故曙光房地产开发公司主张的该项费用法院不予支持。

一审法院对柴某、薛某刑事犯罪作出判决，对民事部分，判决柴某、薛某连带赔偿曙光房地产开发公司各项经济损失2万元(其中郭某医疗费等费用0.7万元、资金利息损失0.3万元、鉴定费1万元)。

曙光房地产开发公司不服一审民事判决，提起上诉。请求：撤销一审判决，改判柴某、薛某连带赔偿曙光房地产开发公司经济损失65万元(含保安服务费40万元、保安租车费5万元、保安餐饮费18万元、郭某医疗费0.7万元、资金利息损失0.3万元、鉴定费1万元)。其认为：本案中的鉴定机构具有鉴定资格，由公安机关依法委托，所涉鉴定范围也是在公安机关核定的证据资料内展开，且该鉴定意见中有关保安服务费、租车费、餐饮费与柴某、薛某的侵权行为具有直接因果关系。会计师事务所依据鉴定规则作出的司法会计鉴定意见书内容真实、合法，应当予以认可。

二审法院认为：关于曙光房地产开发公司主张的租车费用5万元、保安服务费40万元、保安人员住宿费及餐费18万元，共计63万元。本案中，柴某、薛某因不满公司内部人事安排，聚众扰乱社会秩序，曙光房地产开发公司报警后就应交由有关机关来处理，但曙光房地产开发公司却自行采取措施，租车将90多名保安从北京载入宜昌，导致事态进一步扩大，给社会造成了一定的恐慌。故对于其聘请保安人员的一系列支出，本院认为其不属于合理开支，其主张赔偿该笔费用的上诉请求本院不予支持。

二审判决：驳回上诉，维持原判。

［**评析**］会计要素包括资产、负债、所有者权益、收入、费用、利润六项。“费用”属于会计六项要素之一，鉴定人可以根据财务会计资料对涉案有关费用数额进行确认，但这些费用哪些属于损失，属于法律判断问题，应当由司法机关认定，司法会计鉴定机构对此作出确认，超出了其专业判断范围。

（十二）超范围问题之十二，对案件事实作出判断

案例 129　张某、毕某、刘某职务侵占案［（2014）榆刑初字第 98 号］

公诉机关指控，某省农村信用社联合社（以下简称农联社）资金营运中心总经理的被告人张某与该中心交易员毕某为将农联社的债券升值收益转出归个人所有，经与被告人刘某预谋后，张某利用负责债券审批、毕某利用负责债券交易的职务便利，将农联社自有的债券及动用农联社资金以“代持”等多种名义购买债券，通过刘某控制的企业登记的丙类账户代理银行，采用直接或间接等多种方式与刘某操纵的丙类账户进行 52 组债券交易，其中 46 组累计动用农联社的资金 56 亿元人民币，还以农联社名义委托吉林银行代持并进行债券交易 6 组，使用吉林银行资金 13 亿元人民币，上述交易将本属于农联社的债券收益转移到刘某控制和使用的公司账户中，使张某、毕某、刘某非法获得债券收益 6447 万元。

公诉机关据以指控犯罪嫌疑人犯罪金额的依据为某会计师事务所出具的司法会计鉴定报告。

被告人张某的辩护人提出，司法会计鉴定报告采用被告人供述内容，使用“内幕交易”等表述，是带有明显倾向性的定性描述，违背了司法鉴定“独立、客观、公正”的原则。

会计师事务所出具司法会计鉴定意见补充说明：一是报告中体现的“内幕交易”，主要表达的意思是 52 组债券交易都是由毕某一个人操作并发出指令，而毕某的职务是农联社资金营运中心交易员，熟知银行间债券交易规则及债券市场交易行情，其所掌握的信息应该只为农联社获取收益服务，不应为个人利益或第三方利益服务。二是在司法鉴定报告中使用的相关人员的笔录内容是对鉴定意见的辅助性说明，并非以相关人员的笔录来支撑鉴定意见。

法院认为，鉴定意见中关于通过“内幕交易”等表述，带有明显倾向性的定性

描述,本院不予认定。辩护人所提该项辩护意见本院予以采纳。鉴定意见中部分鉴定内容涉及采用被告人供述内容,属于超出司法鉴定范围,对此部分内容,不予确认。辩护人所提此项辩护意见,本院予以采纳。

[**评析**]从本案案情分析,司法机关聘请鉴定的目的应当是查明挪用资金数额、购买债券盈亏数额和盈利资金去向等财务会计问题。对应的鉴定事项可以设为三项:一是某期间农联社账户和吉林银行账户与某债券账户资金往来情况,该鉴定事项用于证明犯罪嫌疑人挪用资金数额;二是某期间债券交易盈亏数额,该鉴定事项用于证明犯罪嫌疑人的违法所得或者亏损数额;三是某期间某债券账户的资金去向,用于证明赃款去向。犯罪嫌疑人是否利用内幕交易、由谁操作、由谁发出指令,属于案件事实,不属于财务会计问题,鉴定人对此作出判断,明显超出了司法会计鉴定范围。

案例130　飞马公司、麻某与鹏展装潢公司装饰装修合同纠纷案[(2020)苏05民终3295号]

上诉人(原审被告):飞马公司

上诉人(原审被告):麻某

被上诉人(原审原告):鹏展装潢公司

鹏展装潢公司向一审法院提起诉讼称:2016年5月15日,原告承包飞马公司装饰项目施工,后因飞马公司原因停工。2018年5月28日,原告与飞马公司签订《解除施工合同暨决算协议书》。依据协议约定,飞马公司需再向原告支付工程款109万元,双方的工程款结清,再无任何经济纠纷,并约定本协议签订后30日支付。后又经原告多次催要,飞马公司一直以各种理由拖延,为维护原告合法权益,特提起本案诉讼。请求判令被告飞马公司向原告支付装修工程款109万元及相应利息,麻某系飞马公司的一人股东,对上述债务承担连带清偿责任。

一审法院认为,麻某系飞马公司的一人股东,按照《中华人民共和国公司法》的规定,如其无法提供证据证明其个人财产独立于公司财产,应当对公司债务承担连带清偿责任,飞马公司虽然向本院提交了自行制作的财务报告等材料,但是该材料系其自行制作,不足以认定麻某的个人财产独立于飞马公司财产;同时,《中华人民共和国公司法》明确规定一人有限责任公司应当在每一会计年度终了时对其公司财务会计报告进行审计,现飞马公司已经成立近四年,均未进行过审计,责任应当由飞马公司及麻某自负。

一审判决：被告飞马公司于本判决生效之日起10日内向原告鹏展装潢公司支付装修工程款109万元及利息，被告麻某对被告飞马公司上述债务承担连带清偿责任。

一审判决后，飞马公司和麻某以一审判决认定飞马公司没有审计报告为由认定麻某与飞马公司的财产混同，进而判决麻某承担连带责任，系适用法律错误等为由提起上诉。

二审中，飞马公司、麻某提供了飞马公司审计报告，审计报告结论为“未见股东麻某和公司在财务上有财产混同的情况”，以证明飞马公司与麻某个人财产不发生混同。

二审法院认为，股东与公司在财务上是否存在财产混同是法院依法认定的范围，审计报告中直接将“未见股东麻某和公司在财务上有财产混同的情况”作为审计结论超出了注册会计师审计的范围，故本院对于飞马公司、麻某二审中提交的审计报告不予采信。判决驳回上诉，维持原判。

［评析］《中国注册会计师审计准则第1501号——对财务报表形成审计意见和出具审计报告》（财政部财会〔2022〕1号）第13条至第14条规定，注册会计师发表审计意见评价的范围包括：财务报表是否在所有重大方面按照适用的财务报告编制基础的规定编制；财务报表是否恰当披露了所选择和运用的重要会计政策；所选择和运用的会计政策是否符合适用的财务报告编制基础，并适合被审计单位的具体情况；管理层作出的会计估计是否合理；财务报表列报的信息是否具有相关性、可靠性、可比性和可理解性；财务报表是否作出充分披露，使预期使用者能够理解重大交易和事项对财务报表所传递信息的影响；财务报表使用的术语（包括每一财务报表的标题）是否适当、财务报表是否恰当提及或说明适用的财务报告编制基础。《中国注册会计师鉴证业务基本准则》第51条、第52条规定，鉴证报告是对鉴证对象信息的公允性和有效性发表鉴证意见。

根据上述注册会计师审计、鉴证准则规范，注册会计师出具审计报告或鉴证报告只能根据会计准则、制度等对被审计单位的会计报表或鉴证对象信息的公允性、合规性、有效性发表审计或鉴证意见。本案审计意见对股东与企业财产是否混同作出评价，超出了注册会计师的审计范围。

案例131 神农公司与建安公司案外人执行异议之诉案[(2019)陕民终261号]

上诉人(原审原告):神农公司

被上诉人(原审被告):建安公司

原审第三人:特力公司

一审法院认定事实:关于2017年3月建安公司起诉特力公司、神农公司建设工程施工合同纠纷案。建安公司要求特力公司支付工程款及相应利息,神农公司承担连带支付责任。西安市中级人民法院作出判决:被告特力公司于本判决生效后10日内支付原告建安公司工程款1870万元及相应利息,驳回原告建安公司其余诉讼请求。宣判后,建安公司、特力公司均不服,提出上诉。2017年12月7日,陕西省高级人民法院作出判决:驳回上诉,维持原判。2018年1月29日,建安公司向西安市中级人民法院提出强制执行申请。在该案的执行中,建安公司提出特力公司没有财产可供执行,其一人公司股东神农公司没有证据证明特力公司财产独立于其自身财产,申请追加神农公司为被执行人。西安市中级人民法院经审查认为,已查实特力公司为法人独资有限责任公司,神农公司系出资股东。经法院释明后,神农公司仍未能提供充分证据证实其与特力公司财产相互独立,故按照法律规定及现有证据,无法免除神农公司应承担之连带责任。依据《最高人民法院关于民事执行中变更、追加当事人若干问题的规定》第20条之规定,裁定如下:追加第三人神农公司为本案被执行人。神农公司不服,提起本案诉讼。

一审法院认为,神农公司作为特力公司的唯一股东,应当举证证明一人公司存续期间,特力公司财产与神农公司财产独立。神农公司在本案中,提交特力公司2016年度和2017年度审计报告、会计账簿,特力公司银行开户申请及变更银行结算账户申请,银行流水,神农公司2017年度审计报告,神农公司2016年和2017年银行流水,神农公司开户许可证。虽然明确神农公司与特力公司分别开立银行账户,但神农公司在作为特力公司一人股东期间,未依法编制年度财务会计报告并进行年度审计,本身违反了《中华人民共和国公司法》中对一人公司的财务要求,审计报告系单方委托作出,审计报告中未将本案所涉土地使用权列入资产范围,同时,显示特力公司缴纳税金但未显示收入情况,会计账簿未附会计凭证,难以认定其真实性。神农公司提交的神农公司及特力公司公示信息显示,两公司部分管理人员存在交叉任职的情形,神农公司的实际办公地址与特力公司一致,不排除两公司人格高度混同的情形。综上,神农公司提交的证据并不能充分证明其作为特力公司唯一股东期间特力公司财产与其财产独立，西安市中级人民法院作出执行裁定书并无不妥，神农公司的诉讼请求依据不足。原审法院依照《中华人民共和国公司法》第62条、第63条的规定，判决：驳回神农公司的诉讼请求。

二审期间，神农公司向陕西省高级人民法院递交司法审计申请书。请求法院委托司法审计机构对神农公司和特力公司财务独立性进行审计。陕西省高级人民法院认为，根据《中华人民共和国公司法》第63条的规定，证明一人有限责任公司的股东财产是否与公司财产相互独立的责任在于一人有限责任公司股东，即本案中的神农公司，该证明责任归属于神农公司，不属于法院司法鉴定或审计的范围，此外，神农公司作为特力公司唯一股东，应当也有能力对特力公司财产情况充分掌握，且有义务证明其与特力公司相互独立，神农公司递交关于请求本院委托司法审计机构对神农公司和特力公司财务独立性进行审计的申请于法无据，故对该项申请本院不予支持。

关于特力公司财产是否独立于神农公司的问题，陕西省高级人民法院认为，依据前述规定，神农公司作为特力公司唯一股东，其财产是否独立于神农公司，应当由神农公司举证证明。神农公司在本案中，提交特力公司2016年度和2017年度审计报告、会计账簿，特力公司银行开户申请及变更银行结算账户申请，银行流水，神农公司2017年度审计报告，神农公司2016年和2017年银行流水，神农公司开户许可证，用以证明神农公司与特力公司具有独立银行账户，但神农公司作为特力公司一人股东期间，未依法编制年度财务会计报告并进行年度审计，已违反了《中华人民共和国公司法》中对一人公司的财务要求，此外，神农公司所提交审计报告系其在诉讼阶段单方委托作出，报告中未将案涉土地使用权列入资产范围，同时，二审庭审时，特力公司认可其未实际经营，但该审计报告显示特力公司缴纳税金却无相应收入，且会计账簿未附会计凭证，难以认定其真实性。另根据神农公司提交的其与特力公司公示信息显示，两公司部分管理人员存在交叉任职的情形，不排除两公司人格高度混同的情形。综上，神农公司提交的证据并不能充分证明其作为特力公司唯一股东期间与特力公司财产相互独立，原审判决驳回神农公司的诉讼请求并无不当。故陕西省高级人民法院判决：驳回上诉，维持原判。

二审判决后，神农公司向最高人民法院申请再审称：原审判决基本事实认定不清。原审判决既以审计报告系单方委托作出为由否认审计报告的证明力，又以“不属于法院司法鉴定或审计的范围”为由不准予神农公司的司法审计申请，致使

“神农公司与特力公司财务是否混同”这一问题未得以查明。原审判决推定“不排除两公司人格高度混同”,直接否认特力公司的法人人格,进而判决神农公司对特力公司的债务承担连带责任,基本事实认定不清。

最高人民法院裁定[(2019)最高法民申4435号]认为,二审法院认为证明一人有限责任公司的股东财产是否与公司财产相互独立的责任在于公司股东,不属于司法鉴定或审计的范围,对神农公司的司法审计申请不予支持,并无不当。裁定:驳回神农公司的再审申请。

[评析]本案二审期间,神农公司向法院递交司法审计申请书,请求法院委托司法审计机构对神农公司和特力公司财务独立性进行审计。神农公司的该项申请存在两处错误:第一,我国没有“司法审计”执业类别,如果把“司法审计”视为司法机关委托的审计,那么该项业务仍为审计业务,审计人员完全可以执行审计准则,但其在缺乏神农公司“会计账簿未附会计凭证”这一充分审计证据的情况下,就出具保留意见甚至出具无法表示意见的审计报告,这类审计报告在诉讼中没有证明力;如果把“司法审计”视为司法会计鉴定,神农公司提供的财务会计资料因“会计账簿未附会计凭证”,鉴定材料不充分,达不到司法会计鉴定条件,鉴定机构无法受理。第二,即使神农公司能够提供完整充分的财务会计资料,但股东个人财产与公司财产是否混同是鉴定目的,属于法律判断层面的问题,不能成为鉴定事项。首先,股东个人财产与公司财产是否混同,并不是财务会计专门性问题,该问题应当由司法机关根据鉴定机构查明的财务会计专门性问题作出判断。其次,我国现行法律对股东个人财产与公司财产混同没有金额起点判断标准,如股东购买2元钱的圆珠笔供家庭使用,费用在公司报销,是否构成财产混同?购买100元的U盘供家庭其他成员使用,费用在公司报销,是否构成财产混同?诸如此类情形是否构成股东财产与公司财产混同,不是鉴定人能够判断的,属于法官自由心证的范围。

《中华人民共和国公司法》规定,证明一人有限责任公司的股东财产是否与公司财产相互独立的责任在于一人有限责任公司股东。股东如果认为自己的个人财产与公司财产是互相独立的,如何举证?笔者认为具有举证责任的股东,可以按以下两个步骤进行:

第一步,掌握与财产独立判断标准有关的法律法规及司法解释。主要根据《全国法院民商事审判工作会议纪要》(以下简称《九民纪要》)的相关规定,该纪要与财产独立判断标准有关的有“人格混同”“过度支配与控制”“资本显著不足”

三项。

1. 关于人格混同。《九民纪要》认为:认定公司人格与股东人格是否存在混同,最根本的判断标准是公司是否具有独立意思和独立财产,最主要的表现是公司的财产与股东的财产是否混同且无法区分。在认定是否构成人格混同时,应当综合考虑以下因素:

(1)股东无偿使用公司资金或者财产,不作财务记载的;

(2)股东用公司的资金偿还股东的债务,或者将公司的资金供关联公司无偿使用,不作财务记载的;

(3)公司账簿与股东账簿不分,致使公司财产与股东财产无法区分的;

(4)股东自身收益与公司盈利不加区分,致使双方利益不清的;

(5)公司的财产记载于股东名下,由股东占有、使用的;

(6)人格混同的其他情形。

2. 关于过度支配与控制。《九民纪要》认为:公司控制股东对公司过度支配与控制,操纵公司的决策过程,使公司完全丧失独立性,沦为控制股东的工具或躯壳,严重损害公司债权人利益,应当否认公司人格,由滥用控制权的股东对公司债务承担连带责任。实践中常见的情形包括:

(1)母子公司之间或者子公司之间进行利益输送的;

(2)母子公司或者子公司之间进行交易,收益归一方,损失却由另一方承担的;

(3)先从原公司抽走资金,然后再成立经营目的相同或者类似的公司,逃避原公司债务的;

(4)先解散公司,再以原公司场所、设备、人员及相同或者相似的经营目的另设公司,逃避原公司债务的;

(5)过度支配与控制的其他情形。

3. 关于资本显著不足。《九民纪要》认为:资本显著不足指的是,公司设立后在经营过程中,股东实际投入公司的资本数额与公司经营所隐含的风险相比明显不匹配。股东利用较少资本从事力所不及的经营,表明其没有从事公司经营的诚意,实质是恶意利用公司独立人格和股东有限责任把投资风险转嫁给债权人。

第二步,举证责任股东根据《九民纪要》中股东与公司财产独立的判断标准,向法院提供完整充分的财务会计资料及相关证据材料,向法院申请司法会计鉴定,法院认为有必要鉴定的,应当委托具备资格的鉴定人,对不限于以下十个方面的财务会计专门性问题进行司法会计鉴定：

1. 截至某时点，公司账面货币资金应结存额与实际结存额是否相符。此鉴定事项目的是查明股东是否将公司货币资金与股东个人货币资金混用。

2. 截至某时点，公司账面各项存货、固定资产等财产物资应结存额与实际结存额是否相符。此鉴定事项目的是查明股东是否将公司财产供股东个人使用，如股东将个人家庭使用的家具用具等物品在公司财务上列支。

3. 某期间公司账面上记载出借给股东及其关联人员或者关联公司，公司银行账户与股东个人银行账户及其关联人员或者关联公司银行账户资金往来未记账情况。此检验事项目的是查明公司是否存在抽逃出资、转移财产、通过账外偿还股东债务的情形。

4. 某期间公司账面上记载出借给股东及其关联人员或者关联公司款项的利息入账情况。此检验事项目的是查明股东是否收取利息不记账或者将公司资金供其个人及其关联人员、关联公司无偿使用。

5. 某期间公司账面记载利息支出与借入款项匹配情况。此检验事项目的是查明股东是否将应当由其个人、关联人员或关联公司负担的利息在公司账上列支。

6. 某期间公司对外投资数额及盈利分红、亏损承担情况。此检验事项目的是查明股东是否将分红归个人，亏损归公司。

7. 截至某时点，公司账面存货与实际库存以及相应经营收入、经营成本结转，其他业务收入、营业外收入记账情况。此检验鉴定事项目的是查明股东是否将公司收入转给股东个人及其关联人员或者关联公司，经营成本由公司负担。

8. 某期间公司账务上是否存在登记在股东名下的动产或不动产情况。此检验事项目的是查明股东是否存在占有、使用的财产由公司列支。

9. 截至某时点实收资本总额。此检验事项目的是便于法院判断是否存在“资本显著不足”。

10. 其他检验鉴定事项。根据当事人提供的证据，确定其他检验鉴定事项。如公司账上列支的车辆燃油费、水电费、差旅费、个人所得税费等费用，此检验事项目的是查明应当由股东个人负担的有关费用是否在公司报销。

正确设定司法会计鉴定事项，是查明案件事实的关键。一人有限责任公司股东财产与公司财产是否独立，股东认为独立的，应当向法院提供完整充分的财务会计资料及相关证据材料，围绕诉讼需要解决的财务会计问题，在申请鉴定时将鉴定事项设定在财务会计专门性问题范围内,避免把诸如“财产是否独立”这一鉴定目的当作鉴定事项提出而遭受法院的拒绝或鉴定意见不被采信。法院也可以根据诉讼需要,针对相关人员的鉴定申请,参照上述十个方面的财务会计专门性问题设定鉴定事项,聘请具备资格的鉴定人进行鉴定,根据鉴定结果对股东个人财产与公司财产是否独立作出判决。

案例 132　科创公司、闪迪公司房屋租赁合同纠纷案[(2016)最高法民再318号]

抗诉机关:最高人民检察院

申诉人(一审原告,二审被上诉人):科创公司

被申诉人(一审被告,二审上诉人):陈某

二审上诉人(一审被告):闪迪公司

法定代表人:陈某,该公司董事长

一审被告:江某

2009年12月16日,科创公司、方圆公司向一审法院提起诉讼称,方圆公司与闪迪公司签订的租赁合同合法有效,闪迪公司应依约履行合同,闪迪公司经催告后不交纳租金违反合同约定。闪迪公司系股东为陈某的一人有限责任公司,陈某不能证明公司财产独立于个人财产,应以其个人财产对公司债务承担连带责任;江某与陈某不仅是夫妻,且实际经营活动由江某操控,其也应对闪迪公司的债务承担连带责任。请求判令:(1)解除涉案房屋的租赁合同;(2)闪迪公司向科创公司支付2007年2月起拖欠至解除之日的租金90万元及滞纳金37万元,并由陈某和江某夫妇对上述拖欠租金承担连带责任。

一审法院认为:关于陈某、江某应否对闪迪公司的债务承担连带责任问题。《中华人民共和国公司法》(已修改)第64条(现为第63条)规定:一人有限责任公司的股东不能证明公司财产独立于股东自己的财产的,应当对公司债务承担连带责任。从该条规定看,一人有限责任公司的股东负有举证证明公司的财产独立于股东自己的财产的责任。闪迪公司为陈某一人开办的有限责任公司。本案中,从诉讼材料的送达到财产保全的过程,科创公司、方圆公司主张闪迪公司财产和陈某的财产混同,根据《中华人民共和国公司法》有关举证责任的规定,陈某负有举证证明自己的财产独立于公司财产的举证责任,但陈某无证据证明,应承担举证不能的法律后果,对闪迪公司的债务承担连带清偿责任。

一审法院判决：解除方圆公司与闪迪公司签订的租赁合同；闪迪公司须于判决生效之日起10日内向科创公司支付自2007年2月起至合同解除之日止的租金（含物业费）151万元。同时，自2007年2月6日起至合同解除之日止按合同约定标准即每日1‰偿付该款的滞纳金损失；陈某应对闪迪公司的上述债务承担连带清偿责任。

闪迪公司、陈某不服该判决，向二审法院提起上诉，请求撤销一审判决，驳回科创公司、方圆公司的诉讼请求。

二审法院查明科创公司、方圆公司未提供证据证明闪迪公司的财产与陈某个人的财产混同，其他事实与一审判决认定的事实一致。

二审法院认为：闪迪公司注册资本7万美元已由股东陈某出资全数到位，且于2006年投资300万元开办闪迪咖啡店，目前闪迪公司的资产足以履行本诉请求的债务。此外，股东陈某并无抽逃资金的行为，且科创公司、方圆公司亦未提供证据证明闪迪公司的财产与陈某个人的财产混同。一审判决陈某对闪迪公司债务承担连带赔偿责任，认定事实和适用法律错误，应予以纠正。

二审判决：维持一审判决解除方圆公司与闪迪公司签订的租赁合同；闪迪公司须于判决生效之日起10日内向科创公司支付自2007年2月起至合同解除之日止的租金（含物业费）151万元及滞纳金损失。撤销一审判决陈某应对闪迪公司的上述债务承担连带清偿责任。

上述判决发生法律效力后，科创公司、闪迪公司均不服，向高级人民法院申请再审。

再审中，科创公司新提交的证据为：（1）一审法院执行局于2013年4月9日所作的笔录。用于证明闪迪公司在二审判决作出后无可供执行的财产，陈某个人财产与闪迪公司财产存在混同。（2）闪迪公司2006年度审计报告。用于证明闪迪公司对涉案房屋投入300万元没有证据支持，如真有300万元投入而财务报表上没有体现，就证明该公司和股东财产混同。（3）闪迪公司2011年度审计报告。用于证明二审判决认定闪迪公司财产足以清偿本案债务的错误。

闪迪公司新提交的证据为：2002年至2009年的审计报告。用于证明该公司出资到位，且公司资产与股东个人资产没有混同。

高级人民法院再审除对二审判决查明的基本事实予以确认外，针对双方当事人提交的新的证据，结合该院调查核实的证据，另查明闪迪公司2002年至2009年的审计报告由具有资质的会计师事务所作出，审计报告显示该公司财务报表符合国家颁布的《企业会计准则》和《企业会计制度》的规定。

高级人民法院再审认为，审计报告结论显示，闪迪公司已按《企业会计准则》和《企业会计制度》的规定编制，在所有重大方面公允反映了该公司一年的财务状况、经营成果及现金流量等情况。审计报告所附的该公司报告出具的资产负债表、利润分配表、现金流量表及财务报表附注等资料，均未反映股东陈某的财产与闪迪公司财产混同的情形。可据此认定股东陈某与闪迪公司的财产不混同。科创公司关于陈某应对闪迪公司的债务承担连带责任的主张依据不充分，不予支持。

高级人民法院判决：维持二审法院判决。

科创公司不服高级人民法院判决，向最高人民检察院申诉。

最高人民检察院抗诉认为：闪迪公司提供的2002年至2009年的年度审计报告不足以证明闪迪公司的财产独立于股东陈某的个人财产。闪迪公司提供的审计报告不确定、不完整、且有重大保留，不能真实、完整地体现闪迪公司的经营以及财务状况，不能据此认定股东陈某财产独立于闪迪公司财产。闪迪公司2002年至2009年的年度审计报告不确定，审计结论作出重大保留。闪迪公司原审出具的年度审计报告中，2008年年度审计报告载明“三、导致保留意见的事项。闪迪公司货币资金余额21万元无法实施审计程序或其他替代程序，以获取充分、适当的审计证据。四、审计意见。我们认为，除了前段所述未能实施审计程序可能产生的影响外，闪迪公司已经按照《企业会计准则》和《企业会计制度》的规定编制，在所有重大方面公允反映了闪迪公司2007年12月31日的财务状况以及2007年度的经营成果”，其中所言“前段所述未能实施审计程序”涉及的保留事项金额是21万元，而该公司2007年度总资产是34万元，保留意见事项金额已占资产总额的61%。2009年年度审计报告第4条载明“三、导致保留意见的事项。贵公司截至2008年12月31日货币资金期末余额为19万元，我们未能取得银行存款对账单、未对库存现金进行盘点，未实施其他替代程序，以获取充分、适当的审计证据；存货期末余额4万元，受审计条件限制，未进行盘点。四、审计意见。我们认为，除了前段所述可能产生的影响外，贵公司财务报表已经按照《企业会计准则》和《企业会计制度》的规定编制，在所有重大方面公允反映了闪迪公司2008年12月31日的财务状况以及2008年度的经营成果和现金流量”。其中“除了前段所述可能产生的影响外”所指的是导致保留意见的事项，该保留事项金额是23万元（19+4），而闪迪公司2008年度总资产是28万元，保留意见事项金额已占资产总额的82%。上述两份年度审计报告均作出保留意见,除去保留意见部分,其余部分即使“按照《企业会计准则》和《企业会计制度》的规定编制”,也不能证明公司财产独立于股东个人财产。

最高人民法院补充查明,会计师事务所对其出具的审计报告解释:第一,关于“受审计条件限制”的含义,主要是由于被审计单位不予配合,造成我所对现金、存货、固定资产、收入、成本、费用等这几个会计科目的准确性无法核实,因而出具保留意见的报告。第二,关于我所对主营业务收入、主营业务及营业费用出具保留意见的情况说明。由于审计单位不配合,未能提供完整的财务资料,因此我所出具了保留意见的审计报告;由于我们对收入、成本、费用是否完整无法确认,所以对与企业收入、成本、费用等相关的资产、负债也无法进行确认,因此被审计单位相关的资产和负债的完整性也无法确认。按会计法规定,企业在所有经营活动过程中发生的收入、成本、费用、债权债务等必须全部入账。第三,关于审计结论的说明。本次审计意见是有保留事项的审计意见,保留事项在审计报告第三项已列明,所谓的保留事项就是无法确认的事项,结论中“所有重大方面”是指除去保留事项以外的其他所有重大方面,而不是报表反映的所有重大方面。因为财政部对有保留意见或者说不确定事项,结论上的用语也是按“除去保留事项以外的所有重大方面公允反映了”的格式书写。因我所出具审计报告书对被审计单位大部分项目进行了保留,所以被审单位报表大部分项目完整性、准确性是无法确认的。

最高人民法院再审认为:本案争议焦点为陈某应否对闪迪公司所负本案债务承担连带责任。

上述审计报告中,其中2009年、2010年、2011年的审计报告均表述了有关保留意见,主要保留意见:一是审计单位对闪迪公司2008年、2009年、2010年度的货币期末余额未能取得银行存款对账单、未对库存现金进行盘点,未实施其他替代程序以获取充分、适当的审计证据;二是审计单位受审计条件限制对存货期末余额未进行盘点;三是对固定资产受审计条件限制未进行盘点;四是对主营业务收入、成本及营业费用受审计条件限制未能核实。由此,上述审计报告中虽有闪迪公司财务报表已经按照《企业会计准则》和《企业会计制度》的规定编制,在所有重大方面公允反映了该公司当年度的经营成果的表述。但是,根据本案事实,闪迪公司租赁案涉房屋后,对该房屋投入了300万元并利用该房屋经营闪迪咖啡店,而对该投入及经营状况,上述审计报告中均未有反映,且审计报告中亦明确表述对审计的部分内容有保留意见。因此,上述审计报告没有全面反映闪迪公司的实际经营及财务状况，科创公司据此主张上述审计报告不能完整、真实地证明闪迪公司的财务状况，不能证明闪迪公司的财产独立于其股东陈某个人的财产，有事实依据。原审判决依据上述审计报告认定闪迪公司的财产独立于陈某自己的财产，陈某不应当对闪迪公司应负的本案债务承担连带责任，认定事实缺乏证据证明，适用法律不当，本院予以纠正。

科创公司关于陈某未能提交证据证明其个人财产独立于闪迪公司财产，应当对闪迪公司所负本案债务承担连带责任的申诉理由成立，本院予以支持；高级人民法院作出的民事判决认定事实缺乏证据证明，适用法律错误，本院予以纠正；一审法院作出的民事判决结果正确，本院予以维持。

判决：(1)撤销高级人民法院、中级人民法院民事判决；(2)维持一审人民法院民事判决。

[评析]《中华人民共和国公司法》第62条虽然规定“一人有限责任公司应当在每一会计年度终了时编制财务会计报告，并经会计师事务所审计”，但这是规范一人有限责任公司财务的强制性规定，一人有限责任公司即使在每一会计年度终了时经过注册会计师审计，但并不必然证明股东与公司财产互相独立。根据中国注册会计师审计准则规范，注册会计师在审计程序受限或获取审计证据受限情况下，可以出具保留意见或无法表示意见的审计报告。本案再审过程中闪迪公司提交了2002年至2009年的审计报告，意在证明股东陈某的财产与公司财产互相独立，但注册会计师由于受审计程序所限，未能对现金、存货、固定资产实施盘点，即无法证明现金、存货、固定资产存放于公司还是被股东陈某个人占用，在此种情况下，注册会计师出具保留意见的审计报告，并不违反审计准则规范，但该种类型的审计报告在诉讼中是没有证明力的。中级人民法院和高级人民法院未发现该问题，是导致其作出错误判决的根本原因。另外，本案即使审计程序未受限，审计证据完整、充分，但审计报告并非诉讼中需要查明的专门性问题的司法会计鉴定，不能必然证明股东财产与公司财产混同，诉讼中股东应当参照上例鉴定事项向法院申请司法会计鉴定。

案例133　方某、左某职务侵占案[(2017)黔0203刑初75号]

公诉机关指控，1999年至2002年，被告人方某、左某利用其分别担任水泥厂法定代表人、会计职务之便，采用为虚构的法律主体“众力纸袋厂”代开增值税专用发票的手段，虚列水泥厂对“众力纸袋厂”的债务302万元，并直接用该厂现金或银行存款、水泥、转账三种方式对虚拟负债进行偿还。该厂在此期间共领用编织袋270万个，按当时的公允市场价0.6元/个计算为162万元，扣除162万元后，被告人方某、左某侵占该厂财物价值共计140万元，其中价值5.4万元的240吨水泥被方某、左某用于购买住房一套。

在同一期间，被告人方某、左某利用各自职务之便，采用代开发票舞弊的手段虚列水泥厂对相关主体的债务239万元，并直接用该厂现金、水泥、转账三种方式对虚拟负债进行偿还，从而达到侵占该厂财物239万元的目的。

公诉机关认为，被告人方某、左某利用职务之便侵占水泥厂财产，应当以职务侵占罪追究其刑事责任。

公诉机关指控方某、左某职务侵占的证据之一为某会计师事务所出具的司法会计鉴定报告。司法会计鉴定意见为：

1. 水泥厂行为人(法定代表人方某，会计左某)在1999年至2002年利用职务上的便利虚构法律主体“众力纸袋厂”，自己代该不存在的法律主体“众力纸袋厂”采用欺骗的手段在税务机关代开增值税专用发票(既没有“众力纸袋厂”的营业执照，也没有水泥厂同“众力纸袋厂”的交易合同)，行为人账务处理为水泥厂对虚构法律主体“众力纸袋厂”的债务302万元，其目的是掩盖行为人在1999年至2002年将水泥厂财物占为已有的事实。行为人将水泥厂财物占为已有的事实有3种情况：(1)行为人用现金或银行存款对虚拟负债进行偿还；(2)用水泥厂水泥对虚拟负债进行偿还；(3)用转账冲抵方式对虚拟负债进行偿还。行为人所采用的手段是非法的，从而行为人占有水泥厂财物也是不合法的，水泥厂行为人涉嫌职务侵占水泥厂财物302万元。

鉴定报告补充说明：水泥厂1999年至2002年领用编织袋270万个，按当时的公允市场价0.6元/个计算为162万元。根据事实重于形式的原则，可以从鉴定意见“水泥厂行为人涉嫌职务侵占水泥厂财物302万元”的金额中扣除162万元，即行为人涉嫌职务侵占水泥厂财物价值为140万元。

2. 水泥厂法定代表人方某及主管会计左某提供的用“众力纸袋厂”水泥抵所购私人房款的事实不存在。因为2000年至2001年水泥厂开给“众力纸袋厂”的水泥提货单的购货人是“众力纸袋厂”，并且是用于抵偿欠“众力纸袋厂”的负债而开具的水泥票，在此期间，“众力纸袋厂”的法律主体并不存在(见公安局提供的工商证明)，水泥厂同“众力纸袋厂”并没有交易行为，对“众力纸袋厂”的负债是虚假的，“众力纸袋厂”不可能取得水泥厂水泥的法律事实，故左某、方某用“众力纸袋厂"水泥抵偿所购私人房款是没有事实依据的,该事实不能成立。

鉴定报告说明:水泥厂行为人(方某、左某)在1999年至2002年,虚构法律主体"众力纸袋厂",采用税务机关开具增值税专用发票账务处理为对"众力纸袋厂"负债的方式,并用水泥厂的水泥对其虚假债务进行偿还,达到占有水泥厂财物的非法目的。

3. 水泥厂行为人(法定代表人方某,会计左某)在1999年至2002年利用职务上的便利,采用代开发票舞弊的手段虚列水泥厂对相关主体的债务239万元,并直接用水泥厂现金、水泥、转账方式对其虚拟负债虚构进行偿还239万元,所采用的手段是不合法的,从而支款去向也是不合法的,造成行为人将水泥厂财产占为己有,水泥厂行为人方某、左某涉嫌职务侵占水泥厂资金239万元。

法院认为:(1)关于公诉机关指控被告人方某、左某借"众力纸袋厂"侵占水泥厂财产140万元的起诉意见,因所定公允价0.6元/个无相关依据,指控方某、左某侵占140万元属事实不清,证据不足,不予支持。指控二被告人侵占240吨水泥抵扣房款5.4万元,不能证实此240吨水泥系水泥厂的合法财产,因此指控方某、左某侵占240吨水泥5.4万元亦属事实不清,证据不足,不予支持。(2)关于公诉机关指控被告人方某、左某利用各自职务便利,采用代开发票舞弊的手段虚列债务侵占水泥厂财物239万元的起诉意见。从现有证据能够认定被告人左某利用职务便利,制作凭证虚拟完全不存在的债务,侵占水泥厂财产3.5万元,因系左某处理账务时虚拟而为,从而侵占公司财物,但现有证据不能证实系方某与左某共谋的结果,且数额未达到职务侵占罪的追诉标准,故不认为是犯罪。

判决:被告人方某、左某无罪。

[评析]本案司法会计鉴定意见明显是对方某、左某是否构成犯罪进行法律论证,完全站在控方立场对犯罪事实作出确认和指控,相当于侦查终结报告,鉴定意见完全脱离了财务会计专门性问题范围,鉴定意见涉及前面案例指出的以下五个方面问题:

1. 超范围鉴定问题。(1)对行为人作出确认,超出了司法会计鉴定范围。鉴定人对行为人作出确认,可能是有关财务会计凭证署有行为人姓名的笔迹,但司法会计鉴定人并非笔迹鉴定专家,不能凭财务会计凭证中有行为人的姓名字样就确认系行为人所为。另外,即使有笔迹鉴定意见根据,司法会计鉴定人也不能保证他人出具的笔迹鉴定意见是正确的,以他人出具的笔迹鉴定意见作为司法会计鉴定的材料,违背了司法鉴定的独立性原则;再者,行为人是谁,并非财务会计专门性问题。(2)对应当由司法机关判断的法律问题作出认定,超出了司法会计鉴定范围。本鉴定报告有个非常突出的错误,就是鉴定人站在司法机关的角度,对“职务侵占”、“占为己有”、某行为“不合法”等有关法律问题作出认定。(3)鉴定意见认为“众力纸袋厂”是虚构法律主体,但该事项并非财务会计专门性问题,不属于司法会计鉴定对象。(4)对行为人的主观心理作为认定。鉴定人用“欺骗”“掩盖”等词描述行为人的手段,“欺骗”和“掩盖”是一种主观故意心理活动,鉴定人无法通过对财务会计资料的检验,得出行为人的主观心理活动,行为人的主观心理活动判断,应当由法官自由心证,而非由司法会计鉴定得出。

2. 鉴定意见自相矛盾,逻辑推理不能成立。首先,鉴定意见认为水泥厂向“众力纸袋厂”购买编织袋,形成302万元的债务是虚构的,同时又根据水泥厂实际领用270万个编织袋,价值162万元予以扣减,实际上认定领用是真实的,既然领用是真实的,就无法认定购买是虚构的,鉴定意见前后矛盾。其次,鉴定人唯以实际领用数推定购买是真实的,依此逻辑,那么真实购买而未领用的就是虚构的,此逻辑推理明显不成立。最后,鉴定报告认为“众力纸袋厂”没有营业执照,也没有与水泥厂的交易合同,仅凭这两点,无法排除水泥厂没有与“众力纸袋厂”发生交易的可能,不可能推导出“虚拟负债”这一确定的、排他的、唯一的结论。

3. 违规受理鉴定。鉴定意见认为水泥厂领用编织袋270万个,价格按当时的公允市场价0.6元/个计算,说明检材中缺乏采购成本资料,根据《司法鉴定程序通则》的规定,检材不完整不充分的,鉴定机构应当向委托方要求补充,无法补充的,鉴定机构不得受理。

4. 错用鉴定标准。鉴定意见补充说明将水泥厂领用的270万个编织袋按当时的公允市场价0.60元/个计算,属于错用鉴定标准。《财政部关于印发〈企业会计准则第39号——公允价值计量〉的通知》(财会〔2014〕6号)第4条规定:“下列各项的计量和披露适用其他相关会计准则:(一)与公允价值类似的其他计量属性的计量和披露,如《企业会计准则第1号——存货》规范的可变现净值,……适用《企业会计准则第1号——存货》……”

5. 对应当由侦查机关查证的问题作出确认。犯罪嫌疑人是否以“水泥抵私人购房款”,应当由侦查机关查证,财务会计以外的事实,鉴定人不应作出鉴定意见。

本案在检材达到鉴定条件前提下,鉴定机构应当出具司法会计检验报告,检验事项可以设为以下两项:第一,查清1999年至2002年水泥厂对众力纸袋厂的负债发生额情况;第二,查清1999年至2002年水泥厂应付账款——某单位(列明总金额为239万元的具体单位名称)的发生额情况。检验结果客观反映上述两项检验事项即水泥厂债务的增减变动详细情况,证明水泥厂债务的发生及相关资金已经支付即可,至于交易是否虚假,应由侦查机关查证确认。

案例134 杨某挪用公款案[(2019)湘12刑终220号]

一审[(2019)湘1230刑初11号]公诉机关指控,2012年1月至2017年7月,被告人杨某担任某镇财政所农村财务管理中心出纳、会计、财政所所长期间,其趁财政所财务制度不健全,财务管理混乱之机,利用担任出纳、会计的便利,采取以村民委员会、预留资金、镇政府开支等名义私自开具现金支票共计486万元归个人使用,超过3个月未归还。

公诉机关据以指控杨某挪用金额的证据之一为某司法鉴定中心出具的司法会计鉴定书。

鉴定意见:2012年1月至2017年7月,杨某在农村财务管理中心担任出纳、会计期间,采取收入不入账、支出不记账的手法,套取单位公款501万元(累计56笔)供个人使用的财务事实存在。截至2017年8月29日,杨某累计归还公款409万元,还有92万元公款未归还的财务事实存在。

公诉机关根据鉴定意见认定的501万元减去杨某3个月内归还的15万元,认定杨某挪用金额为486万元。

一审法院查明,杨某挪用公款总额中,2017年7月11日挪用农村财务管理中心公款10万元,案发后其家属代为退赔时没有超过3个月。

一审法院认为,作为证据使用的司法鉴定意见书没有根据账款平衡的会计原理进行分析,所作的鉴定意见是直接根据公诉机关提交的56张没有在账目上体现的取款支票的金额直接认定为挪用金额,在缺乏其他证据予以佐证的情况下,所作的鉴定意见是不客观、不真实的。根据《最高人民法院关于审理挪用公款案件具体应用法律若干问题的解释》第4条的规定,多次挪用公款,并以后次挪用的公款归还前次挪用的公款,挪用公款数额以案发时未还的实际数额认定。截至2017年7月31日财务管理中心银行账户存款短款金额378万元(截至2017年7月31日,财务管理中心会计银行存款账面余款498万元-银行流水余额120万元=短款金额378万元)。杨某实际挪用公款金额为368万元(财务管理中心银行账户存款短款金额378万元-未超过3个月归还金额10万元=实际挪用金额368万元)。

一审法院认为,杨某多次挪用公款长达5年之久,犯罪数额达368万元,情节严重,以挪用公款罪对杨某作出相应判决。

宣判后,原公诉机关抗诉提出一审法院判决认定被告人杨某挪用公款368万元系认定事实不清,确有错误:(1)现有证据能够证实杨某存在以收入不入账、支出不记账的手段私自开具56张支票并个人使用,杨某挪用公款的数额应当为486万元。(2)一审判决在无其他证据可以佐证的情况下,不采信司法鉴定意见书,属明显不当,致使一审判决认定事实不清。

某市人民检察院当庭发表支持原公诉机关的抗诉意见:(1)原审被告人杨某构成挪用公款罪的犯罪事实清楚,证据确实充分。(2)原公诉机关提出的抗诉理由成立。①原审判决仅仅以会计账目科目余额计算其短款金额,以其为基数,再考虑挪用3个月内归还的行为计算杨某挪用公款金额,其未考虑会计的未达账项,即存在收入、支出未记账等相关情况,其计算短款金额不客观、不真实,从而导致认定杨某挪用公款金额错误。②从本案证据来看,原审被告人杨某在侦查机关的供述、司法鉴定中心出具的司法鉴定意见、相关证人证言均能印证其挪用公款的事实。故综合全案证据来看,杨某挪用公款金额应为501万元减去其在3个月内归还的15万元,实际挪用公款金额为486万元。该院支持抗诉机关提出的抗诉,建议二审法院依法予以改判。

二审法院另查明,鉴定的分析说明内容记载:2014年12月31日至2017年7月31日,杨某任职会计期间,农村财务管理中心银行存款总分类账及明细分类账账面余额为人民币498万元,农村财务管理中心银行专户余额为人民币120万元,银行存款余额小于会计总账银行存款余额(短款)378万元。

二审法院结合庭审调查的证据和查明的事实,对鉴定意见做如下评判:

经查,司法鉴定中心接受检察院委托,对杨某涉嫌贪污、挪用公款罪的款项性质、来源、去向及金额进行了司法会计鉴定。(1)该司法鉴定中心所作的司法鉴定意见书的意见为:"2012年1月至2017年7月,杨某在农村财务管理中心担任出纳、会计期间,采取收入不入账、支出不入账等手法,套取单位公款501万元(累计56笔)供个人使用的财务事实存在。截至2017年8月29日,杨某累计归还公款409万元,还有92万元公款未归还的财务事实存在。"该鉴定意见与一审、二审查明的事实不符:①现有证据不足以认定杨某采取了收入不入账手法,而该司法鉴定意见认为杨某采取了收入不入账的手法;②虽然杨某采取以村民委员会、预留资金等手段私自开具了56张支票,但现有证据不足以得出杨某将所套取的56张支票全部归个人使用，而该司法鉴定意见在缺乏其他证据予以佐证的情况下，认定杨某套取单位公款501万元（累计56笔）供个人使用的财务事实存在，并以此认定杨某还有92万元公款未归还的财务事实存在的鉴定意见。（2）司法鉴定中心对农村财务管理中心2012年1月至2017年7月会计总账的收支账款及银行专户的银行流水进行清查和对账目数据进行鉴定分析。截至2017年7月31日，农村财务管理中心会计银行存款账目余额为498万元，银行流水余额为120万元，该数据系司法鉴定中心在接受检察院的委托过程中所得，数据来源合法，且与原审被告人杨某的供述、财务管理中心自查自纠的数额等相关证据能够相互印证。综上，司法鉴定中心依据本案相关书证严格按照相关程序进行的检验和分析，鉴定过程及分析说明所使用的经过验证的账目数据客观真实，但其所作的司法鉴定的意见不符合本案实际，一审判决未予采信该司法鉴定的意见并无不当。

二审法院裁定：驳回抗诉，维持原判。

[评析]本案鉴定的目的是查明杨某挪用公款的时间和金额，但检察机关提出的鉴定事项为“杨某涉嫌贪污、挪用公款罪的款项性质、来源、去向及金额”，该鉴定事项既不中立，也没有明确提出财务会计专门性问题。鉴定机构在鉴定事项不明确的情况下，作出“套取单位公款501万元（累计56笔）供个人使用的财务事实存在”的鉴定意见，该鉴定意见系对案件事实的认定，并不是对财务会计专门性问题的认定，私自提取公款并不必然得出供个人使用的唯一结论，私自提取公款是否用于个人，属于侦查机关需要查明的案件事实，因此本案鉴定意见与待证事实没有关联性。

本案中杨某开具56张支票提取现金501万元未记账，如果501万元一直被杨某挪用，在没有其他未达账项的情况下，那么2017年7月31日银行存款总账、明细账账面余额与银行专户余额的差异一定是501万元。而事实情况是2017年7月31日银行存款总账、明细账账面余额与银行专户余额的差额是378万元，说明银行专户中有123万元（501－378）资金存入也未记账，该123万元有可能被杨某挪用一段时间后再存入，也有可能杨某提取现金后未挪作他用而存入，鉴定机构在没有对“存入未记账”进行检验的情况下，仅凭从银行领取501万元现金未记账得出“套取单位公款501万元供个人使用”的鉴定意见，明显是不客观的。

如果本案杨某仅仅以提取现金方式挪用而没有采用转账手段挪用，检察机关提出的鉴定事项可以有两项：（1）查清某期间农村财务管理中心某银行账户提取和存入现金未记账的时间和金额;(2)查清截至2017年7月31日农村财务管理中心库存现金应结存额与实际结存额是否相符。其中第1项鉴定事项主要用于查明犯罪手段,但现金提取和存入均未记账的差额并不一定等于挪用的数额,原因是杨某虽然私自提取现金,但并不能排除杨某将提取的现金部分用于单位支出或者部分存于单位保险柜而未用于个人的可能;第2项鉴定事项如果得出库存现金应结存额与实际结存额不符的鉴定意见,肯定存在一个差额,该差额用于证明被挪用未归还的金额。本案中如果法院已经查明杨某挪用公款没有用于单位支出和存放单位保险柜,农村财务管理中心银行存款总账应结存额与银行专户实际结存额的差额378万元应当与第2项鉴定事项的鉴定结果是一致的。

案例135　魏某、兰某滥用职权、职务侵占、挪用资金案[(2014)鄂十堰中刑终字第00024号]

被告人魏某原系西关居委会主任,被告人兰某原系西关居委会委员兼报账员。

与职务侵占、挪用资金有关的事实,原判认定:

1. 职务侵占

2009年3月,被告人魏某借用松原公司的名义与西关居委会签订了一份建设工程施工合同,承揽西关居委会社区办公楼附属工程,合同价款共计29.6万元。后被告人魏某让周某出面施工,所需的建筑施工材料由被告人魏某负责购进,同年底该工程完工。2011年6月,二被告人通过宴请市造价咨询公司工作人员,取得了该造价咨询公司出具的与合同约定一致的工程总造价为29.6万元的建设工程造价咨询报告,后被告人魏某根据此造价咨询报告开具了相应的税务发票,从居委会被告人兰某处结算了上述工程款。在本案侦查阶段,市造价咨询公司受侦查机关委托于2012年5月13日重新对工程的造价进行了评估鉴定,认定工程造价为21万元,并出具了相应的造价咨询报告;后在本案原一审审理过程中,因侦查机关委托的评估鉴定时未通知被告人魏某到场,被告人魏某认为漏算了部分工程,对市造价咨询公司于2012年5月13日出具的造价咨询报告不服,申请重新评估鉴定。经本院再次委托市造价咨询公司对该工程的造价又进行了重新复核鉴定,市造价咨询公司于2012年11月22日又出具了工程的造价为27万元的造价咨询报告。一审法院认为,被告人魏某伙同被告人兰某弄虚作假,在结算社区办公楼附属工程款的过程中虚增工程造价,从中套取集体资金2.6万元,被二人非法占有。虽然二被告人均供述虚增工程款是为了冲抵二人经手开支的因没有相应条据而未在财务上列支的部分送葬及逢年过节送礼的费用，但据二被告人所提交的证据证实二人所经手开支的上述费用共计为3万元，与二人通过虚增工程造价所套取的款项数额2.6万元并不一致，且经侦查机关补充侦查证实被告人魏某、兰某所经手开支的相应送礼及其他费用已在西关居委会财务账上核销。

2. 挪用资金

被告人兰某在担任西关居委会委员兼报账员期间，在经手收取居委会的房屋租金后，将其中的19万元隐瞒不入单位收入账，存入以其个人名义在银行开设的账户中，由其个人掌握使用；被告人兰某在经手发放西关居委会死亡人员安置补偿费时，将其中未发放的1.5万元安置补偿费截留存入其个人银行账户，由其个人掌握使用。

一审法院认定原审被告人犯罪的证据之一为某机构出具的司法会计鉴定书，鉴定书主要内容为：被告人魏某、兰某在结算西关社区办公楼附属工程价款过程中通过虚增工程造价套取集体资金非法占为己有；被告人兰某在收取房屋租金及发放安置补偿费的过程中隐瞒收入不入账并截留部分未发放的安置补偿费存入其个人掌握的银行存款账户，由其个人使用。

一审法院根据上述事实和证据，认定魏某、兰某犯职务侵占罪、挪用资金罪，并分别作出相应判决。

宣判后原审被告人魏某和兰某均提出上诉，认为对社区办公楼附属工程造价的鉴定差额2.6万元，用于社区居民的婚丧嫁娶的礼金，上诉人并未据为己有，不构成职务侵占罪；经社区领导同意，以上诉人的名义开设一个账户，用于暂时存放财政所拨付尚未使用的资金，这被市纪委认定为私设“小金库”，为违反财经纪律的行为，不应认定为挪用资金罪。

二审法院审理后认为，西关居委会社区办公楼附属工程造价，市工程造价咨询有限公司先后作了三次咨询报告书并又多次补充，得出了多个咨询结论，没有充分的证据证明该公司出具的最后一次咨询结论是准确无误的，原判将该公司出具的最后一次咨询结论与第一次咨询结论差额2.6万元认定为二上诉人职务侵占，证据不充分，二上诉人不构成职务侵占罪。上诉人兰某经社区领导同意以其名义开设的账户，系居委会违纪设立的账户，并非兰某的个人行为，对此，市纪委组织的联合调查组认为是私设“小金库”，为违反财经纪律的行为，上诉人兰某的该行为不构成挪用资金罪；上诉人兰某截留应发放的死亡人员安置补偿费1.5万元,卷宗反映截留的时间已超过了5年的追诉时效,应不予追究,上诉人兰某的行为不构成挪用资金罪。

[评析]本案司法会计鉴定主要存在以下五个问题:

1. 引用其他单位出具的结论性意见对“虚增工程造价”作出认定。司法会计检验的对象只能是财务会计资料以及能够证明经济业务发生或结果的其他相关材料。本案的财务会计资料为西关居委会支付29.6万元的税务发票及相应的付款凭证,鉴定人通过对财务会计资料的检验,只能得出西关居委会支付了29.6万元的结论,无法得出“虚增工程造价”的结论性意见。本案鉴定得出“虚增工程造价”的结论性意见,应当引用了造价咨询公司出具的造价咨询报告。此举存在两个问题:首先,造价咨询报告并非财务会计资料,不能成为司法会计检验对象;其次,司法会计鉴定人无法保证他人出具的造价咨询报告结论的正确性,本案市工程造价咨询有限公司先后出具三份结论不同的造价咨询报告,造价咨询报告能否作为定案的根据,哪份可以作为定案的根据,应当经过法庭举证质证后才能确定。鉴定人以其中某份造价咨询报告为依据计算出付款金额与造价报告金额的差额,从而得出虚增工作造价的结论,超出了鉴定人的职权范围。

2. 鉴定意见不中立。公正性是任何司法鉴定的基本原则之一,公正性即中立性,要求作为第三方的司法鉴定机构和司法鉴定人,在实施司法鉴定过程中应当始终保持中立的立场,不得偏向诉讼主体的任何一方,鉴定意见不得带有倾向性地定性描述。具体到本案,鉴定意见不中立表现在“套取集体资金”和“截留部分未发放的安置补偿费”,“套取”和“截留”明显偏向指控方,表明鉴定人有罪推定心理从事司法鉴定工作。

3. 对法律问题作出判断。鉴定意见中的“非法占为己有”,是对法律问题的判断。合法还是非法,应当由司法机关根据查明的案情判断,司法会计鉴定人对此作出判断,明显超出了鉴定人的判断范围。

4. 对行为人的主观心理作出判断。鉴定意见中的“隐瞒收入”,是对行为人主观心理的判断。根据《中华人民共和国会计法》(2017年修正)第10条的规定,下列经济业务事项,应当办理会计手续,进行会计核算:(1)款项和有价证券的收付;(2)财物的收发、增减和使用;(3)债权债务的发生和结算;(4)资本、基金的增减;(5)收入、支出、费用、成本的计算;(6)财务成果的计算和处理;(7)需要办理会计手续、进行会计核算的其他事项。

司法会计的检验对象是财务会计资料,“隐瞒”是行为人的一种主观心理活动，不属于《中华人民共和国会计法》第10条规定的“经济业务事项”，无法纳入会计核算。因此，鉴定人也就无法从财务会计资料中检验出行为人的主观心理活动，即无法得出“隐瞒收入”的鉴定意见。实务中收款未入账，可能存在三种情况：一是故意隐瞒不入账，二是未及时入账，三是遗忘了入账。本案收入未入账到底属于哪种情况，应当由司法机关根据相关证据综合判断，司法会计鉴定人对此作出判断，显然超出了司法会计鉴定范围。

5. 鉴定意见无法通过逻辑推理得出唯一结论。鉴定得出“存入其个人掌握的银行存款账户，由其个人使用”的意见，无法通过逻辑推理得出。涉案的房屋租金和安置补偿费存入个人银行账户，在没有相关费用发票的情况下，鉴定人无法得出“由其个人使用”的鉴定意见。因为鉴定人没有侦查权，无法通过侦查手段排除个人开户为单位使用这一可能存在的情况，即使有相关费用发票，鉴定人通过检验也无法得出这些费用开支为公还是为私。本案鉴定人认为应当入单位账的款项进入私人银行账户，就断定“由其个人使用”，是鉴定人片面的主观臆断，由此得出的鉴定意见不具有科学性。

上述五个方面的问题，可以概括为鉴定人对案件事实作出认定。

第四节　鉴定意见关联性审查

鉴定意见关联性，是指鉴定意见与案件待证事实的相关性。鉴定意见与待证事实无关，该鉴定意见就没有证明力。本节主要介绍鉴定意见关联性审查方法及相关案例。

一、审查方法

审查司法会计鉴定意见与待证事实是否具有关联性，主要从以下三个方面审查：

1. 审查鉴定意见证明的事实与待证事实是否为同一事实；
2. 审查形成鉴定意见的检材与待证事实应当用的检材是否为同一检材；
3. 审查形成鉴定意见检材的期间跨度与待证事实期间跨度是否一致。

二、相关案例

案例 136　张某诈骗、合同诈骗案[(2016)川刑终 357 号]

一审法院查明,张某系中泰房地产开发有限公司法定代表人。2009 年 11 月 13 日,张某以中泰房地产开发有限公司(以下简称中泰公司)与某区政府签订《BT 投资建设合同》,合同签订后,因该 BT 项目有关规划等手续尚未获批,不能开工。2010 年 3 月 30 日,中泰公司在尚未依法取得项目建设所需全部合法手续,且明知不能开工的情况下,与望京建筑公司签订《建设工程施工合同》,约定中泰公司将 BT 建设项目发包给望京建筑公司施工。随后,望京建筑公司负责人李某按合同约定分两次将 1300 万元保证金划入张某个人账户。张某随即将该款用于中泰公司的经营和偿还公司与个人的债务。同年 5 月 6 日,张某将其所有的一辆悍马越野车作价 125 万元抵给李某。之后,因 BT 工程项目不能开工,望京建筑公司遂向中泰公司及张某索要保证金,张某以其个人或中泰公司名义先后多次向望京建筑公司出具还款计划或者还款协议,但并未实际履行。

2011 年 12 月 26 日某司法鉴定所出具鉴定报告,其主要内容为:(1)2010 年 3 月 31 日,中泰公司总资产为 3.5 亿元,总负债为 3.7 亿元,资产负债率为 105%,总资产小于总负债 0.2 亿元,累计亏损 4676 万元。中泰公司已经资不抵债,偿还债务能力较差,经营能力较差,盈利能力较弱。(2)由于中泰公司大量记账凭证后所附收款收据为复印件、付款手续不完善,由于未见相关合同、结算资料及其他收付款依据,不能确认其业务的真实性。

2013 年 8 月 14 日司法鉴定所出具《关于鉴定报告的情况说明》,其中载明:鉴定报告第 7 页中的存货余额,于 2010 年 3 月 31 日为 1.3 亿元,该存货余额包括已计入库存商品的"云阳港湾"开发成本。报告第 8 页对此也进行说明:已计入库存商品的"云阳港湾"开发成本为 1.3 亿元,由于"云阳港湾"项目尚未竣工决算,这部分收入和成本均未结转利润。因此"云阳港湾"项目房屋成本 1.3 亿元作为资产已经计入了库存商品,反映在资产负债表中的存货项目中。

原判认为,被告人张某作为中泰公司的法定代表人,在明知中泰公司无履约能力的情况下,隐瞒中泰公司尚未取得 BT 项目合法手续,无权发包且不能开工的事实,诱骗望京建筑公司签订施工合同,骗取望京建筑公司保证金人民币 1300 万元后占有使用,且有 1175 万元不能归还。张某作为单位犯罪中直接负责的主管人员,构成合同诈骗罪。

判决：被告人张某犯合同诈骗罪，判处有期徒刑12年，并处罚金人民币10万元。

宣判后，张某不服提出上诉。其辩护人提出，司法鉴定所出具的鉴定报告的鉴定依据不齐全，鉴定意见明显有误。更为重要的是，在市场经济的大环境中，企业负债的情况较为常见，负债经营与诈骗故意之间没有因果关系。从张某和中泰公司的资产状况来看，也不存在无法返还保证金的问题。

二审法院认为，原判认定中泰公司无履约能力的主要证据是本案鉴定意见的结论，但该鉴定意见同时载明鉴定依据的资料并不齐全，故该鉴定意见仅能作为参考依据；另外，即使依据本案鉴定意见，中泰公司总资产为3.5亿元，总负债为3.7亿元，总资产中有1.3亿元的云阳港湾项目房屋成本未结转利润，也不足以认定中泰公司资不抵债。因此，原判认定张某明知中泰公司无履约能力的证据不足。

二审判决：撤销原判，上诉人张某无罪。

[评析]本案鉴定即使依据的资料齐全，鉴定意见仍不能作为定案的根据。其原因在于，根据《企业会计准则》的规定，企业取得的资产应当按历史成本计量。所谓历史成本，是指资产按照购置时支付的现金或者现金等价物的金额，或者按照购置资产时所付出的对价的公允价值。例如，中泰公司5年前为开发"云阳港湾"楼盘，当时购置的土地成本为5000万元，会计计量时按照支付的现金5000万元入账，5年后土地升值到8000万元，但会计账面上反映的土地成本仍然是5000万元，以该成本计入5年后开发的"云阳港湾"楼盘成本，显然不能体现楼盘的现时价值。本案鉴定意见反映的是中泰公司资产的历史成本，不能客观反映资产的现时价值。根据鉴定意见，中泰公司总资产比总负债少0.2亿元，3.5亿元总资产中有1.3亿元为"云阳港湾"项目房屋成本，如果该房屋评估价值大于成本1.3亿元，差额在0.2亿元以上，即总资产达到3.7亿以上，负债仍为3.7亿元，中泰公司就不存在资不抵债的情形。本案中，需要待证的事实是现时负债与现时资产价值的比率，而鉴定意见反映中泰公司资产负债率中的资产价值是历史的而不是现时的，即鉴定意见证明的事实与待证事实不是同一事实，故鉴定意见不能客观反映中泰公司的偿债能力，鉴定意见与待证事实没有关联性，不能作为定案的根据。

在诈骗案件中，司法机关如果要证明一个企业的偿债能力，证明犯罪嫌疑人是否明知无偿债能力的主观故意，如果案发单位的资产账面价值明显低于实际价值的，应当聘请资产评估机构对资产价值进行评估，而不应当聘请司法会计鉴定确认资产的实际价值。

案例137 车某、王某合同诈骗案[(2017)川01刑初85号]

公诉机关指控,嘉美房地产开发有限公司于2007年4月12日设立登记,被告人车某为公司实际控制人,被告人王某为公司董事长。车某、王某采用高息借款、建筑方垫资的经营方式开发观山秀水商住楼项目,长期负债经营,自2010年起已资不抵债。被告人车某为继续对外借款,于2011年4月将嘉美房地产开发有限公司90%股权变更为王某代持,并指使王某对外借款。2011年5月,王某通过中间人认识了某小额贷款股份有限公司的客户经理,向该公司法定代表人骆某以观山秀水项目开发为由表达出了借款的意愿,隐瞒公司资不抵债和24套房产中14套已重复销售的事实,将其90%股权作担保,及将观山秀水项目商铺以在建工程作抵押担保和以支付工程、项目配套尾款为由,先后骗得被害人骆某借款4000万元,被告人车某、王某将4000万元主要用于偿还高息债务。

公诉机关为支持上述指控事实,当庭出示了鉴定意见等证据。

A会计师事务所对嘉美房地产开发有限公司资产负债情况进行审计的报告,证实该公司截至2013年9月30日资产总额3.2亿元,负债总额4.4亿元,资产负债率为138%,已达到资不抵债的程度。

B会计师事务所出具司法会计鉴定报告证实:嘉美房地产开发有限公司截至2012年12月31日账面记录净资产为-3656万元。

法院认为:(1)公诉机关指控车某、王某在签订合同之初,具有非法占有主观故意的证据不足。房地产开发行业的高负债运行也是一种行业特点,故不能仅以嘉美房地产开发有限公司负债率高,资不抵债来判定其没有开发能力乃至没有履行借款合同的能力。(2)指控车某、王某在履行合同过程中,具有非法占有故意的证据不足。从资金的实际占有和使用情况看,相关审计报告、银行流水、证人证言等证实,嘉美房地产开发有限公司从骆某处所借款项在进入公司账户后,经车某同意后除部分用于支付工程款外,主要用于归还之前的借款,本案无证据证实车某、王某有挥霍借款资金或用来偿还非法债务的情形。观山秀水项目在修建过程遭遇山体滑坡,至今未能修建完成;嘉美房地产开发有限公司及车某在借款前期及经营期间在民间确有大量高息借贷;这种支付之前因经营活动产生的欠款及因经营失败导致不能偿还借款的行为,不宜认定为非法占有。

法院判决:被告人车某、王某无罪。

[评析]本案4000万元借款时间发生在2011年5月，如果要证明犯罪嫌疑人在嘉美房地产开发有限公司资不抵债情况下借款不还，达到合同诈骗目的，待证事实是2011年5月之前嘉美房地产开发有限公司是否资不抵债，即资不抵债的时间节点应该是借款发生前的一日，但本案A会计师事务所出具的审计报告资产负债率时间节点为2013年9月30日，B会计师事务所出具的司法会计鉴定报告净资产为负数的时间节点为2012年12月31日，这两个时间节点都是2011年5月借款以后发生的资不抵债，如果企业借款之前不存在资不抵债，借款后发生资不抵债，有可能是企业经营不善引起，借款之后的资不抵债不能证明犯罪嫌疑人在借款之初主观上具有非法占有的目的，因此，审计报告和司法会计鉴定与本案没有关联性。

合同诈骗案件中，如果有证据证明涉案企业资产至案发时不存在升值，企业资产负债率可以用于证明犯罪嫌疑人是否具有主观故意诈骗的参考依据，但不宜作为关键证据直接采用，应结合具体情况综合判断。任何企业的产品生命周期都要经历投入期、成长期、成熟期和衰退期。各阶段的财务特点：投入期，企业需要投入大量资金研制产品，生产规模小，单位产品成本高，客户对产品不了解和不熟悉，需要多渠道宣传，销售费用大，成本费用大于收入，在企业自有资本不足时，需要向金融机构或其他个人融资，利润指标表现为较大亏损，资产负债率超过100%；成长期，产品销售量迅速增长，可以大批量生产，销售收入迅速上升，单位产品成本大幅度降低，销售费用逐渐回落，利润稳步增长，此时经营者为了充分利用财务杠杆效应，提高净资产收益率，可能仍需要举债经营，资产负债率比投入期有所降低，但仍有可能超过100%；成熟期，市场需求日渐饱和，销售量和利润达到最高点，资产负债率低于100%并维持行业平均水平；衰退期，新产品进入市场并逐渐代替老产品，市场销售量日趋下降，利润下滑甚至亏损，最终产品退出市场。根据产品生命周期的特性，在投入期和成长期某个阶段，企业出现资不抵债和亏损是正常的。因此，在刑事诉讼中，司法机关不能机械地仅凭资不抵债和亏损来认定企业的偿债能力和犯罪嫌疑人的主观故意行为，应当结合具体情况合理运用资产负债率，判断犯罪嫌疑人是否具有主观故意诈骗。

案例138 粟甲、粟乙、周某、李某销售假冒注册商标的商品案[(2015)深罗法知刑初字第7号]

公诉机关指控，2013年11月，犯罪嫌疑人周某军(另案处理)、潘某(另案处理)等人租下某工业区A8栋105－107仓库、某工业区A04栋A09仓库,并招聘被告人粟甲、粟乙、周某、李某等人将假冒注册商标的新百伦、阿迪达斯、耐克、匡威运动鞋存放在上述仓库,并销售到全国各大卖场。

2014年7月,公安机关在仓库现场抓获被告人,现场取得账本22本、收款收据10本、工资表62页、销售报表明细表115页以及送货单若干。并在仓库缴获假冒注册商标的上述四种商品一批。经价格鉴定,仓库现场缴获的假冒注册商标的运动鞋合计价值人民币88万元。经对涉案的销售收据、账本等材料进行司法鉴定后,某司法会计鉴定所出具了司法鉴定意见书,鉴定意见:涉案销售数额,2013年1月至2014年7月的销售金额为人民币2623万元,其中2013年为人民币1157万元,2014年为人民币1466万元。

被告人的辩护人提出:公安机关侦查查明涉案的A8栋105－107仓库是2014年才租的,A04栋A09仓库是2013年租的,起诉书也是依法查明从2013年11月起才租房销售假冒注册商标的商品,而司法会计鉴定所出具的鉴定报告所依据的鉴定数据是从2013年1月至2014年的全部数据,且司法鉴定报告记载的有关销售点的销售金额,并没有附有公安机关查明或者记载有关于销售某种假冒商标的商品且销售网店是否全部销售假冒商标的商品的证据,属于事实不清、证据不足。

法院审理查明,A8栋105－107仓库,承租期限为2014年3月25日至2015年3月31日,A09仓库承租期限为2013年11月14日至2014年11月14日。

法院认为,首先,现场缴获的账本中只有销售日期、销售店铺和销售总金额,并没有关于商品名称、代码等记载,因此司法会计鉴定所据此出具的司法鉴定意见书不能确定销售的商品具体情况,也无法确认是否涉案的四个品牌的商品的销售金额。其次,涉案两个仓库的承租日期分别为2013年11月14日和2014年3月25日,被告人粟甲、粟乙、周某、李某从事犯罪活动的开始时间分别2014年2月、2014年5月、2014年5月和2014年6月,而四被告人仅为仓库工作的人员,仅对自己工作的涉案仓库的犯罪金额负责,因此,四被告人的涉案金额不能认定为2013年1月至2014年7月的所有销售金额人民币2623万元。公诉机关关于四被告人销售假冒注册商标的商品已销售金额达人民币2623万元的指控,因证据不足,本院不予采纳。

[**评析**]本案的待证事实是犯罪嫌疑人各自销售四种假冒注册商标的商品销售额。根据判决书记载信息,司法机关提出的鉴定事项是“对涉案的销售收据、账本等材料进行司法鉴定”,销售收据、账本等材料是司法会计检验的对象。并不是

司法会计鉴定的对象。本案的鉴定对象是涉案四种商品的销售额,侦查机关应当分别根据四名犯罪嫌疑人参与销售的时间,将鉴定事项设为"对某单位某年某月某日至某年某月某日销售新百伦、阿迪达斯、耐克、匡威运动鞋销售额"。本案鉴定人在鉴定事项不明确,鉴定材料只有销售日期、销售店铺和销售总金额,并没有关于商品名称、代码等记载的情况下,擅自将鉴定对象时间范围扩大至仓库租赁前的时间,得出"涉案销售数额为2623万元"的结论,该结论既包含了仓库租赁前的销售额,又可能包含了除销售四种假冒注册商标商品以外的其他商品的销售额,鉴定意见证明的事实与待证事实不是同一事实,鉴定意见与待证事实没有关联性。

案例139　李某职务侵占案[(2018)琼01刑终312号]

原审判决认定,2013年8月至2014年4月,被告人李某在荣德物业管理有限公司(以下简称荣德公司)任总经理,负责荣德公司在A小区及B小区的物业管理。荣德公司以李某名字在交通银行开设两个账户用于公司业务,一为尾号0742账户,专门收取住户电费;二为尾号0734账户,专门收取物业管理费。A小区住户收取电费的方式为住户先用电,再根据使用量将电费交到物业处,之后由李某到供电所缴存。但公司将收取的电费存到李某尾号0742账户后,李某并未及时、足额到供电所缴存。至2014年3月,A小区拖欠电费达23万元。供电部门对A小区作停电处理,严重影响了住户的正常生活,造成恶劣影响。经住房保障中心、供电所、派出所等单位及荣德公司、住户召开协调会及在公司多次敦促下,李某于2014年4月4日补缴电费10万元。后李某以部分住户欠费、经营亏损、电费数据不清为由拒绝缴纳拖欠电费13万元。

经司法鉴定中心鉴定,根据会计凭证、原始台账、银行流水单对涉案资金的流转过程分析,李某尾号0742电费账户于2013年7月15日至2014年4月23日,总存入资金共计482,860元;尾号0734物业费账户于2013年7月15日至2014年6月7日总存入资金共计649,885元。两个账户资金有混存、互转及转入其他账户的情况。A小区2013年9月至2014年4月总收入625,361元,其中收入电费共计402,719元,缴纳供电部门电费20万元。

2014年12月1日,公安机关委托司法鉴定中心对荣德公司李某负责A小区物业管理期间发生的收支情况进行司法会计鉴定,司法鉴定中心出具书面说明,因收费台账被大片涂改、财务凭证、账册严重不全,无法准确计算出实际的全部收入,因此无法进行司法鉴定。

一审法院认为,被告人李某身为公司管理人员,利用职务上的便利,将本单位财物人民币 13 万元非法占为已有,数额较大,其行为已构成职务侵占罪。

判决:被告人李某犯职务侵占罪。

宣判后,被告人李某不服,提出上诉。

二审法院认为,本案的司法鉴定意见并未对荣德公司全部财务状况进行审计鉴定。2014 年 12 月 1 日,公安机关委托司法鉴定中心对荣德公司李某负责 A 小区物业管理期间发生的收支情况进行司法会计鉴定,司法鉴定中心出具书面说明,因收费台账被大片涂改、财务凭证、账册严重不全,无法准确计算出实际的全部收入,因此无法进行司法鉴定,故本案指控侵占财物的事实及侵占数额无法确定,李某侵占公司电费还是因公司实际运营亏损导致拖欠电费的事实无法查清。该鉴定也承认荣德公司以李某名字开设的两个账户存在混用的情况,也无法认定荣德公司收入支出是否重复计算问题。

原审判决定罪时未考虑荣德公司电费、物业费账户存在收支混用情况,即可能将收取的电费用于支付公司其他管理费用,未考虑业主欠费部分,未考虑公司运营可能存在亏损等情况,所认定的事实并未能得出李某侵占荣德公司财物达到犯罪标准的唯一结论,故原审判决认定李某犯职务侵占罪事实不清,证据不足。

二审判决:上诉人李某无罪。

[评析]根据李某收取电费和物业费混用这一案情,本案待证事实应为李某收取的电费和物业费是否存在短缺。鉴定机构出具的鉴定意见包含两项内容:第一项是银行账户资金“存入”情况,第二项是电费收入和缴纳供电部门情况。第一项鉴定意见,在两个银行账户资金互转情况下,“存入”的资金代表不了电费收入数额,如李某将 5 万元电费收入存入 0742 账户,取现后存入 0734 账户,两个账户存入金额合计为 10 万元,该 10 万元并不是电费收入的真实金额,故该鉴定意见与待证事实不具有关联性;第二项鉴定意见,仅仅查清电费收入和缴纳供电部门的金额,并没有查清收取的电费用于物业管理等其他方面的费用情况,该鉴定意见同样与待证事实不具有关联性。

本案在财务会计资料到达鉴定条件的情况下,鉴定事项可以设为以下两项:一是“确认两个小区至某时点电费、物业费资金应结存额与实际结存额是否相符”;二是“查清尾号为 0742 和 0734 账户的资金去向”。前者的目的为查明资金是否存在短缺,后者的目的为查明李某是否将银行账户资金挪作他用。

案例140　童某盗窃案[(2015)锦江刑初字第767号]

公诉机关指控,2012年12月至2013年3月23日,被告人童某在凌达公司从事送货与销售工作,其趁工作之便进入凌达公司仓库,多次采取秘密手段窃取公司待售货物:一个索尼牌16/F2.8镜头(进货价格为6200元)、一个佳能牌EF70-200/4LIS镜头(进货价格为8660元)、一个佳能牌24-70/2.8镜头(进货价格为12,400元)、一个索尼牌35/F1.4镜头(进货价格为9200元),上述4件货物均被其销赃,赃款被其耗用。

公诉机关为证明上述事实提供了司法会计鉴定意见等证据。

法院认为,公诉机关提供某司法鉴定所出具的司法会计鉴定意见书拟证实涉案镜头进货价格,该鉴定由被害单位委托,鉴定依据为被害单位提供的发票、账簿等材料核实价格,得出鉴定意见为:2013年1月4日至3月23日,凌达公司送鉴资料中货物短缺93件,进货价格447,188元,市价478,960元,并附有短缺货物的列表。公诉机关从短缺货物列表中选取涉案4件镜头的进货价格作为指控价格。本院认为该鉴定意见由被害单位自行委托,鉴定基础材料由被害单位提供,其鉴定基础检材不全面,所得货物短缺情况的鉴定意见也与公诉机关的指控不一致。本院审理期间司法鉴定所核实的证据显示,被害单位"管家婆"软件整理记录的涉案4件镜头均未取得增值税发票,而鉴定机构鉴定依据中的增值税发票有与涉案镜头型号相近的镜头的票据,出票时间为2008年4月到2012年4月,距离案发时间长则4年以上,短则9个月左右。本院认为,涉案镜头是否出具增值税发票在鉴定依据中存在矛盾,调取的相近类型镜头增值税发票均与案发时间相隔较久,不能证实增值税发票与被盗赃物之间的关联性。综上,公诉机关提供的鉴定意见及核实的增值税发票不能证实涉案镜头的价值情况,公诉机关以进货价格认定涉案镜头的价值的意见事实不清、证据不足,本院不予采纳。

[评析]本案待证事实为涉案4件镜头的进货成本。鉴定人在缺乏涉案4件镜头增值税发票的情况下,以与涉案镜头型号相近,时间间隔较远的增值税发票为依据得出的鉴定意见,形成鉴定意见的检材与待证事实应当用的检材不是同一检材,由此得出的鉴定意见与待证事实没有关联性。首先,不同的型号在相同的时间进货价格可能不一样;其次,即使是相同的型号但在不同的时间进货,价格也可能有很大差异。因此,鉴定人依据不相关的发票对涉案镜头进价作出鉴定,该鉴定意见与待证事实没有关联性。除此之外,该鉴定还存在以下两个问题:一是鉴定启动为非侦查机关;二是鉴定意见认定存货短缺93件,该数据应当来自账面

存货数量与库存实际存货数量计算得出，而证实库存实际数量必须对库存存货进行盘点，根据审计准则规定，该盘点行为称为“存货监盘”[①]，盘点结果可以作为审计依据。但在刑事诉讼中，该盘点因与犯罪现场有关，应当由侦查机关实施现场勘查，根据《公安机关办理刑事案件程序规定》（公安部令第159号）第215条的规定，公安机关对案件现场进行勘查，侦查人员不得少于2人。因本案鉴定为被害单位委托，在没有侦查人员参与的情况下，盘点结果证据来源不合法，依据来源不合法的鉴定材料得出的鉴定意见不应当作为定案的根据。本案鉴定机构之所以将非侦查机关参与的盘点结果作为鉴定材料，显然是以审计规范代替司法鉴定规范，以审计调查代替刑事侦查操作的结果。

案例141 姚某、沈某职务侵占案[（2016）豫0311刑初207号]

被告人姚某，系地矿公司股东、法定代表人，同时又是A公司的实际控制人以及B公司的法定代表人。被告人沈某，系地矿公司股东、副总经理，同时又是C公司的法定代表人。

公诉机关指控，被告人姚某、沈某等人于2009年12月成立地矿公司。2010年10月1日至2011年11月30日，被告人姚某、沈某经预谋后利用职务之便，在无任何业务往来的情况下，指使地矿公司财务人员将人民币376万元分11次转至其实际控制或担任法定代表人的A公司、B公司和C公司，并据为己有，应当以职务侵占罪追究其刑事责任。

公诉机关据以指控姚某、沈某职务侵占金额的证据之一为公安机关聘请某会计师事务所出具的司法会计鉴定意见书，公安机关所提的鉴定事项为“对地矿公司账面涉及2010年10月1日至2011年11月30日资金进出异常情况进行司法会计鉴定”。

司法会计鉴定意见：2010年10月1日至2011年11月30日，地矿公司有9笔共计316万元的资金分别转入其他公司且未登记在公司银行日记账和公司“其他应付款——借款”明细账。其中，7笔212万元转入A公司、1笔74万元转入B公司、1笔30万元转入C公司。截至2011年7月，地矿公司借款账面反映对姚某、沈某的欠款分别为29万元和－1万元。

法院另查明，公诉机关指控的另外两笔资金进出异常情况分别为发生在2011

---

① 存货监盘，是指注册会计师现场观察被审计单位存货的盘点，并对已盘点的存货进行适当检查。

年12月2日的20万元以及发生在2011年12月26日的40万元。

关于司法鉴定意见书能否作为证据使用的问题，法院认为：

一是本案于2014年12月立案，司法鉴定意见书却在2014年1月9日受理，2014年3月形成，真实性及客观性存疑。

二是鉴定依据的是地矿公司2010年10月至2011年12月的账目，仅为该公司存续时间的一部分，无法完整反映公司与二被告人之间的债权债务关系。

三是所调取地矿公司2010年10月至2011年12月的原始账目不全，具体为缺少2010年度：(1)12月凭证；(2)账簿；(3)银行对账单；(4)会计报表。2011年度：(1)12月未记账；(2)账簿；(3)银行对账单；(4)会计报表；(5)成本、费用、应付款等凭证未交接；(6)出纳经手1～5月的会计凭证；(7)王某经手的应付款账单。

四是将2011年12月2日、2011年12月26日地矿公司向B公司转账的20万元、40万元纳入鉴定范围，属于超越委托权限的鉴定。

法院判决认为，本案公诉机关指控二被告人犯职务侵占罪证据不完整，难以反映该公司从筹备成立至今的全部经营活动，无法形成完整的犯罪构成证据链条，没有达到犯罪事实清楚、证据确实充分的定罪要求，认定被告人姚某、沈某共谋利用职务便利将公司财物非法据为己有，构成职务侵占罪的事实不清、证据不足。

[**评析**]本案鉴定主要存在以下四方面问题：

1. 会计师事务所违规受理司法鉴定。本案缺乏大量财务会计资料，根据《司法鉴定程序通则》第15条的规定，鉴定材料不完整、不充分的，司法鉴定机构不得受理。如果从注册会计师审计角度评价，《〈中国注册会计师审计准则第1502号——在审计报告中发表非无保留意见〉应用指南》（中国注册会计师协会2019年3月29日修订）第1条规定，注册会计师无法获取充分、适当的审计证据，可以根据对财务报表产生或可能产生重大和广泛性影响程度，出具保留意见或无法表示意见的审计报告。根据注册会计师这条审计准则，材料不完整不充分，完全可以出具审计报告，但相关诉讼法律规定，案件中需要解决某些专门性问题时，应当指派、聘请鉴定，而不是审计。本案鉴定人出具的报告名称虽然是司法会计鉴定书，实质上是按照注册会计师审计准则操作的结果。

2. 公安机关所提鉴定事项错误。本案公安机关所提的鉴定事项为“对地矿公司账面涉及2010年10月1日至2011年11月30日资金进出异常情况进行司法会计鉴定”，资金进出正常和异常，会计准则和会计制度均没用判断标准，鉴定人无法对资金进出正常和异常作出确认。根据案情，假如在检材完整充分的情况下，本案应当出具司法会计检验报告而不是司法会计鉴定报告，检验事项可以设为"查清地矿公司某期间银行存款支出未记账情况"和"查清某期间，地矿公司与姚某、沈某及 A、B、C 公司应收应付款发生额及余额"；或者调取地矿公司从成立之日起至案发日止的银行流水，将检验事项设为"查清地矿公司某年某月某日至某年某月某日与姚某、沈某及 A、B、C 公司资金往来情况"，司法机关可以根据检验结果再结合其他证据判断是否涉嫌犯罪。

3. 鉴定意见超出聘请鉴定事项范围。司法鉴定应当先有鉴定事项，后有鉴定意见，本着"一问一答，不问不答"的原则实施。本案法院认为"将 2011 年 12 月 2 日、2011 年 12 月 26 日地矿公司向 B 公司转账的 20 万元、40 万元纳入鉴定范围，属于超越委托权限的鉴定"，从判决书记载的鉴定事项和鉴定意见，看不出超越委托鉴定权限的地方，但判决书记载的"截至 2011 年 7 月，地矿公司借款账面反映对姚某、沈某的欠款分别为 29 万元和 -1 万元"的鉴定意见，并不属于"资金进出异常情况"的聘请鉴定事项，该部分鉴定意见超出了鉴定事项范围。

4. 形成鉴定意见检材的期间跨度与待证事实的期间跨度不一致。地矿公司成立时间为 2009 年 12 月，立案时间是 2014 年 12 月，得出鉴定意见的材料时间范围为 2010 年 10 月至 2011 年 12 月，没有排除 2012 年 1 月至 2014 年 12 月 A 公司、B 公司和 C 公司将 376 万元转回地矿公司的可能，鉴定意见存在断章取义，与待证事实没有关联性的可能。

第五节　鉴定意见与其他证据关系审查

鉴定意见与其他证据关系审查，是指审查鉴定意见与物证，书证，证人证言，被害人陈述，犯罪嫌疑人、被告人供述和辩解，勘验，检查，辨认，侦查实验笔录，视听资料，电子数据等证据是否矛盾，以及与生活常识是否矛盾。本节主要介绍鉴定意见与其他证据关系审查及相关案例。

一、审查方法

将鉴定意见与卷宗材料中的其他证据对比，或者运用生活常识、生活逻辑判断鉴定意见是否与其他证据矛盾。如果其他证据已经查证属实的，或者鉴定意见明显违背生活常识、生活逻辑的,应当排除在案的鉴定意见。

二、相关案例

案例 142 汤某、戚某、张某非法经营案[(2018)甘 0524 刑初 4 号]

公诉机关指控,2015 年 8 月以来,被告人汤某在未取得烟草专卖许可的情况下,长期利用微信发布销售卷烟信息,通过微信聊天发展销售下线,后汤某发展下线戚某、张某(二人均无烟草专卖许可证)。被告人戚某、张某再通过微信发布销售卷烟信息,与微商好友商讨销售价格,被告人张某、戚某通过银行卡、微信、支付宝等转账给汤某,汤某利用快递发货的方式,向与戚某、张某以及汤某自己的微信好友商量好的地址发货,或者直接向戚某、张某发货,再由戚某、张某自己向购买者发货。三名被告人非法经营卷烟种类多样,目前查明汤某销售金额 1,135,043.03 元,张某销售金额 252,703 元,戚某销售金额 444,191.55 元。

公诉机关指控三名被告人销售卷烟金额的依据为某会计师事务所出具的司法会计鉴定报告。

法院审理后认为司法会计鉴定报告存在下列问题:

1. 在该份司法会计鉴定报告中,将被告人戚某在供述中供称的其向邓氏超市销售卷烟金额 8 万多元,作为证人邓某向被告人戚某所付烟款 8 万元计算在被告人戚某销售卷烟的金额中,这缺乏证据支持。在所有的证人证言中,唯一能与邓氏超市对应的证言是证人邓某所作证词,在证人邓某的证词中,邓某证明其经营一家小超市,其夫江某曾向一个名字好像叫“娇娇”的女子购买过烟并在 2016 年农历 2 月 13 日女儿结婚时购买过 30 条硬中华,至于超市名称是否为邓氏超市、购买的烟款是否为 8 万元、通过何种途径付款、如何送货都未予证实,侦查机关也未调取其夫江某的证言来证实被告人戚某向其销售烟款的金额。即使是被告人戚某的供述,其对向邓氏超市销售卷烟金额的供称也是矛盾,戚某供称其向邓氏超市销售了差不多 10 余件烟(每件 50 条)、有南京、紫云、双喜、白沙,以上品牌都是每条 60 元。在被告人戚某的第一次供述中供称其向邓氏超市总计销售卷烟的金额是 3 万多元,而在被告人戚某的第二、三次供述中又供称其向邓氏超市总计销售卷烟的金额是 8 万多元。加之侦查机关对被告人戚某微信聊天记录所删部分未予恢复,从被告人戚某的微信聊天记录中也无法核实该笔销售金额。该份司法会计鉴定报告第 6 项“报告使用的其他事项说明第 3 条”内容为“我们在查阅公安机关对犯罪嫌疑人与证人讯问、询问材料时发现,有证人证词与嫌疑人供词不一致的情况,我们在计算金额时以证人证词为基准进行了确认”。而在本案中,证人邓某的证词中没有销售金额的任何记录,侦查机关也未调取其夫江某的证言对销售金额予以证实,对于未经证实的销售金额,本院认为应当从被告人戚某的销售金额中予以剔除。

2. 该份司法会计鉴定报告在被告人张某的微信交易明细表和证人证词现金收入明细表中,将“邮费”以及证人杨某所付“运费”计入被告人张某非法经营数额的计算方法没有法律依据。本案中的非法经营数额就是三被告人销售卷烟的金额而不能计入其他收入。“邮费”是寄件人因运输货物而付给货运经营者的一种劳务报酬,本案中,被告人张某通过微信转账方式从其下线收取的“邮费”本是其已先行支付给货运者的劳务报酬。而且,杨某的证言证实“在其第六次向张某购买卷烟时,送烟者为一男子,遂付烟款 730 元,其中 30 元是运费”,如果这 30 元运费最终归属送货者,就更不应该将其计入被告人张某的非法经营数额。

3. 该份司法会计鉴定报告将被告人汤某、戚某销售卷烟的金额精确到“角、分”,即被告人汤某的销售卷烟金额为 1,135,043.03 元、被告人戚某销售卷烟的金额为 444,191.55 元,这也是本案在一审、二审和重审庭审时控辩双方争议最大的地方。尽管侦查机关和司法鉴定机构分别出具了办案说明和补充鉴定报告(补充鉴定报告的内容:在逐一核对审计工作底稿的基础上,对四笔有角、分的金额进行了再次甄别和审计,该四笔金额分别为 108.03 元、0.88 元、1375.47 元、4180.20 元,全部为支付宝账户发生额。在制定审计方案时,我们开设支付宝账户就是为了交易卷烟,所有进出款项全部为卷烟交易为假设,公安局讯问笔录里有嫌疑人口供证明进出款项全部为卷烟交易。在审计实施时,我们以支付宝交易为主线,剔除了重复的微信转账、微信红包、QQ 交易记录和其他转账方式。因为以上四笔在逐一对比时无重复现象,0.88 元为支付宝红包外,其余三笔均为支付宝转账收入,我们也注意到,红包中有退回零钱的情况,为了保持与公安局经侦干警调取的支付宝 ID 交易明细一致,也为了遵从我们审计的谨慎性原则,不重不漏,故将以上四笔计入金额。未将以上四笔剔除,一是剔除该数据无理由,二是为表现公安局经侦干警移交数据的全貌,三是依据审计重要性原则,上述四笔的计入对涉案金额不产生重大影响),本案重审时,经本院通知鉴定人出庭接受了质询,但是仍然不能解决此问题。首先,本案的非法经营数额就是销售卷烟的金额,除此之外的其他金额在本案中都不应计入非法经营数额之内,0.88 元的支付宝红包也不能例外;其次,无论是被告人汤某、戚某、张某的供述还是所有证人的证言都证实交易卷烟的烟款从未出现“角、分”的情形。经查，108.03元的金额来自被告人汤某2016年4月1日22时30分的一笔支付宝转账收入，1375.47元和4180.20元的金额分别来自被告人戚某2015年12月22日零时10分和2016年1月23日13时09分的两笔支付宝转账收入，在被告人戚某的支付宝入账明细表中有收款人、付款人ID，有收款人戚某的姓名，但没有付款人姓名，加之被告人戚某所删手机数据中的部分未被恢复，单从被告人戚某的手机数据中无法核实此两笔交易金额为何人所付，而且被告人戚某的供述中也未出现过“开设支付宝的目的就是交易卷烟”的供称，倒是在其供述和证人毛某的证言中出现过“戚某在销售卷烟前在微商上从事过买卖衣服、洗衣液、化妆品生意”的证词，因此不能排除被告人戚某支付宝入账明细表上的此两笔收入来自交易卷烟之外的其他收入的合理怀疑；在被告人汤某的支付宝入账明细表中有收款人、付款人ID，有收款人汤某的姓名，但也没有付款人姓名，无法核实此笔支付宝转账收入来自何人，加之被告人汤某在第四次供述中供称其用汤某某的身份证在2015年8月开通支付宝的目的是卖假卷烟和玩游戏赚钱，因此也不能排除被告人汤某支付宝入账明细表上的此笔收入来自其玩游戏赚取收入的合理怀疑，即使此两笔收入中的“角、分”是被告人汤某、戚某的下线通过支付宝红包所付，基于本案中的非法经营数额系销售卷烟金额的理由，支付宝入账明细表上显示的此三笔金额也不应计入被告人汤某、戚某销售卷烟的总额之中。

综上所述，该份司法会计鉴定报告由于审计结果中部分计入金额依据证据不足、部分计入金额没有法律依据、部分计入金额不能排除合理怀疑、缺乏合理解释的缘故，对作为本案证据之一的司法会计鉴定报告本院不予采信。

[评析]本案判决书虽没有记载司法会计鉴定报告的详细信息，但综观法院不采信鉴定意见的理由，主要是鉴定意见与其他证据、生活常识发生矛盾。

根据判决书记载，三名被告人非法经营时间为2015年8月以后，且销售卷烟的数量均以“条”为单位，根据生活常识和交易习惯，即使以“包”为单位的销售额也不可能出现“角、分”，更何况以“条”为单位，说明鉴定意见明显违背生活常识，与人们的交易习惯发生矛盾。出现这一问题的原因在于鉴定人在缺乏其他财务会计资料证据验证的情况下对支付宝交易流水资金用途作出判断，即鉴定人无法通过对鉴定材料的检验得出支付宝交易流水资金用途必定属于销售卷烟款的唯一结论。除此之外，该鉴定报告还存在以下三方面问题：

1. 以审计规范代替司法会计鉴定规范。鉴定机构出具的补充鉴定报告中多处提及“审计”一词，如：“在逐一核对审计工作底稿的基础上”“在制定审计方案时”“在审计实施时”，说明鉴定人在实施司法会计鉴定时，执行的是审计规范而不是司法会计鉴定规范。突出表现为将戚某的供述和邓某的证言作为司法会计鉴定检材，特别是“有证人证词与嫌疑人供词不一致的情况，我们在计算金额时以证人证词为基准进行了确认”，该做法超出了司法会计鉴定人的职权范围。言词证据能否作为定案的根据，犯罪嫌疑人供述与证人证言矛盾时，如何采信言词证据，应该由司法机关结合其他证据综合判断。

2. 部分检材达不到鉴定条件。从法院查明部分交易资金流水的“被告人汤某、戚某的支付宝入账明细表中有收款人、付款人 ID，有收款人汤某、戚某的姓名，但没有付款人姓名”表明，部分检材不完整，根据司法鉴定规范，鉴定机构应当向委托方要求补充检材，在无法补充时，不应当将相应资金流水金额认定为卷烟款。

3. 鉴定人从事司法会计鉴定时缺乏法律思维。其具体表现为鉴定人对四笔带角、分的金额计入卷烟销售额的理由，认为“依据审计重要性原则，上述四笔的计入对涉案金额不产生重大影响”。审计作为经济活动的监督工具，审计人员根据重要性原则对有关金额予以取舍，并不会对财政财务收支审计、经济效益审计等审计目的产生影响。根据《中华人民共和国刑事诉讼法》的规定，本案公安机关聘请的要求应当是鉴定而不是审计，鉴定意见直接影响犯罪嫌疑人的定罪量刑，按照“犯罪事实清楚，证据确实、充分，排除合理怀疑”的刑事诉讼证明标准，既然带角、分的金额可能与销售卷烟款无关，同样不能排除其他整数金额也与卷烟销售无关的合理怀疑，即审计的重要性原则不能运用于司法会计鉴定。

本案鉴定目的应当是查明犯罪嫌疑人卷烟销售额，判决书虽然没记载公安机关提出的鉴定事项，笔者分析公安机关很可能误把“涉案金额”作为鉴定事项向鉴定人提出，造成鉴定人把支付宝所有的资金流水全部认定为卷烟款。本案鉴定聘请时正确的做法应当先由公安机关查明三位犯罪嫌疑人与卷烟购买者人员名单，再设定犯罪嫌疑人与相关购买者资金往来情况这一检验事项，鉴定人根据该检验事项对送检材料进行检验，出具客观反映犯罪嫌疑人与相关人员资金往来的司法会计检验报告，至于资金用途是否为卷烟交易款，由司法机关结合犯罪嫌疑人供述、证人证言等其他证据认定。

案例 143　王某组织、领导传销活动案［（2017）宁 0104 刑初 21 号］

公诉机关指控，2015 年 5 月以来，被告人王某以授课、微信联络等方式，推销万达理财项目，要求参加者交纳 1500～30,000 元的理财产品购买费获得加入资格，发展会员并形成层级关系，并以发展传销人员的数量作为计酬和返利依据，引诱传销组织成员刘某、马某等人继续发展他人加入，发展传销人员80余人，非法获利100余万元。

公诉机关据以指控王某犯罪金额的证据之一为案件在侦查阶段公安机关聘请某会计师事务所出具的司法会计鉴定意见书，公安机关提出的鉴定事项为：对王某涉案资金进行司法鉴定，鉴定意见：由公安机关提供的银行账户交易明细，被告人王某个人账户中心及个人转入资金190万元为涉案交易资金，在该笔交易资金中王某的上线林某转入20万元为王某利用万达复利理财取得上线返利，以个人名义转款170万元为王某利用万达复利理财非法吸收资金。

法院审理查明，万达复利会员中银级会员每日分红21元、金级会员每日分红74元、钻级会员每日分红263元、公司股东每日分红604元，被告人王某在该传销组织中的身份为公司股东。万达复利投资分为两种模式，一种是静态投资，另一种是动态投资，静态投资就是投资者不用进行任何操作，每日可以得到分红，动态投资就是投资者再行介绍其他投资人加入投资，每介绍一个人可以获得个人投资金额18%的推荐奖。被告人王某直接推荐了张某、孙某、胡某、刘某、李某、赵某、马某等12人。

法院认为，被告人王某从2015年5月开始进行万达复利传销至案发2016年4月7日不到一年时间，其身份为公司股东，每日分红604元，算上其推荐了12名下线人员，以每名传销参与人员入会金额的18%的分红进行计算，远远达不到司法会计鉴定书鉴定的190万元①，且该鉴定意见并未向被告人王某送达，故对公诉机关对犯罪金额的指控，本院不予认定。

[评析]本案鉴定存在的主要问题是鉴定意见认定被告人王某的获利金额与其他证据发生矛盾，按照该案传销组织的内部规定，被告人王某身份为公司股东，每日分红604元，一年按365天计算，被告人王某的分红大约为22万元，法院再按照王某推荐12名下线会员入会金额的18%计算，远远达不到司法会计鉴定书认定的190万元，故法院对鉴定意见不予采信。除此之外，该份鉴定书还存在以下两个问题：

1. 公安机关提出的鉴定事项既不明确又超范围。本案公安机关提请的鉴定

① 鉴定意见认定该190万元为“涉案金额”而非“获利金额”，法官此处认定该190万元为“获利金额”，公诉机关指控的“非法获利100余万元”是否就是该190万元，由于判决书相关信息不详，暂按法官认定的“获利金额”讨论。

事项为:对王某涉案资金进行司法鉴定。该鉴定事项存在两个问题,其一,“涉案资金”概念模糊,法律上没有对“涉案资金”作出明确界定,该鉴定事项容易造成不同鉴定人对“涉案资金”有不同理解。如本案中王某从传销团伙成员外部收到170万元,全部上交给上线,上线再返利给王某20万元,王某银行账户表现为收到190万元,实际运作资金就是170万元,由于资金在传销团伙成员中循环周转,王某的涉案金额是190万元还是170万元,不同鉴定人可能得出不同的鉴定意见。其二,当王某银行账户与传销和非参与传销等众多人员发生资金往来时,哪些资金属于“涉案资金”,属于犯罪金额判断问题,应当由司法机关结合犯罪嫌疑人供述、被害人陈述、证人证言等证据综合认定,司法会计鉴定人的工作职责是解决案件中的财务会计专门性问题,而不是认定犯罪金额问题,让鉴定人判断“涉案资金”,显然超出司法会计鉴定的专业范围。

2. 鉴定意见对法律问题作出判断。鉴定意见认为“170万元为王某利用万达复利理财非法吸收资金”,王某吸收的资金合法还是非法,属于法律判断问题,司法会计鉴定人对此作出判断,超出了司法会计鉴定的专业范围。

如何正确设定传销案件鉴定事项,笔者认为应当根据侦查机关查明的案情分两种情形设定。第一种情形,如果侦查机关已经查明犯罪嫌疑人开设银行账户就是为了进行传销活动,银行账户中没有其他资金交易发生,在查清犯罪嫌疑人的上下线人员(假如上线为张三,下线为李四、王五、赵六)情况下,鉴定事项可以设为但不限于以下三项:(1)查清某期间犯罪嫌疑人与张三资金往来情况;(2)查清某期间犯罪嫌疑人与李四、王五、赵六资金往来情况;(3)查清犯罪嫌疑人与其他人员资金往来情况。其中,第1项鉴定事项目的是司法机关查明犯罪嫌疑人上交上线人员传销资金数额和上线返回数额;第2项鉴定事项目的是司法机关查明犯罪嫌疑人收取下线人员上交传销资金数额;第3项鉴定事项目的是司法机关查明犯罪嫌疑人直接向传销团伙成员以外人员收取传销资金数额。第二种情形,犯罪嫌疑人开设银行账户不是唯一用于传销活动,即混杂其他资金收支,且侦查机关只查清犯罪嫌疑人的上下线人员和部分报案人员,鉴定事项保留上述第一种情形中的第1、2项,增设犯罪嫌疑人与报案人员资金往来情况,作为第3项鉴定事项,将上述第一种情形中的第3项鉴定事项作为第4项,其中前3项可直接用于证明犯罪嫌疑人的犯罪数额和获利数额,第4项由于混杂其他资金,其中哪些资金与传销有关,由司法机关结合其他证据认定。

第八章 鉴定意见应用审查

刑民案件诉讼中，当司法会计鉴定意见本身没有问题时，由于司法机关案件承办人员对财务会计专业知识不了解，可能会出现误用鉴定意见，造成指控事实错误或者错误裁决的情况。本章主要介绍刑事诉讼、民事诉讼中鉴定意见应用正确性方面的审查。

第一节 刑事诉讼鉴定意见应用审查

大多数经济犯罪案件中，或多或少涉及财务会计资料以及鉴定人出具的司法会计鉴定文书、审计报告等技术性证据，由于案件经办人对财务会计专业知识不了解，不清楚鉴定意见表达的含义，容易误用鉴定意见。本节主要介绍刑事诉讼中鉴定意见应用正确性方面的审查。

一、审查方法

司法会计鉴定文书一般会涉及一些专业术语，有的司法会计鉴定意见可能是附假设条件的，这些鉴定意见本身没有问题，但由于案件经办人员可能会对一些专业术语误解，或者没有排除假设条件，最终误用鉴定意见。

审查人员在审查时，应当审查案件经办人员对鉴定意见涉及的专业术语的理解是否正确，对附假设条件的鉴定意见是否排除了假设条件，必要时审查人员应当查询或向专业人士请教专业术语的含义，再决定是否将鉴定意见作为证据使用，特别是对附假设条件的鉴定意见，应当排除假设条件后再应用，如果不能排除假设条件,不应当将鉴定意见作为证据使用。

二、相关案例

案例144 华隆公司、王甲、王乙集资诈骗案[(2016)吉刑终264号]

某中级人民法院审理某市人民检察院指控原审被告单位华隆公司、原审被告人王甲、王乙犯集资诈骗罪案,于2016年10月作出判决。宣判后,检察机关提出抗诉。吉林省高级人民法院受理后,依法组成合议庭,公开开庭进行了审理。

原审法院判决认定:2008年7月,被告人王甲成立华隆公司,其任该公司法人代表,被告人王乙负责公司财务工作。因公司规模小,无法获得银行贷款,2011年王甲、王乙通过其亲属贷款、入股等形式增资700余万元。该公司于2012年7月停产。因企业处于停产状态、资不抵债,王甲于2013年3月向法院申请破产。在此期间,被告人王甲、王乙通过担保公司担保贷款,银行贷款,向亲属、朋友、同事等以公司经营、周转资金等名义许以高额利息向他人大量借款2000余万元。

原审法院认为:根据《最高人民法院关于审理非法集资刑事案件具体应用法律若干问题的解释》的规定,本案争议的焦点问题就是被告人王甲、王乙是否构成集资诈骗罪。集资诈骗罪的最大特点就是行为人采用虚构事实、隐瞒真相的方法非法占有不特定公众的资金,主观上具有非法占有的故意,而非法占有的主观故意是认定构成集资诈骗罪的关键。结合本案,被告单位华隆公司从成立开始,被告人王甲、王乙即开始大量借款,但公诉机关并没有充分的证据能够证明被告人成立该公司最初的目的是生产经营还是为大量集资用于个人使用。相关证据表明,被告人王甲、王乙在公司成立后,才开始大量集资,同时,部分集资款亦用于华隆公司的建设、经营和支付相关管理费用、返还本息等,且集资的对象主要限于亲属、朋友、同学、同事等比较特定的人群。在集资款的去向及用途问题上,公诉机关并没有充分的证据证明被告人将大量的集资款个人占有或私自挥霍。公诉机关指控被告单位华隆公司、被告人王甲、王乙犯集资诈骗罪,事实不清,证据不足,指控的犯罪不能成立。

判决:被告单位华隆公司不构成犯罪;被告人王甲、王乙无罪。

宣判后检察机关提出抗诉,其中与审计报告有关的抗诉意见为:根据《最高人民法院关于审理非法集资刑事案件具体应用法律若干问题的解释》第7条第2款第1项的规定,“集资后不用于生产经营活动或者用于生产经营活动与筹集资金规模明显不成比例的,致使集资款不能返还”的情形可以认定为“以非法占有为目的”。本案中,经公安机关委托会计师事务所对华隆公司资金收支使用情况进行审计,审计结果表明华隆公司2009年至2012年的支出情况为,利息支出1907万元,管理费支出1241万元,工程建设支出1941万元,原材料支出734万元,制造费用2万元。经对书证和证人证言、被害人陈述统计,王甲、王乙对个人募集资金数额为2930万元。华隆公司的收入几乎全部来自借款和贷款,卷中证据表明该公司通过生产经营只有30万元的收入,华隆公司在2009年至2012年用于生产经营的资金累计736余万元,这与华隆公司筹资的规模明显不成比例。因此按照司法解释的规定,可以认定华隆公司、王甲、王乙,将筹集资金置于华隆公司控制之下,用于生产经营活动与筹集资金规模明显不成比例,具有非法占有的主观故意。

吉林省高级人民法院认为,根据王甲、王乙供述及公安机关根据审计报告制作的“华隆公司2009~2012年费用支出情况表”以及刘某等人证言,在指控公司涉嫌犯罪期间,华隆公司建厂投入大量资金,有1900余万元,原材料支出734万元,支出利息1900余万元,这些数据能够证明,公司大量借款,大部分还是投入公司建设和生产经营中,虽有高达1900余万元的利息,但被告人供述也是为了建厂投产才借了高利贷,才有了高额的利息,现有证据不能证明公司所支出高额利息与生产经营无关,也就是说“生产经营”应从广义上理解,而不能单纯以单位账目中记载“主营业务收入”为限。因此公诉机关提出“大量借款后不用于生产经营活动或者用于生产经营活动与筹集资金规模明显不成比例”的观点没有证据支持。

裁定:驳回抗诉,维持原判。

[评析]企业的财务活动包括筹资活动、投资活动、日常生产经营活动和分配活动。其中,筹资活动包括企业吸收投资、发行债券、发行股票和支付债权人本息等活动;投资活动包括企业对厂房、机器设备的资金投入等活动;日常生产经营活动包括原材料采购、生产加工、销售以及在此过程中发生的管理费用、销售费用等。筹资活动是企业生产经营活动的“前奏”,厂房、机器设备是企业生产经营活动的“硬件”,因此,从广义上讲,筹资活动中发生的利息支出和投资活动中购建的厂房、机器设备也应该属于生产经营活动。本案抗诉机关只认定审计报告中的原材料支出734万元,制造费用2万元,合计736万元系用于生产经营的资金,把利息支出1907万元,管理费支出1241万元,工程建设支出1941万元排除在“用于生产经营活动”之外,是对生产经营活动理解有误,对审计报告数据使用不当,导致其错误地认为“用于生产经营活动与筹集资金规模明显不成比例”。

案例145　熊某贪污案[(2019)鄂07刑终109号]

一审[(2019)鄂0704刑初173号]公诉机关指控,2009年8月至2012年2月,被告人熊某利用职务便利,采取在账上报销个人费用、重复领取工资、重复报销等手段,侵吞公款共计15.8万元。具体事实如下:

1.2009年10月至2011年12月,熊某利用职务之便,先后8次将私人到北京、上海等地的车票、餐饮、住宿等发票共计1.6万元以学习考察等名义在单位账上报销,据为己有。

2.2009年11月至2011年12月,熊某在卫生局领取工资的同时,在区卫监所重复领取工资计2.3万元。

3.2011年9月,熊某将该所2011年7月至12月的职工医疗保险费3.7万元作为事业支出全额报销,将已向职工收取的由个人交纳的部分计2.9万元据为己有。

4.2011年12月,熊某将医疗保险局向区卫监所出具的2张金额合计为4万元的城镇职工医疗保险核定征集单作为事业支出全额报销,将单位职工交纳的应由个人承担的医疗保险费计3.1万元据为己有。

5.熊某将该所4万元征集单作为事业支出全额报销后,又将医疗保险局出具的税收通用缴款书在单位报销,将4万元据为己有。

6.2011年年底,熊某冒充该所职工名义出具领款单,领取绩效工资5000元,据为己有。

7.2012年1月17日,熊某利用持有的报账用银行卡及印章,用该所2011年12月工资发放表到区国库收付中心报账,报销1.4万元转至上述报账用银行卡上,次日从ATM上将该款取出据为己有。

公诉机关出示了会计师事务所出具的司法会计鉴定意见书等证据。并认为被告人熊某身为国家工作人员,利用职务上的便利,侵吞公款15.8万元,情节严重,应当以贪污罪追究其刑事责任。

原审认为,被告人熊某身为国家工作人员,利用职务便利,侵吞公款4.7万元,数额较大,其行为构成贪污罪。公诉机关指控被告人熊某的罪名成立,但第2、3、5、6、7笔事实,证据不足。

原审以贪污罪对熊某作出相应判决。

宣判后,熊某提出上诉,原公诉机关提出抗诉,某市检察院支持部分抗诉。

原公诉机关抗诉意见:熊某于2011年12月21日在代行出纳职务期间,犯罪金额应认定为15.8万元。

某市人民检察院支持原公诉机关对起诉书第3条、第5条事实的抗诉，其余抗诉意见因事实不清，证据不足，不予支持。

公诉机关提供了司法会计鉴定文书，判决书未记载全部鉴定意见信息，仅记录与上述第4条、第5条有关的鉴定意见为：(1)2011年12月23日区卫监所祁某将所收职工个人承担的3.1万元交给熊某，实属区卫监所资金，即熊某应有3.1万元公款。(2)如果有人将税收通用缴款书交给出纳并从出纳处取得现金或冲抵其欠款，相关人员才涉嫌利用税收通用缴款书侵占单位资金4万元。否则，区卫监所资金不会因税收通用缴款书而受损失。

二审法院认为，关于起诉书指控的第2、6、7条事实，公诉机关所举的司法鉴定意见及其他证据不能得出熊某贪污该几笔公款的确定性结论；关于指控的第3条事实，根据司法鉴定意见，由于区卫监所无现金日记账，应进一步向现金管理人查证后，才能得出2.9万元是否被人为侵吞的结论。因此，依据该鉴定意见，亦无法得出熊某贪污该笔公款的确定性结论。故抗诉机关的该项抗诉意见不能成立，本院不予支持。关于起诉书指控的第4、5条事实，区纪委提取区卫监所的账目凭证及熊某经手的未入账票据若干（无搜查、提取移交记载及票据清单），至今未实际办理对账移交，其中含熊某签名的上述医保费4万元税收通用缴款书，且均尚未在单位账面列支。熊某临时代行出纳期间经手的钱款及票据，直至案发未盘存移交；办案机关提取卫生监督所账目凭证及熊某保管的票据，未依法办理提取、扣押手续，无扣押清单记载。故区卫监所账目所依据的资料并不完整。加之该单位无现金日记账，因此尚无法查证得出资金安全与否的结论。现有证据亦不能证实熊某用虚假支出凭证冲销该笔3.1万元。综上，原公诉机关指控熊某贪污上述3.1万元和4万元医保费的事实不清、证据不足，本院不予认定。

二审法院判决认为，上诉人熊某利用职务便利，将私人往返北京、上海等地的车票、住宿及餐饮发票以学习考察等名义在单位报销，侵吞公款共计1.6万元，其行为是贪污，但尚未达到“数额较大”的犯罪数额，属情节显著轻微，危害不大，不认为是犯罪。作出撤销原判，驳回抗诉，上诉人熊某无罪的终审判决。

[**评析**]本案司法会计鉴定即使正确，尚不能直接根据鉴定意见认定犯罪金额，原因是本案犯罪主体为特殊主体，即熊某临时代履行单位出纳职责，出纳人员本身负有保管单位金钱义务。上述鉴定意见①认为“熊某应有3.1万元公款”，作为临时代履行单位出纳职责的熊某，保管单位公款是其职责范围的事，如果该3.1万元存放单位保险柜，在没有现场勘查即盘点情况下，无法证明该笔资金发生短

少，也就无法证明该笔资金被熊某占有。上述鉴定意见②是不确定的意见，即使能够确定熊某在账面上重复列支4万元，仅仅表示账面数据记录重复，阿拉伯数字发生变动，实物资金是否被动用，需要对实物资金盘点才能证明，只有盘点结果账实相符时，才能证明重复记账的4万元被人占有，而本案缺少对熊某保管的现金现场勘查，故无法证明熊某占有了该4万元。

本案犯罪主体为特殊主体，即单位的财物保管人员，在没有对其保管的财物进行现场勘查，证实短款的情况下，不能将鉴定意见直接用于证明短款，故本案公诉机关、抗诉机关误用了鉴定意见。

假如该案在财务会计资料完整充分的条件下，正确的鉴定事项为：截至某年某月某日，卫生监督所货币资金（如果不涉及银行存款，应为“库存现金”）应结存额与实际结存额是否相符。鉴定结果如果存在短缺，司法机关应结合其他证据，认定犯罪数额。

第二节　民事诉讼鉴定意见应用审查

民事诉讼中，特别是合伙协议纠纷案件中，基本上会涉及财产分配，需要司法会计鉴定查明合伙企业可分配的资产。但由于大部分裁判人员对财务会计专业知识不了解，在委托鉴定时，不能正确提出鉴定事项，或者不知道如何应用鉴定意见中的数据，实务中造成一审判决错误，二审裁决再错误的情况。本节主要介绍民事诉讼中司法会计鉴定意见应用正确性审查。

一、审查方法

民事诉讼中如果涉及合伙纠纷中的财产分配问题，基本会涉及合伙企业的资产、负债和所有者权益。裁判人员根据司法会计鉴定意见作出裁判后，有些当事人可能会提起上诉或申诉，审查人员如何审查判断原审裁决中涉及财产分配的正确性，需要准确把握以下两点：

第一，准确理解资产、负债和所有者权益的含义。

资产是指企业过去的交易或者事项形成的、由企业拥有或者控制的、预期会给企业带来经济利益的资源。资产包括货币资金、应收预付款、存货、长短期投资、固定资产、无形资产等。

负债是指企业过去的交易或者事项形成的，预期会导致经济利益流出企业的现时义务。负债包括长短期借款、应付款、预收款、应缴款等。

所有者权益是指所有者在企业资产中享有的经济利益，其金额为资产减去负债后的余额。所有者权益包括实收资本（或者股本）、资本公积、盈余公积和未分配利润等。

第二，准确理解“资产 = 负债 + 所有者权益”代表的含义。

上式左边的“资产”表示企业拥有的资产总额，右边表示形成这些资产的资金来源，包含来自企业对外的债务及所有者权益（含所有者投入的资本、直接计入所有者权益的利得和损失、留存收益等），等式左右两边代表的是一笔资金而不是两笔资金。裁判人员在分配资产时，不能同时既把左边的资产拿来分配，又把右边的利润拿来分配。鉴定意见使用人或审查人员只要紧紧把握这一点，就可以避免发生误判或纠正错误裁决。

二、相关案例

案例 146　张某与刘某、黄某合伙协议纠纷案

法院审理查明，2014 年 2 月，原告、被告三人口头协商合伙开办耐克运动鞋专卖店，由原告张某负责出资，被告黄某负责日常经营事务，被告刘某负责门店销售，三人对合伙盈亏未作具体约定。原告投资 20 万元交给黄某，另支付店面一年租金 5 万元，广告费等费用 1 万元，总计 26 万元。每天的销售款全部被黄某提走。2015 年 2 月，原告在与二被告协商一致的情况下，自愿退出合伙，二被告承诺共同向原告返还投资款 26 万元。原告退伙后，二被告却迟迟不予返还原告投资款，原告多次催要无果，故原告诉至法院。

应原告张某申请，法院委托某会计师事务所对原被告合伙期间的盈亏进行鉴定。司法会计鉴定意见：合伙期间收入 78 万元，成本 43 万元，费用 8 万元，利润 27 万元。原告张某支付鉴定费 0.9 万元。

另查明，合伙期间剩余运动鞋价值 18 万元，目前存于黄某租赁的商铺内。

原告张某请求判令：(1) 两被告返还原告投资款 26 万元及合伙期间的利润；(2) 三人共同负担鉴定费 0.9 万元。

法院认为，原告、被告三方均认可合伙经营，并有相应行为可认定原告张某为资金出资，被告刘某为劳力出资，被告黄某为技术出资。三人对合伙经营期间的盈亏应共同承担。会计师事务所出具的鉴定报告系依照法定程序作出，应认定合

法有效，予以采信，原告、被告三人合伙期间的盈亏数额以鉴定报告中的数额为准。合伙经营期间的垫资以及每日进项款均由被告黄某取走，可认定被告黄某实际控制合伙资金，故对于原告张某垫付本金 26 万元及利润应由被告黄某向其余二人给付。对于原告张某于合伙初期垫付的租金 5 万元，广告费等费用 1 万元，应认定合伙期间的经营性支出，该笔费用应由三方合伙人共同负担。对于目前剩余存货，由合伙三方按货款价值每人分得 1/3。

判决如下：

1. 被告黄某于本判决生效后 30 日内支付原告张某垫资款等合计 31.3 万元（20 +2 +9 +0.3）。其中，投资款 20 万元、经营性支出 2 万元（6 ÷3）、利润 9 万元（27 ÷3）、鉴定费 0.3 万元（0.9 ÷3）。

2. 被告黄某于本判决生效后 30 日内支付被告刘某合伙期间利润 9 万元。

3. 被告刘某于本判决生效后 10 日内支付原告张某鉴定费等合计 2.3 万元。其中：鉴定费 0.3 万元、经营性支出 2 万元。

4. 剩余价值 18 万元的运动鞋由原告张某、被告刘某、被告黄某每人分得 1/3。

［评析］根据判决结果计算，暂不考虑张某垫付的鉴定费，各合伙人分得的资产详见表 8－1。

表 8－1　判决合伙人分得的资产

单位：万元

	张某	刘某	黄某	合计
判决第 1 项	31	—	—	—
判决第 2 项	—	9	—	—
判决第 3 项	2	－2	—	—
判决第 4 项	6	6	—	—
合计	39	13	13	65

注：因黄某与刘某均未实际出资，两人分得的资产应该一致，表中黄某分得的 13 万元是根据刘某的金额而来。

本案例资金来源有两笔，一笔是张某的投资款 26 万元，另一笔是利润 27 万元，所有者权益为 53 万元，通俗地说资金来源为 53 万元，可供分配的资产最大值为 53 万元，法院判决结果三人分得的资产共计 65 万元，超出了可供分配的资产，显然法院判决是错的。黄某按照判决结果把资产支付给张某和刘某后，自己留下的并没有 13 万元，对黄某来说是不公平的。

笔者通过对中国裁判文书网公开的类似案例研究,发现全国不少省份出现类似判决,出现类似判决的主要原因是审判人员对财务会计专业知识不了解,不能正确应用司法会计鉴定意见。为解决审判人员因欠缺财务会计专业知识出现误判问题,或者帮助有关人员审查涉及财产分割判决的正确性,笔者提出“镜子原理”帮助相关人员解决这个问题,正确应用司法会计鉴定意见,避免出现误判。

镜子原理——世上不存在无根之木,无源之水。从会计学复式记账原理角度讲,记账凭证、会计账簿、资产负债表的结构均可简化为“丁”字形来表示。根据“资产 = 负债 + 所有者权益”这个会计恒等式,等式左边表示企业拥有的资产总额及资产的占用形态,如货币资金、应收款、存货、固定资产、无形资产、长期投资等。右边表示这些资产对应的资金来源,企业资金来源有两方面:一方面是债权人权益,即负债,包括应付预收款、短期借款、长期借款等;另一方面是所有者权益,包括股东投资(实收资本)、企业在经营过程中形成的资本公积、盈余公积和未分配利润等。会计上把资产记在“丁”字形的左边,把负债和所有者权益记在“丁”字形的右边。表示左边的任何资产均有其右边对应的资金来源,反之,右边任何资金来源均有其左边对应的资产去向。我们把右边的“来源”比喻为一面“镜子”,它始终照映着左边的资产,右边“镜子”里的“影子”(以下统称“镜中物”)与左边实物资产永远相等,数额永远保持平衡,“镜中物”只是实物的“影子”,其作用是反映资金来源的构成和渠道,在诉讼中可用于计算分配左边资产,但无法把“镜中物”取出来分配或使用。

现以本案为例,为更形象说明“镜子原理”,下面以“丁”字形来做进一步分析说明,详见表 8-2。

表 8-2 案例 146 中镜子原理

单位:万元

左边资产		右边“镜子”	
		实收资本	26
存货(运动鞋)	18	未分配利润	27
合计	18	合计	53

据表 8-2 可知,本案中右边“镜中物”有 53 万元,其中张某投入 26 万元,经营过程中获利 27 万元。根据“镜子原理”,“镜中物”一定有实物资产与之对应,即左边的实物资产一定有 53 万元。现左边除黄某保管的 18 万元运动鞋实物资产

外,说明一定还有其他资产由黄某保管,由于案例中法院委托鉴定事项为"盈亏",没有提出对资产数额进行鉴定,我们暂且把其他资产当作货币资金,即黄某保管的货币资金一定有35万元(53-18)。据此,根据右边的资金来源情况,本案有关资产分配计算过程如下:

张某应分得资产:26+3+6+0.6=35.6万元,其中:26万元为张某的货币资金投资额,应优先从35万元货币资金中分得,应分得利润总额27万元的1/3计9万元,为公平公正,该9万元应当从剩余的货币资金和实物资产中分得。因剩余的货币资金只有9万元(35-26),张某应分得3万元(9÷3),运动鞋价值18万元,张某应分得6万元(18÷3)。除此之外,张某还应当收回为刘某、黄某垫付的鉴定费各0.3万元计0.6万元。

刘某未出资,应分得利润9万元,实得资产:3+6-0.3=8.7万元,其中3万元为货币资金,6万元为运动鞋价值,再减去应当负担的0.3万元鉴定费。

黄某未出资,应分得利润9万元,留得的资产:(35+18)-26-6-12-0.3=8.7万元,其中:由其保管的货币资金35万元支付给张某的投资款26万元,支付给张某、刘某应分得的利润对应的货币资金各3万元计6万元,支付给张某、刘某应分得的利润对应的运动鞋价值各6万元计12万元,支付给张某垫付的鉴定费0.3万元,剩余财产8.7万元。

验证:通过以上分配,张某、刘某、黄某各自分得的财产为:35.6+8.7+8.7=53万元,该数额与"镜中物"吻合。

本案中,法院既把"丁"字形左边运动鞋实物资产拿来分配,又把右边的"镜中物"利润拿来分配,造成重复分配。

案例147　原告刘某与被告尹某等人合伙纠纷案

原告刘某与被告尹某、陈某、邓某、王某、廖某合伙协议纠纷案,一审法院于2015年10月作出民事判决。原告刘某不服,上诉至中级人民法院。中级人民法院于同年作出民事裁定书,撤销原判,发回重审。原审法院重新受理后,另行组成合议庭公开开庭进行了审理。

一审法院审理查明,某茶坊由刘某和尹某、陈某、邓某、王某、廖某六人合伙经营,约定开办资金100万元,分为10股,每股金额10万元,其中刘某占2股20万元、陈某占2股20万元、邓某占3股30万元、尹某占1股10万元、王某占1股10万元、廖某占1股10万元。后股东之间产生纠纷,原告诉请:判令被告尹某等人立即将其所掌控的原告交纳的股金20万元和应分红利款返还给原告。

本案在审理过程中，根据刘某的申请，一审法院委托会计师事务所对某茶坊的剩余财产及双方合伙期间的盈亏进行司法鉴定。某会计师事务所作出《某茶坊司法会计鉴定意见书》，鉴定意见：因2013年6月19日以后没有提供某茶坊相关的财务资料，所以委托鉴定的剩余财产和合伙经营期间的盈亏情况截至2013年6月19日。某茶坊收支相抵盈利为4万元，两次分红共计7万元，未分配利润为-3万元。

法院另查明，经营过程中某茶叶公司退回的茶叶预付款5万元在刘某处，产生纠纷后邓某将茶坊作价40万元予以转让，转让款由邓某保管。刘某将茶坊剩余价值4万元的茶叶取走存放于廖某处，至今未作处理。经营收入6万元一直未能分配，由尹某负责保管。

一审法院认为，剩余的合伙财产可认定为：(1)未分配利润-3万元；(2)尹某掌握的经营收入6万元；(3)邓某掌握的茶坊转让款40万元；(4)刘某掌握的茶叶公司退回的茶叶预付款5万元；(5)存放于廖某处的价值4万元的茶叶。上述五项合伙财产应该由双方按各自的出资比例进行分配。故刘某应分得的合伙财产为9.6万元[(6万元+40万元+5万元-3万元)×2股÷10股]及价值0.8万元的茶叶(4万元×2股÷10股)。茶叶公司退回的茶叶预付款5万元已为刘某所掌握，故余款4.6万元由管理茶坊转让款的邓某负责支付，而价值0.8万元的茶叶则由廖某负责退还。

一审判决：(1)邓某于判决生效后5日内向刘某支付4.6万元；(2)廖某于判决生效后5日内退还刘某价值0.8万元的茶叶。

刘某上诉称，尹某等人拒绝提供相关财务账目及明细，应当承担不利后果，5万元茶叶预付款属于重复计算，请求撤销原判。

二审法院认为，终止合伙可分配的剩余财产为：未分配利润-3万元、尹某掌握的经营收入6万元、邓某掌握的茶坊转让款40万元、刘某掌握的茶叶公司退回的茶叶预付款5万元、存放于廖某处的价值4万元的茶叶。上述财产由全体合伙人按出资比例进行分配，刘某应分得的合伙财产为9.6万元及价值0.8万元的茶叶，应由管理茶坊转让款的邓某负责支付9.6万元，而价值0.8万元的茶叶则由廖某负责退还。原审已将各股东要求刘某收回的茶叶预付款5万元作为合伙财产，并以此计算各自应分得的数额，但在计算出刘某应得份额后，另行扣除5万元，属于重复计算，应予纠正，刘某应分得的合伙财产为9.6万元。

判决如下：(1)维持一审民事判决第2项，即廖某于判决生效后5日内退还刘某价值0.8万元的茶叶;(2)撤销一审民事判决第1项;(3)邓某于收到本判决之日起5日内向刘某支付9.6万元。

[**评析**]根据"镜子原理","未分配利润-3万元"属于"丁"字形右边的"镜中物",无法拿出来分配,而一审判决将-3万元纳入分配范围,导致判决结果错误。

二审判决不但没有纠正一审判决将-3万元错误纳入分配的问题,在确认刘某掌握的茶叶公司退回的茶叶预付款5万元情况下,认为5万元属于重复计算,将一审正确的该项判决变更为错误的判决。为验证二审判决的正确性,我们不妨根据二审判决刘某实际分得的财产15.4万元(其中已经在刘某处的茶叶预付款5万元,法院判决廖某退还刘某价值0.8万元的茶叶以及邓某应向刘某支付的9.6万元)来推算全体合伙人应分得的财产,刘某占2股应分得15.4万元,说明1股应分得7.7万元,10股共77万元,实际可供分配的财产为55万元(其中尹某掌握的经营收入6万元,邓某掌握的茶坊转让款40万元,刘某掌握的茶叶公司退回的茶叶预付款5万元,存放于廖某处的价值4万元的茶叶),可供分配的财产小于全体合伙人应分得的财产,这说明二审法院判决可能是错误的。

根据"镜子原理","丁"字形左边的资产共计55万元(6+40+5+4),右边的资金来源为97万元(100-3),左右两边不平衡,说明茶坊转让亏损数额未计入,在无法查清茶坊转让亏损的情况下,法院可以根据查明的各合伙人保管的剩余财产,按股份比率分配,以多退少补的方式进行判决。合伙人财产分配详见表8-3。

表8-3　各合伙人应分得的财产计算

姓名	股数/股	保管的财物/万元	每股应得/万元	应得财物/万元	找补数额/万元
刘某	2	5	5.5	11	+6
尹某	1	6		5.5	-0.5
陈某	2	—		11	+11
邓某	3	40		16.5	-23.5
王某	1	—		5.5	+5.5
廖某	1	4		5.5	+1.5
合计	10	55		55	0

根据表8-3计算结果,刘某总共应分得财物11万元,除已经由其保管的5万元外,尚应分得6万元财物,其中价值0.8万元的茶叶和5.2万元的货币资金。

案例148　广达公司与潘某合伙协议纠纷案

上诉人(一审原告):广达公司

被上诉人(一审被告):潘某

一审法院经审理查明,潘某与广达公司签订了合伙协议书共同承包Y项目,协议约定潘某出资100万,广达公司出资400万,无论盈亏,各方均按出资比例分担,即潘某20%、广达公司80%。后因纠纷,广达公司诉请:(1)判令潘某返还广达公司投资款75万元。(2)判令潘某支付广达公司应分得的利润款约20万元。诉讼过程中,潘某提起反诉,请求:(1)判令广达公司支付违约金50万元。(2)本案的诉讼及相关费用由广达公司承担。

案件在审理过程中,一审法院委托会计师事务所对双方合伙期间的各方出资、合伙开支、合伙收入、盈利、亏损情况等进行财务审计鉴定。

鉴定意见:总投资款125万元,其中:广达公司投资额75万元(占60%),潘某投资额50万元(占40%),应付账款为17万元,应收账款为68万元(中铁某局),存货为4万元,净利润为1万元。

一审法院认为,对于利润,应按协议约定的比例进行分配,即广达公司应得0.8万元(1×80%),潘某应得0.2万元(1×20%);对于存货4万元,也应按协议约定的比例进行分享,广达公司应得3.2万元(4万元×80%)、潘某应得0.8万元(4万元×20%),关于应收款、应付款问题,双方应按协议约定的比例分享和分担。广达公司要求潘某返还投资款问题,双方所投入的资金已经用作双方合伙经营期间的生产、销售费用开支,广达公司要求收回投资款,没有事实和法律依据,应不予支持。

一审判决:(1)潘某向广达公司支付利润款0.8万元和处理存货款3.2万元,两项共计4万元;(2)驳回广达公司的其他诉讼请求;(3)驳回潘某的反诉请求。

广达公司不服一审判决,上诉称:上诉人投入的合伙资金属于合伙财产,上诉人诉请返还投资款有事实和法律依据,依法应予支持。

二审另查明,依据司法会计鉴定报告显示,合伙结束时的合伙财产总共为143万元,其中包含存货4万元、合伙债权87万元(中铁某局应收账款68万元、预付账款10万元、其他应收款9万元)。依照相关法律规定,对于债务部分依法应从上述合伙财产中先予偿还,至于合伙债权部分,因该债权尚未实现,不宜在本案中直接分配,各方当事人可另行主张权利。综上所述,现合伙双方可分配的财产余额应为39万元(143万元-17万元-87万元)。上诉人要求被上诉人退还其投资款75万元于法无据,本院不予支持。综上分析,因合伙双方投入的资金已经用作合伙经营期间的生产、销售费用开支，在剩余可分配的合伙财产不足以全额退还各自合伙投资款的情况下，应按各方的实际投资比例进行分配。本院确定上诉人按比例可分配的财产份额为23.4万元(39万元×60%)，被上诉人按比例可分配份额为15.6万元(39万元×40%)。

二审判决：(1)维持一审判决第2、3项；(2)变更一审判决第1项为：由被上诉人潘某向上诉人广达公司支付合伙分配款23.4万元。

[**评析**]如果按协议约定比例分配财产，合伙体今后应收款68万元变现，归还应付款17万元，剩余可分配的财产为51万元，按约定比例广达公司今后尚可收回款=(68-17)×80%=40.8万元，加上原判决收回的4万元，广达公司总共收回44.8万元，根据鉴定结果项目利润1万元，既然有利润，广达公司收回的款项应该不少于投资款75万元，因此一审判决可能存在错误。

根据二审法院另查明，依据司法会计鉴定报告显示，合伙结束时的合伙财产总共为143万元，其中债权87万元，包括一审认定的中铁某局应收账款68万元和未认定的预付账款10万元及其他应收款9万元，但一审法官没有把预付款和其他应收款当作资产处理。为验证一审、二审判决是否正确，我们运用“镜子原理”，将资产、负债、所有者权益分别列示在“丁”字形左右两边，详见表8-4。

表8-4　案例148中镜子原理

单位：万元

左边资产		右边“镜子”	
货币资金	52	应付账款	17
应收账款——中铁某局	68		
预付账款	10	实收资本——广达公司	75
其他应收款	9	实收资本——潘某	50
存货	4	未分配利润	1
合计	143	合计	143

注：由于二审判决认定合伙结束时的合伙财产总共为143万元，除已列明财产外，差额的52万元判决书未指出是什么资产，为便于分析，暂作“货币资金”。

根据“丁”字图列示的资产、负债和所有者权益，二审判决的思路是：左边资产中应收账款68万元、预付账款10万元、其他应收款9万元债权尚未实现，留待实现时再分配，货币资金52万元中优先偿还债务17万元，剩余35万元，另外存货4万元，合计39万元为可分配资产，按投资比例分配，广达公司可分得财产23.4万元(39万元×60%)，今后三笔债权收回时，广达公司可分得财产为(68万元+10

万元+9万元)×60%=52.2万元,总共分得财产75.6万元(23.4万元+52.2万元)。如果我们按“镜子原理”计算,“丁”字形右边利润为1万元,广达公司应分得利润为0.6万元(1万元×60%),因合伙体有利润,广达公司最终可以拿回原始投资75万元,总计可拿回75.6万元,与二审判决吻合,证明二审判决是正确的。

在一审判决中,一方面在已经认定“镜中物”为143万元(总投资款125万元+应付账款17万元+净利润1万元)的情况下,没有认识到“镜中物”一定有实物对应,遗漏了其他资产项目;另一方面既把“丁”字形左边的4万元存货拿来分配,又把右边无法拿出的“镜中物”,即1万元净利润拿来分配,造成左右两边交叉分配。

案例149　邓某与李某合伙协议纠纷案

一审法院查明,原告邓某与被告李某经协商,合伙经营来料加工厂,原告邓某投资人民币15万元,被告李某投资人民币3万元,原告会计出纳一身兼。合伙意向书约定:利润原告邓某占六成,被告李某占四成。后双方发生矛盾,原告将账务清算后交给被告,并抽回投资款人民币6万元。

庭审中,原被告均认可的合伙账务:(1)合伙出资:原告邓某15万元;被告李某3万元。(2)合伙固定资产投入22万元(投资18万元+利润转化为投资4万元)。(3)合伙利润20万元。(4)合伙利润去向:①邓某收回投资6万元;②4万元在经营过程中已转入固定资产;③李某领款报账后余款2万元;④应收加工费6万元。经一审法院审核:合伙利润去向金额合计18万元,与合伙利润总额20万元相差2万元。

一审法院认为,原告邓某会计出纳一身兼,应当对合伙利润去向负举证责任,本案中合伙利润去向与合伙利润总额相差2万元,原告无证据证实合理去向,故应当由其自己承担。

一审判决:(1)终止原告邓某与被告李某的合伙协议。(2)原告投资款人民币15万元,除已抽回6万元外,由被告李某返还剩余投资款9万元。(3)原告邓某与被告李某合伙利润人民币20万元,原告邓某应分割12万元(20万元×60%),再减去原告邓某应当自己负担的2万元外,实际由被告李某返还10万元。以上第2、3项由被告李某返还原告邓某人民币共19万元,限判决生效后30日内一次付清。

宣判后,李某不服该民事判决,向二审法院提出上诉称,认定被上诉人投资15万元、合伙期间固定资产投入22万元、合伙利润分配及开支情况等明显错误。请求二审人民法院:撤销原审判决,并依法改判。

二审期间,根据上诉人李某申请,二审法院依法委托对合伙期间的财务状况进行鉴定,鉴定意见:(1)合伙人投资20万元,其中邓某投资14万元,占投资总额70%,李某投资6万元,占投资总额30%。(2)经营利润为15万元。(3)投资款和经营成果资金去向:购置固定资产24万元(累计折旧3万元),李某领款报账后余款2万元,邓某借款6万元,应收加工费6万元。

二审法院认为,司法会计鉴定报告显示,本案双方合伙期间购置固定资产为24万元,计提折旧3万元后,实际可分割资产为21万元,综合考虑本案实际情况,本院认为应按投资比例由邓某分割资产14.7万元(21万元×70% =14.7万元),应按合伙约定的比率分配利润,邓某应得利润为6.6万元[(利润总额15万元 - 转换为固定资产的利润4万元)×60% =6.6万元],其中转换为固定资产的利润 = 购置的固定资产24万元 - 合伙投资款20万元。

判决如下:(1)维持一审判决第1项,即终止邓某与李某的合伙协议。(2)撤销一审判决第2、3项。(3)李某于本判决生效后30日内,支付邓某应分割资产及利润共计21.3万元(应分割资产款14.7万元 + 应分割利润6.6万元 = 21.3万元),减去邓某已抽回资金6万元,实际支付15.3万元。

[评析] 判断两级法院判决是否正确,最有效的方法还是按照"镜子原理"进行分析,根据一审法院查明的资产及所有者权益,将资产、所有者权益分别列示在"丁"字形左右两边,详见表8-5。

表8-5 案例149中一审法院判决的镜子原理

单位:万元

左边资产		右边"镜子"	
其他应收款(邓某占用)	6		
应收账款(应收加工费)	6	实收资本——邓某	15
其他应收款(李某报账后余款)	2	实收资本——李某	3
固定资产	22	未分配利润	20
合计	36	合计	38

从表8-5可知,"镜中物"共38万元,说明实物资产一定有38万元,但左边实物资产只有36万元,因原告邓某会计出纳一身兼,缺少的实物资产2万元责任由邓某承担。右边"镜子"反映有利润,投资款应当按合伙人实际投资额如数返还,邓某可收回投资款15万元,利润按合伙约定比率分配,邓某可分得12万元

(20万元×60%),两项合计27万元,扣减邓某已经收回的投资款6万元和应当承担的短缺实物资产2万元,尚应得19万元,在不考虑固定资产现值和应收加工费能否收回情况下,该数额与一审判决结果吻合,如果原被告对投资数额、合伙利润无异议,一审判决是正确的。

二审法院委托司法会计鉴定,根据鉴定得出的资产、所有者权益数额,分别列示在"丁"字形左右两边,详见表8-6。

表8-6　案例149二审法院判决的镜子原理

单位:万元

左边资产		右边"镜子"	
应收账款(应收加工费)	6		
其他应收款(邓某占用)	6		
其他应收款(李某报账后余款)	2		
固定资产	24	实收资本——邓某	14
减:累计折旧	3	实收资本——李某	6
固定资产净值	21	未分配利润	15
合计	35	合计	35

同样在不考虑固定资产现值和应收加工费能否收回情况下,按照"镜中物"数额进行分配,邓某应收回投资款14万元,应分得利润9万元(15万元×60%),两项合计23万元,减去邓某已抽回资金6万元,李某尚需支付给邓某17万元,但二审判决李某尚需支付给邓某15.3万元。

我们不讨论二审判决资产分配是应按邓某的投资比率70%还是按双方约定的60%计算,单看二审判决:第一,根据"镜子原理","镜中物"有35万元,实物资产一定有35万元,二审判决分割的第一项资产为21万元,第二项分配的利润为11万元,两项合计32万元,少于应分配的资产总额35万元。第二,根据二审判决书列示的计算公式,笔者分析认为法官的思维是:邓某和李某投资总额20万元,经营过程中购置了24万元的固定资产,说明有4万元的资金来自利润,包括利润在内的24万元固定资产已经按照投资比例进行分配,在分配利润时应当扣除已经分配的4万元利润,由此得出应分配的利润为15万元减去4万元,再按投资比例分配。会计主体动用利润去购置固定资产,即动用来自利润的银行存款去支付固定资产价款,该业务只会引起一项资产(银行存款)的减少,另一项资产(固定资产)的增加,并不会引起利润的任何变化,利润只有在发生盈亏、弥补亏损、转增资本和分配时才会引起变动。二审法官把动用利润购置固定资产,误以为会减少利润。根据会计“资产 = 负债 + 所有者权益”恒等式,会计主体资金运动共有九种规律,详见表 8 -7。

表 8 -7　资金运动规律表

资产	负债 + 所有者权益
①↑↓	—　—
②　—	↑↓　—
③　—	—　↑↓
④　↑	↑　—
⑤　↑	—　↑
⑥　↓	↓　—
⑦　↓	—　↓
⑧　—	↑　↓
⑨　—	↓　↑

第①种资金运动表示一项资产增加,另一项资产减少,如以银行存款购置机器设备,引起固定资产的增加和银行存款的减少,一增一减金额相等,等式右边不变,等式平衡;

第②种资金运动表示一项负债增加,另一项负债减少,如向银行贷款归还所欠货款,引起欠银行贷款增加,欠货款减少,等式左边不变,右边一增一减金额相等,等式平衡;

第③种资金运动表示一项所有者权益增加,另一项所有者权益减少,如用利润转增资本,引起利润减少,实收资本增加,等式左边不变,右边一增一减金额相等,等式平衡;

第④种资金运动表示一项资产增加,另一项负债增加,如向银行贷款存入银行账户,引起欠银行贷款增加,同时银行账户存款也增加,等式两边同时增加相同的金额,等式平衡;

第⑤种资金运动表示一项资产增加,另一项所有者权益增加,如收到销售款转入银行,引起所有者权益(利润)增加,银行存款也增加,等式两边同时增加相同的金额,等式平衡;

第⑥种资金运动表示一项资产减少,另一项负债减少,如用银行存款归还所

欠货款,引起一项资产减少,另一项负债减少,等式两边同时减少相同的金额,等式平衡;

第⑦种资金运动表示一项资产减少,另一项所有者权益减少,如以银行存款退还股东出资款,引起一项资产减少,另一项所有者权益减少,等式两边同时减少相同的金额,等式平衡;

第⑧种资金运动表示一项负债增加,另一项所有者权益减少,如董事会或股东大会决议分配股利,增加应付股利,同时减少利润分配——未分配利润,等式左边不变,右边一增一减,金额相等,等式平衡;

第⑨种资金运动表示一项负债减少,另一项所有者权益增加,如债转股,等式左边不变,右边一减一增,金额相等,等式平衡。

根据上述资金运动规律,会计主体以银行存款购置固定资产,无论银行存款来自利润还是其他渠道,该业务只会引起银行存款的减少和固定资产的增加,不会引起资金来源的减少。本案以来自利润的银行存款购置固定资产即属于上述第①种情况,不会引起利润的变化,如果按照法官的思维,会计等式左边资产增加,右边利润减少,会计等式就不能保持平衡。

案例150　上诉人徐某与上诉人宋某合伙协议纠纷案

上诉人(原审原告):徐某

上诉人(原审被告):宋某

原审法院经审理查明,原、被告共同出资50万元经营某品牌男装专卖店,其中原告徐某出资30万元,占股60%,被告宋某出资20万元,占股40%,徐某负责进货,宋某负责财务及库存。合伙经营1年后,原告以被告“财务账目不清、资金去向不明”为由诉至法院要求解除合伙关系并分割合伙财产。在审理过程中,经原告申请,原审法院依法委托鉴定机构对原告、被告合伙期间的进货、销售、利润等情况进行会计鉴定。鉴定意见:(1)专卖店合伙经营期间某品牌男装进货总金额为60万元;销货总金额为94万元。(2)某品牌男装库存金额为10万元。(3)营业费用及税金为40万元(其中购货柜费用3万元),利润额为营业收入-营业成本-营业费用及税金=94万元-(60万元进货-10万元库存)-40万元=4万元。

另查明,原告、被告合伙期间,原告经手支出现金5万元,被告经手支出现金7万元,该部分支出未计入会计鉴定报告中。

原审判决:(1)被告宋某于本判决生效后10日内给付原告徐某人民币16万

元(计算清单附后);(2)原告、被告合伙期间库存服装10万元,原告徐某分得6万元服装,被告宋某分得4万元服装,被告宋某于本判决生效后10日内给付原告徐某应分得的服装。

计算清单:[投资款(30万元+20万元)+利润4万元+货柜3万元-支出现金(5万元+7万元)-库存服装10万元]×30万元÷(30万元+20万元)=21万元,21万元-原告支出现金5万元=16万元

宣判后,上诉人徐某不服上述判决,提出上诉,其认为原审法院以专卖店总资产形式按投资比例计算原告应分得现金21万元时,已扣除原告支出的现金5万元,不该再次减去5万元。由于原审法院存在重复扣除原告支出现金5万元的错误,故请求二审法院撤销一审判决,依法改判维护上诉人的合法权益。

上诉人宋某亦不服上述判决,其认为货柜3万元已在费用中减掉,为何还要计算收入,无法理解。

二审法院认为,关于上诉人徐某提出的上诉理由,经查,虽然原审法院确实存在将人民币5万元款项重复抵扣的问题,但同时也存在将货柜款人民币3万元重复计算的问题,以上两笔款项均应予以纠正。在营业费用的40万元中已经包含了货柜款人民币3万元,其货柜的存在是在合伙期间必要的投资,已经包含在双方认可的投资款中,不应另行作价参与盈余进行分配,应在盈余中予以扣除,故对上诉人徐某提出的关于5万元应调整的部分予以支持。同时,关于本案审计报告的利润部分,存在认识上的偏差,因在审计中漏审了上诉人徐某、宋某在合伙期间支出的相应款项共计人民币12万元,将漏审的款项计入支出,合伙期间不存在利润而是亏损。

二审判决:(1)维持原审判决第2项;(2)撤销原审判决第1项;(3)上诉人宋某于本判决生效后10日内给付上诉人徐某人民币19.2万元{[(总投资款30万元+20万元)+利润4万元-(支出现金5万元+7万元)-库存服装10万元]×[上诉人徐某的投资款30万元÷(总投资款30万元+20万元)]=19.2万元}。

[评析]根据"镜子原理",我们把法院认定的股东出资数额和利润鉴定结果列示在"镜子"中,详见表8-8。

表 8－8　案例 150 中镜子原理

单位:万元

左边资产		右边"镜子"	
		实收资本——徐某	30
		实收资本——宋某	20
存货(库存服装)	10	未分配利润	4
合计	10	合计	54

此外,还有两笔业务需要调整利润,一笔是法院另查明合伙期间原告、被告经手支出共 12 万元未计入会计鉴定报告中,需要调减利润 12 万元;另一笔是鉴定存在的错误,根据《财政部关于印发〈小企业会计准则〉的通知》(财会〔2011〕17 号)第 27 条的规定:"固定资产,是指小企业为生产产品、提供劳务、出租或经营管理而持有的,使用寿命超过 1 年的有形资产。小企业的固定资产包括:房屋、建筑物、机器、机械、运输工具、设备、器具、工具等。"合伙体购进价值 3 万元的货柜应当列作资本性支出,计入固定资产账,正确的会计业务处理为:

借:固定资产——货柜　　　　3 万元

贷:银行存款　　　　3 万元

而鉴定机构误作收益性支出,相应会计分录为:

借:销售费用　　　　3 万元

贷:银行存款　　　　3 万元

造成虚减固定资产 3 万元,虚增费用 3 万元,即相应虚减利润 3 万元的结果。将上述未记入鉴定的 12 万元支出和应当作固定资产入账而误作费用入账调整后,"镜子"中的有关数据见表 8－9。

表 8－9　案例 150 调整后的镜子原理

单位:万元

左边资产		右边"镜子"	
		实收资本——徐某	30
		实收资本——宋某	20
		未分配利润	4
调增固定资产(货柜)	3	未分配利润调减	－12
存货(库存服装)	10	未分配利润调增	3
合计	13	合计	45

根据表8－9，右边“镜子”中的“镜中物”有45万元，左边的资产一定也有45万元，而根据鉴定反映的结果，左边资产只有13万元，说明还有32万元其他资产，因法院委托鉴定事项遗漏了资产数额鉴定，无法从案例中判断是什么资产，为方便分析，我们暂且将其作为货币资金。调整后合伙体净资产45万元，徐某应分得总值27万元（45万元×60%）的资产，其中货币资金19.2万元（32万元×60%），固定资产1.8万元（3万元×60%），库存服装6万元（10万元×60%）；留下给宋某的资产总额18万元，其中货币资金12.8万元（32万元×40%），固定资产1.2万元（3万元×40%），库存服装4万元（10万元×40%）。一审法院两项判决徐某分得资产合计22万元，与应得资产27万元相差5万元，原因系重复扣减了徐某经手的现金支出5万元，二审法院予以纠正，正确。但是二审法院两项判决徐某分得资产合计25.2万元（19.2万元＋6），没有对实物资产货柜进行分割，如果将实物资产留给宋某，宋某得到的资产为货币资金12.8万元，库存服装4万元，货柜3万元，合计19.8万元，超出了其应得的净资产45万元的40%计18万元，多得1.8万元。

附录　有关司法鉴定法律法规、司法解释及规范性文件

全国人民代表大会常务委员会关于司法鉴定管理问题的决定

（2005年2月28日第十届全国人民代表大会常务委员会第十四次会议通过　根据2015年4月24日第十二届全国人民代表大会常务委员会第十四次会议全国人民代表大会常务委员会《关于修改〈中华人民共和国义务教育法〉等五部法律的决定》修正　主席令第25号）

为了加强对鉴定人和鉴定机构的管理，适应司法机关和公民、组织进行诉讼的需要，保障诉讼活动的顺利进行，特作如下决定：

一、司法鉴定是指在诉讼活动中鉴定人运用科学技术或者专门知识对诉讼涉及的专门性问题进行鉴别和判断并提供鉴定意见的活动。

二、国家对从事下列司法鉴定业务的鉴定人和鉴定机构实行登记管理制度：

（一）法医类鉴定；

（二）物证类鉴定；

（三）声像资料鉴定；

（四）根据诉讼需要由国务院司法行政部门商最高人民法院、最高人民检察院确定的其他应当对鉴定人和鉴定机构实行登记管理的鉴定事项。

法律对前款规定事项的鉴定人和鉴定机构的管理另有规定的，从其规定。

三、国务院司法行政部门主管全国鉴定人和鉴定机构的登记管理工作。省级

人民政府司法行政部门依照本决定的规定，负责对鉴定人和鉴定机构的登记、名册编制和公告。

四、具备下列条件之一的人员，可以申请登记从事司法鉴定业务：

（一）具有与所申请从事的司法鉴定业务相关的高级专业技术职称；

（二）具有与所申请从事的司法鉴定业务相关的专业执业资格或者高等院校相关专业本科以上学历，从事相关工作五年以上；

（三）具有与所申请从事的司法鉴定业务相关工作十年以上经历，具有较强的专业技能。

因故意犯罪或者职务过失犯罪受过刑事处罚的，受过开除公职处分的，以及被撤销鉴定人登记的人员，不得从事司法鉴定业务。

五、法人或者其他组织申请从事司法鉴定业务的，应当具备下列条件：

（一）有明确的业务范围；

（二）有在业务范围内进行司法鉴定所必需的仪器、设备；

（三）有在业务范围内进行司法鉴定所必需的依法通过计量认证或者实验室认可的检测实验室；

（四）每项司法鉴定业务有三名以上鉴定人。

六、申请从事司法鉴定业务的个人、法人或者其他组织，由省级人民政府司法行政部门审核，对符合条件的予以登记，编入鉴定人和鉴定机构名册并公告。

省级人民政府司法行政部门应当根据鉴定人或者鉴定机构的增加和撤销登记情况，定期更新所编制的鉴定人和鉴定机构名册并公告。

七、侦查机关根据侦查工作的需要设立的鉴定机构，不得面向社会接受委托从事司法鉴定业务。

人民法院和司法行政部门不得设立鉴定机构。

八、各鉴定机构之间没有隶属关系；鉴定机构接受委托从事司法鉴定业务，不受地域范围的限制。

鉴定人应当在一个鉴定机构中从事司法鉴定业务。

九、在诉讼中，对本决定第二条所规定的鉴定事项发生争议，需要鉴定的，应当委托列入鉴定人名册的鉴定人进行鉴定。鉴定人从事司法鉴定业务，由所在的鉴定机构统一接受委托。

鉴定人和鉴定机构应当在鉴定人和鉴定机构名册注明的业务范围内从事司法鉴定业务。

鉴定人应当依照诉讼法律规定实行回避。

十、司法鉴定实行鉴定人负责制度。鉴定人应当独立进行鉴定,对鉴定意见负责并在鉴定书上签名或者盖章。多人参加的鉴定,对鉴定意见有不同意见的,应当注明。

十一、在诉讼中,当事人对鉴定意见有异议的,经人民法院依法通知,鉴定人应当出庭作证。

十二、鉴定人和鉴定机构从事司法鉴定业务,应当遵守法律、法规,遵守职业道德和职业纪律,尊重科学,遵守技术操作规范。

十三、鉴定人或者鉴定机构有违反本决定规定行为的,由省级人民政府司法行政部门予以警告,责令改正。

鉴定人或者鉴定机构有下列情形之一的,由省级人民政府司法行政部门给予停止从事司法鉴定业务三个月以上一年以下的处罚;情节严重的,撤销登记:

(一)因严重不负责任给当事人合法权益造成重大损失的;

(二)提供虚假证明文件或者采取其他欺诈手段,骗取登记的;

(三)经人民法院依法通知,拒绝出庭作证的;

(四)法律、行政法规规定的其他情形。

鉴定人故意作虚假鉴定,构成犯罪的,依法追究刑事责任;尚不构成犯罪的,依照前款规定处罚。

十四、司法行政部门在鉴定人和鉴定机构的登记管理工作中,应当严格依法办事,积极推进司法鉴定的规范化、法制化。对于滥用职权、玩忽职守,造成严重后果的直接责任人员,应当追究相应的法律责任。

十五、司法鉴定的收费标准由省、自治区、直辖市人民政府价格主管部门会同同级司法行政部门制定。

十六、对鉴定人和鉴定机构进行登记、名册编制和公告的具体办法,由国务院司法行政部门制定,报国务院批准。

十七、本决定下列用语的含义是:

(一)法医类鉴定,包括法医病理鉴定、法医临床鉴定、法医精神病鉴定、法医物证鉴定和法医毒物鉴定。

(二)物证类鉴定,包括文书鉴定、痕迹鉴定和微量鉴定。

(三)声像资料鉴定,包括对录音带、录像带、磁盘、光盘、图片等载体上记录的声音、图像信息的真实性、完整性及其所反映的情况过程进行的鉴定和对记录的声音、图像中的语言、人体、物体作出种类或者同一认定。

十八、本决定自2005年10月1日起施行。

人民法院对外委托司法鉴定管理规定

（2002年2月22日最高人民法院审判委员会
第1214次会议通过 法释〔2002〕8号）

第一条 为规范人民法院对外委托和组织司法鉴定工作，根据《人民法院司法鉴定工作暂行规定》，制定本办法。

第二条 人民法院司法鉴定机构负责统一对外委托和组织司法鉴定。未设司法鉴定机构的人民法院，可在司法行政管理部门配备专职司法鉴定人员，并由司法行政管理部门代行对外委托司法鉴定的职责。

第三条 人民法院司法鉴定机构建立社会鉴定机构和鉴定人（以下简称鉴定人）名册，根据鉴定对象对专业技术的要求，随机选择和委托鉴定人进行司法鉴定。

第四条 自愿接受人民法院委托从事司法鉴定，申请进入人民法院司法鉴定人名册的社会鉴定、检测、评估机构，应当向人民法院司法鉴定机构提交申请书和以下材料：

（一）企业或社团法人营业执照副本；

（二）专业资质证书；

（三）专业技术人员名单、执业资格和主要业绩；

（四）年检文书；

（五）其他必要的文件、资料。

第五条 以个人名义自愿接受人民法院委托从事司法鉴定，申请进入人民法院司法鉴定人名册的专业技术人员，应当向人民法院司法鉴定机构提交申请书和以下材料：

（一）单位介绍信；

（二）专业资格证书；

（三）主要业绩证明；

（四）其他必要的文件、资料等。

第六条 人民法院司法鉴定机构应当对提出申请的鉴定人进行全面审查，择优确定对外委托和组织司法鉴定的鉴定人候选名单。

第七条 申请进入地方人民法院鉴定人名册的单位和个人，其入册资格由有关人民法院司法鉴定机构审核，报上一级人民法院司法鉴定机构批准，并报最高人民法院司法鉴定机构备案。

第八条 经批准列入人民法院司法鉴定人名册的鉴定人，在《人民法院报》予以公告。

第九条 已列入名册的鉴定人应当接受有关人民法院司法鉴定机构的年度审核，并提交以下材料：

（一）年度业务工作报告书；

（二）专业技术人员变更情况；

（三）仪器设备更新情况；

（四）其他变更情况和要求提交的材料。

年度审核有变更事项的，有关司法鉴定机构应当逐级报最高人民法院司法鉴定机构备案。

第十条 人民法院司法鉴定机构依据尊重当事人选择和人民法院指定相结合的原则，组织诉讼双方当事人进行司法鉴定的对外委托。

诉讼双方当事人协商不一致的，由人民法院司法鉴定机构在列入名册的、符合鉴定要求的鉴定人中，选择受委托人鉴定。

第十一条 司法鉴定所涉及的专业未纳入名册时，人民法院司法鉴定机构可以从社会相关专业中，择优选定受委托单位或专业人员进行鉴定。如果被选定的单位或专业人员需要进入鉴定人名册的，仍应当呈报上一级人民法院司法鉴定机构批准。

第十二条 遇有鉴定人应当回避等情形时，有关人民法院司法鉴定机构应当重新选择鉴定人。

第十三条 人民法院司法鉴定机构对外委托鉴定的，应当指派专人负责协调，主动了解鉴定的有关情况，及时处理可能影响鉴定的问题。

第十四条 接受委托的鉴定人认为需要补充鉴定材料时，如果由申请鉴定的当事人提供确有困难的，可以向有关人民法院司法鉴定机构提出请求，由人民法院决定依据职权采集鉴定材料。

第十五条　鉴定人应当依法履行出庭接受质询的义务。人民法院司法鉴定机构应当协调鉴定人做好出庭工作。

第十六条　列入名册的鉴定人有不履行义务，违反司法鉴定有关规定的，由有关人民法院视情节取消入册资格，并在《人民法院报》公告。

最高人民法院　司法部关于建立司法鉴定管理与使用衔接机制的意见

（2016 年 10 月 9 日　司发通〔2016〕98 号）

各省、自治区、直辖市高级人民法院、司法厅（局），解放军军事法院，新疆维吾尔自治区高级人民法院生产建设兵团分院，新疆生产建设兵团司法局：

为贯彻落实党的十八届四中、五中全会精神，充分发挥司法鉴定在审判活动中的积极作用，最高人民法院、司法部根据《全国人民代表大会常务委员会关于司法鉴定管理问题的决定》（以下简称《决定》），就建立司法鉴定管理与使用衔接机制提出以下意见。

一、加强沟通协调，促进司法鉴定管理与使用良性互动

建立司法鉴定管理与使用衔接机制，规范司法鉴定工作，提高司法鉴定质量，是发挥司法鉴定作用，适应以审判为中心的诉讼制度改革的重要举措。人民法院和司法行政机关要充分认识司法鉴定管理与使用衔接机制对于促进司法公正、提高审判质量与效率的重要意义，立足各自职能定位，加强沟通协调，共同推动司法鉴定工作健康发展，确保审判活动的顺利进行。

司法行政机关要严格按照《决定》规定履行登记管理职能，切实加强对法医类、物证类、声像资料、环境损害司法鉴定以及根据诉讼需要由司法部商最高人民法院、最高人民检察院确定的其他应当实行登记管理的鉴定事项的管理，严格把握鉴定机构和鉴定人准入标准，加强对鉴定能力和质量的管理，规范鉴定行为，强化执业监管，健全淘汰退出机制，清理不符合规定的鉴定机构和鉴定人，推动司法鉴定工作依法有序进行。

人民法院要根据审判工作需要，规范鉴定委托，完善鉴定材料的移交程序，规范技术性证据审查工作，规范庭审质证程序，指导和保障鉴定人出庭作证，加强审查判断鉴定意见的能力，确保司法公正。

人民法院和司法行政机关要以问题为导向，进一步理顺司法活动与行政管理的关系，建立常态化的沟通协调机制，开展定期和不定期沟通会商，协调解决司法鉴定委托与受理、鉴定人出庭作证等实践中的突出问题，不断健全完善相关制度。

人民法院和司法行政机关要积极推动信息化建设，建立信息交流机制，开展有关司法鉴定程序规范、名册编制、公告等政务信息和相关资料的交流传阅，加强鉴定机构和鉴定人执业资格、能力评估、奖惩记录、鉴定人出庭作证等信息共享，推动司法鉴定管理与使用相互促进。

二、完善工作程序，规范司法鉴定委托与受理

委托与受理是司法鉴定的关键环节，是保障鉴定活动顺利实施的重要条件。省级司法行政机关要适应人民法院委托鉴定需要，依法科学、合理编制鉴定机构和鉴定人名册，充分反映鉴定机构和鉴定人的执业能力和水平，在向社会公告的同时，提供多种获取途径和检索服务，方便人民法院委托鉴定。

人民法院要加强对委托鉴定事项特别是重新鉴定事项的必要性和可行性的审查，择优选择与案件审理要求相适应的鉴定机构和鉴定人。

司法行政机关要严格规范鉴定受理程序和条件，明确鉴定机构不得违规接受委托；无正当理由不得拒绝接受人民法院的鉴定委托；接受人民法院委托鉴定后，不得私自接收当事人提交而未经人民法院确认的鉴定材料；鉴定机构应规范鉴定材料的接收和保存，实现鉴定过程和检验材料流转的全程记录和有效控制；鉴定过程中需要调取或者补充鉴定材料的，由鉴定机构或者当事人向委托法院提出申请。

三、加强保障监督，确保鉴定人履行出庭作证义务

鉴定人出庭作证对于法庭通过质证解决鉴定意见争议具有重要作用。人民法院要加强对鉴定意见的审查，通过强化法庭质证解决鉴定意见争议，完善鉴定人出庭作证的审查、启动和告知程序，在开庭前合理期限以书面形式告知鉴定人出庭作证的相关事项。人民法院要为鉴定人出庭提供席位、通道等，依法保障鉴定人出庭作证时的人身安全及其他合法权益。经人民法院同意，鉴定人可以使用视听传输技术或者同步视频作证室等作证。刑事法庭可以配置同步视频作证室，供依法应当保护或其他确有保护必要的鉴定人作证时使用，并可采取不暴露鉴定人外貌、真实声音等保护措施。

鉴定人在人民法院指定日期出庭发生的交通费、住宿费、生活费和误工补贴，按照国家有关规定应当由当事人承担的，由人民法院代为收取。

司法行政机关要监督、指导鉴定人依法履行出庭作证义务。对于无正当理由拒不出庭作证的，要依法严格查处，追究鉴定人和鉴定机构及机构代表人的责任。

四、严处违法违规行为，维持良好司法鉴定秩序

司法鉴定事关案件当事人切身利益，对于司法鉴定违法违规行为必须及时处置，严肃查处。司法行政机关要加强司法鉴定监督，完善处罚规则，加大处罚力度，促进鉴定人和鉴定机构规范执业。监督信息应当向社会公开。鉴定人和鉴定机构对处罚决定有异议的，可依法申请行政复议或者提起行政诉讼。人民法院在委托鉴定和审判工作中发现鉴定机构或鉴定人存在违规受理、无正当理由不按照规定或约定时限完成鉴定、经人民法院通知无正当理由拒不出庭作证等违法违规情形的，可暂停委托其从事人民法院司法鉴定业务，并告知司法行政机关或发出司法建议书。司法行政机关按照规定的时限调查处理，并将处理结果反馈人民法院。鉴定人或者鉴定机构经依法认定有故意作虚假鉴定等严重违法行为的，由省级人民政府司法行政部门给予停止从事司法鉴定业务三个月至一年的处罚；情节严重的，撤销登记；构成犯罪的，依法追究刑事责任；人民法院可视情节不再委托其从事人民法院司法鉴定业务；在执业活动中因故意或者重大过失给当事人造成损失的，依法承担民事责任。

人民法院和司法行政机关要根据本地实际情况，切实加强沟通协作，根据本意见建立灵活务实的司法鉴定管理与使用衔接机制，发挥司法鉴定在促进司法公正、提高司法公信力、维护公民合法权益和社会公平正义中的重要作用。

最高人民法院关于人民法院民事诉讼中委托鉴定审查工作若干问题的规定

（2020 年 8 月 14 日　法〔2020〕202 号）

为进一步规范民事诉讼中委托鉴定工作，促进司法公正，根据《中华人民共和国民事诉讼法》《最高人民法院关于适用〈中华人民共和国民事诉讼法〉的解释》

《最高人民法院关于民事诉讼证据的若干规定》等法律、司法解释的规定,结合人民法院工作实际,制定本规定。

一、对鉴定事项的审查

1. 严格审查拟鉴定事项是否属于查明案件事实的专门性问题,有下列情形之一的,人民法院不予委托鉴定:

(1)通过生活常识、经验法则可以推定的事实;

(2)与待证事实无关联的问题;

(3)对证明待证事实无意义的问题;

(4)应当由当事人举证的非专门性问题;

(5)通过法庭调查、勘验等方法可以查明的事实;

(6)对当事人责任划分的认定;

(7)法律适用问题;

(8)测谎;

(9)其他不适宜委托鉴定的情形。

2. 拟鉴定事项所涉鉴定技术和方法争议较大的,应当先对其鉴定技术和方法的科学可靠性进行审查。所涉鉴定技术和方法没有科学可靠性的,不予委托鉴定。

二、对鉴定材料的审查

3. 严格审查鉴定材料是否符合鉴定要求,人民法院应当告知当事人不提供符合要求鉴定材料的法律后果。

4. 未经法庭质证的材料(包括补充材料),不得作为鉴定材料。

当事人无法联系、公告送达或当事人放弃质证的,鉴定材料应当经合议庭确认。

5. 对当事人有争议的材料,应当由人民法院予以认定,不得直接交由鉴定机构、鉴定人选用。

三、对鉴定机构的审查

6. 人民法院选择鉴定机构,应当根据法律、司法解释等规定,审查鉴定机构的资质、执业范围等事项。

7. 当事人协商一致选择鉴定机构的,人民法院应当审查协商选择的鉴定机构是否具备鉴定资质及符合法律、司法解释等规定。发现双方当事人的选择有可能损害国家利益、集体利益或第三方利益的,应当终止协商选择程序,采用随机方式选择。

8. 人民法院应当要求鉴定机构在接受委托后 5 个工作日内，提交鉴定方案、收费标准、鉴定人情况和鉴定人承诺书。

重大、疑难、复杂鉴定事项可适当延长提交期限。

鉴定人拒绝签署承诺书的，人民法院应当要求更换鉴定人或另行委托鉴定机构。

四、对鉴定人的审查

9. 人民法院委托鉴定机构指定鉴定人的，应当严格依照法律、司法解释等规定，对鉴定人的专业能力、从业经验、业内评价、执业范围、鉴定资格、资质证书有效期以及是否有依法回避的情形等进行审查。

特殊情形人民法院直接指定鉴定人的，依照前款规定进行审查。

五、对鉴定意见书的审查

10. 人民法院应当审查鉴定意见书是否具备《最高人民法院关于民事诉讼证据的若干规定》第三十六条规定的内容。

11. 鉴定意见书有下列情形之一的，视为未完成委托鉴定事项，人民法院应当要求鉴定人补充鉴定或重新鉴定：

(1) 鉴定意见和鉴定意见书的其他部分相互矛盾的；

(2) 同一认定意见使用不确定性表述的；

(3) 鉴定意见书有其他明显瑕疵的。

补充鉴定或重新鉴定仍不能完成委托鉴定事项的，人民法院应当责令鉴定人退回已经收取的鉴定费用。

六、加强对鉴定活动的监督

12. 人民法院应当向当事人释明不按期预交鉴定费用及鉴定人出庭费用的法律后果，并对鉴定机构、鉴定人收费情况进行监督。

公益诉讼可以申请暂缓交纳鉴定费用和鉴定人出庭费用。

符合法律援助条件的当事人可以申请暂缓或减免交纳鉴定费用和鉴定人出庭费用。

13. 人民法院委托鉴定应当根据鉴定事项的难易程度、鉴定材料准备情况，确定合理的鉴定期限，一般案件鉴定时限不超过 30 个工作日，重大、疑难、复杂案件鉴定时限不超过 60 个工作日。

鉴定机构、鉴定人因特殊情况需要延长鉴定期限的，应当提出书面申请，人民法院可以根据具体情况决定是否延长鉴定期限。

鉴定人未按期提交鉴定书的，人民法院应当审查鉴定人是否存在正当理由。如无正当理由且人民法院准许当事人申请另行委托鉴定的，应当责令原鉴定机构、鉴定人退回已经收取的鉴定费用。

14. 鉴定机构、鉴定人超范围鉴定、虚假鉴定、无正当理由拖延鉴定、拒不出庭作证、违规收费以及有其他违法违规情形的，人民法院可以根据情节轻重，对鉴定机构、鉴定人予以暂停委托、责令退还鉴定费用、从人民法院委托鉴定专业机构、专业人员备选名单中除名等惩戒，并向行政主管部门或者行业协会发出司法建议。鉴定机构、鉴定人存在违法犯罪情形的，人民法院应当将有关线索材料移送公安、检察机关处理。

人民法院建立鉴定人黑名单制度。鉴定机构、鉴定人有前款情形的，可列入鉴定人黑名单。鉴定机构、鉴定人被列入黑名单期间，不得进入人民法院委托鉴定专业机构、专业人员备选名单和相关信息平台。

15. 人民法院应当充分运用委托鉴定信息平台加强对委托鉴定工作的管理。

16. 行政诉讼中人民法院委托鉴定，参照适用本规定。

17. 本规定自 2020 年 9 月 1 日起施行。

附件：

鉴定人承诺书（试行）

本人接受人民法院委托，作为诉讼参与人参加诉讼活动，依照国家法律法规和人民法院相关规定完成本次司法鉴定活动，承诺如下：

一、遵循科学、公正和诚实原则，客观、独立地进行鉴定，保证鉴定意见不受当事人、代理人或其他第三方的干扰。

二、廉洁自律，不接受当事人、诉讼代理人及其请托人提供的财物、宴请或其他利益。

三、自觉遵守有关回避的规定，及时向人民法院报告可能影响鉴定意见的各种情形。

四、保守在鉴定活动中知悉的国家秘密、商业秘密和个人隐私，不利用鉴定活动中知悉的国家秘密、商业秘密和个人隐私获取利益，不向无关人员泄露案情及鉴定信息。

五、勤勉尽责，遵照相关鉴定管理规定及技术规范，认真分析判断专业问题，独立进行检验、测算、分析、评定并形成鉴定意见，保证不出具虚假或误导性鉴定意见；妥善保管、保存、移交相关鉴定材料，不因自身原因造成鉴定材料污损、遗失。

六、按照规定期限和人民法院要求完成鉴定事项，如遇特殊情形不能如期完成的，应当提前向人民法院申请延期。

七、保证依法履行鉴定人出庭作证义务，做好鉴定意见的解释及质证工作。

本人已知悉违反上述承诺将承担的法律责任及行业主管部门、人民法院给予的相应处理后果。

承诺人：（签名）
鉴定机构：（盖章）
年　　月　　日

人民检察院鉴定规则（试行）

（2006年11月1日最高人民检察院第十届检察委员会
第六十二次会议通过　高检发办字〔2006〕33号）

第一章　总　　则

第一条　为规范人民检察院鉴定工作，根据《中华人民共和国刑事诉讼法》和《全国人民代表大会常务委员会关于司法鉴定管理问题的决定》等有关规定，结合检察工作实际，制定本规则。

第二条　本规则所称鉴定，是指人民检察院鉴定机构及其鉴定人运用科学技术或者专门知识，就案件中某些专门性问题进行鉴别和判断并出具鉴定意见的活动。

第三条　鉴定工作应当遵循依法、科学、客观、公正、独立的原则。

第二章　鉴定机构、鉴定人

第四条　本规则所称鉴定机构，是指在人民检察院设立的，取得鉴定机构资格并开展鉴定工作的部门。

第五条　本规则所称鉴定人，是指取得鉴定人资格，在人民检察院鉴定机构中从事法医类、物证类、声像资料、司法会计鉴定以及心理测试等工作的专业技术人员。

第六条　鉴定人享有下列权利：

（一）了解与鉴定有关的案件情况，要求委托单位提供鉴定所需的材料；

（二）进行必要的勘验、检查；

（三）查阅与鉴定有关的案件材料，询问与鉴定事项有关的人员；

（四）对违反法律规定委托的案件、不具备鉴定条件或者提供虚假鉴定材料的案件，有权拒绝鉴定；

（五）对与鉴定无关问题的询问，有权拒绝回答；

（六）与其他鉴定人意见不一致时，有权保留意见；

（七）法律、法规规定的其他权利。

第七条　鉴定人应当履行下列义务：

（一）严格遵守法律、法规和鉴定工作规章制度；

（二）保守案件秘密；

（三）妥善保管送检的检材、样本和资料；

（四）接受委托单位与鉴定有关问题的咨询；

（五）出庭接受质证；

（六）法律、法规规定的其他义务。

第八条　鉴定人有下列情形之一的，应当自行回避，委托单位也有权要求鉴定人回避：

（一）是本案的当事人或者是当事人的近亲属的；

（二）本人或者其近亲属和本案有利害关系的；

（三）担任过本案的证人或者诉讼代理人的；

（四）重新鉴定时，是本案原鉴定人的；

（五）其他可能影响鉴定客观、公正的情形。

鉴定人自行提出回避的，应当说明理由，由所在鉴定机构负责人决定是否回避。

委托单位要求鉴定人回避的，应当提出书面申请，由检察长决定是否回避。

第三章　委托与受理

第九条　鉴定机构可以受理人民检察院、人民法院和公安机关以及其他侦查机关委托的鉴定。

第十条　人民检察院内部委托的鉴定实行逐级受理制度，对其他机关委托的鉴定实行同级受理制度。

第十一条　人民检察院各业务部门向上级人民检察院或者对外委托鉴定时，应当通过本院或者上级人民检察院检察技术部门统一协助办理。

第十二条　委托鉴定应当以书面委托为依据，客观反映案件基本情况、送检材料和鉴定要求等内容。鉴定机构受理鉴定时，应当制作委托受理登记表。

第十三条　鉴定机构对不符合法律规定、办案程序和不具备鉴定条件的委托，应当拒绝受理。

第四章　鉴　　定

第十四条　鉴定机构接受鉴定委托后，应当指派两名以上鉴定人共同进行鉴定。根据鉴定需要可以聘请其他鉴定机构的鉴定人参与鉴定。

第十五条　具备鉴定条件的，一般应当在受理后十五个工作日以内完成鉴定；特殊情况不能完成的，经检察长批准，可以适当延长，并告知委托单位。

第十六条　鉴定应当严格执行技术标准和操作规程。需要进行实验的，应当记录实验时间、条件、方法、过程、结果等，并由实验人签名，存档备查。

第十七条　具有下列情形之一的，鉴定机构可以接受案件承办单位的委托，进行重新鉴定：

（一）鉴定意见与案件中其他证据相矛盾的；

（二）有证据证明鉴定意见确有错误的；

（三）送检材料不真实的；

（四）鉴定程序不符合法律规定的；

（五）鉴定人应当回避而未回避的；

（六）鉴定人或者鉴定机构不具备鉴定资格的；

（七）其他可能影响鉴定客观、公正情形的。

重新鉴定时，应当另行指派或者聘请鉴定人。

第十八条 鉴定事项有遗漏或者发现新的相关重要鉴定材料的，鉴定机构可以接受委托，进行补充鉴定。

第十九条 遇有重大、疑难、复杂的专门性问题时，经检察长批准，鉴定机构可以组织会检鉴定。

会检鉴定人可以由本鉴定机构的鉴定人与聘请的其他鉴定机构的鉴定人共同组成；也可以全部由聘请的其他鉴定机构的鉴定人组成。

会检鉴定人应当不少于三名，采取鉴定人分别独立检验，集体讨论的方式进行。

会检鉴定应当出具鉴定意见。鉴定人意见有分歧的，应当在鉴定意见中写明分歧的内容和理由，并分别签名或者盖章。

第五章 鉴定文书

第二十条 鉴定完成后，应当制作鉴定文书。鉴定文书包括鉴定书、检验报告等。

第二十一条 鉴定文书应当语言规范，内容完整，描述准确，论证严谨，结论科学。

鉴定文书应当由鉴定人签名，有专业技术职称的，应当注明，并加盖鉴定专用章。

第二十二条 鉴定文书包括正本和副本，正本交委托单位，副本由鉴定机构存档备查。

第二十三条 鉴定文书的归档管理，依照人民检察院立卷归档管理的相关规定执行。

第六章 出 庭

第二十四条 鉴定人接到人民法院的出庭通知后，应当出庭。因特殊情况不能出庭的，应当向法庭说明原因。

第二十五条 鉴定人在出庭前，应当准备出庭需要的相关材料。

鉴定人出庭时，应当遵守法庭规则，依法接受法庭质证，回答与鉴定有关的询问。

第七章　附　　则

第二十六条　本规则自2007年1月1日起实施，最高人民检察院此前有关规定与本规则不一致的，以本规则为准。

第二十七条　本规则由最高人民检察院负责解释。

人民检察院司法会计工作细则(试行)

(2015年7月1日最高人民检察院第十二届检察委员会
第三十七次会议审议通过　高检发技字〔2015〕27号)

第一章　总　　则

第一条　为了规范人民检察院司法会计工作，根据《中华人民共和国刑事诉讼法》、《中华人民共和国民事诉讼法》、《中华人民共和国行政诉讼法》、《人民检察院刑事诉讼规则(试行)》等有关规定，结合检察工作实际，制定本细则。

第二条　司法会计工作主要包括：

(一)协助案件承办部门发现案件线索、确定侦查范围、收集相关证据；

(二)进行司法会计鉴定，并根据办案需要参与法庭审理活动；

(三)对案件涉及的相关技术性证据材料进行审查；

(四)其他相关工作。

第三条　司法会计工作应当遵循客观、公正、科学、独立的原则。司法会计人员应当具备相应资格或专门知识，遵守保密规定，依法保守秘密。

第四条　司法会计人员应当遵照《中华人民共和国刑事诉讼法》和《人民检察院刑事诉讼规则(试行)》等关于鉴定人回避的规定。

第二章　技术协助

第五条　司法会计技术协助主要包括：

(一)协助案件承办人员发现、提取、固定相关证据；

(二)协助案件承办人员对财务会计资料及相关财物进行检查；

（三）对案件相关问题提供分析意见，根据需要参加案件讨论；

（四）其他需要进行司法会计技术协助的事项。

第六条 委托单位或部门需要司法会计技术协助的，应当填写委托技术协助书，经审批后送达检察技术部门。遇紧急情况时，司法会计人员根据指派，可以先提供技术协助，再补办相关手续。

第七条 司法会计人员参加勘验检查、搜查、扣押、调取证据的，应当在案件承办人员的主持下，按照相关规定进行，必要时可制作相关工作说明等。

第三章 鉴　　定

第八条 司法会计鉴定是指在诉讼活动中，为了查明案情，由具有专门知识的人员，对案件中涉及的财务会计资料及相关材料进行检验，对需要解决的财务会计问题进行鉴别判断，并提供意见的一项活动。

第九条 司法会计鉴定范围：

（一）资产历史成本的确认；

（二）资产应结存额及结存差异的确认；

（三）财务往来账项的确认；

（四）经营损益、投资损益的确认；

（五）会计处理方法及结果的确认；

（六）其他需要通过检验分析财务会计资料确认的财务会计问题。

第十条 委托单位或部门需要进行司法会计鉴定的，应当填写委托鉴定书。人民检察院各业务部门向上级人民检察院或者对外委托鉴定时，应当通过本院或者上级人民检察院检察技术部门统一协助办理。未设置检察技术部门的，由承担检察技术工作的部门协助办理。

第十一条 委托鉴定应当提供以下材料：

（一）鉴定涉及的财务会计资料及相关材料，如会计报表、总分类账、明细分类账、记账凭证及所附原始凭证、银行对账单等；

（二）与鉴定有关的勘验检查笔录、扣押清单、调取证据通知书等；

（三）鉴定所需的其他相关材料。

第十二条 检察技术部门收到委托鉴定书后，应当开展以下审查工作：

（一）查验委托手续是否符合要求；

（二）了解与鉴定有关的案件情况，审查、明确鉴定要求；

（三）审查送检材料是否具备鉴定条件；

（四）审查送检材料中的复制材料来源是否合法、真实，鉴定人认为有必要验证的，委托单位或部门应当提供原始材料。

第十三条　经审查，决定受理的，应当填写受理登记表。鉴定工作由两名以上具有司法会计鉴定资格的人员进行。

第十四条　经审查，遇有下列情形之一的，不予受理：

（一）送检材料来源不可靠或虚假的；

（二）鉴定要求超出鉴定范围的；

（三）技术、人员条件不能满足鉴定要求的；

（四）其他不具备受理条件的。

第十五条　决定不予受理的，应当及时退回送检材料并说明理由，必要时可以出具不予受理通知书。

第十六条　鉴定工作应当严格按照程序和技术规范独立进行，其他人员不得暗示或者强迫鉴定人作出某种意见。

第十七条　接受和发还送检材料应当填写移交清单。送检材料内部流转应当做好记录，明确保管责任。

第十八条　鉴定人发现送检材料有虚假内容或虚假嫌疑的，应当通知送检人进行核查；已经查明送检材料中有伪造或变造财务会计资料的，送检人应当提供书面说明；经审查发现送检材料明显不足的，应当要求送检人补充。必要时，鉴定人可以协助核查、收集。

第十九条　鉴定过程中遇有下列情形之一的，应当中止鉴定：

（一）送检材料不足需要补充才能继续鉴定的；

（二）委托单位或部门要求中止鉴定的；

（三）其他需要中止鉴定的情形。

中止鉴定的，应当书面说明原因。

第二十条　鉴定过程中遇有下列情形之一的，应当终止鉴定：

（一）送检材料不足，无法补充的；

（二）委托单位或部门要求终止鉴定的；

（三）其他需要终止鉴定的情形。

终止鉴定的，应当书面说明原因。

第二十一条　遇有重大、疑难、复杂技术问题的，经委托单位或部门同意，可以聘请其他鉴定机构的鉴定人或具有专门知识的人员参与鉴定。

第二十二条 鉴定一般应当自受理之日起十五个工作日内完成。疑难复杂的案件,经委托单位或部门同意,可以适当延长时间。鉴定过程中,补充送检材料所需时间,不计入鉴定时限。

第二十三条 鉴定工作完成后,应当根据委托要求出具鉴定文书。仅需要反映财务会计资料客观情况的,应当出具检验报告;能够作出明确鉴定意见的,应当出具鉴定书。

第二十四条 制作鉴定文书须遵守以下规定:

(一)鉴定意见不得超出委托要求范围;

(二)鉴定意见不得依据犯罪嫌疑人供述、被害人陈述、证人证言等非财务会计资料形成;

(三)鉴定意见不应涉及对定罪量刑等法律问题的判断。

第二十五条 鉴定文书应当按照人民检察院鉴定文书规范制作。

第二十六条 司法会计鉴定文书由鉴定人签名并加盖鉴定专用章。正本交委托单位或部门,副本存档备查。

委托单位或部门在案件终结后,应当将司法会计鉴定工作起到的作用及时反馈。对于重大、疑难、复杂案件,鉴定人可以适时回访。

第四章 技术性证据审查

第二十七条 司法会计技术性证据审查,是指具备司法会计鉴定资格的人员,对案件中涉及的相关鉴定文书、报告以及财务会计资料等证据材料进行审查,并提出审查意见的专门活动。

第二十八条 委托单位或部门需要进行技术性证据审查的,应当填写委托技术性证据审查书。检察技术部门收到委托书及送审材料后,应当填写技术性证据审查受理登记表。

第二十九条 司法会计技术性证据审查对象包括:

(一)司法会计鉴定书、检验报告;

(二)审计报告、查账报告等;

(三)财务会计资料等证据材料。

第三十条 鉴定文书和报告主要审查以下内容:

(一)文书、报告是否完整,内容是否全面;

（二）程序、方法、步骤是否科学、合理；

（三）意见的形成依据是否充分、适当；

（四）意见是否科学、可靠。

第三十一条　财务会计资料等证据材料主要审查以下内容：

（一）证据材料是否完整，取证是否充分；

（二）证据材料之间有无矛盾；

（三）证据材料与已认定的财务会计事实是否相符；

（四）证据材料内容有无错误。

第三十二条　司法会计技术性证据审查意见书由审查人签名，并加盖技术性证据审查专用章。正本交委托单位或部门，副本存档备查。

第五章　鉴定人出庭

第三十三条　人民法院通知鉴定人出庭的，鉴定人应当出庭。确因特殊情况无法出庭的，应当及时向法庭书面说明理由。

第三十四条　鉴定人出庭，应当做好充分准备，熟悉鉴定意见和案件相关情况等，针对可能遇到的问题拟定解答提纲，并准备必要的材料：

（一）委托书或者聘请书、受理检验鉴定登记表、送检材料照片或者复印件、检验记录、鉴定文书；

（二）与该鉴定意见有关的学术著作和技术资料；

（三）鉴定机构及鉴定人资格证明，能够反映鉴定人专门知识水平与能力的有关材料；

（四）其他相关材料。

第三十五条　鉴定人出庭时，应当回答审判人员、检察人员、当事人和辩护人、诉讼代理人等依照法定程序提出的有关检验鉴定的问题；对与检验鉴定无关的问题，可以拒绝回答。

第三十六条　鉴定人出庭时，有关保密、鉴定人保护等相关问题，遵照相关法律规定执行。

第六章　附　　则

第三十七条　本细则由最高人民检察院负责解释。

第三十八条　本细则自公布之日起施行。

公安机关鉴定规则

（2017年2月16日　公通字〔2017〕6号）

第一章　总　　则

第一条　为规范公安机关鉴定工作，保证鉴定质量，维护司法公正，根据《中华人民共和国刑事诉讼法》、《中华人民共和国民事诉讼法》、《中华人民共和国行政诉讼法》、《全国人民代表大会常务委员会关于司法鉴定管理问题的决定》和有关法律法规，结合公安机关工作实际，制定本规则。

第二条　本规则所称的鉴定，是指为解决案（事）件调查和诉讼活动中某些专门性问题，公安机关鉴定机构的鉴定人运用自然科学和社会科学的理论成果与技术方法，对人身、尸体、生物检材、痕迹、文件、视听资料、电子数据及其它相关物品、物质等进行检验、鉴别、分析、判断，并出具鉴定意见或检验结果的科学实证活动。

第三条　本规则所称的鉴定机构，是指根据《公安机关鉴定机构登记管理办法》，经公安机关登记管理部门核准登记，取得鉴定机构资格证书并开展鉴定工作的机构。

第四条　本规则所称的鉴定人，是指根据《公安机关鉴定人登记管理办法》，经公安机关登记管理部门核准登记，取得鉴定人资格证书并从事鉴定工作的专业技术人员。

第五条　公安机关的鉴定工作，是国家司法鉴定工作的重要组成部分。公安机关鉴定机构及其鉴定人依法出具的鉴定文书，可以在刑事司法和行政执法活动，以及事件、事故、自然灾害等调查处置中应用。

第六条　公安机关鉴定机构及其鉴定人应当遵循合法、科学、公正、独立、及时、安全的工作原则。

第七条　公安机关应当保障所属鉴定机构开展鉴定工作所必需的人员编制、基础设施、仪器设备和有关经费等。

第二章　鉴定人的权利与义务

第八条　鉴定人享有下列权利：

（一）了解与鉴定有关的案（事）件情况，开展与鉴定有关的调查、实验等；

（二）要求委托鉴定单位提供鉴定所需的检材、样本和其他材料；

（三）在鉴定业务范围内表达本人的意见；

（四）与其他鉴定人的鉴定意见不一致时，可以保留意见；

（五）对提供虚假鉴定材料或者不具备鉴定条件的，可以向所在鉴定机构提出拒绝鉴定；

（六）发现违反鉴定程序，检材、样本和其他材料虚假或者鉴定意见错误的，可以向所在鉴定机构申请撤销鉴定意见；

（七）法律、法规规定的其他权利。

第九条　鉴定人应当履行下列义务：

（一）遵守国家有关法律、法规；

（二）遵守职业道德和职业纪律；

（三）遵守鉴定工作原则和鉴定技术规程；

（四）按规定妥善接收、保管、移交与鉴定有关的检材、样本和其他材料；

（五）依法出庭作证；

（六）保守鉴定涉及的国家秘密、商业秘密和个人隐私；

（七）法律、法规规定的其他义务。

第三章　鉴定人的回避

第十条　具有下列情形之一的，鉴定人应当自行提出回避申请；没有自行提出回避申请的，有关公安机关负责人应当责令其回避；当事人及其法定代理人也有权要求其回避：

（一）是本案当事人或者当事人的近亲属的；

（二）本人或者其近亲属与本案有利害关系的；

（三）担任过本案证人、辩护人、诉讼代理人的；

（四）担任过本案侦查人员的；

（五）是重新鉴定事项的原鉴定人的；

（六）担任过本案专家证人，提供过咨询意见的；

（七）其他可能影响公正鉴定的情形。

第十一条 鉴定人自行提出回避申请的，应当说明回避的理由；口头提出申请的，公安机关应当记录在案。

当事人及其法定代理人要求鉴定人回避的，应当提出申请，并说明理由；口头提出申请的，公安机关应当记录在案。

第十二条 鉴定人的回避，由县级以上公安机关负责人决定。

第十三条 当事人及其法定代理人对鉴定人提出回避申请的，公安机关应当在收到回避申请后二日以内作出决定并通知申请人；情况复杂的，经县级以上公安机关负责人批准，可以在收到回避申请后五日以内作出决定。

第十四条 当事人或者其法定代理人对驳回申请回避的决定不服的，可以在收到驳回申请回避决定书后五日以内向作出决定的公安机关申请复议。

公安机关应当在收到复议申请后五日以内作出复议决定并书面通知申请人。

第十五条 在作出回避决定前，申请或者被申请回避的鉴定人不得停止与申请回避鉴定事项有关的检验鉴定工作。在作出回避决定后，申请或者被申请回避的鉴定人不得再参与申请回避鉴定事项相关的检验鉴定工作。

第四章 鉴定的委托

第十六条 公安机关办案部门对与案（事）件有关需要检验鉴定的人身、尸体、生物检材、痕迹、文件、视听资料、电子数据及其它相关物品、物质等，应当及时委托鉴定。

第十七条 本级公安机关鉴定机构有鉴定能力的，应当委托该机构；超出本级公安机关鉴定机构鉴定项目或者鉴定能力范围的，应当向上级公安机关鉴定机构逐级委托；特别重大案（事）件的鉴定或者疑难鉴定，可以向有鉴定能力的公安机关鉴定机构委托。

第十八条 因技术能力等原因，需要委托公安机关以外的鉴定机构进行鉴定的，应当严格管理。各省级公安机关应当制定对外委托鉴定管理办法以及对外委托鉴定机构和鉴定人名册。

第十九条 委托鉴定单位应当向鉴定机构提交：

（一）鉴定委托书；

（二）证明送检人身份的有效证件；

（三）委托鉴定的检材；

（四）鉴定所需的比对样本；

（五）鉴定所需的其他材料。

委托鉴定单位应当指派熟悉案（事）件情况的两名办案人员送检。

第二十条　委托鉴定单位提供的检材，应当是原物、原件。

无法提供原物、原件的，应当提供符合本专业鉴定要求的复印件、复制件。所提供的复印件、复制件应当有复印、复制无误的文字说明，并加盖委托鉴定单位公章。

送检的检材、样本应当使用规范包装，标识清楚。

第二十一条　委托鉴定单位及其送检人向鉴定机构介绍的情况、提供的检材和样本应当客观真实，来源清楚可靠。委托鉴定单位应当保证鉴定材料的真实性、合法性。

对受到污染、可能受到污染或者已经使用过的原始检材、样本，应当作出文字说明。

对具有爆炸性、毒害性、放射性、传染性等危险的检材、样本，应当作出文字说明和明显标识，并在排除危险后送检；因鉴定工作需要不能排除危险的，应当采取相应防护措施。不能排除危险或者无法有效防护，可能危及鉴定人员和机构安全的，不得送检。

第二十二条　委托鉴定单位及其送检人不得暗示或者强迫鉴定机构及其鉴定人作出某种鉴定意见。

第二十三条　具有下列情形之一的，公安机关办案部门不得委托该鉴定机构进行鉴定：

（一）未取得合法鉴定资格证书的；

（二）超出鉴定项目或者鉴定能力范围的；

（三）法律、法规规定的其他情形。

第五章　鉴定的受理

第二十四条　鉴定机构可以受理下列委托鉴定：

（一）公安系统内部委托的鉴定；

（二）人民法院、人民检察院、国家安全机关、司法行政机关、军队保卫部门，以及监察、海关、工商、税务、审计、卫生计生等其他行政执法机关委托的鉴定；

（三）金融机构保卫部门委托的鉴定；

(四)其他党委、政府职能部门委托的鉴定。

第二十五条 鉴定机构应当在公安机关登记管理部门核准的鉴定项目范围内受理鉴定事项。

第二十六条 鉴定机构可以内设专门部门或者专门人员负责受理委托鉴定工作。

第二十七条 鉴定机构受理鉴定时,按照下列程序办理:

(一)查验委托主体和委托文件是否符合要求;

(二)听取与鉴定有关的案(事)件情况介绍;

(三)查验可能具有爆炸性、毒害性、放射性、传染性等危险的检材或者样本,对确有危险的,应当采取措施排除或者控制危险。

(四)核对检材和样本的名称、数量和状态,了解检材和样本的来源、采集和包装方法等;

(五)确认是否需要补送检材和样本;

(六)核准鉴定的具体要求;

(七)鉴定机构受理人与委托鉴定单位送检人共同填写鉴定事项确认书,一式两份,鉴定机构和委托鉴定单位各持一份。

第二十八条 鉴定事项确认书应当包括下列内容:

(一)鉴定事项确认书编号;

(二)鉴定机构全称和受理人姓名;

(三)委托鉴定单位全称和委托书编号;

(四)送检人姓名、职务、证件名称及号码和联系电话;

(五)鉴定有关案(事)件名称、案件编号;

(六)案(事)件情况摘要;

(七)收到的检材和样本的名称、数量、性状、包装,检材的提取部位和提取方法等情况;

(八)鉴定要求;

(九)鉴定方法和技术规范;

(十)鉴定机构与委托鉴定单位对鉴定时间以及送检检材和样本等使用、保管、取回事项进行约定,并由送检人和受理人分别签字。

第二十九条 鉴定机构对检验鉴定可能造成检材、样本损坏或者无法留存的,应当事先征得委托鉴定单位同意,并在鉴定事项确认书中注明。

第三十条　具有下列情形之一的，鉴定机构不予受理：

（一）超出本规则规定的受理范围的；

（二）违反鉴定委托程序的；

（三）委托其他鉴定机构正在进行相同内容鉴定的；

（四）超出本鉴定机构鉴定项目范围或者鉴定能力的；

（五）检材、样本不具备鉴定条件的或危险性未排除的；

（六）法律、法规规定的其他情形。

鉴定机构对委托鉴定不受理的，应当经鉴定机构负责人批准，并向委托鉴定单位出具《不予受理鉴定告知书》。

第六章　鉴定的实施

第三十一条　鉴定工作实行鉴定人负责制度。鉴定人应当独立进行鉴定。

鉴定的实施，应当由两名以上具有本专业鉴定资格的鉴定人负责。

第三十二条　必要时，鉴定机构可以聘请本机构以外的具有专门知识的人员参与，为鉴定提供专家意见。

第三十三条　鉴定机构应当在受理鉴定委托之日起十五个工作日内作出鉴定意见，出具鉴定文书。法律法规、技术规程另有规定，或者侦查破案、诉讼活动有特别需要，或者鉴定内容复杂、疑难及检材数量较大的，鉴定机构可以与委托鉴定单位另行约定鉴定时限。

需要补充检材、样本的，鉴定时限从检材、样本补充齐全之日起计算。

第三十四条　实施鉴定前，鉴定人应当查看鉴定事项确认书，核对受理鉴定的检材和样本，明确鉴定任务和鉴定方法，做好鉴定的各项准备工作。

第三十五条　鉴定人应当按照本专业的技术规范和方法实施鉴定，并全面、客观、准确地记录鉴定的过程、方法和结果。

多人参加鉴定，鉴定人有不同意见的，应当注明。

第三十六条　具有下列情形之一的，鉴定机构及其鉴定人应当中止鉴定：

（一）因存在技术障碍无法继续进行鉴定的；

（二）需补充鉴定材料无法补充的；

（三）委托鉴定单位书面要求中止鉴定的；

（四）因不可抗力致使鉴定无法继续进行的；

（五）委托鉴定单位拒不履行鉴定委托书规定的义务，被鉴定人拒不配合或者鉴定活动受到严重干扰,致使鉴定无法继续进行的。

中止鉴定原因消除后,应当继续进行鉴定。鉴定时限从批准继续鉴定之日起重新计算。

中止鉴定或者继续鉴定,由鉴定机构负责人批准。

第三十七条 中止鉴定原因确实无法消除的,鉴定机构应当终止鉴定,将有关检材和样本等及时退还委托鉴定单位,并出具书面说明。

终止鉴定,由鉴定机构负责人批准。

第三十八条 根据鉴定工作需要,省级以上公安机关可以依托所属鉴定机构按鉴定专业设立鉴定专家委员会。

鉴定专家委员会应当根据本规则规定,按照鉴定机构的指派对辖区有争议和疑难鉴定事项提供专家意见。

第三十九条 鉴定专家委员会的成员应当具有高级专业技术资格或者职称。

鉴定专家委员会可以聘请公安机关外的技术专家。

鉴定专家委员会组织实施鉴定时,相同专业的鉴定专家人数应当是奇数且不得少于三人。

第四十条 对鉴定意见,办案人员应当进行审查。

对经审查作为证据使用的鉴定意见,公安机关应当及时告知犯罪嫌疑人、被害人或者其法定代理人。

第四十一条 犯罪嫌疑人、被害人对鉴定意见有异议提出申请,以及办案部门或者办案人员对鉴定意见有疑义的,公安机关可以将鉴定意见送交其他有专门知识的人员提出意见。必要时,询问鉴定人并制作笔录附卷。

第七章 补充鉴定、重新鉴定

第四十二条 对有关人员提出的补充鉴定申请,经审查,发现有下列情形之一的,经县级以上公安机关负责人批准,应当补充鉴定:

(一)鉴定内容有明显遗漏的;

(二)发现新的有鉴定意义的证物的;

(三)对鉴定证物有新的鉴定要求的;

(四)鉴定意见不完整,委托事项无法确定的;

(五)其他需要补充鉴定的情形。

经审查,不存在上述情形的,经县级以上公安机关负责人批准,作出不准予补充鉴定的决定，并在作出决定后三日以内书面通知申请人。

第四十三条　对有关人员提出的重新鉴定申请，经审查，发现有下列情形之一的，经县级以上公安机关负责人批准，应当重新鉴定：

（一）鉴定程序违法或者违反相关专业技术要求的；

（二）鉴定机构、鉴定人不具备鉴定资质和条件的；

（三）鉴定人故意作出虚假鉴定或者违反回避规定的；

（四）鉴定意见依据明显不足的；

（五）检材虚假或者被损坏的；

（六）其他应当重新鉴定的情形。

重新鉴定，应当另行指派或者聘请鉴定人。

经审查，不存在上述情形的，经县级以上公安机关负责人批准，作出不准予重新鉴定的决定，并在作出决定后三日以内书面通知申请人。

第四十四条　进行重新鉴定，可以另行委托其他鉴定机构进行鉴定。鉴定机构应当从列入鉴定人名册的鉴定人中，选择与原鉴定人专业技术资格或者职称同等以上的鉴定人实施。

第八章　鉴定文书

第四十五条　鉴定文书分为《鉴定书》和《检验报告》两种格式。

客观反映鉴定的由来、鉴定过程，经过检验、论证得出鉴定意见的，出具《鉴定书》。

客观反映鉴定的由来、鉴定过程，经过检验直接得出检验结果的，出具《检验报告》。

鉴定后，鉴定机构应当出具鉴定文书，并由鉴定人及授权签字人在鉴定文书上签名，同时附上鉴定机构和鉴定人的资质证明或者其他证明文件。

第四十六条　鉴定文书应当包括：

（一）标题；

（二）鉴定文书的唯一性编号和每一页的标识；

（三）委托鉴定单位名称、送检人姓名；

（四）鉴定机构受理鉴定委托的日期；

（五）案件名称或者与鉴定有关的案（事）件情况摘要；

（六）检材和样本的描述；

（七）鉴定要求；

（八）鉴定开始日期和实施鉴定的地点；

（九）鉴定使用的方法；

（十）鉴定过程；

（十一）《鉴定书》中应当写明必要的论证和鉴定意见，《检验报告》中应当写明检验结果；

（十二）鉴定人的姓名、专业技术资格或者职称、签名；

（十三）完成鉴定文书的日期；

（十四）鉴定文书必要的附件；

（十五）鉴定机构必要的声明。

第四十七条 鉴定文书的制作应当符合以下要求：

（一）鉴定文书格式规范、文字简练、图片清晰、资料齐全、卷面整洁、论证充分、表述准确；使用规范的文字和计量单位。

（二）鉴定文书正文使用打印文稿，并在首页唯一性编号和末页成文日期上加盖鉴定专用章。鉴定文书内页纸张两页以上的，应当在内页纸张正面右侧边缘中部骑缝加盖鉴定专用章。

（三）鉴定文书制作正本、副本各一份。正本交委托鉴定单位，副本由鉴定机构存档。

（四）鉴定文书存档文件包括：鉴定文书副本、审批稿、检材和样本照片或者检材和样本复制件、检验记录、检验图表、实验记录、鉴定委托书、鉴定事项确认书、鉴定文书审批表等资料。

（五）补充鉴定或者重新鉴定的，应当单独制作鉴定文书。

第四十八条 鉴定机构应当指定授权签字人、实验室负责人审核鉴定文书。审批签发鉴定文书，应当逐一审验下列内容：

（一）鉴定主体是否合法；

（二）鉴定程序是否规范；

（三）鉴定方法是否科学；

（四）鉴定意见是否准确；

（五）文书制作是否合格；

（六）鉴定资料是否完备。

第四十九条 鉴定文书制作完成后，鉴定机构应当及时通知委托鉴定单位领取,或者按约定的方式送达委托鉴定单位。

委托鉴定单位应当在约定时间内领取鉴定文书。

鉴定文书和相关检材、样本的领取情况,由领取人和鉴定机构经办人分别签字。

第五十条　委托鉴定单位有要求的,鉴定机构应当向其解释本鉴定意见的具体含义和使用注意事项。

第九章　鉴定资料和检材样本的管理

第五十一条　鉴定机构和委托鉴定单位应当在职责范围内妥善管理鉴定资料和相应检材、样本。

第五十二条　具有下列情形之一的,鉴定完成后应当永久保存鉴定资料:

(一)涉及国家秘密没有解密的;

(二)未破获的刑事案件;

(三)可能或者实际被判处有期徒刑十年以上、无期徒刑、死刑的案件;

(四)特别重大的火灾、交通事故、责任事故和自然灾害;

(五)办案部门或者鉴定机构认为有永久保存必要的;

(六)法律、法规规定的其他情形。

其他案(事)件的鉴定资料保存三十年。

第十章　出庭作证

第五十三条　公诉人、当事人或者辩护人、诉讼代理人对鉴定意见有异议,经人民法院依法通知的,公安机关鉴定人应当出庭作证。

第五十四条　鉴定人出庭作证时,应当依法接受法庭质证,回答与鉴定有关的询问。

第五十五条　公安机关应当对鉴定人出庭作证予以保障,并保证鉴定人的安全。

第十一章　鉴定工作纪律与责任

第五十六条　鉴定人应当遵守下列工作纪律:

(一)不得擅自受理任何机关、团体和个人委托的鉴定;

(二)不得擅自参加任何机关、团体和个人组织的鉴定活动;

(三)不得违反规定会见当事人及其代理人;

（四）不得接受当事人及其代理人的宴请或者礼物；

（五）不得擅自向当事人及其代理人或者其他无关人员泄露鉴定事项的工作情况；

（六）不得违反检验鉴定技术规程要求；

（七）不得以任何形式泄露委托鉴定涉及的国家秘密、商业秘密和个人隐私；

（八）不得在其他面向社会提供有偿鉴定服务的组织中兼职。

第五十七条 鉴定机构及其鉴定人违反本规则有关规定，情节轻微的，按照《公安机关鉴定机构登记管理办法》、《公安机关鉴定人登记管理办法》有关规定处理。

第五十八条 鉴定人在鉴定工作中玩忽职守、以权谋私、收受贿赂，或者故意损毁检材、泄露鉴定意见情节、后果严重的，或者故意作虚假鉴定、泄露国家秘密的，依据有关法律、法规进行处理；构成犯罪的，依法追究刑事责任。

第五十九条 送检人具有以下行为的，依照有关规定追究相应责任：

（一）暗示、强迫鉴定机构、鉴定人作出某种鉴定意见，导致冤假错案或者其他严重后果的；

（二）故意污染、损毁、调换检材的；

（三）因严重过失致使检材污染、减损、灭失，导致无法鉴定或者作出错误鉴定的；

（四）未按照规定对检材排除风险或者作出说明，危及鉴定人、鉴定机构安全的。

第十二章 附 则

第六十条 本规则自发布之日起施行。此前有关规定与本规则不一致的，以本规则为准。

司法部关于下发《司法鉴定执业分类规定（试行）》的通知（已废止）

（2000年11月29日 司发通〔2000〕159号）

各省、自治区、直辖市司法厅（局），新疆生产建设兵团司法局：

为加强对面向社会服务的司法鉴定工作的指导，促进司法鉴定执业活动的科学化、规范化，在广泛征求公、检、法、卫、教等部门及有关专家意见的基础上，我部制定了《司法鉴定执业分类规定（试行）》。现印发你们，先内部试行。望你们及时将执行中的经验和问题报告部法规教育司，待积累一定经验修改完善后再以部颁规章形式发布。

司法鉴定执业分类规定（试行）

第一章　总　　则

第一条　为加强对面向社会服务的司法鉴定工作的管理，规范司法鉴定执业活动，根据面向社会服务的司法鉴定工作的实际需要，制定本执业分类规定。

第二条　本执业分类规定根据当前我国司法鉴定的专业设置情况、学科发展方向、技术手段、检验和鉴定内容，并参考国际惯例而制订。

第三条　本执业分类规定是确定面向社会服务的司法鉴定人职业（执业）资格和司法鉴定机构鉴定业务范围的依据。

第二章　分　　则

第四条　法医病理鉴定：运用法医病理学的理论和技术，通过尸体外表检查、尸体解剖检验、组织切片观察、毒物分析和书证审查等，对涉及与法律有关的医学问题进行鉴定或推断。其主要内容包括：死亡原因鉴定、死亡方式鉴定、死亡时间推断、致伤（死）物认定、生前伤与死后伤鉴别、死后个体识别等。

第五条　法医临床鉴定：运用法医临床学的理论和技术，对涉及与法律有关的医学问题进行鉴定和评定。其主要内容包括：人身损伤程度鉴定、损伤与疾病关系评定、道路交通事故受伤人员伤残程度评定、职工工伤与职业病致残程度评定、劳动能力评定、活体年龄鉴定、性功能鉴定、医疗纠纷鉴定、诈病（伤）及造作病（伤）鉴定、致伤物和致伤方式推断等。

第六条　法医精神病鉴定：运用司法精神病学的理论和方法，对涉及与法律有关的精神状态、法定能力（如刑事责任能力、受审能力、服刑能力、民事行为能力、监护能力、被害人自我防卫能力、作证能力等）、精神损伤程度、智能障碍等问题进行鉴定。

第七条　法医物证鉴定：运用免疫学、生物学、生物化学、分子生物学等的理论和方法,利用遗传学标记系统的多态性对生物学检材的种类、种属及个体来源进行鉴定。其主要内容包括:个体识别、亲子鉴定、性别鉴定、种族和种属认定等。

第八条 法医毒物鉴定:运用法医毒物学的理论和方法,结合现代仪器分析技术,对体内外未知毒(药)物、毒品及代谢物进行定性、定量分析,并通过对毒物毒性、中毒机理、代谢功能的分析,结合中毒表现、尸检所见,综合作出毒(药)物中毒的鉴定。

第九条 司法会计鉴定:运用司法会计学的原理和方法,通过检查、计算、验证和鉴证对会计凭证、会计帐簿、会计报表和其他会计资料等财务状况进行鉴定。

第十条 文书司法鉴定:运用文件检验学的原理和技术,对文书的笔迹、印章、印文、文书的制作及工具、文书形成时间等问题进行鉴定。

第十一条 痕迹司法鉴定:运用痕迹学的原理和技术,对有关人体、物体形成痕迹的同一性及分离痕迹与原整体相关性等问题进行鉴定。运用枪械学、弹药学、弹道学的理论和技术,对枪弹及射击后残留物、残留物形成的痕迹、自制枪支和弹药及杀伤力进行鉴定。

第十二条 微量物证鉴定:运用物理学、化学和仪器分析等方法,通过对有关物质材料的成份及其结构进行定性、定量分析,对检材的种类、检材和嫌疑样本的同类性和同一性进行鉴定。

第十三条 计算机司法鉴定:运用计算机理论和技术,对通过非法手段使计算机系统内数据的安全性、完整性或系统正常运行造成的危害行为及其程度等进行鉴定。

第十四条 建筑工程司法鉴定:运用建筑学理论和技术,对与建筑工程相关的问题进行鉴定。其主要内容包括:建筑工程质量评定、工程质量事故鉴定、工程造价纠纷鉴定等。

第十五条 声像资料司法鉴定:运用物理学和计算机学的原理和技术,对录音带、录像带、磁盘、光盘、图片等载体上记录的声音、图像信息的真实性、完整性及其所反映的情况过程进行鉴定;并对记录的声音、图像中的语言、人体、物体作出种类或同一认定。

第十六条 知识产权司法鉴定:根据技术专家对本领域公知技术及相关专业技术的了解,并运用必要的检测、化验、分析手段,对被侵权的技术和相关技术的特征是否相同或者等同进行认定;对技术转让合同标的是否成熟、实用,是否符合合同约定标准进行认定;对技术开发合同履行失败是否属于风险责任进行认定;对技术咨询、技术服务以及其他各种技术合同履行结果是否符合合同约定,或者有关法定标准进行认定;对技术秘密是否构成法定技术条件进行认定;对其他知识产权诉讼中的技术争议进行鉴定。

第三章 附　　则

第十七条 本执业分类规定尚未确定具体类别称谓的司法鉴定由省级司法行政机关确定,报司法部备案。

第十八条 本执业分类规定由司法部负责解释。

第十九条 本执业分类规定自2000年1月1日起施行。

司法鉴定程序通则

(2015年12月24日司法部部务会议修订通过　司法部令第132号)

第一章 总　　则

第一条 为了规范司法鉴定机构和司法鉴定人的司法鉴定活动,保障司法鉴定质量,保障诉讼活动的顺利进行,根据《全国人民代表大会常务委员会关于司法鉴定管理问题的决定》和有关法律、法规的规定,制定本通则。

第二条 司法鉴定是指在诉讼活动中鉴定人运用科学技术或者专门知识对诉讼涉及的专门性问题进行鉴别和判断并提供鉴定意见的活动。司法鉴定程序是指司法鉴定机构和司法鉴定人进行司法鉴定活动的方式、步骤以及相关规则的总称。

第三条 本通则适用于司法鉴定机构和司法鉴定人从事各类司法鉴定业务的活动。

第四条 司法鉴定机构和司法鉴定人进行司法鉴定活动,应当遵守法律、法规、规章,遵守职业道德和执业纪律,尊重科学,遵守技术操作规范。

第五条 司法鉴定实行鉴定人负责制度。司法鉴定人应当依法独立、客观、公正地进行鉴定,并对自己作出的鉴定意见负责。司法鉴定人不得违反规定会见诉讼当事人及其委托的人。

第六条 司法鉴定机构和司法鉴定人应当保守在执业活动中知悉的国家秘密、商业秘密,不得泄露个人隐私。

第七条 司法鉴定人在执业活动中应当依照有关诉讼法律和本通则规定实行回避。

第八条 司法鉴定收费执行国家有关规定。

第九条 司法鉴定机构和司法鉴定人进行司法鉴定活动应当依法接受监督。对于有违反有关法律、法规、规章规定行为的,由司法行政机关依法给予相应的行政处罚;对于有违反司法鉴定行业规范行为的,由司法鉴定协会给予相应的行业处分。

第十条 司法鉴定机构应当加强对司法鉴定人执业活动的管理和监督。司法鉴定人违反本通则规定的,司法鉴定机构应当予以纠正。

第二章 司法鉴定的委托与受理

第十一条 司法鉴定机构应当统一受理办案机关的司法鉴定委托。

第十二条 委托人委托鉴定的,应当向司法鉴定机构提供真实、完整、充分的鉴定材料,并对鉴定材料的真实性、合法性负责。司法鉴定机构应当核对并记录鉴定材料的名称、种类、数量、性状、保存状况、收到时间等。

诉讼当事人对鉴定材料有异议的,应当向委托人提出。

本通则所称鉴定材料包括生物检材和非生物检材、比对样本材料以及其他与鉴定事项有关的鉴定资料。

第十三条 司法鉴定机构应当自收到委托之日起七个工作日内作出是否受理的决定。对于复杂、疑难或者特殊鉴定事项的委托,司法鉴定机构可以与委托人协商决定受理的时间。

第十四条 司法鉴定机构应当对委托鉴定事项、鉴定材料等进行审查。对属于本机构司法鉴定业务范围,鉴定用途合法,提供的鉴定材料能够满足鉴定需要的,应当受理。

对于鉴定材料不完整、不充分,不能满足鉴定需要的,司法鉴定机构可以要求委托人补充;经补充后能够满足鉴定需要的,应当受理。

第十五条 具有下列情形之一的鉴定委托,司法鉴定机构不得受理:(一)委托鉴定事项超出本机构司法鉴定业务范围的;(二)发现鉴定材料不真实、不完整、不充分或者取得方式不合法的；（三）鉴定用途不合法或者违背社会公德的；（四）鉴定要求不符合司法鉴定执业规则或者相关鉴定技术规范的；（五）鉴定要求超出本机构技术条件或者鉴定能力的；（六）委托人就同一鉴定事项同时委托其他司法鉴定机构进行鉴定的；（七）其他不符合法律、法规、规章规定的情形。

第十六条　司法鉴定机构决定受理鉴定委托的，应当与委托人签订司法鉴定委托书。司法鉴定委托书应当载明委托人名称、司法鉴定机构名称、委托鉴定事项、是否属于重新鉴定、鉴定用途、与鉴定有关的基本案情、鉴定材料的提供和退还、鉴定风险，以及双方商定的鉴定时限、鉴定费用及收取方式、双方权利义务等其他需要载明的事项。

第十七条　司法鉴定机构决定不予受理鉴定委托的，应当向委托人说明理由，退还鉴定材料。

第三章　司法鉴定的实施

第十八条　司法鉴定机构受理鉴定委托后，应当指定本机构具有该鉴定事项执业资格的司法鉴定人进行鉴定。

委托人有特殊要求的，经双方协商一致，也可以从本机构中选择符合条件的司法鉴定人进行鉴定。

委托人不得要求或者暗示司法鉴定机构、司法鉴定人按其意图或者特定目的提供鉴定意见。

第十九条　司法鉴定机构对同一鉴定事项，应当指定或者选择二名司法鉴定人进行鉴定；对复杂、疑难或者特殊鉴定事项，可以指定或者选择多名司法鉴定人进行鉴定。

第二十条　司法鉴定人本人或者其近亲属与诉讼当事人、鉴定事项涉及的案件有利害关系，可能影响其独立、客观、公正进行鉴定的，应当回避。

司法鉴定人曾经参加过同一鉴定事项鉴定的，或者曾经作为专家提供过咨询意见的，或者曾被聘请为有专门知识的人参与过同一鉴定事项法庭质证的，应当回避。

第二十一条　司法鉴定人自行提出回避的，由其所属的司法鉴定机构决定；委托人要求司法鉴定人回避的，应当向该司法鉴定人所属的司法鉴定机构提出，由司法鉴定机构决定。

委托人对司法鉴定机构作出的司法鉴定人是否回避的决定有异议的，可以撤销鉴定委托。

第二十二条 司法鉴定机构应当建立鉴定材料管理制度,严格监控鉴定材料的接收、保管、使用和退还。

司法鉴定机构和司法鉴定人在鉴定过程中应当严格依照技术规范保管和使用鉴定材料,因严重不负责任造成鉴定材料损毁、遗失的,应当依法承担责任。

第二十三条 司法鉴定人进行鉴定,应当依下列顺序遵守和采用该专业领域的技术标准、技术规范和技术方法:

(一)国家标准;

(二)行业标准和技术规范;

(三)该专业领域多数专家认可的技术方法。

第二十四条 司法鉴定人有权了解进行鉴定所需要的案件材料,可以查阅、复制相关资料,必要时可以询问诉讼当事人、证人。

经委托人同意,司法鉴定机构可以派员到现场提取鉴定材料。现场提取鉴定材料应当由不少于二名司法鉴定机构的工作人员进行,其中至少一名应为该鉴定事项的司法鉴定人。现场提取鉴定材料时,应当有委托人指派或者委托的人员在场见证并在提取记录上签名。

第二十五条 鉴定过程中,需要对无民事行为能力人或者限制民事行为能力人进行身体检查的,应当通知其监护人或者近亲属到场见证;必要时,可以通知委托人到场见证。

对被鉴定人进行法医精神病鉴定的,应当通知委托人或者被鉴定人的近亲属或者监护人到场见证。

对需要进行尸体解剖的,应当通知委托人或者死者的近亲属或者监护人到场见证。

到场见证人员应当在鉴定记录上签名。见证人员未到场的,司法鉴定人不得开展相关鉴定活动,延误时间不计入鉴定时限。

第二十六条 鉴定过程中,需要对被鉴定人身体进行法医临床检查的,应当采取必要措施保护其隐私。

第二十七条 司法鉴定人应当对鉴定过程进行实时记录并签名。记录可以采取笔记、录音、录像、拍照等方式。记录应当载明主要的鉴定方法和过程,检查、检验、检测结果,以及仪器设备使用情况等。记录的内容应当真实、客观、准确、完整、清晰,记录的文本资料、音像资料等应当存入鉴定档案。

第二十八条　司法鉴定机构应当自司法鉴定委托书生效之日起三十个工作日内完成鉴定。

鉴定事项涉及复杂、疑难、特殊技术问题或者鉴定过程需要较长时间的，经本机构负责人批准，完成鉴定的时限可以延长，延长时限一般不得超过三十个工作日。鉴定时限延长的，应当及时告知委托人。

司法鉴定机构与委托人对鉴定时限另有约定的，从其约定。

在鉴定过程中补充或者重新提取鉴定材料所需的时间，不计入鉴定时限。

第二十九条　司法鉴定机构在鉴定过程中，有下列情形之一的，可以终止鉴定：

（一）发现有本通则第十五条第二项至第七项规定情形的；

（二）鉴定材料发生耗损，委托人不能补充提供的；

（三）委托人拒不履行司法鉴定委托书规定的义务、被鉴定人拒不配合或者鉴定活动受到严重干扰，致使鉴定无法继续进行的；

（四）委托人主动撤销鉴定委托，或者委托人、诉讼当事人拒绝支付鉴定费用的；

（五）因不可抗力致使鉴定无法继续进行的；

（六）其他需要终止鉴定的情形。

终止鉴定的，司法鉴定机构应当书面通知委托人，说明理由并退还鉴定材料。

第三十条　有下列情形之一的，司法鉴定机构可以根据委托人的要求进行补充鉴定：

（一）原委托鉴定事项有遗漏的；

（二）委托人就原委托鉴定事项提供新的鉴定材料的；

（三）其他需要补充鉴定的情形。

补充鉴定是原委托鉴定的组成部分，应当由原司法鉴定人进行。

第三十一条　有下列情形之一的，司法鉴定机构可以接受办案机关委托进行重新鉴定：

（一）原司法鉴定人不具有从事委托鉴定事项执业资格的；

（二）原司法鉴定机构超出登记的业务范围组织鉴定的；

（三）原司法鉴定人应当回避没有回避的；

（四）办案机关认为需要重新鉴定的；

（五）法律规定的其他情形。

第三十二条 重新鉴定应当委托原司法鉴定机构以外的其他司法鉴定机构进行;因特殊原因,委托人也可以委托原司法鉴定机构进行,但原司法鉴定机构应当指定原司法鉴定人以外的其他符合条件的司法鉴定人进行。

接受重新鉴定委托的司法鉴定机构的资质条件应当不低于原司法鉴定机构,进行重新鉴定的司法鉴定人中应当至少有一名具有相关专业高级专业技术职称。

第三十三条 鉴定过程中,涉及复杂、疑难、特殊技术问题的,可以向本机构以外的相关专业领域的专家进行咨询,但最终的鉴定意见应当由本机构的司法鉴定人出具。

专家提供咨询意见应当签名,并存入鉴定档案。

第三十四条 对于涉及重大案件或者特别复杂、疑难、特殊技术问题或者多个鉴定类别的鉴定事项,办案机关可以委托司法鉴定行业协会组织协调多个司法鉴定机构进行鉴定。

第三十五条 司法鉴定人完成鉴定后,司法鉴定机构应当指定具有相应资质的人员对鉴定程序和鉴定意见进行复核;对于涉及复杂、疑难、特殊技术问题或者重新鉴定的鉴定事项,可以组织三名以上的专家进行复核。

复核人员完成复核后,应当提出复核意见并签名,存入鉴定档案。

第四章 司法鉴定意见书的出具

第三十六条 司法鉴定机构和司法鉴定人应当按照统一规定的文本格式制作司法鉴定意见书。

第三十七条 司法鉴定意见书应当由司法鉴定人签名。多人参加的鉴定,对鉴定意见有不同意见的,应当注明。

第三十八条 司法鉴定意见书应当加盖司法鉴定机构的司法鉴定专用章。

第三十九条 司法鉴定意见书应当一式四份,三份交委托人收执,一份由司法鉴定机构存档。司法鉴定机构应当按照有关规定或者与委托人约定的方式,向委托人发送司法鉴定意见书。

第四十条 委托人对鉴定过程、鉴定意见提出询问的,司法鉴定机构和司法鉴定人应当给予解释或者说明。

第四十一条 司法鉴定意见书出具后,发现有下列情形之一的,司法鉴定机构可以进行补正:

（一）图像、谱图、表格不清晰的；

（二）签名、盖章或者编号不符合制作要求的；

（三）文字表达有瑕疵或者错别字，但不影响司法鉴定意见的。

补正应当在原司法鉴定意见书上进行，由至少一名司法鉴定人在补正处签名。必要时，可以出具补正书。

对司法鉴定意见书进行补正，不得改变司法鉴定意见的原意。

第四十二条　司法鉴定机构应当按照规定将司法鉴定意见书以及有关资料整理立卷、归档保管。

第五章　司法鉴定人出庭作证

第四十三条　经人民法院依法通知，司法鉴定人应当出庭作证，回答与鉴定事项有关的问题。

第四十四条　司法鉴定机构接到出庭通知后，应当及时与人民法院确认司法鉴定人出庭的时间、地点、人数、费用、要求等。

第四十五条　司法鉴定机构应当支持司法鉴定人出庭作证，为司法鉴定人依法出庭提供必要条件。

第四十六条　司法鉴定人出庭作证，应当举止文明，遵守法庭纪律。

第六章　附　　则

第四十七条　本通则是司法鉴定机构和司法鉴定人进行司法鉴定活动应当遵守和采用的一般程序规则，不同专业领域对鉴定程序有特殊要求的，可以依据本通则制定鉴定程序细则。

第四十八条　本通则所称办案机关，是指办理诉讼案件的侦查机关、审查起诉机关和审判机关。

第四十九条　在诉讼活动之外，司法鉴定机构和司法鉴定人依法开展相关鉴定业务的，参照本通则规定执行。

第五十条　本通则自 2016 年 5 月 1 日起施行。司法部 2007 年 8 月 7 日发布的《司法鉴定程序通则》（司法部第 107 号令）同时废止。

司法部关于印发司法鉴定文书格式的通知

（2016 年 11 月 21 日　司发通〔2016〕112 号）

各省、自治区、直辖市司法厅（局），新疆生产建设兵团司法局：

为贯彻执行《全国人民代表大会常务委员会关于司法鉴定管理问题的决定》和修订后的《司法鉴定程序通则》（司法部令第 132 号），司法部制定了《司法鉴定委托书》等 7 种文书格式，现予印发，自 2017 年 3 月 1 日起执行。2007 年 11 月 1 日印发的《司法部关于印发〈司法鉴定文书规范〉和〈司法鉴定协议书（示范文本）〉的通知》（司发通〔2007〕71 号）同时废止。

司法部

2016 年 11 月 21 日

附件

司法鉴定文书格式目录及样本

1. 司法鉴定委托书
2. 司法鉴定意见书
3. 延长鉴定时限告知书
4. 终止鉴定告知书
5. 司法鉴定复核意见
6. 司法鉴定意见补正书
7. 司法鉴定告知书

文书 1

司法鉴定委托书

编号:________

<table>
<tr><td>委托人</td><td></td><td>联系人(电话)</td><td></td></tr>
<tr><td>联系地址</td><td></td><td>承办人</td><td></td></tr>
<tr><td>司法鉴定
机构</td><td colspan="3">名　　称:
地　　址:　　　　　　　　邮　　编:
联 系 人:　　　　　　　　联系电话:</td></tr>
<tr><td>委　托
鉴定事项</td><td colspan="3"></td></tr>
<tr><td>是否属于
重新鉴定</td><td colspan="3"></td></tr>
<tr><td>鉴定用途</td><td colspan="3"></td></tr>
<tr><td>与鉴定有关
的基本案情</td><td colspan="3"></td></tr>
<tr><td>鉴定材料</td><td colspan="3"></td></tr>
<tr><td rowspan="2">预计费用
及收取方式</td><td colspan="3">预计收费总金额:¥:________,大写:________。</td></tr>
<tr><td colspan="3"></td></tr>
<tr><td>司法鉴定意见书
发送方式</td><td colspan="3">□自取
□邮寄地址:
□其他方式(说明)</td></tr>
</table>

续表

<table>
<tr><td colspan="2">约定事项：
1.（1）关于鉴定材料：
□所有鉴定材料无需退还。
□鉴定材料须完整、无损坏地退还委托人。
□因鉴定需要，鉴定材料可能会损坏、耗尽，导致无法完整退还。
□对保管和使用鉴定材料的特殊要求：________。
（2）关于剩余鉴定材料：
□委托人于____周内自行取回。委托人未按时取回的，鉴定机构有权自行处理。
□鉴定机构自行处理。如需要发生处理费的，按有关收费标准或协商收取____元处理费。
□其他方式：
2. 鉴定时限：
□____年____月____日之前完成鉴定，提交司法鉴定意见书。
□从该委托书生效之日起____个工作日内完成鉴定，提交司法鉴定意见书。
注：鉴定过程中补充或者重新提取鉴定材料所需的时间，不计入鉴定时限。
3. 需要回避的鉴定人：____，回避事由：____。
4. 经双方协商一致，鉴定过程中可变更委托书内容。
5. 其他约定事项：</td></tr>
<tr><td>鉴定风险提示</td><td>1. 鉴定意见属于专家的专业意见，是否被采信取决于办案机关的审查和判断，鉴定人和鉴定机构无权干涉；
2. 由于受鉴定材料或者其他因素限制，并非所有的鉴定都能得出明确的鉴定意见；
3. 鉴定活动遵循依法独立、客观、公正的原则，只对鉴定材料和案件事实负责，不会考虑是否有利于任何一方当事人。</td></tr>
<tr><td>其他需要
说明的事项</td><td></td></tr>
<tr><td>委托人
（承办人签名或者盖章）
×年×月×日</td><td>司法鉴定机构
（签名、盖章）
×年×月×日</td></tr>
</table>

注：

1. “编号”由司法鉴定机构缩略名、年份、专业缩略语及序号组成。

2. “委托鉴定事项”用于描述需要解决的专门性问题。

3. 在“鉴定材料”一项，应当记录鉴定材料的名称、种类、数量、性状、保存状况、收到时间等，如果鉴定材料较多，可另附《鉴定材料清单》。

4. 关于“预计费用及收取方式”，应当列出费用计算方式；概算的鉴定费和其他费用，其中其他费用应尽量列明所有可能的费用，如现场提取鉴定材料时发生的差旅费等；费用收取方式、结算方式，如预收、后付或按照约定方式和时间支付费用；退还鉴定费的情形等。

5. 在“鉴定风险提示”一项，鉴定机构可增加其他的风险告知内容，有必要的，可另行签订风险告知书。

文书 2

×××司法鉴定中心(所)

司法鉴定意见书

司法鉴定机构许可证号:________________

声　　明

1. 司法鉴定机构和司法鉴定人根据法律、法规和规章的规定,按照鉴定的科学规律和技术操作规范,依法独立、客观、公正进行鉴定并出具鉴定意见,不受任何个人或者组织的非法干预。

2. 司法鉴定意见书是否作为定案或者认定事实的根据,取决于办案机关的审查判断,司法鉴定机构和司法鉴定人无权干涉。

3. 使用司法鉴定意见书,应当保持其完整性和严肃性。

4. 鉴定意见属于鉴定人的专业意见。当事人对鉴定意见有异议,应当通过庭审质证或者申请重新鉴定、补充鉴定等方式解决。

地　　址:××省××市××路××号(邮政编码:000000)

联系电话:000 - 00000000

×××司法鉴定中心(所)

司法鉴定意见书

编号:(司法鉴定专用章)

一、基本情况

二、基本案情

三、资料摘要

四、鉴定过程

五、分析说明

六、鉴定意见

七、附件

司法鉴定人签名(打印文本和亲笔签名)

及《司法鉴定人执业证》证号(司法鉴定专用章)

×年×月×日

共　　页第　　页

注:

1. 本司法鉴定意见书文书格式包含了司法鉴定意见书的基本内容,各省级司法行政机关或司法鉴定协会可以根据不同专业的特点制定具体的格式,司法鉴定机构也可以根据实际情况作合理增减。

2. 关于"基本情况",应当简要说明委托人、委托事项、受理日期、鉴定材料等情况。

3. 关于"资料摘要",应当摘录与鉴定事项有关的鉴定资料,如法医鉴定的病史摘要等。

4. 关于"鉴定过程",应当客观、详实、有条理地描述鉴定活动发生的过程,包括人员、时间、地点、内容、方法,鉴定材料的选取、使用,采用的技术标准、技术规范或者技术方法,检查、检验、检测所使用的仪器设备、方法和主要结果等。

5. 关于"分析说明",应当详细阐明鉴定人根据有关科学理论知识,通过对鉴定材料,检查、检验、检测结果,鉴定标准,专家意见等进行鉴别、判断、综合分析、逻辑推理,得出鉴定意见的过程。要求有良好的科学性、逻辑性。

6. 司法鉴定意见书各页之间应当加盖司法鉴定专用章红印,作为骑缝章。司法鉴定专用章制作规格为:直径4厘米,中央刊五角星,五角星上方刊司法鉴定机构名称,自左向右呈环行;五角星下方刊司法鉴定专用章字样,自左向右横排。印文中的汉字应当使用国务院公布的简化字,字体为宋体。民族自治地区司法鉴定机构的司法鉴定专用章印文应当并列刊汉字和当地通用的少数民族文字。司法鉴定机构的司法鉴定专用章应当经登记管理机关备案后启用。

7. 司法鉴定意见书应使用A4纸,文内字体为4号仿宋,两端对齐,段首空两格,行间距一般为1.5倍。

文书3

×××司法鉴定中心(所)
延长鉴定时限告知书

(编号)____

×××(委托人):

贵单位委托我中心(所)的鉴定一案,我中心(所)已受理(编号:____)并开展了相关鉴定工作，现由于××××××××（原因）无法在规定的时限内完成该鉴定，根据《司法鉴定程序通则》第二十八条的规定，经我中心（所）负责人批准，需延长鉴定时限____日，至×年×月×日。

联系人：×××；联系电话：×××。

特此告知。

×××司法鉴定中心（所）（公章）

×年×月×日

文书4

×××司法鉴定中心（所）
终止鉴定告知书

（编号）____

×××（委托人）：

贵单位委托我中心（所）的____鉴定一案，（编号：____），现因××××××××（原因）致使鉴定工作无法继续进行。

根据《司法鉴定程序通则》第二十九条第（×）款“……（引原文）”之规定，我鉴定中心（所）决定终止此次鉴定工作。

请于×年×月×日前到我鉴定中心（所）办理退费、退还鉴定材料等手续。

联系人：×××；联系电话：×××。

特此告知。

××××司法鉴定中心（所）（公章）

×年×月×日

文书5

××××司法鉴定中心(所)
司法鉴定复核意见

(编号)____

一、基本情况:

(一)司法鉴定案件编号:

(二)司法鉴定人:

(三)司法鉴定意见:

二、复核意见:

(一)关于鉴定程序:

(二)关于鉴定意见:

复核人签名:

日期:×年×月×日

文书6

×××司法鉴定中心(所)
司法鉴定意见补正书

(编号)____

×××(委托人):

根据贵单位委托,我中心(所)已完成____鉴定并出具了司法鉴定意见书(编号:____)。我中心(所)现发现该司法鉴定意见书存在以下不影响鉴定意见原意的瑕疵性问题,现予以补正:

1.(需补正的具体位置、补正理由及补正结果)

2.(需补正的具体位置、补正理由及补正结果)

3.(需补正的具体位置、补正理由及补正结果)

……

附件:(如补正后的图像、谱图、表格等)

司法鉴定人签名(打印文本和亲笔签名)
及《司鉴定人执业证》证号
×××司法鉴定中心(所)(司法鉴定专用章)
×年×月×日

文书7

司法鉴定告知书

一、委托人委托司法鉴定,应提供真实、完整、充分、符合鉴定要求的鉴定材料,并提供案件有关情况。因委托人或当事人提供虚假信息、隐瞒真实情况或提供不实材料产生的不良后果,司法鉴定机构和司法鉴定人概不负责。

二、司法鉴定机构和司法鉴定人按照客观、独立、公正、科学的原则进行鉴定,委托人、当事人不得要求或暗示司法鉴定机构或司法鉴定人按其意图或者特定目的提供鉴定意见。

三、由于受到鉴定材料的限制以及其他客观条件的制约,司法鉴定机构和司法鉴定人有时无法得出明确的鉴定意见。

四、因鉴定工作的需要,可能会耗尽鉴定材料或者造成不可逆的损坏。

五、如果存在涉及鉴定活动的民族习俗等有关禁忌,请在鉴定工作开始前告知司法鉴定人。

六、因鉴定工作的需要,有下列情形的,需要委托人或者当事人近亲属、监护人到场见证并签名。现场见证时,不得影响鉴定工作的独立性,不得干扰鉴定工作正常开展。未经司法鉴定机构和司法鉴定人同意,不得拍照、摄像或者录音。

1. 需要对无民事行为能力人或者限制民事行为能力人进行身体检查
2. 需要对被鉴定人进行法医精神病鉴定
3. 需要到现场提取鉴定材料
4. 需要进行尸体解剖

七、因鉴定工作的需要，委托人或者当事人获悉国家秘密、商业秘密或者个人隐私的，应当保密。

八、鉴定意见属于专业意见，是否成为定案根据，由办案机关经审查判断后作出决定，司法鉴定机构和司法鉴定人无权干涉。

九、当事人对鉴定意见有异议，应当通过庭审质证或者申请重新鉴定、补充鉴定等方式解决。

十、有下列情形的，司法鉴定机构可以终止鉴定工作：

（一）发现鉴定材料不真实、不完整、不充分或者取得方式不合法的；

（二）鉴定用途不合法或者违背社会公德的；

（三）鉴定要求不符合司法鉴定执业规则或者相关鉴定技术规范的；

（四）鉴定要求超出本机构技术条件或者鉴定能力的；

（五）委托人就同一鉴定事项同时委托其他司法鉴定机构进行鉴定的；

（六）鉴定材料发生耗损，委托人不能补充提供的；

（七）委托人拒不履行司法鉴定委托书规定的义务、被鉴定人拒不配合或者鉴定活动受到严重干扰，致使鉴定无法继续进行的；

（八）委托人主动撤销鉴定委托，或者委托人、诉讼当事人拒绝支付鉴定费用的；

（九）因不可抗力致使鉴定无法继续进行的；

（十）其他不符合法律、法规、规章规定，需要终止鉴定的情形。

被告知人签名：

日期：×年×月×日

司法部办公厅关于严格依法做好司法鉴定人和司法鉴定机构登记工作的通知

（2018年12月5日　司办通〔2018〕164号）

各省、自治区、直辖市司法厅（局），新疆生产建设兵团司法局：

根据全国人民代表大会常务委员会法制工作委员会《关于建议依法规范司法

鉴定登记管理工作的函》(法工办函〔2018〕233 号)要求,为深入贯彻落实《全国人民代表大会常务委员会关于司法鉴定管理问题的决定》(以下简称《决定》)和中办、国办印发的《关于健全统一司法鉴定管理体制的实施意见》(以下简称《实施意见》)、《司法部关于严格准入严格监管提高司法鉴定质量和公信力的意见》(司发〔2017〕11 号)(以下简称"双严十二条"),进一步严格依法做好司法鉴定人和司法鉴定机构登记工作,现就有关事项通知如下:

一、进一步强化法律意识和责任意识

《决定》《实施意见》对国家实行登记管理的鉴定人和鉴定机构的范围,以及司法行政部门在登记管理工作中严格依法办事和相应的法律责任等作出明确规定。《最高人民法院　司法部关于建立司法鉴定管理与使用衔接机制的意见》(司发通〔2016〕98 号)、"双严十二条"也对鉴定人和鉴定机构登记工作提出具体要求。各级司法行政机关要进一步强化法律意识和责任意识,从全面依法治国和依法行政的高度,认真贯彻落实《决定》,贯彻落实中央关于司法鉴定管理体制改革的部署要求,严格依法、认真负责地做好司法鉴定人和司法鉴定机构登记工作,确保法律规定和中央关于司法鉴定管理工作的决策部署不折不扣地落到实处。

二、坚定不移推进"四类外"鉴定人和鉴定机构规范整改工作

对于没有法律依据,拟申请从事"四类外"司法鉴定业务的有关人员、法人和其他组织,司法行政机关一律不予准入登记。当前,司法行政机关登记的司法鉴定机构中有一些鉴定机构从事的司法鉴定业务全部或部分为"四类外"鉴定事项,一些鉴定机构有部分鉴定业务应当属于"四大类"鉴定事项但目前却仍归类到"四类外"鉴定事项。要认真分析梳理本地鉴定机构和鉴定人情况,分类建立工作台账,对明确属于从事"四类外"鉴定业务的鉴定人和鉴定机构,要依法坚决注销登记;对已登记的"四类外"鉴定机构中所从事的司法鉴定业务确属"四大类"鉴定事项的,要依法变更登记。目前,全国有 28 个省(区、市)司法行政机关未登记或明确停止登记"四类外"鉴定人和鉴定机构,有 19 个省(区、市)对规范整改工作作出明确部署,但个别地方周期较长,还有一些地方未明确时间表,不符合全国人大常委会法工委建议精神。各地要采取有力措施,坚定不移地推进规范整改工作。

三、认真做好"四大类"鉴定人和鉴定机构准入登记工作

要根据本地诉讼活动实际需要和人民群众对鉴定服务需求的特点,统筹规划司法鉴定机构布局,科学制定司法鉴定行业发展规划。要从严把握现行《司法鉴定机构登记管理办法》《司法鉴定人登记管理办法》规定的各项条件,严格审核鉴定机构人员构成、仪器设备、检测实验室、办公场所和鉴定人相关行业执业资格、相关专业学历、相关工作经历等条件，确保符合法律法规规定的基本条件。要认真落实《实施意见》提出的关于“建立完善鉴定人执业能力考核制度和鉴定机构准入专家评审制度”要求，未经考核或者专家评审合格，一律不得准入登记，确保“四大类”司法鉴定人和司法鉴定机构从事与其能力水平相当的司法鉴定业务。

四、狠抓责任落实

司法鉴定人和司法鉴定机构登记工作是司法鉴定管理的基础性工作，责任大、要求高。特别是“四类外”鉴定人和鉴定机构规范整改工作，涉及面大、情况复杂，一些地方鉴定人和鉴定机构不理解、不接受，工作推进难度较大。各地特别是还未进行部署的地方司法厅（局），要高度重视，厅（局）长要亲自研究部署，明确负责人和责任人，认真研判形势，细化工作措施，有序加以推进。要认真做好对已登记“四类外”鉴定机构和鉴定人的释法明理和宣传疏导，使其认识到，司法行政机关虽然不再登记从事“四类外”鉴定业务的法人或其他组织、有关人员，但其仍然可以依法接受办案机关或者有关组织、个人委托，为案件或者其他活动中涉及的专门性问题提供鉴定服务。各地司法行政机关司法鉴定管理部门和负责行政审批的部门要加强沟通衔接，合力完成好规范整改工作。对于涉及地方性法规执行的，要主动向地方人大部门汇报，并及时加强与相关部门的工作沟通和情况通报，确保规范整改工作积极平稳开展。

各地贯彻落实情况请及时报司法部公共法律服务管理局。

会计师事务所执业许可和监督管理办法

（2017年8月20日财政部令第89号公布　根据2019年1月2日《财政部关于修改〈会计师事务所执业许可和监督管理办法〉等2部部门规章的决定》修改　财政部令第97号）

第一章　总　　则

第一条　为规范会计师事务所及其分所执业许可，加强对会计师事务所的监督管理，促进注册会计师行业健康发展，根据《中华人民共和国注册会计师法》（以下简称《注册会计师法》)、《中华人民共和国合伙企业法》、《中华人民共和国公司法》等法律、行政法规,制定本办法。

第二条 财政部和省、自治区、直辖市人民政府财政部门(以下简称省级财政部门)对会计师事务所和注册会计师进行管理、监督和指导,适用本办法。

第三条 省级财政部门应当遵循公开、公平、公正、便民、高效的原则,依法办理本地区会计师事务所执业许可工作,并对本地区会计师事务所进行监督管理。

财政部和省级财政部门应当加强对会计师事务所和注册会计师的政策指导,营造公平的会计市场环境,引导和鼓励会计师事务所不断完善内部治理,实现有序发展。

省级财政部门应当推进网上政务,便利会计师事务所执业许可申请和变更备案。

第四条 会计师事务所、注册会计师应当遵守法律、行政法规,恪守职业道德,遵循执业准则、规则。

第五条 会计师事务所、注册会计师依法独立、客观、公正执业,受法律保护,任何单位和个人不得违法干预。

第六条 会计师事务所可以采用普通合伙、特殊普通合伙或者有限责任公司形式。

会计师事务所从事证券服务业务和经法律、行政法规规定的关系公众利益的其他特定业务,应当采用普通合伙或者特殊普通合伙形式,接受财政部的监督。

第二章 会计师事务所执业许可的取得

第七条 会计师事务所应当自领取营业执照之日起60日内,向所在地的省级财政部门申请执业许可。

未取得会计师事务所执业许可的,不得以会计师事务所的名义开展业务活动,不得从事《注册会计师法》第十四条规定的业务(以下简称注册会计师法定业务)。

第八条 普通合伙会计师事务所申请执业许可,应当具备下列条件:

(一)2名以上合伙人,且合伙人均符合本办法第十一条规定条件;

(二)书面合伙协议;

(三)有经营场所。

第九条 特殊普通合伙会计师事务所申请执业许可,应当具备下列条件:

（一）15 名以上由注册会计师担任的合伙人，且合伙人均符合本办法第十一条、第十二条规定条件；

（二）60 名以上注册会计师；

（三）书面合伙协议；

（四）有经营场所；

（五）法律、行政法规或者财政部依授权规定的其他条件。

第十条 有限责任会计师事务所申请执业许可，应当具备下列条件：

（一）5 名以上股东，且股东均符合本办法第十一条规定条件；

（二）不少于人民币 30 万元的注册资本；

（三）股东共同制定的公司章程；

（四）有经营场所。

第十一条 除本办法第十二条规定外，会计师事务所的合伙人（股东），应当具备下列条件：

（一）具有注册会计师执业资格；

（二）成为合伙人（股东）前 3 年内没有因为执业行为受到行政处罚；

（三）最近连续 3 年在会计师事务所从事审计业务且在会计师事务所从事审计业务时间累计不少于 10 年或者取得注册会计师执业资格后最近连续 5 年在会计师事务所从事审计业务；

（四）成为合伙人（股东）前 3 年内没有因欺骗、贿赂等不正当手段申请会计师事务所执业许可而被省级财政部门作出不予受理、不予批准或者撤销会计师事务所执业许可的决定；

（五）在境内有稳定住所，每年在境内居留不少于 6 个月，且最近连续居留已满 5 年。

因受行政处罚、刑事处罚被吊销、撤销注册会计师执业资格的，其被吊销、撤销执业资格之前在会计师事务所从事审计业务的年限，不得计入本条第一款第三项规定的累计年限。

第十二条 不符合本办法第十一条第一款第一项和第三项规定的条件，但具有相关职业资格的人员，经合伙协议约定，可以担任特殊普通合伙会计师事务所履行内部特定管理职责或者从事咨询业务的合伙人，但不得担任首席合伙人和执行合伙事务的合伙人，不得以任何形式对该会计师事务所实施控制。具体办法另行制定。

第十三条　普通合伙会计师事务所和特殊普通合伙会计师事务所应当设立首席合伙人，由执行合伙事务的合伙人担任。

有限责任会计师事务所应当设立主任会计师，由法定代表人担任，法定代表人应当是有限责任会计师事务所的股东。

首席合伙人（主任会计师）应当符合下列条件：

（一）在境内有稳定住所，每年在境内居留不少于6个月，且最近连续居留已满10年；

（二）具有代表会计师事务所履行合伙协议或者公司章程授予的管理职权的能力和经验。

第十四条　会计师事务所应当加强执业质量控制，建立健全合伙人（股东）、签字注册会计师和其他从业人员在执业质量控制中的权责体系。

首席合伙人（主任会计师）对会计师事务所的执业质量负主体责任。审计业务主管合伙人（股东）、质量控制主管合伙人（股东）对会计师事务所的审计业务质量负直接主管责任。审计业务项目合伙人（股东）对组织承办的具体业务项目的审计质量负直接责任。

第十五条　注册会计师担任会计师事务所的合伙人（股东），涉及执业关系转移的，该注册会计师应当先在省、自治区、直辖市注册会计师协会（以下简称省级注册会计师协会）办理从原会计师事务所转出的手续。若为原会计师事务所合伙人（股东）的，还应当按照有关法律、行政法规，以及合伙协议或者公司章程的规定，先办理退伙或者股权转让手续。

第十六条　会计师事务所的名称应当符合国家有关规定。未经同意，会计师事务所不得使用包含其他已取得执业许可的会计师事务所字号的名称。

第十七条　申请会计师事务所执业许可，应当向其所在地的省级财政部门提交下列材料：

（一）会计师事务所执业许可申请表；

（二）会计师事务所合伙人（股东）执业经历等符合规定条件的材料；

（三）拟在该会计师事务所执业的注册会计师情况汇总表；

（四）统一社会信用代码。

合伙人（股东）是境外人员或移居境外人员的，还应当提交符合本办法第十一条第一款第五项、第十三条第三款第一项条件的材料及承诺函。

因合并或者分立新设会计师事务所的，申请时还应当提交合并协议或者分立协议。

申请人应当对申请材料内容的真实性、准确性、完整性负责。

第十八条 省级财政部门应当对申请人提交的申请材料进行审查。对申请材料不齐全或者不符合法定形式的，应当当场或者在接到申请材料后5日内一次性告知申请人需要补正的全部内容。对申请材料齐全、符合法定形式，或者申请人按照要求提交全部补正申请材料的应当受理。受理申请或者不予受理申请，应当向申请人出具加盖本行政机关专用印章和注明日期的书面凭证。

省级财政部门受理申请的，应当将申请材料中有关会计师事务所名称以及合伙人（股东）执业资格及执业时间等情况在5日内予以公示。

第十九条 省级财政部门应当通过财政会计行业管理系统对申请人有关信息进行核对，并自受理申请之日起30日内作出准予或者不予会计师事务所执业许可的决定。

第二十条 省级财政部门作出准予会计师事务所执业许可决定的，应当自作出准予决定之日起10日内向申请人出具准予行政许可的书面决定、颁发会计师事务所执业证书，并予以公告。准予许可决定应当载明下列事项：

（一）会计师事务所的名称和组织形式；

（二）会计师事务所合伙人（股东）的姓名；

（三）会计师事务所首席合伙人（主任会计师）的姓名；

（四）会计师事务所的业务范围。

第二十一条 省级财政部门作出准予会计师事务所执业许可决定的，应当自作出准予决定之日起30日内将准予许可决定报财政部备案。

财政部发现准予许可不当的，应当自收到准予许可决定之日起30日内通知省级财政部门重新审查。

省级财政部门重新审查后发现申请人不符合本办法规定的申请执业许可的条件的，应当撤销执业许可，并予以公告。

第二十二条 省级财政部门作出不予会计师事务所执业许可决定的，应当自作出决定之日起10日内向申请人出具书面决定，并通知工商行政管理部门。

书面决定应当说明不予许可的理由，并告知申请人享有依法申请行政复议或者提起行政诉讼的权利。

会计师事务所执业许可申请未予准许，企业主体继续存续的，不得从事注册会计师法定业务，企业名称中不得继续使用“会计师事务所”字样，申请人应当自收到不予许可决定之日起20日内办理工商变更登记。

第二十三条 会计师事务所的合伙人(股东)应当自会计师事务所取得执业证书之日起30日内办理完成转入该会计师事务所的手续。

注册会计师在未办理完成转入手续以前,不得在拟转入的会计师事务所执业。

第二十四条 会计师事务所应当完善职业风险防范机制,建立职业风险基金,办理职业责任保险。具体办法由财政部另行制定。

特殊普通合伙会计师事务所的合伙人按照《合伙企业法》等法律法规的规定及合伙协议的约定,对会计师事务所的债务承担相应责任。

第三章 会计师事务所分所执业许可的取得

第二十五条 会计师事务所设立分支机构应当依照本办法规定申请分所执业许可。

第二十六条 会计师事务所分所的名称应当采用"会计师事务所名称+分支机构所在行政区划名+分所"的形式。

第二十七条 会计师事务所应当在人事、财务、业务、技术标准、信息管理等方面对其设立的分所进行实质性的统一管理,并对分所的业务活动、执业质量和债务承担法律责任。

第二十八条 会计师事务所申请分所执业许可,应当自领取分所营业执照之日起60日内,向分所所在地的省级财政部门提出申请。

第二十九条 申请分所执业许可的会计师事务所,应当具备下列条件:

(一)取得会计师事务所执业许可3年以上,内部管理制度健全;

(二)不少于50名注册会计师(已到和拟到分所执业的注册会计师除外);

(三)申请设立分所前3年内没有因为执业行为受到行政处罚。

跨省级行政区划申请分所执业许可的,会计师事务所上一年度业务收入应当达到2000万元以上。

因合并或者分立新设的会计师事务所申请分所执业许可的,其取得会计师事务所执业许可的期限,可以从合并或者分立前会计师事务所取得执业许可的时间算起。

第三十条 会计师事务所申请分所执业许可,该分所应当具备下列条件:

(一)分所负责人为会计师事务所的合伙人(股东),并具有注册会计师执业

资格;

(二)不少于5名注册会计师,且注册会计师的执业关系应当转入分所所在地省级注册会计师协会;由总所人员兼任分所负责人的,其执业关系可以不作变动,但不计入本项规定的5名注册会计师;

(三)有经营场所。

第三十一条 会计师事务所申请分所执业许可,应当向分所所在地的省级财政部门提交下列材料:

(一)分所执业许可申请表;

(二)会计师事务所合伙人会议或者股东会作出的设立分所的书面决议;

(三)注册会计师情况汇总表(会计师事务所和申请执业许可的分所分别填写);

(四)分所统一社会信用代码;

(五)会计师事务所对该分所进行实质性统一管理的承诺书,该承诺书由首席合伙人(主任会计师)签署,并加盖会计师事务所公章。

跨省级行政区划申请分所执业许可的,还应当提交上一年度会计师事务所业务收入情况。

第三十二条 省级财政部门审批分所执业许可的程序比照本办法第十八条至第二十二条第二款的规定办理。

会计师事务所跨省级行政区划设立分所的,准予分所执业许可的省级财政部门还应当将准予许可决定抄送会计师事务所所在地的省级财政部门。

省级财政部门作出不予分所执业许可决定的,会计师事务所应当自收到不予许可决定之日起20日内办理该分所的工商注销手续。

第四章 会计师事务所及其分所的变更备案和执业许可的注销

第三十三条 会计师事务所下列事项发生变更的,应当自作出决议之日起20日内向所在地的省级财政部门备案;涉及工商变更登记的,应当自办理完工商变更登记之日起20日内向所在地的省级财政部门备案:

(一)会计师事务所的名称;

(二)首席合伙人(主任会计师);

(三)合伙人(股东);

(四)经营场所;

（五）有限责任会计师事务所的注册资本。

分所的名称、负责人或者经营场所发生变更的，该会计师事务所应当同时向会计师事务所和分所所在地的省级财政部门备案。

第三十四条 会计师事务所及其分所变更备案的，应当提交变更事项情况表，以及变更事项符合会计师事务所和分所执业许可条件的材料。

第三十五条 会计师事务所及其分所变更名称的，应当同时向会计师事务所和分所所在地的省级财政部门交回原会计师事务所执业证书或者分所执业证书，换取新的会计师事务所执业证书或者分所执业证书。

省级财政部门应当将会计师事务所及其分所的名称变更情况予以公告。

第三十六条 会计师事务所跨省级行政区划迁移经营场所的，应当在办理完迁入地工商登记手续后 10 日内向迁入地省级财政部门备案，并提交会计师事务所跨省级行政区划迁移表和合伙人（股东）情况汇总表。

迁入地省级财政部门应当在收到备案材料后 10 日内，及时核实该会计师事务所有关情况，收回原会计师事务所执业证书，换发新的会计师事务所执业证书，并予以公告，同时通知迁出地省级财政部门。

迁出地省级财政部门收到通知后，将该会计师事务所迁移情况予以公告。

第三十七条 迁入地省级财政部门应当对迁入的会计师事务所持续符合执业许可条件的情况予以审查。未持续符合执业许可条件的，责令其在 60 日内整改，未在规定期限内整改或者整改期满仍未达到执业许可条件的，由迁入地省级财政部门撤销执业许可，并予以公告。

第三十八条 跨省级行政区划迁移经营场所的会计师事务所设有分所的，会计师事务所应当在取得迁入地省级财政部门换发的执业证书后 15 日内向其分所所在地的省级财政部门备案，并提交新的执业证书信息。分所所在地省级财政部门应当收回原分所执业证书，换发新的分所执业证书。

第三十九条 会计师事务所未在规定时间内办理迁出和迁入备案手续的，由迁出地省级财政部门自发现之日起 15 日内公告该会计师事务所执业许可失效。

第四十条 省级财政部门应当在受理申请的办公场所将会计师事务所、会计师事务所分所申请执业许可的条件、变更、注销等应当提交的材料目录及要求、批准的程序及期限予以公示。

第四十一条 会计师事务所发生下列情形之一的，省级财政部门应当办理会计师事务所执业许可注销手续，收回会计师事务所执业许可证书：

（一）会计师事务所依法终止的；

（二）会计师事务所执业许可被依法撤销、撤回或者执业许可证书依法被吊销的；

（三）法律、行政法规规定的应当注销执业许可的其他情形。

会计师事务所分所执业许可注销的，比照本条第一款规定办理。

会计师事务所或者分所依法终止的，应当自办理工商注销手续之日起10日内，告知所在地的省级财政部门。

第四十二条 会计师事务所执业许可被依法注销，企业主体继续存续的，不得从事注册会计师法定业务，企业名称中不得继续使用“会计师事务所”字样，并应当自执业许可被注销之日起10日内，办理工商变更登记。

分所执业许可被依法注销的，应当自注销之日起20日内办理工商注销手续。

第四十三条 省级财政部门应当将注销会计师事务所或者分所执业许可的有关情况予以公告，并通知工商行政管理部门。

第四十四条 会计师事务所及其分所在接受财政部或者省级财政部门（以下简称省级以上财政部门）检查、整改及整改情况核查期间，不得办理以下手续：

（一）首席合伙人（主任会计师）、审计业务主管合伙人（股东）、质量控制主管合伙人（股东）和相关签字注册会计师的离职、退伙（转股）或者转所；

（二）跨省级行政区划迁移经营场所。

第五章 监督检查

第四十五条 省级以上财政部门依法对下列事项实施监督检查：

（一）会计师事务所及其分所持续符合执业许可条件的情况；

（二）会计师事务所备案事项的报备情况；

（三）会计师事务所和注册会计师的执业情况；

（四）会计师事务所的风险管理和执业质量控制制度建立与执行情况；

（五）会计师事务所对分所实施实质性统一管理的情况；

（六）法律、行政法规规定的其他监督检查事项。

第四十六条 省级以上财政部门依法对会计师事务所实施全面或者专项监督检查。

省级以上财政部门对会计师事务所进行监督检查时，可以依法对被审计单位进行延伸检查或者调查。财政部门开展其他检查工作时，发现被检查单位存在违规行为而会计师事务所涉嫌出具不实审计报告及其他鉴证报告的，可以由省级以上财政部门延伸检查相关会计师事务所。

省级以上财政部门在开展检查过程中，可以根据工作需要，聘用一定数量的专业人员协助检查。

第四十七条　在实施监督检查过程中，检查人员应当严格遵守财政检查工作的有关规定。

第四十八条　财政部应当加强对省级财政部门监督、指导会计师事务所和注册会计师工作的监督检查。

省级财政部门应当按照财政部要求建立信息报告制度，将会计师事务所和注册会计师发生的重大违法违规案件及时上报财政部。

第四十九条　省级以上财政部门在开展会计师事务所监督检查时，要随机抽取检查对象、随机选派执法检查人员并及时公开抽查情况和查处结果。

省级以上财政部门结合会计师事务所业务分布、质量控制和内部管理等情况，分类确定对会计师事务所实施监督检查的频次和方式，建立定期轮查制度和随机抽查制度。

第五十条　省级以上财政部门应当将发生以下情形的会计师事务所列为重点检查对象，实施严格监管：

（一）审计收费明显低于成本的；

（二）会计师事务所对分所实施实质性统一管理薄弱的；

（三）以向委托人或者被审计单位有关人员、中间人支付回扣、协作费、劳务费、信息费、咨询费等不正当方式承揽业务的；

（四）有不良执业记录的；

（五）被实名投诉或者举报的；

（六）业务报告数量明显超出服务能力的；

（七）被非注册会计师实际控制的；

（八）需要实施严格监管的其他情形。

第五十一条　会计师事务所应当在出具审计报告及其他鉴证报告后 30 日内，通过财政会计行业管理系统报备签字注册会计师、审计意见、审计收费等基本信息。

会计师事务所应当在出具审计报告后 60 日内，通过财政会计行业管理系统报备其出具的年度财务报表审计报告，省级财政部门不得自行增加报备信息，不得要求会计师事务所报送纸质材料，并与注册会计师协会等实行信息共享。

第五十二条 省级以上财政部门可以对会计师事务所依法进行实地检查，或者将有关材料调到本机关或者检查人员办公地点进行核查。

调阅的有关材料应当在检查工作结束后 1 个月内送还并保持完整。

第五十三条 省级以上财政部门在实施监督检查过程中，有权要求会计师事务所和注册会计师说明有关情况，调阅会计师事务所工作底稿及相关资料，向相关单位和人员调查、询问、取证和核实有关情况。

第五十四条 会计师事务所和注册会计师应当接受省级以上财政部门依法实施的监督检查，如实提供中文工作底稿及相关资料，不得拒绝、延误、阻挠、逃避检查，不得谎报、隐匿、销毁相关证据材料。

会计师事务所或者注册会计师有明显转移、隐匿有关证据材料迹象的，省级以上财政部门可以对证据材料先行登记保存。

第五十五条 对会计师事务所和注册会计师的违法违规行为，省级以上财政部门依法作出行政处罚决定的，应当自作出处罚决定之日起 10 日内将相关信息录入财政会计行业管理系统，并及时予以公告。

第五十六条 会计师事务所应当于每年 5 月 31 日之前，按照财政部要求通过财政会计行业管理系统向所在地的省级财政部门报备下列信息：

（一）持续符合执业许可条件的相关信息；

（二）上一年度经营情况；

（三）内部治理及会计师事务所对分所实施实质性统一管理情况；

（四）会计师事务所由于执行业务涉及法律诉讼情况。

会计师事务所与境外会计师事务所有成员所、联系所或者业务合作关系的，应当同时报送相关信息，说明上一年度与境外会计师事务所合作开展业务的情况。

会计师事务所在境外发展成员所、联系所或者设立分支机构的，应当同时报送相关信息。

会计师事务所跨省级行政区划设有分所的，应当同时将分所有关材料报送分所所在地的省级财政部门。

第五十七条 省级财政部门收到会计师事务所按照本办法第五十六条的规定报送的材料后，应当对会计师事务所及其分所持续符合执业许可条件等情况进行汇总，于 6 月 30 日之前报财政部，并将持续符合执业许可条件的会计师事务所及其分所名单及时予以公告。

第五十八条　会计师事务所未按照本办法第五十一条、第五十六条规定报备的，省级以上财政部门应当责令限期补交报备材料、约谈首席合伙人（主任会计师），并视补交报备材料和约谈情况组织核查。

第五十九条　会计师事务所及其分所未能持续符合执业许可条件的，会计师事务所应当在20日内向所在地的省级财政部门报告，并在报告日后60日内自行整改。

省级财政部门在日常管理、监督检查中发现会计师事务所及其分所未持续符合执业许可条件的，应当责令其在60日内整改。

整改期满，会计师事务所及其分所仍未达到执业许可条件的，由所在地的省级财政部门撤销执业许可并予以公告。

第六十条　会计师事务所和注册会计师必须按照执业准则、规则的要求，在实施必要的审计程序后，以经过核实的审计证据为依据，形成审计意见，出具审计报告，不得有下列行为：

（一）在未履行必要的审计程序，未获取充分适当的审计证据的情况下出具审计报告；

（二）对同一委托单位的同一事项，依据相同的审计证据出具不同结论的审计报告；

（三）隐瞒审计中发现的问题，发表不恰当的审计意见；

（四）为被审计单位编造或者伪造事由，出具虚假或者不实的审计报告；

（五）未实施严格的逐级复核制度，未按规定编制和保存审计工作底稿；

（六）未保持形式上和实质上的独立；

（七）违反执业准则、规则的其他行为。

第六十一条　注册会计师不得有下列行为：

（一）在执行审计业务期间，在法律、行政法规规定不得买卖被审计单位的股票、债券或者不得购买被审计单位或者个人的其他财产的期限内，买卖被审计单位的股票、债券或者购买被审计单位或者个人所拥有的其他财产；

（二）索取、收受委托合同约定以外的酬金或者其他财物，或者利用执行业务之便，谋取其他不正当利益；

（三）接受委托催收债款；

（四）允许他人以本人名义执行业务；

（五）同时在两个或者两个以上的会计师事务所执行业务；

（六）同时为被审计单位编制财务会计报告；

（七）对其能力进行广告宣传以招揽业务；

（八）违反法律、行政法规的其他行为。

第六十二条 会计师事务所不得有下列行为：

（一）分支机构未取得执业许可；

（二）对分所未实施实质性统一管理；

（三）向省级以上财政部门提供虚假材料或者不及时报送相关材料；

（四）雇用正在其他会计师事务所执业的注册会计师，或者允许本所人员以他人名义执行业务，或者明知本所的注册会计师在其他会计师事务所执业而不予制止；

（五）允许注册会计师在本所挂名而不在本所执行业务，或者明知本所注册会计师在其他单位从事获取工资性收入的工作而不予制止；

（六）借用、冒用其他单位名义承办业务；

（七）允许其他单位或者个人以本所名义承办业务；

（八）采取强迫、欺诈、贿赂等不正当方式招揽业务，或者通过网络平台或者其他媒介售卖注册会计师业务报告；

（九）承办与自身规模、执业能力、风险承担能力不匹配的业务；

（十）违反法律、行政法规的其他行为。

第六章 法律责任

第六十三条 会计师事务所或者注册会计师违反法律法规及本办法规定的，由省级以上财政部门依法给予行政处罚。

违法情节轻微，没有造成危害后果的，省级以上财政部门可以采取责令限期整改、下达监管关注函、出具管理建议书、约谈、通报等方式进行处理。

第六十四条 会计师事务所采取隐瞒有关情况、提供虚假材料等手段拒绝提供申请执业许可情况的真实材料的，省级财政部门不予受理或者不予许可，并对会计师事务所和负有责任的相关人员给予警告。

会计师事务所采取欺骗、贿赂等不正当手段获得会计师事务所执业许可的，由省级财政部门予以撤销，并对负有责任的相关人员给予警告。

第六十五条 会计师事务所及其分所已办理完工商登记手续但未在规定时间内申请执业许可的，以及违反本办法第二十二条第三款、第三十二条第三款、第四十二条规定的，由省级财政部门责令限期改正，逾期不改正的，通知工商行政管理部门依法进行处理，并予以公告，对其执行合伙事务合伙人、法定代表人或者分所负责人给予警告，不予办理变更、转所手续。

第六十六条 会计师事务所有下列情形之一的，由省级以上财政部门责令限期改正，逾期不改正的可以按照本办法第六十三条第二款的规定进行处理：

（一）未按照本办法第二十三条规定办理转所手续的；

（二）分所名称不符合本办法第二十六条规定的；

（三）未按照本办法第三十三条至三十五条第一款规定办理有关变更事项备案手续的。

第六十七条 会计师事务所违反本办法第六十条第一项至第四项规定的，由省级以上财政部门给予警告，没收违法所得，可以并处违法所得 1 倍以上 5 倍以下的罚款；情节严重的，并可以由省级以上财政部门暂停其执业 1 个月到 1 年或者吊销执业许可。

会计师事务所违反本办法第六十条第五项至第七项规定，情节轻微，没有造成危害后果的，按照本办法第六十三条第二款的规定进行处理；情节严重的，由省级以上财政部门给予警告，没收违法所得。

第六十八条 会计师事务所违反本办法第二十四条、第六十二条第二项至第十项规定的，由省级以上财政部门责令限期整改，未按规定期限整改的，对会计师事务所给予警告，有违法所得的，可以并处违法所得 1 倍以上 3 倍以下罚款，最高不超过 3 万元；没有违法所得的，可以并处 1 万元以下的罚款。对会计师事务所首席合伙人（主任会计师）等相关管理人员和直接责任人员可以给予警告，情节严重的，可以并处 1 万元以下罚款；涉嫌犯罪的，移送司法机关，依法追究刑事责任。

第六十九条 会计师事务所违反本办法第四十四条、第五十四条规定的，由省级以上财政部门对会计师事务所给予警告，可以并处 1 万元以下的罚款；对会计师事务所首席合伙人（主任会计师）等相关管理人员和直接责任人员给予警告，可以并处 1 万元以下罚款。

第七十条 注册会计师违反本办法第六十条第一项至第四项规定的，由省级以上财政部门给予警告；情节严重的，可以由省级以上财政部门暂停其执行业务 1 个月至 1 年或者吊销注册会计师证书。

注册会计师违反本办法第六十条第五项至第七项规定的，情节轻微，没有造成危害后果的，按照本办法第六十三条第二款的规定进行处理；情节严重的，由省级以上财政部门给予警告。

第七十一条 注册会计师违反本办法第六十一条规定，情节轻微，没有造成危害后果的，按照本办法第六十三条第二款的规定进行处理；情节严重的，由省级以上财政部门给予警告，有违法所得的，可以并处违法所得1倍以上3倍以下的罚款，最高不超过3万元；没有违法所得的，可以并处1万元以下罚款。

第七十二条 法人或者其他组织未获得执业许可，或者被撤销、注销执业许可后继续承办注册会计师法定业务的，由省级以上财政部门责令其停止违法活动，没收违法所得，可以并处违法所得1倍以上5倍以下的罚款。

会计师事务所违反本办法第六条第二款规定的，适用前款规定处理。

第七十三条 会计师事务所或者注册会计师违反本办法的规定，故意出具虚假的审计报告、验资报告，涉嫌犯罪的，移送司法机关，依法追究刑事责任。

第七十四条 省级以上财政部门在作出较大数额罚款、暂停执业、吊销注册会计师证书或者会计师事务所执业许可的决定之前，应当告知当事人有要求听证的权利；当事人要求听证的，应当按规定组织听证。

第七十五条 当事人对省级以上财政部门审批和监督行为不服的，可以依法申请行政复议或者提起行政诉讼。

第七十六条 省级以上财政部门的工作人员在实施审批和监督过程中，滥用职权、玩忽职守、徇私舞弊或者泄露国家秘密、商业秘密的，按照《公务员法》等国家有关规定追究相应责任；涉嫌犯罪的，移送司法机关，依法追究刑事责任。

第七章　附　　则

第七十七条 本办法所称“注册会计师”是指中国注册会计师；所称“注册会计师执业资格”是指中国注册会计师执业资格。

本办法所称“以上”、“以下”均包括本数或者本级。本办法规定的期限以工作日计算，不含法定节假日。

第七十八条 具有注册会计师执业资格的境外人员可以依据本办法申请担任会计师事务所合伙人（股东）。

其他国家或者地区对具有该国家或者地区注册会计师执业资格的中国境内居民在当地设立会计师事务所、担任会计师事务所合伙人（股东）或者执业有特别规定的，我国可以采取对等管理措施。

第七十九条 本办法施行前已经取得的会计师事务所及其分所执业许可继

续有效,发生变更事项的,其变更后的情况应当符合本办法的规定。

会计师事务所申请转制为普通合伙或者特殊普通合伙会计师事务所的,转制办法另行制定。

第八十条　注册会计师协会是由会计师事务所和注册会计师组成的社会团体,依照《注册会计师法》履行相关职责,接受财政部和省级财政部门的监督、指导。

第八十一条　本办法自 2017 年 10 月 1 日起施行。财政部 2005 年 1 月 18 日发布的《会计师事务所审批和监督暂行办法》(财政部令第 24 号)同时废止。

财政部关于注册会计师在审计报告上签名盖章有关问题的通知

(2001 年 7 月 2 日　财会〔2001〕1035 号)

各省、自治区、直辖市财政厅(局),深圳市财政局:

为了规范注册会计师在审计报告上签名盖章的行为,强化会计师事务所的内部控制制度,维护注册会计师的合法权益,保证执业质量,根据《中华人民共和国注册会计师法》和《中国注册会计师独立审计准则》的有关规定,现就注册会计师在审计报告上签名盖章的有关问题通知如下:

一、会计师事务所应当建立健全全面质量控制政策与程序以及各审计项目的质量控制程序,严格按照有关规定和本通知的要求在审计报告上签名盖章。

二、审计报告应当由两名具备相关业务资格的注册会计师签名盖章并经会计师事务所盖章方为有效。

(一)合伙会计师事务所出具的审计报告,应当由一名对审计项目负最终复核责任的合伙人和一名负责该项目的注册会计师签名盖章;

(二)有限责任会计师事务所出具的审计报告,应当由会计师事务所主任会计师或其授权的副主任会计师和一名负责该项目的注册会计师签名盖章。

三、会计师事务所出具验资报告、盈利预测审核报告等具有法定证明效力的报告,应当遵照本通知执行。

四、本通知自发布之日起执行。

中国注册会计师协会公告

（1994 年 12 月 9 日）

最近，社会上流传有关注册会计师资格认定的讹误，现根据《中华人民共和国注册会计师法》的规定，对有关注册会计师资格认定、批准注册和执行业务有关的法律规定公告如下：

一、《中华人民共和国注册会计师法》第二条规定："注册会计师是依法取得注册会计师证书并接受委托从事审计和会计咨询、会计服务业务的执业人员。"凡未依法取得注册会计师证书的人员，均不是注册会计师。

二、《中华人民共和国注册会计师法》第九条规定："参加注册会计师全国统一考试成绩合格，并从事审计业务工作二年以上的，可以向省、自治区、直辖市注册会计师协会申请注册。"除有本法第十条所列情形外，受理申请的注册会计师协会应当准予注册。因此，依法认定具有注册会计师资格的人员，还必须办理注册批准手续。法律规定办理注册登记的机构为省、自治区、直辖市注册会计师协会，其他机构不得办理。第十一条还规定："注册会计师协会还应当将准予注册的人员名单报国务院财政部门备案。国务院财政部门发现注册会计师协会的注册不符合本法规定的，应当通知有关的注册会计师协会撤销注册。"没有履行上述法定程序者，不是注册会计师。

三、《中华人民共和国注册会计师法》第十一条规定："准予注册的申请人，由注册会计师协会发给由国务院财政部门统一制定的注册会计师证书。"没有依法领取《中华人民共和国注册会计师证书》的人员，不是注册会计师。注册会计师执行业务时，必须亮证执业。

四、根据《中华人民共和国注册会计师法》第七条规定："国家实行注册会计师全国统一考试制度。注册会计师全国统一考试办法，由国务院财政部门制定，由中国注册会计师协会组织实施。"自 1994 年 1 月 1 日《中华人民共和国注册会计师法》实施之后，凡未通过全国统一考试取得全科合格者，均不具备申请注册会计师资格的条件。

五、《中华人民共和国注册会计师法》第三条规定："注册会计师执行业务，应当加入会计师事务所。"第十六条规定："注册会计师承办业务，由其所在的会计师事务所统一受理并与委托人签订合同。会计师事务所对本所注册会计师依照前款规定承办的业务，承担民事责任。"因此，我国法律不允许注册会计师以个人名义执业，也不允许注册会计师在其他机构执业。

六、《中华人民共和国注册会计师法》第三十七条规定："注册会计师协会对注册会计师的任职资格和执业情况进行年度检查。"凡年度检查未获得通过的注册会计师，将不允许执行业务。1994 年度的注册会计师的任职资格和执业情况的检查，将在 1995 年 1 季度由本会依法组织进行。通过年度检查的合格人员名单，将由省以上注册会计师协会向社会公告。未获得通过的人员，不得继续执行注册会计师的业务。

特此公告。

国家税务总局关于普通发票真伪鉴定问题的通知

（2008 年 11 月 21 日　国税函〔2008〕948 号）

各省、自治区、直辖市和计划单列市国家税务局、地方税务局：

近一段时间，有税务机关反映，在实施打击制售假发票和非法代开发票专项整治行动中，需要对查获的假发票进行真伪鉴定。根据《中华人民共和国发票管理办法实施细则》第 34 条的规定："发票真伪由税务机关鉴定"，执行中一般都是由发票监制税务机关负责发票真伪的鉴定。为了更好地开展相关工作，现就有关问题明确如下：

一、普通发票的真伪鉴定由鉴定受理税务机关负责；受理税务机关鉴定有困难的，可以提请发票监制税务机关协助鉴定。

二、在伪造、变造现场查获的假发票，由当地税务机关负责鉴定。

Postscript 后　记

我的职业始于会计,缘于司法会计,这使我对司法会计专业情有独钟。

1986年参加工作后的我主要从事政府机关的会计工作,1998年年底有幸被选调至检察机关,经过最高人民检察院培训和考核,取得司法会计鉴定执业资质,从此走上司法会计职业工作岗位。在二十余年的司法会计工作岗位上,受理过检察机关、公安机关、人民法院和监察委员会指派或聘请的司法会计检验鉴定案件,出具过数百份司法会计检验鉴定报告,对司法会计鉴定理论有所思考,也有所总结,但都是碎片化的,繁忙的工作使我没有时间和条件对他人做的司法会计鉴定质量问题进行研究。随着年龄的增长,承蒙单位领导关爱,安排我的工作量相对减少,又恰逢最高人民法院要求各级人民法院在中国裁判文书网上公开裁判文书,天时地利人和,使我有大量时间全身心投入司法会计鉴定质量问题的研究中。在历经数年放弃所有节假日休息时间,每天坚持研究的过程中,虽十分辛苦但收获颇丰,特别是收集到支持我某种学术观点或值得学习的裁判观点案例时,其中的喜乐难以言表,把典型案例视同珍宝逐一予以收藏,不时拿出独自温习,不断巩固专业学识,乐在其中。

然,孟子曰:独乐乐,与人乐乐,孰乐? 于是就产生把“珍宝”适当加工串联成册与人共享同乐,传播研究成果的计划。同时,在研究相关案例过程中,发现有的以司法会计鉴定意见为关键证据的案件,因鉴定意见存在严重问题不被司法机关所发现,本可以一审就一锤定音的案件,经过一审、二审、再审等多个诉讼环节,耗时长达数年之久,最终鉴定意见不被采信而改判,浪费了司法机关大量人力、财力资源,心情非常沉重,有时很想与案件承办人员面对面交流,指出鉴定关键问题所在,节约国家宝贵的司法资源,同时也避免案件承办人员可能因办错案件被追责,但苦于无法实现面对面交流,这也是我决定撰写此著作的另一个重要原因。

司法会计学科领域专业知识并不被人们普遍关注，但其应用范围非常广泛，凡案件承办部门无法自行解决诉讼中涉及的财务会计问题，均应当按照诉讼法律规定通过司法会计鉴定予以解决，但全国研究司法会计学科知识的专家学者凤毛麟角，加之宣传不到位，使司法会计专业知识普及率低，公众认知度低，以至于诉讼实务中普遍以人们认知度较高的审计报告代替司法会计鉴定这一有违诉讼法律的现象长期得以存在，或者以符合经济法律却不符合诉讼法律的审计规范操作司法会计鉴定的错误做法长期得不到纠正，导致案件当事人诉累和司法资源浪费。撰写本书的初衷，正是期望能够为法律工作者及相关人员审查司法会计鉴定意见提供方法参考，能够为从事司法会计鉴定的注册会计师规范开展司法会计鉴定工作提供帮助，纠正长期以来以审计报告代替司法会计鉴定的错误做法，同时为吸引更多专家学者关注、研究该专业领域问题，能够起到抛砖引玉作用，尽最大限度避免可能发生的冤假错案，不忘初心，砥砺前行，为法治中国建设贡献力量。

最后，在书稿即将付梓之际，我想对认真审稿付出辛勤劳动的出版社责任编辑张颖女士及其他审稿专家表示衷心感谢！对一贯关心、支持、鼓励我研究的各界朋友表示衷心感谢！

2022 年 7 月 19 日